LE GUIDE 2022 DES PRÉNOMS de GARÇONS

Julie Milbin

LA RÉFÉRENCE

LE GUIDE 2022 DES PRÉNOMS de GARÇONS

SOLAR EDITIONS

Sommaire

Avant-propos

Chercher un prénom pour son enfant est sans doute le premier acte vers la parentalité. C'est envisager la personne que son petit garçon va devenir, rêver sa vie future.

Qu'est-ce qu'un prénom sinon quelques syllabes qui vont contenir toute une histoire ? Si le nom de famille définit l'appartenance à un groupe, à une famille, le prénom, lui, individualise.

Ce livre est un guide hors du commun !

Il offre aux parents une somme d'informations unique, relative à près de 5 000 prénoms de garçons, français mais aussi étrangers.
Le magazine Parents est partenaire de cet ouvrage. Il enrichit le contenu par son carnet bleu des people 2022 et ses éclairages sur les choix de prénoms.

Je vous souhaite de trouver dans ce guide le prénom qui correspondra à votre petit garçon et à vos attentes ! Prenez votre temps, savourez ces moments tendres et uniques et plongez dans cet ouvrage aux 5 000 possibilités qui vous amènera à faire le meilleur choix du prénom de votre bébé.

Julie Milbin

Comment choisir un prénom...

Le choix d'un prénom est bien sûr personnel et subjectif et ne répond pas à la logique. De nombreux critères de choix peuvent entrer en ligne de compte, en voici quelques-uns.

L'étymologie

Elle nous restitue l'intelligence et la vie de nos prénoms. Il est vrai qu'apprendre que son prénom se rapporte à une vertu, un symbole ou une qualité particulière, peut valoriser l'estime de soi. Le prénom peut donc participer à la construction positive de l'enfant. Et si tous les porteurs d'un même prénom ne sont pas identiques – heureusement – l'éventuel « modelage » du caractère ne peut se nier. Acte fondateur, premier don qui nous est fait, le prénom fonctionne comme un orientateur.

L'histoire du prénom

L'imaginaire et les références contenus dans le prénom influeront sur l'individu. Qu'il ait nommé un héros de l'Antiquité, un guerrier... qu'il ait été porté par un personnage célèbre l'ayant doté d'une aura positive, le prénom porte en lui une forme de pouvoir. À moins que, créé de toutes pièces par les parents, puisant dans l'histoire familiale ou un engouement esthétique, il donne au petit garçon ce sentiment d'avoir reçu une tenue sur mesure.

Chiffres et couleurs

Le prénom donne à l'enfant une couleur (froide ou chaude) qui sera sienne et aura valeur totémique. Parfois, c'est même le prénom qui sera perçu comme coloré. Quant aux chiffres, si certains prétendent qu'il s'agit plus ou moins de superstition, il est facile de constater qu'ils nous font réagir. Ceux-ci, bien qu'abstraits, nous parlent de façon inconsciente. Comment nier l'existence de chiffres porte-bonheur ? Certaines stars en ont même fait un prénom. Depuis toujours, les lettres révèlent des significations liées à leur forme graphique, au son qu'elles émettent, mais aussi à leur relation avec le nombre.

Le mariage de sonorités

On pourrait penser que les noms de famille longs requièrent des prénoms courts, mais, en réalité, tout est une question de cohésion sonore, de mélodie, d'harmonie générale. Cela doit « sonner » comme une musique. Enfin, même s'il n'y a pas unanimité, on considère souvent que les prénoms des frères et sœurs doivent bien cohabiter. De fait, il est rare de trouver une Albertine ayant pour frère un Kevin, si elle est issue des deux mêmes parents. Plusieurs types de prénoms peuvent se trouver dans une fratrie (par exemple une sonorité « ronde » et un prénom plus bobo), mais pas deux extrêmes (un B.C.B.G. et un *people* américain, par exemple).

…et pourquoi ne pas en créer un ?

Si l'idée que votre enfant porte un prénom à la mode (et donc très choisi) ne vous enchante pas, pourquoi ne pas créer vous-même un prénom ?

Personnaliser un prénom existant

C'est la méthode la plus simple et la moins risquée. On part d'un prénom existant auquel on va modifier certaines lettres, en changeant la terminaison par exemple. Autre technique très utilisée : modifier l'orthographe. Ainsi, on trouve aujourd'hui des Noa que l'on retrouve sous la forme de Noah et Noha ; ou Louka, variation réussie du très fréquent Lucas. C'est une façon de donner un peu de personnalité à un prénom qui a déjà fait ses preuves. Ainsi vous trouverez dans cet ouvrage de nombreuses variantes pour les prénoms étudiés.

Mélanger deux prénoms

On peut opter pour le prénom composé en choisissant une association tendance. Les stars nous ont pour cela montré le chemin avec Tim-Elvis (Guetta) On peut aussi mixer les prénoms pour n'en faire plus qu'un. On pourrait ainsi créer de jolis prénoms en mixant deux classiques masculins : Maxime et Alexandre donneraient Maxandre. Vous trouverez d'ailleurs dans cet ouvrage un top 20 des prénoms composés.

Transformer un nom commun ou un nom propre en prénom

Il existe déjà de nombreux prénoms tirés de plantes, de pierres ou de noms géographiques, mais il ne tient qu'à vous d'élargir ce panel en donnant comme prénom à votre petit garçon une plante, un fruit ou une épice, une pierre précieuse, un animal ou même un lieu géographique qui vous est cher. Brooklin, Loup, Lazuli… Vous retrouverez également le top 20 de ces prénoms dans le livre.

Imaginer un prénom

La dernière solution est aussi la plus aventureuse. Elle consiste à laisser libre cours à son imagination en le composant. Mais pensez toujours à bien associer le prénom et le nom de famille. Certaines sonorités s'accordent difficilement ou sont trop dures à l'oreille. On peut aussi s'inspirer des langues étrangères, les consonances exotiques sont une source intarissable d'idées.

Le prénom face à la loi

Il y a encore quelques années, c'était l'officier de l'état civil qui avait le dernier mot : il pouvait accepter ou refuser le prénom souhaité par les parents !

Choix libre du prénom...

Depuis la loi du 8 janvier 1993, les futurs parents peuvent choisir librement les prénoms de leur enfant, grâce à l'article 57 du Code civil : « l'officier d'état civil porte immédiatement sur l'acte de naissance les prénoms choisis par les parents », quels qu'ils soient.

C'est la porte ouverte à l'imagination, à la mondialisation des prénoms... et parfois aux excès. Les officiers de l'état civil sont obligés d'accepter les prénoms voulus par les parents, mais ils se voient parfois jouer le rôle de l'avocat de l'enfant. Ils peuvent pousser les parents à changer d'avis ou revoir leur position sur un prénom. Si Cerise ou Prune sont « mignons », Spatule paraît plus difficilement portable. Avec la liberté du choix est venu le devoir de responsabilité !

...mais choix surveillé

Ainsi, c'est une liberté de choix surveillée : quand le prénom choisi est « contraire à l'intérêt de l'enfant », l'officier de l'état civil peut en avertir le procureur de la République. Celui-ci, s'il est du même avis que l'officier de l'état civil, saisit alors le tribunal aux affaires familiales, qui peut exiger un changement du prénom.

De quoi s'agit-il ? Des prénoms ayant une apparence ou une consonance risible, péjorative ou grossière, ceux difficiles à porter en raison de leur complexité ou de leur référence à un personnage déconsidéré dans l'histoire. Les prénoms d'objets ou de légumes, tels que Courgette (courant, paraît-il, après la Révolution française) sont également interdits.

Ces garde-fous sont indispensables, car, depuis 1993, certains parents rivalisent d'imagination pour créer des prénoms qui ridiculisent parfois leurs enfants. Difficulté à le porter, ou association malheureuse de deux prénoms, ou du prénom et du nom de famille (Mégane Renault par exemple) : tout est une question d'interprétation.

Dans ce livre vous trouverez...

Pour personnaliser votre recherche et vous approprier ce guide :

- Un **psycho-test** pour découvrir quel profil de parent vous correspond et la liste des prénoms s'y rapportant.
- **L'arbre généalogique** de votre petit garçon à compléter.
- **La liste** des prénoms de **Papa** et celle de **Maman** à renseigner.

Pour chaque prénom des informations riches et variées :

- **L'étymologie :** son histoire et sa signification, découverte au terme d'études linguistiques et philologiques.
- **La fête :** si le prénom en a une au calendrier des saints des Églises catholiques et orthodoxes.
- **Le caractère :** des indications précises relevées chez les porteurs d'un prénom et attestées par des sources diverses, croisées sur plusieurs années.

P

Sébastien

Sébastin, Sebastini, Sebastino

Étymologie : du grec *sebastos* : « honoré ». Ce prénom fut choisi comme traduction du titre romain Auguste, décerné aux empereurs (d'où le nom de ville de Sébastopol, qui signifie « la ville de l'Empereur, du Roi, du Tsar »).

Fête : 20 janvier - Couleur : bleu - Chiffre : 4

Caractère : énergie et volonté, sensibilité et finesse font de Sébastien un amoureux de la vie et du monde et un ami fidèle. Un cœur droit, s'il en est.

Personnages célèbres : l'écrivain Sébastien Japrisot ; le rugbyman Sébastien Chabal.

Fréquence : répandu - Évolution : ↘

Âge moyen : 32 ans

- **La couleur et le chiffre** porte-bonheur.
- **La fréquence d'attribution du prénom,** selon l'Insee (qui répertorie plus de 20 000 prénoms et des statistiques sur près de 80 ans) : le prénom peut être rare, très rare ou répandu.
- **L'âge moyen** qu'ont les personnes portant ce prénom, selon l'Insee.
- **L'évolution d'attribution du prénom** : à la hausse, à la baisse ou stable.

Et pour vous aider dans vos choix :

- **Les tops 2021.**
- **30 tops de prénoms thématiques** au fil des pages.
- **Des petits cœurs avec l'initiale correspondant au profil des parents à colorier** pour marquer vos préférences et les retrouver aisément dans le livre.

Quel(s) parent(s) êtes-vous ?

Vos centres d'intérêt, votre style de vie contribuent à vous définir. Bien évidemment, vous ne vous résumez pas à une seule réponse, car vous êtes un être complexe. Choisissez donc la réponse s'apparentant le plus à vos habitudes et à ce que vous faites, écoutez et pensez la plupart du temps ou dans la majorité des cas. Selon la « tribu » à laquelle vous appartiendrez, découvrez ensuite quel style de prénom est fait pour le petit être qui va agrandir votre magnifique famille.

Quels sont vos programmes télé favoris ?

◇ Les émissions culturelles, les talk-shows, le Grand Journal.

△ Les émissions de divertissement.

○ Planète, France ô, Thalassa... Vous adorez les reportages.

□ Vous aimez suivre des séries. Sinon, vous n'êtes pas très télévision.

– • –

En termes de hobbies, passe-temps, vous êtes plutôt :

◇ Pêche à la ligne, coloriage pour adulte, apéros et cuisine.

□ Tennis, musique électro et (ou) classique, mais dans tous les cas, vous savez danser le rock.

△ Youtube, football et blockbusters au cinéma.

○ Fêtes de famille et cuisine locale, reggae et (ou) dancehall.

– • –

Où faites-vous vos courses de produits frais, la plupart du temps ?

○ Au marché, connu pour la diversité de ses produits.

□ Vous avez des fournisseurs ciblés : producteurs locaux ou labels haut de gamme.

◇ Vous êtes abonnés à un AMAP.

△ Au supermarché.

Qu'avez-vous prévu pour vos prochaines vacances ?

○ Rendre visite à votre famille dans votre région ou pays d'origine.

□ Dans une grande maison que vous louez chaque année (île de Ré, Lubéron...) avec vos amis et leurs enfants.

◇ Vous hésitez entre Berlin et Brooklyn pour un « city break ».

△ Vous avez réservé sur la Côte d'Azur : à vous les virées à Saint-Trop' !

– • –

Quel mode de garde envisagez-vous après la naissance de bébé ?

○ Vous allez prendre un congé parental pour garder votre petit garçon et reprendrez votre activité professionnelle ensuite.

◇□ La garde partagée avec d'autres enfants du quartier.

△ La crèche ou une assistante maternelle agréée.

– • –

À quel endroit rêvez-vous d'accompagner votre fils lorsqu'il sera plus grand ?

□ Un musée proposant des ateliers pour enfants.

△ À Disneyland Paris.

○ Un musée type « arts africains et océaniens », histoire locale, « compagnie des Indes »...

◇ Une pièce de théâtre pour enfants.

En termes de lecture, vous seriez plutôt ?

◇ Houellebecq, auteurs russes, poètes du XXe siècle...

○ Magazine *Géo*, le guide de voyage de vos prochaines vacances....

□ Prix littéraires (Goncourt, Femina, Renaudot) et classiques...

△ Best-sellers : *Game of Thrones*, *50 nuances de Grey*, les derniers Katherine Pancol, Guillaume Musso ou Marc Levy.

– • –

Comment vous déplacez-vous ?

◇ À vélo ou à pied : vous êtes en hypercentre.

○ En transports en commun ou avec votre véhicule personnel.

□ En smart ou en « familiale » chic.

△ Vous êtes en train de passer le permis moto.

– • –

Votre garde-robe est plutôt :

△ Très tendance.

□ De bons basiques agrémentés de quelques accessoires chic qui rehaussent l'ensemble.

◇ Vous chinez les friperies en quête de la pépite vintage.

○ Un patchwork de pièces vestimentaires ou accessoires rapportés en souvenirs de voyage.

Après avoir comptabilisé vos réponses, tournez la page pour découvrir quel parent vous êtes !
Vous correspondez désormais à un profil. Et dans ce guide, chaque prénom est associé à l'un des quatre profils.

Si vous avez plus de

◇

Vous êtes plutôt BOBO

(B)

Vous exercez une profession « intellectuellement exigeante » ou êtes créatif, auto-entrepreneur, artisan… Même si vous êtes urbain, vous vivez dans votre quartier comme dans un village et envisagez d'emménager à la campagne. Vous souhaitez éveiller votre petit garçon à l'art dès son plus jeune âge et désirez pour lui un prénom qui l'aidera à se construire comme un être à part. Vous puisez donc votre inspiration dans un répertoire arty :

- La littérature et les prénoms rétro, passés de mode, que vous remettez au goût du jour : Émile, Eugène, Edmond, Jules…
- L'Antiquité et la mythologie grecque et romaine : Ulysse, Achille…
- Les noms de minéraux comme Saphir, Lazuli, Quartz…
- Les noms communs dont la sonorité vous inspire autant que le sens et que vous jugez symboliques et anticonformistes : Pierre, Ange, Loup…

Retrouvez les prénoms bobos au fil du livre indiqués par (B)

Si vous avez plus de

△

Vous êtes plutôt POP

(P)

Véritable télévore, vous aimez le grand spectacle, le sport, le cinéma.
Influencé par l'art populaire (quelles qu'en soient les formes) et la culture américaine, vous êtes un « produit de votre temps ».
Connecté, vous consultez les réseaux sociaux et lisez la presse féminine, *GQ* ou *Vanity Fair* autant que la presse people, les quotidiens et *L'Équipe*.
Les prénoms à tendance anglo-saxonne constituent pour vous une source d'inspiration à travers :

- Les séries télévisées et le cinéma : Derek, Jarod…
- Les icônes pop (chanteurs, acteurs, sportifs ou « modeuses ») : Ryan, Pharell, Lenny…
- Aux prénoms de ces stars emblématiques, il peut vous arriver de préférer ceux de leurs enfants : Ben (Charlotte Gainsbourg et Yvan Attal), Enzo (Zidane)…
- Et si vous quittez les influences venues d'outre-Atlantique ou d'outre-Manche pour l'Italie, le Brésil ou les pays de l'Est, c'est parce que vos stars viennent d'ailleurs : Zlatan
- Néanmoins, vous suivez aussi la tendance et vous dirigez parfois vers des prénoms doux et riches en voyelles qui s'inscrivent dans un courant plus populaire et qui ne stigmatiseront pas votre enfant : Théo, Hugo, Mathias…

Retrouvez les prénoms pop au fil du livre indiqués par (P)

Si vous avez plus de

□

Vous êtes plutôt CHIC

C

Vous avez été élevé dans le respect des valeurs et des traditions familiales, et vous souhaitez transmettre à vos enfants les mêmes principes de vie. Vous choisissez des prénoms simples et de bon goût qui ne se font pas remarquer par leur originalité, mais constituent pour vous une valeur sûre, car passés dans l'usage.

Vous puisez donc votre inspiration :

• Dans les prénoms bibliques dont vous aimez la sonorité : Paul, Pierre, Simon...

• Dans les prénoms royaux dont le classique chic signe un certain standing : Charles, Auguste... Ces derniers peuvent être reliés à la veine médiévale : Guillaume, Grégoire, Geoffroy...

• Et si vous quittez la royauté, c'est pour vous rapprocher des héros de l'Antiquité : Hippolyte...

• De toute façon, il existe un répertoire qui n'appartient qu'à vous, signant votre appartenance à une certaine catégorie sociale à l'instar d'un blason : Édouard, Côme, Edgar...

• Et c'est sans oublier un autre type de forme nominative qui peut aussi constituer votre signature, le prénom composé : Pierre-Alexandre, Charles-Emmanuel...

Retrouvez les prénoms chic au fil du livre indiqués par C

Si vous avez plus de

○

Vous êtes plutôt VOYAGEUR

V

Vous êtes attaché à vos racines d'où qu'elles soient : d'une province française ou d'une contrée éloignée. Quand bien même vous ne viendriez pas de plus loin, vous avez vécu en dehors de l'Hexagone, êtes passionné par les langues et les cultures étrangères et/ou par la France et ses richesses. Vous vous considérez comme un citoyen du monde et élèverez votre petit garçon dans le même esprit. Voilà pourquoi vous souhaitez dès maintenant lui offrir un prénom faisant montre d'une certaine ouverture sur le monde ou renvoyant joliment à votre pays ou province d'origine.

C'est votre façon à vous d'honorer un patrimoine, qu'il soit réel ou dû à un coup de cœur :

• En fonction de vos origines ou inclinations, vous allez piocher dans les prénoms d'Afrique noire, du Maghreb, des Antilles, de Polynésie... : Teva, Bilal, Idris...

• À moins que vous ne restiez en Europe et ne jetiez votre dévolu sur l'Italie ou l'Espagne et leurs sonorités rondes et... « so hype » : Pablo, Esteban, Andréa...

• Et puis il vous est possible aussi de choisir quelque trésor régional, qu'il soit basque, provençal ou breton : Owen, Titouan, Bixente...

Retrouvez les prénoms voyageurs au fil du livre indiqués par V

Votre arbre généalogique

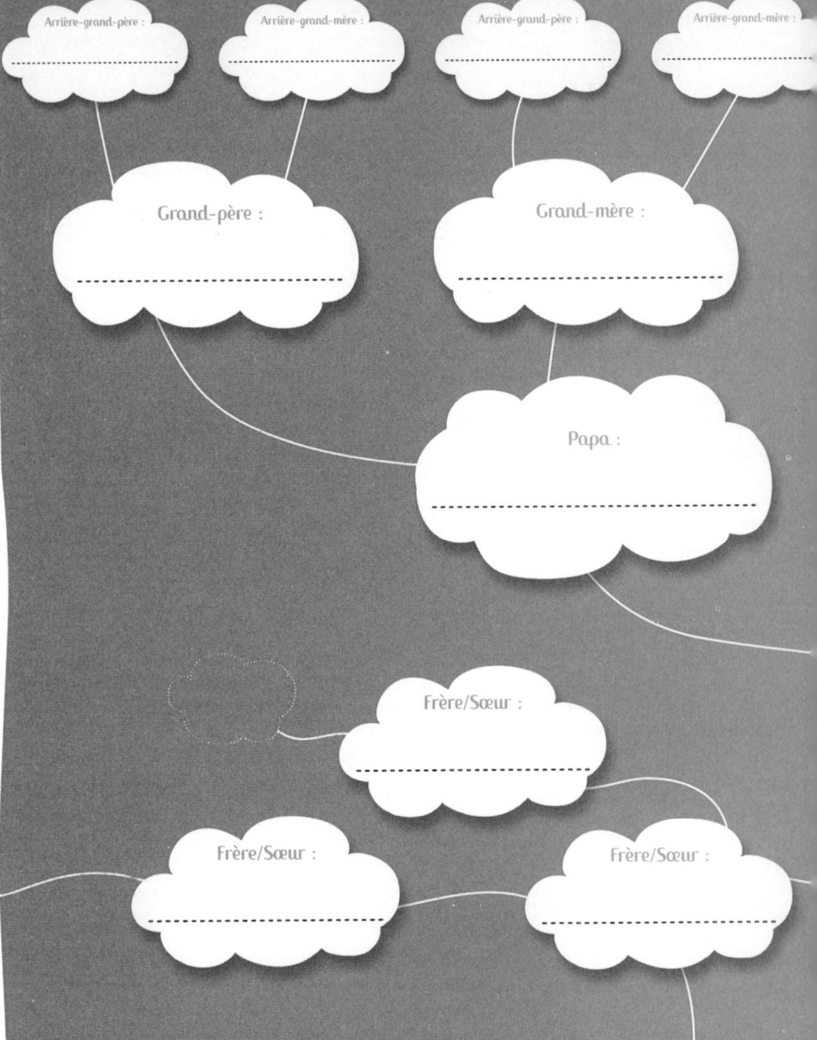

Arrière-grand-père :

Arrière-grand-mère :

Arrière-grand-père :

Arrière-grand-mère :

Grand-père :

Grand-mère :

Maman :

Prénom de Bébé :

LISTE DE PRÉNOMS

Le choix de Papa

♡ ....

♡ ....

♡ ....

♡ ....

♡ ....

♡ ....

♡ ....

♡ ....

♡ ....

♡ ....

· LISTE DE PRÉNOMS ·

Le choix de Maman

♡

♡

♡

♡

♡

♡

♡

♡

♡

♡

Le top 2021

Le top des prénoms les plus portés par les PAPAS EN 2021 :

MATHIEU	PAUL
THOMAS	LOUIS
ROMAIN	SÉBASTIEN
ANTOINE	BENJAMIN
ALEXANDRE	LUCAS

Top 20 des prénoms les plus portés par les petits garçons (2011-2021)

LUCAS	MATHÉO
GABRIEL	CLÉMENT
ETHAN	ENZO
LÉO	MOHAMMED
ADAM	ALEXANDRE
RAPHAËL	LOUIS
TIMÉO	ALEXIS
THÉO	NOA
NATHAN	HUGO
EVAN	MAËL

Top 20 des prénoms les plus portés par les petits garçons en 2021

LÉO	LIAM
GABRIEL	NOAH
RAPHAËL	GABIN
LOUIS	SACHA
ARTHUR	PAUL
JULES	NATHAN
ADAM	TOM
HUGO	AARON
MAËL	MOHAMMED
LUCAS	ETHAN

CARNET BLEU DES
people

August *(Fils de la Princesse Eugenie d'York et de Jack Broosbank)*
Azel *(Fils de Laetitia Casta et Louis Garrel)*
Cosmo *(Fils de Scarlett Johansson et Colin Jost)*
Eduardo *(Fils de Hilaria et Alec Baldwin)*
Gabriel *(Fils de Yann Couvreur et sa conjointe)*
Gregory *(Fils d'Eliza Dusku et Peter Palandjian)*
Jason *(Fils de Jena Frumes et Jason Derulo)*
Leo *(Fils de Daniella Rick et de Quentin Tarentino)*
Lucas *(Fils de Zara Phillips et Mike Tindall)*
Nael *(Fils de Hiba Tawaji et Ibrahim Maalouf)*
Nino *(Fils de Marion Rousse et Julian Alaphilippe)*
Noé *(Fils d'Emilie Broussouloux et Thomas Hollande)*
Sasha *(Fils de Clara Berry et K.J Apa)*
Tahoma *(Fils de Shy'm et Tanel Derard)*
Ulysse *(Fils de Jeanne Damas et Edouard de Moussac)*

SOMMAIRE

• Tous les prénoms de A à Z •

• Les tops 20 •

A

B

Aaron

Aarao, Aharon, Arek, Aron, Aronk, Aronek, Aronne, Aronos, Arra, Arren, Arrin, Arron, Haron, Haroun.

Étymologie : de l'hébreu : « esprit », ou *har* : « montagne ». Dans la Bible, il est le frère aîné de Moïse, chargé par Dieu de le protéger.

Fête : 22 juin - Couleur : rouge - Chiffre : 5

Caractère : Aaron est être passionné. Il aime innover et possède les qualités nécessaires pour ce faire : précision, efficacité, patience. Il est aussi dévoué et scrupuleux.

Personnage célèbre : le producteur de séries TV américaines à succès Aaron Spelling.

Fréquence : rare - Évolution : ↗

Âge moyen : 6 ans

V

Abbas

Abbes

Étymologie : de l'araméen : « père ». Ce nom fut porté par l'oncle de Mahomet, qui mourut en 653 et considéré comme l'ancêtre de la dynastie des Abbassides, qui régna sur le monde musulman de 750 à 1258. Abbas fut également le nom d'un abbé de Saint-Benoît-sur-Loire, connu pour ses talents en poésie et en arithmétique.

Fête : 13 novembre - Couleur : orange - Chiffre : 8

Caractère : Abbas est réfléchi, aime l'étude et la spiritualité.

Personnages célèbres : un shah de Perse, qui établit sa capitale à Ispahan, au Ve siècle ; le réalisateur iranien Abbas Kiarostami.

Fréquence : rare - Évolution : =

Âge moyen : 28 ans

V

Abby

Étymologie : de l'hébreu : « père des nations ». Ce diminutif d'Abraham est devenu un prénom dans les pays anglo-saxons.

Fête : 20 février - Couleur : vert - Chiffre : 8

Caractère : Abby est courageux, efficace, énergique.

Fréquence : très rare - Évolution : ↘

V

Abdel

Ab-del, Abd-el, Abdelali

Étymologie : de l'arabe *abd* : « serviteur » et *allah* : « Dieu ».

Couleur : vert - Chiffre : 6

Caractère : Abdel est épris de paix et gouverné par la raison. Il aime tout ce qui s'y rapporte : le conseil, la gestion...

Personnage célèbre : Abdel, père de Mahomet, le Prophète.

Fréquence : rare - Évolution : ↗

Âge moyen : 31 ans

V

Abdelaziz

Abdelazize, Abdelazziz, Abdelhaziz, Abdelaziz, Abdel-Aziz

Étymologie : de l'arabe *abd* : « serviteur » et *allah* : « Dieu ».

Caractère : Abdelaziz est ambitieux, habile, fort et passionné.

Personnages célèbres : un sultan mérinide (dynastie berbère du Maghreb) mort en 1372 ; le premier roi du « Najd et du Hijaz » de la dynastie saoudienne.

Fréquence : rare - Évolution : ↘

Âge moyen : 32 ans

Abdelmalek

Abdelmalik

Étymologie : de l'arabe *abd* : « serviteur » et *allah* : « Dieu ».
Couleur : vert - Chiffre : 3
Caractère : Abdelmalek est pragmatique, optimiste, créatif et organisé.
Fréquence : rare - Évolution : ↗
Âge moyen : 29 ans

Abdelkader

Abdel-Kader, Abdelkadir

Étymologie : de l'arabe *abd* « serviteur » et *allah* : « Dieu ». Ce prénom évoquait une confrérie mystique du XIe siècle, celle des shérifs Kadarites.
Couleur : gris - Chiffre : 6
Caractère : Abdelkader est idéaliste, altruiste, organisé et intègre.
Fréquence : rare - Évolution : =
Âge moyen : 28 ans

Abdel-Karim

Abdel-Karim

Étymologie : de l'arabe *abd* : « serviteur » et *allah* : « Dieu » et *karim* : « bien né, généreux ».
Couleur : vert - Chiffre : 3
Caractère : Abdel-Karim est méthodique, fiable et organisé. Comme tous les êtres résolus, il sait faire preuve d'une incroyable ténacité.
Fréquence : rare - Évolution : =
Âge moyen : 28 ans

TOP 20

Prénoms de stars

Acteurs d'un âge d'or du cinéma, stars hollywoodiennes ou françaises au rayonnement international, icônes pop, compétiteurs féroces... Voici une liste qui perpétue la magie de ces personnages.

Benoît
Daniel
David
Elvis
Gaspard
Harry
Jean
Jim
Jules
Justin
Kylian
Leonardo
Marlon
Michaël
Orlando
Owen
Paul
Ryan
Sean
Tom

V

Abdelkrim

Abdelkarim, Abd el-krim, Abdelkrime

Étymologie : de l'arabe : « serviteur de Celui qui est généreux ».
Couleur : vert - Chiffre : 3
Caractère : Abdelkrim est déterminé, rigoureux et courageux.
Fréquence : rare - Évolution : ↘
Âge moyen : 38 ans

V

Abdelrahim

Abdelghani, Abdelrani, Abderhim, Abderahim, Abderrahim

Étymologie : de l'arabe : « serviteur de Celui qui est bon ».
Couleur : vert - Chiffre : 3
Caractère : Abdelrahim est dynamique, audacieux, directif et résolu.
Fréquence : rare - Évolution : ↗
Âge moyen : 14 ans

V

Abderrahamane

Abdelrahmane, Abderahmane, Abderrahman

Étymologie : de l'arabe : « serviteur du Miséricordieux ».
Couleur : bleu - Chiffre : 3
Caractère : Abderrahmane est idéaliste, altruiste et attentif. C'est un homme de cœur.
Fréquence : très rare - Évolution : ↗

V

Abdoulaye

Abdou, Abdoul

Étymologie : de l'arabe *abd* : « serviteur » et *allah* : « Dieu ». Abdoulaye est la version d'Abdullah la plus portée en Afrique noire.
Couleur : vert - Chiffre : 4
Caractère : Abdoulaye a pour lui le savoir et l'intelligence. Les autres l'envient et l'admirent pour sa sagesse et sa maturité.
Fréquence : rare - Évolution : ↗
Âge moyen : 16 ans

V

Abdullah

Abdala, Abdelan, Abdella, Abdellli, Abdoul Abdoulah, Abdoulah, Abdoullah, Abdul.

Étymologie : de l'arabe *abd* : « serviteur » et *allah* : « Dieu ».
Couleur : bleu - Chiffre : 4
Caractère : intelligent, autonome, Abdullah est un être organisé qui n'aime pas que l'on bouscule ses habitudes.
Fréquence : rare - Évolution : ↗
Âge moyen : 14 ans

V

Abed

Étymologie : de l'arabe : « Celui qui est pieux ».
Couleur : jaune - Chiffre : 2
Caractère : Abed est pragmatique, optimiste, créatif et sociable.
Fréquence : rare - Évolution : ↗
Âge moyen : 31 ans

B

Abel

Abeau, Abélard, Abelardo, Abele, Abelin, Avel, Avelin, Avelain

Étymologie : de l'hébreu : « souffle vital », ou *ab* : « père » et *el* : « Dieu ». Ce prénom est celui du fils d'Adam et Ève, frère de Caïn. Ce dernier le tua, jaloux de la préférence que Dieu semblait lui avoir accordé.
Fête : 5 août - Couleur : jaune - Chiffre : 2
Caractère : Abel réunit toutes les qualités de

l'être introspectif : la pudeur, le mysticisme, l'intelligence… Il sait aussi se montrer fidèle.
Personnages célèbres : Abel Gance, pionnier du cinéma muet (1889-1981) ; le cinéaste contemporain Abel Ferrarra.
Fréquence : rare - Évolution : ↗
Âge moyen : 78 ans

V

Abraham

Abe, Abey, Abie, Abrahamo, Abrahan, Abram, Abrami, Abramo, Abran, Abrao, Avraham, Avram, Avrum

Étymologie : de l'hébreu : « père des nations ».
Fête : 20 décembre - Couleur : bleu - Chiffre : 8
Caractère : Abraham est pédagogue, volontaire, bâtisseur.
Personnage célèbre : Abraham Lincoln, président des États-Unis.
Fréquence : rare - Évolution : ↗
Âge moyen : 47 ans

B

Achille

Achiléus, Achill, Achillée, Achillé, Achlles, Achillio, Akil, Akilino, Akilles.

Étymologie : du grec *akilé* : « qui a de belles lèvres ».
Fête : 12 mai - Couleur : rouge - Chiffre : 5
Caractère : Achille réunit toutes les qualités du guerrier : ambition, courage, autorité, exigence. Rien de plus normal ! Héros de l'Iliade d'Homère, il est, de tous les guerriers, le plus brave et le plus impétueux.
Personnages célèbres : Achille, le héros de la Guerre de Troie. Sa mère, pour le rendre invulnérable, le plongea dans les eaux du Styx en le tenant par la cheville, faisant, hélas, de cette partie du corps son seul point faible. L'expression « talon d'Achille » est restée consacrée depuis ; Achille Talon, le personnage de bande dessinée ; Achille Zavatta, le clown.
Fréquence : rare - Évolution : ↗
Âge moyen : 66 ans

B

Adam

Adamec, Adamek, Adamh, Adamik, Adamka, Adamko, Adamo, Adams, Adamson, Adamsson, Adan, Adanet, Adao, Addam, Adams, Addamson, Addy, Adhamh, Adenot, Adnet, Adnot.

Étymologie : de l'hébreu *adam, adama* : « la terre ». Adam, à proprement parler, n'avait guère d'état « civil ». Aucun saint ne s'étant appelé Adam, il n'a donc pas sa fête sur nos calendriers.
Couleur : rouge - Chiffre : 1
Caractère : Adam est exclusif, sensuel, mais aussi logique, discipliné et un peu dur parfois.
Personnages célèbres : c'est le nom du premier homme créé par Dieu, compagnon d'Ève au jardin d'Éden. Tous deux furent chassés du paradis terrestre après avoir croqué la pomme de l'arbre de la connaissance ; Adam Clayton, bassiste du groupe U2 ; Adam Smith, économiste anglais.
Fréquence : rare - Évolution : ↗
Âge moyen : 11 ans

P

Addison

Addie, Addy

Étymologie : de l'anglais : « fils d'Adam ». D'abord nom de famille, Addison est devenu prénom en Angleterre dès le XIXe siècle.
Fête : 17 juin - Couleur : rouge - Chiffre : 3
Caractère : Addison est optimiste, pragmatique. C'est un être de volonté. Il est résolu et a besoin de communiquer.
Fréquence : très rare - Évolution : ↘
Âge moyen : 4 ans

C

Adelin

Adelino

Étymologie : du germanique *adal* : « noble » et lind : « doux ».
Fête : 4 février - Couleur : rouge - Chiffre : 4
Caractère : Adelin est curieux, indépendant, gai, travailleur, mais aussi pourvu d'un solide sens des responsabilités.
Fréquence : rare - Évolution : ↘
Âge moyen : 48 ans

C

Ademar

Adelmar, Aymar, Azémar, Valdemar

Étymologie : du germanique *adal* : « noble », *heim* : « maison » et mar : « illustre ».
Fête : 24 mars - Couleur : bleu - Chiffre : 5
Caractère : Ademar est curieux, intuitif et opportuniste.
Personnage célèbre : Adémar de Chabannes (988-1034), moine, chroniqueur de son époque et compositeur français.
Fréquence : rare - Évolution : ↘
Âge moyen : 100 ans

C

Adhémar

Étymologie : du germanique *adal* : « noble », *heim* : « maison » et mar : « illustre ». Cette orthographe plus rare n'est pas la plus conservatrice et était assez attribuée du Moyen Âge au XIXe siècle. Elle reste traditionnelle aujourd'hui dans certaines familles de sang bleu.
Fête : 24 mars - Couleur : bleu - Chiffre : 5
Caractère : Adhémar aime la découverte. Il est énergique, audacieux et déterminé.
Fréquence : rare - Évolution : ↘
Âge moyen : 94 ans

C

Adelphe

Étymologie : du germain *adal* : « noble » et *wolf* : « loup ».
Fête : 11 février - Couleur : jaune - Chiffre : 6
Caractère : Adelphe est bienveillant, consciencieux. Il a du cœur et recherche la réussite.
Fréquence : très rare - Évolution : =
Âge moyen : 57 ans

V

Adib

Étymologie : de l'arabe : « cultivé, lettré ». Ce prénom renvoie à la vertu coranique qui consiste à s'imprégner et à comprendre avec justesse le message divin envoyé par le Prophète, de manière à honorer Dieu comme il se doit.
Couleur : gris - Chiffre : 9
Caractère : Adib est juste, intelligent et raisonnable.
Fréquence : rare - Évolution : ↗
Âge moyen : 12 ans

V

Adil

Adile, Adlâne, Adlen, Adlène

Étymologie : de l'arabe : « juste, équilibré ». Il rejoint le vieux prénom latin *Justus*, Juste en français.
Couleur : bleu - Chiffre : 7
Caractère : Adil est un stratège qui possède un certain leadership.
Fréquence : rare - Évolution : ↗
Âge moyen : 19 ans

V

Adnan

Adnane, Adnen, Adnène

Étymologie : de l'arabe : « être grand ».
Couleur : jaune - Chiffre : 8

Caractère : Adnan est pragmatique, aime s'adapter et est généreux.
Fréquence : rare - Évolution : ↗
Âge moyen : 18 ans

C

Adolphe

Adolfino, Adolfo, Adulfo, Adolf, Adulf

Étymologie : du germain *adal* : « noble » et *wolf* : « loup ».
Fête : 11 février - Couleur : jaune - Chiffre : 6
Caractère : Adolphe est pourvu d'un bel esprit d'analyse. Il est doué pour les études, réservé et ambitieux.
Personnages célèbres : Adolphe Thiers ; *Adolphe*, roman de Benjamin Constant.
Fréquence : très rare - Évolution : ↘

B

Adonis

Adon

Étymologie : du phénicien *adôn* : « seigneur ». Adonis désigne un personnage de la mythologie grecque incarnant la beauté et amant d'Aphrodite et de Perséphone. Aphrodite en était si éprise qu'elle supplia Zeus de le ressusciter après qu'un sanglier l'eut tué lors d'une partie de chasse en forêt.
Couleur : rouge - Chiffre : 6
Caractère : Adonis est un être sensible, épicurien, charismatique et curieux.
Fréquence : rare - Évolution : ↗
Âge moyen : 46 ans

V

Adrian

Adrean, Adren, Adrean

Étymologie : du grec *Adrianos* et du latin *Adrianus*, nom d'une famille romaine originaire d'Adria, ville de Vénétie. Cette ville aurait donné son nom à la mer Adriatique. Ce prénom correspond à la forme provençale, hispanophone et lusophone d'Adrien.
Fête : 8 septembre - Couleur : bleu - Chiffre : 6
Caractère : Adrian est courageux, généreux et diplomate.
Personnage célèbre : Adrián López Álvarez, footballeur espagnol, champion d'Espagne en 2014.
Fréquence : rare - Évolution : ↘
Âge moyen : 16 ans

V

Adriano

Étymologie : du grec *Adrianos* et du latin *Adrianus*, nom d'une famille romaine originaire d'Adria, ville de Vénétie. Cette ville aurait donné son nom à la mer Adriatique. Ce prénom correspond à la forme italienne d'Adrien.
Fête : 8 septembre - Couleur : bleu - Chiffre : 6
Caractère : Adriano allie vitalité et sens de la stratégie. Il est aussi résolu et volontaire.
Personnages célèbres : Adriano de Souza, surfer professionnel brésilien ; Adriano Leite Ribeiro, footballeur international brésilien.
Fréquence : rare - Évolution : ↗
Âge moyen : 22 ans

C

Adrien

Étymologie : du grec *Adrianos* et du latin *Adrianus*, nom d'une famille romaine originaire d'Adria, ville de Vénétie. Cette ville aurait donné son nom à la mer Adriatique.
Fête : 8 septembre - Couleur : bleu - Chiffre : 6
Caractère : Adrien réunit toutes les qualités du sensuel : sens de l'esthétique, gourmandise... Tout cela doublé d'une certaine ingéniosité. Mais c'est aussi un grand sentimental.
Personnage célèbre : l'acteur américain Adrien Brody.
Fréquence : répandu - Évolution : ↘
Âge moyen : 38 ans

Ael

Aelig

Étymologie : du grec *eggelos* : « messager ». Ce prénom correspond à la forme bretonne du prénom Ange.
Fête : 5 mai - Couleur : bleu - Chiffre : 9
Caractère : Ael est émotif, intuitif, volontaire et imaginatif.
Fréquence : rare - Évolution : ↗
Âge moyen : 8 ans

Agathon

Agapes, Agapetos, Agapios, Hassan

Étymologie : du grec *agathè*, *agatho* : « bon ». Ce prénom correspond à la forme masculine d'Agathe usitée surtout en Roumanie.
Fête : 10 janvier - Couleur : violet - Chiffre : 3
Caractère : Agathon est sensible, charismatique, prudent et travailleur.
Personnage célèbre : Agathon, poète tragique grec, ami de Platon et d'Euripide.
Fréquence : très rare - Évolution : =
Âge moyen : 98 ans

Agénor

Étymologie : du grec : « très courageux, vaillant ». Ce prénom est celui du roi de Phénicie, personnage de la mythologie grecque et fils de Poséïdon, dieu de la mer.
Fête : 10 mars - Couleur : rouge - Chiffre : 6
Caractère : Agénor est doté d'une grande confiance en lui. Il a le sens des responsabilités, est énergique et ambitieux.
Personnage célèbre : Agénor de Gramont, diplomate et ministre français des Affaires étrangères (1819-1880).
Fréquence : rare - Évolution : ↗
Âge moyen : 92 ans

Agnan

Étymologie : du grec *agnè* : « chaste ». Ce prénom correspond à la forme masculine d'Agnès.
Fête : 21 janvier - Couleur : vert - Chiffre : 1
Caractère : Agnan est sensible, éloquent et pourvu d'un certain sens artistique.
Fréquence : rare - Évolution : =
Âge moyen : 77 ans

Agrippin

Étymologie : du latin : « issu des Agrippa », du nom de la gens Agrippa (illustre famille) à Rome au Ier siècle avant J.-C. Ce prénom fut porté par l'évêque de Côme en Italie.
Fête : 17 juin - Couleur : bleu - Chiffre : 5
Caractère : Agrippin est curieux, vif et diplomate.
Fréquence : très rare - Évolution : =

Ahmed

Ahmad, Ahmet, Ahmid, Amin, Hamid

Étymologie : de l'arabe : « digne d'éloge ». Ce prénom est celui d'un saint du XIIe siècle, fils d'Émir qui fut tué pour avoir abjuré l'Islam et s'être fait baptisé ainsi que sa famille.
Fête : 20 août - Couleur : rouge - Chiffre : 3
Caractère : Ahmed est méthodique, logique, discipliné, ardent au travail et dialecticien.
Personnage célèbre : Ahmed Ben Balla, premier président de la république d'Algérie.
Fréquence : répandu - Évolution : ↗
Âge moyen : 29 ans

Aimable

Étymologie : du latin *amabilis* : « qui mérite d'être aimé ». Ce prénom, mixte, fut à l'origine porté par le patron de Riom en Auvergne. Il vécut au VIe siècle et chassa les païens de sa région. La légende veut qu'il ait eu pour habitude de suspendre son manteau à un rayon de soleil.

Fête : 18 octobre - Couleur : bleu - Chiffre : 1

Caractère : Aimable est résistant, volontaire, simple et généreux.

Personnage célèbre : Aimable, accordéoniste français (1922-1997).

Fréquence : très rare - Évolution : =

B

Aimé

Amat, Amato, Aziz (version orientale)

Étymologie : du latin *amatus*, qui signifie... « aimé ».

Fête : 13 septembre - Couleur : blanc - Chiffre : 1

Caractère : Aimé est responsable, indépendant, rêveur et sensible.

Personnages célèbres : le poète et homme politique Aimé Césaire ; l'ex-entraîneur et sélectionneur des Bleus Aimé Jacquet.

Fréquence : répandu - Évolution : ↗

Âge moyen : 85 ans

C

Aimeric

Aimeri, Aimerick, Emeri, Emery, Aymeri, Aimery, Emmerich

Étymologie : du germanique *haim* : « maison » et *ric* : « roi ».

Fête : 4 novembre - Couleur : bleu - Chiffre : 7

Caractère : Aimeric est calculateur, méfiant, astucieux, opportuniste, mais peut se montrer d'une grande tendresse. C'est un passionné autodidacte.

Fréquence : rare - Évolution : ↘

Âge moyen : 17 ans

V

Akim

Étymologie : de l'hébreu : « Dieu a établi ». Contrairement à ce que l'on pourrait penser, ce prénom n'est guère arabe, il vient de Russie. On peut le considérer comme un diminutif de Joachim assez répandu.

Fête : 26 juillet - Couleur : blanc - Chiffre : 3

Caractère : Akim est indépendant, sage et intelligent.

Personnage célèbre : Akim Tamiroff (1899-1972), acteur : *La Tulipe noire, Le Procès, Don Quichotte.*

Fréquence : rare - Évolution : ↘

Âge moyen : 29 ans

P

Alain

Ailean, Ailin, Al, Aland, Alanic, Alanig, Alano, Alanson, Alao, Alen, Alin, Allain, Allayne, Allen, Alleyn, Allin, Allon, Allyn, Alon, Alun

Étymologie : du latin *Alanus*. Les Alains désignent le peuple nomade venu d'Iran qui a envahi la Gaule et l'Espagne avant d'être vaincu définitivement par les Wisigoths.

Fête : 9 septembre - Couleur : vert - Chiffre : 10

Caractère : Alain est un passionné : entier, impulsif, excessif, mais aussi fidèle et séducteur.

Personnages célèbres : le philosophe Alain (1868-1951) ; Alain Resnais, cinéaste ; Alain Delon, acteur ; Alain Decaux, historien, membre de l'Académie française ; les chanteurs Alain Souchon et Alain Bashung ; le chef Alain Ducasse ; le comédien Alain Chabat.

Fréquence : répandu - Évolution : ↘

Âge moyen : 58 ans

V

Alan

Alane, Allan

Étymologie : du latin *alanus* ou du celte : « juste, beau ».

Fête : 9 septembre - Couleur : orange - Chiffre : 10

Caractère : Alan est passionné, efficace, volontaire et rigoureux.

Personnage célèbre : Alan Stivell, chanteur breton.
Fréquence : rare - Évolution : ↘
Âge moyen : 17 ans

V

Alaric

Alar, Alari, Alarik, Alrick, Alric, Alrik, Alarico

Étymologie : du germain *ala* : « tout » et *ric* : « puissant ». Signifie par extension : « chef suprême ». Prénom très en vogue au Moyen Âge, il est à présent plus répandu sous sa forme patronymique, mais semble bénéficier d'un retour en grâce.
Fête : 29 septembre - Couleur : rouge - Chiffre : 9
Caractère : Alaric est solide, charmant, ambitieux et rigoureux.
Personnage célèbre : Alaric, roi wisigoth qui s'empara de Rome le 24 août 410 et mit fin à la civilisation romaine antique.
Fréquence : rare - Évolution : ↘
Âge moyen : 16 ans

V

Alarig

Étymologie : du germain *ala* : « tout » et *ric* : « puissant ». Signifie par extension : « chef suprême ». Ce prénom correspond à la forme bretonne du prénom Alaric.
Fête : 29 septembre - Couleur : rouge - Chiffre : 9
Caractère : Alarig est solide, charmant, ambitieux et rigoureux.
Fréquence : rare - Évolution : ↘

V

Alary

Étymologie : du germain *ala* : « tout » et *ric* : « puissant ». Signifie par extension : « chef suprême ». Ce prénom correspond à la forme anglo-saxonne du prénom Alaric.
Fête : 29 septembre - Couleur : rouge - Chiffre : 9
Caractère : Alary est solide, charmant, ambitieux et rigoureux.
Fréquence : rare - Évolution : =

C

Albain

Étymologie : du latin *albus* : « blanc ». Ce prénom est un dérivé d'Alban.
Fête : 1er mars - Couleur : orange - Chiffre : 2
Caractère : Albain est intuitif, affectif et affectueux.
Fréquence : très rare - Évolution : =

C

Alban

Alabanus, Albanino, Albano, Auban, Albin, Albi, Albino

Étymologie : du latin *albus* : « blanc ».
Fête : 22 juin - Couleur : blanc - Chiffre : 3
Caractère : Alban est généreux, désintéressé, serein, mais son sens de l'amitié peut le rendre parfois influençable.
Personnage célèbre : le grand compositeur autrichien Alban Berg (1885-1935).
Fréquence : rare - Évolution : ↗
Âge moyen : 31 ans

C

Albéric

Albérico, Albérigo, Albérich, Alberich, Alberik, Alfaric, Aubriet, Aubriot, Elberich

Étymologie : du germain *alb* : « elfe » et *ric* : « puissant », ou *rik* : « roi ».
Fête : 26 janvier - Couleur : rouge - Chiffre : 5
Caractère : Albéric est rigoureux, sérieux, actif et autoritaire.
Personnages célèbres : Albéric, « elfe puissant », ou encore « roi des elfes », est l'un des Nibelungen dans la Tétralogie de Wagner ; Albéric

Magnard (1865-1914), compositeur français.
Fréquence : rare - Évolution : ↘
Âge moyen : 54 ans

P

Albert

Adalbert, Albar, Albaro, Albrecht, Alberto, Albero, Auberto, Aubrey, Auberon, Bert, Elbert, Oberon.

Étymologie : du germain *adal* : « noble » et *behrt* : « célèbre ».
Fête : 15 novembre - Couleur : bleu - Chiffre : 4
Caractère : Albert est calme, secret, relativement insaisissable, intuitif et d'une curiosité sélective.
Personnages célèbres : Albert Schweitzer, théologien, musicologue, médecin et philosophe ; le physicien Albert Einstein ; les écrivains Albert Camus et Albert Cohen ; le prince Albert de Monaco.
Fréquence : répandu - Évolution : ↘
Âge moyen : 54 ans

B

Albertin

Aubertin

Étymologie : du germain *adal* : « noble » et *behrt* : « célèbre ». Ce prénom correspond à une forme dérivée d'Albert.
Fête : 13 avril - Couleur : bleu - Chiffre : 5
Caractère : Albertin est vif, réfléchi, possessif, mais aussi courageux et honnête.
Personnage célèbre : Albertin Botton, médecin de l'Académie de Padoue.
Fréquence : très rare - Évolution : =
Âge moyen : 109 ans

V

Alberto

Alberti, Albertino

Étymologie : du germain *adal* : « noble » et *behrt* : « célèbre ».
Fête : 15 novembre - Couleur : bleu - Chiffre : 4
Caractère : Alberto est prudent, réservé, travailleur et persévérant.
Personnages célèbres : Alberto Giacometti, le sculpteur et peintre (1901-1966) ; le coureur cycliste Alberto Contador.
Fréquence : rare - Évolution : ↗
Âge moyen : 45 ans

C

Albin

Étymologie : du latin *albus* : « blanc ». Ce prénom est un dérivé d'Alban.
Fête : 1er mars - Couleur : orange - Chiffre : 2
Caractère : Albin est intuitif, affectif, affectueux, sociable et pourvu de grandes qualités d'adaptabilité.
Personnage célèbre : Albin Michel, fondateur, en 1900, de la maison d'édition du même nom.
Fréquence : rare - Évolution : ↗
Âge moyen : 48 ans

V

Aldo

Aldou

Étymologie : du germanique *ald* : « ancien ». Ce prénom, très répandu en Italie, est la version masculine d'Alda, jeune toscane qui, à la mort de son mari, distribua sa fortune et consacra le reste de sa vie à soigner des malades à l'hôpital de Sienne.
Fête : 26 avril - Couleur : vert - Chiffre : 8
Caractère : Aldo est calme, prudent, curieux et opportuniste.
Personnages célèbres : Aldo l'Ancien, créateur de la typographie et de l'édition moderne ; Aldo Maccione, célèbre acteur.
Fréquence : rare - Évolution : ↗
Âge moyen : 58 ans

TOP 20

Prénoms de contes

Qu'il s'agisse des écrits de Grimm, de Perrault ou d'Andersen, les contes ont leur lot de héros qui ont inspiré les rêveries animées débridées des grands studios d'animation...

Aladdin
Blaise *(Merlin l'enchanteur)*
Charmant *(Shrek)*
Dimitri *(Anastasia)*
Éric *(La Petite Sirène)*
Florian *(Blanche Neige et les Sept Nains)*
Flynn *(Raiponce)*
Guillaume *(Le Petit Poucet)*
Hansel *(Hansel et Gretel)*
Hubert *(La Belle au Bois Dormant)*
Jacques/Jack *(Le Haricot magique)*
Jean *(Robin des Bois)*
Kristoff *(La Reine des Neiges)*
Merlin *(l'enchanteur)*
Michel *(Peter Pan)*
Olaf *(La Reine des Neiges)*
Philippe *(La Belle au Bois Dormant)*
Pierre *(et le Loup)*
Robin *(des bois)*
Taram *(Le Chaudron magique)*

V

Aldric

Alderic, Alderick, Aldred, Aldrick, Aldrik, Audran, Audric

Étymologie : du germanique *ada* : « noble » et *ric* : « puissant », ou *rik* : « roi ». Ce prénom correspond à la forme masculine d'Audrey.

Fête : 7 janvier - Couleur : orange - Chiffre : 3

Caractère : Aldric est actif, émotif, intuitif et charismatique.

Fréquence : rare - Évolution : ↘

Âge moyen : 22 ans

P

Alec

Aleck

Étymologie : du grec *alexein* : « protéger » et andros : « homme, guerrier, ennemi ». Ce prénom correspond à un diminutif anglo-saxon d'Alexandre. Il peut être considéré comme une variante d'Alex.

Fête : 22 avril - Couleur : bleu - Chiffre : 3

Caractère : Alec est un charmeur épicurien. Son éloquence et son pouvoir de séduction le lui permettent.

Personnage célèbre : l'acteur Alec Baldwin.

Fréquence : rare - Évolution : ↘

Âge moyen : 15 ans

V

Alessandro

Alessio

Étymologie : du grec *alexein* : « protéger » et andros : « homme, guerrier, ennemi ». Ce prénom correspond à la forme italienne d'Alexandre.

Fête : 3 mai - Couleur : bleu - Chiffre : 4

Caractère : Alessandro est humain, rêveur, mais peut aussi faire preuve d'un très fort caractère.

Personnages célèbres : Alessandro Scarlatti (1660-1725), compositeur de musique baroque ;

Alessandro Moreschi (1858-1922), célèbre chanteur castrat ; Alessandro Baricco, journaliste et écrivain, célèbre notamment pour son roman *Soie*.
Fréquence : rare - Évolution : ↗
Âge moyen : 13 ans

P

Alex

Étymologie : du grec *alexein* : « protéger » et *andros* : « homme, guerrier, ennemi » ; « défense de l'humanité ». Ce prénom correspond au diminutif d'Alexandre ou d'Alexis, considéré à présent comme un prénom à part entière. Le premier à avoir été inscrit dans les registres d'état civil date des années 90.
Fête : 3 mai - Couleur : bleu - Chiffre : 6
Caractère : Alex est exigeant, mais aussi influent et charismatique. Il a le sens de la famille et des responsabilités.
Personnages célèbres : Alex Métayer, humoriste français (1930-2004) ; Alex Ferguson, célèbre manager du club de football anglais Manchester United de 1986 à 2013.
Fréquence : rare - Évolution : ↘
Âge moyen : 21 ans

V

Alexander

Aleksandar, Alsander, Sancho, Sander, Sanders, Xander, Xandre

Étymologie : du grec *alexein* : « protéger » et *andros* : « homme, guerrier, ennemi ». Ce prénom correspond à la forme anglo-saxonne et germanique d'Alexandre. Il figure d'ailleurs dans le top 10 allemand et suédois.
Fête : 3 mai - Couleur : bleu - Chiffre : 6
Caractère : Alexander est volontaire, enthousiaste, il a l'esprit pratique et d'énormes capacités de raisonnement.
Personnages célèbres : sir Alexander Fleming qui découvrit la pénicilline ; le sculpteur Alexander Calder ; Alexander Mcqueen et Alexander Wang créateurs de mode.
Fréquence : rare - Évolution : =
Âge moyen : 20 ans

C

Alexandre

Alexandro, Alexandros, Alleissandre, Alleissandrino, Alejandro, Alisander, Alissander, Aliocha, Sandrino, Alastair, Alistair, Lisandre, Lysandre

Étymologie : du grec *alexein* : « protéger » et *andros* : « homme, guerrier, ennemi ». C'est d'abord par Alexandre le Grand que ce nom fut rendu illustre. Alexandre III, dit « le Conquérant » ou « le Grand » (356-323 avant J.-C.), a conquis l'Indus, la Perse et Babylone, cherchant à unir ce qui, a priori, ne pouvait pas l'être. Ce prénom confère à ceux qui le portent une aura de gloire et de puissance.
Fête : 3 mai - Couleur : bleu - Chiffre : 3
Caractère : Alexandre a les qualités du héros : ambitieux, opportuniste, passionné, idéaliste et excessif.
Personnages célèbres : les écrivains Alexandre Pouchkine, Alexandre Dumas, Alexandre Soljenitsyne et Alexandre Blok.
Fréquence : répandu - Évolution : ↘
Âge moyen : 31 ans

P

Alexis

Alessi, Alessio, Alejo, Alessi, Aleksii, Alexe, Alexei, Alexi, Alexian, Alexios, Alexy

Étymologie : du grec *alexein* : « protéger » et *andros* : « homme, guerrier, ennemi ».
Fête : 17 février - Couleur : bleu - Chiffre : 7
Caractère : Alexis est aussi orgueilleux que machiavélique. Il est aussi imaginatif et enthousiaste.

Personnages célèbres : Alexis de Tocqueville, intellectuel français du XIXe siècle à l'origine, notamment, de l'ouvrage *De la démocratie en Amérique* (1835) ; Alexis Grüss, artiste de cirque.
Fréquence : répandu - **Évolution** : ↘
Âge moyen : 26 ans

V

Alfie

Alf, Alfy, Avery

Étymologie : du germain *alf* : « tout » et *frido* : « paix » ; ou *alf* : « elfe » et *rath* : « conseil ». Ce prénom correspond à une forme anglo-saxonne du très germanique Alfred, peu attribuée en France, mais représentée dans les pays anglo-saxons.
Fête : 15 novembre - **Couleur** : violet - **Chiffre** : 4
Caractère : Alfie est audacieux, dynamique et plein d'audace.
Personnages célèbres : Alfie Bass, acteur anglais (*Le Bal des vampires* de Roman Polanski, *Train d'enfer*) ; Alfie, héros éponyme du film *Alfie le dragueur* de Lewis Gilbert, sorti en 1966, qui a donné lieu au remake de Charles Shyer : *Irrésistible Alfie* avec Jude Law, sorti en 2004.
Fréquence : très rare - **Évolution** : =
Âge moyen : 4 ans

V

Alfonso

Étymologie : du germain *adal* : « noble » et *funs* : « prompt, rapide », qui signifie : « prêt pour la bataille ». Ce prénom correspond à la forme portugaise et espagnole d'Alphonse.
Fête : 1er août - **Couleur** : violet - **Chiffre** : 9
Caractère : Alfonso est énergique, autoritaire et ambitieux.
Fréquence : rare - **Évolution** : =
Âge moyen : 26 ans

B

Alfred

Alf, Alfredo, Alfret, Aufray, Aufroy, Afreddy, Manfred

Étymologie : du germain *alf* : « tout » et *frido* : « paix » ; ou *alf* : « elfe » et *rath* : « conseil ».
Fête : 15 août - **Couleur** : violet - **Chiffre** : 1
Caractère : Alfred est courtois, intuitif, orgueilleux, mais aussi contradictoire.
Personnages célèbres : l'officier Alfred Dreyfus ; les hommes de lettres Alfred de Vigny, Alfred de Musset et Alfred Jarry ; le cinéaste Alfred Hitchcock.
Fréquence : répandu - **Évolution** : ↘
Âge moyen : 89 ans

V

Ali

Étymologie : de l'arabe *allah* : « Dieu ». Par déduction, signifie « supérieur ». Ali, cousin de Mahomet, épousa Fatima et devient quatrième calife avant d'être assassiné en 661. C'est lui que les chiites reconnaissent comme le véritable successeur de Mahomet.
Fête : 20 juillet - **Couleur** : vert - **Chiffre** : 8
Caractère : Ali est spontané, combatif, adroit, observateur et inspiré.
Personnage célèbre : Ali Baba, le héros des *Mille et Une Nuits* immortalisé au cinéma par Fernandel dans *Ali Baba et les quarante voleurs*.
Fréquence : répandu - **Évolution** : ↗
Âge moyen : 31 ans

V

Allistair

Alistair, Allastair

Étymologie : du grec *alexein* : « protéger » et *andros* : « homme, guerrier, ennemi ». Ce prénom correspond à la forme gaélique d'Alexandre. Elle est donc plus répandue dans les pays anglo-saxons où elle revêt un certain caractère rétro.

Fête : 3 mai - Couleur : bleu - Chiffre : 2
Caractère : Allistair est volontaire, aussi actif qu'énergique, mais parfois autoritaire.
Fréquence : très rare - Évolution : =
Âge moyen : 4 ans

C

Alix

Étymologie : du germanique *adal* : « noble ». Ce prénom mixte est plus couramment attribué aux bébés de sexe féminin.
Fête : 9 janvier - Couleur : jaune - Chiffre : 1
Caractère : Alix est un individu énergique, ambitieux, qui aime l'innovation, la logique et l'autorité.
Fréquence : rare - Évolution : ↗
Âge moyen : 37 ans

V

Alonzo

Étymologie : du germain *adal* : « noble » et *funs* : « prompt, rapide », qui signifie : « prêt pour la bataille ». Ce prénom correspond à la forme italienne d'Alphonse.
Fête : 1er août - Couleur : violet - Chiffre : 9
Caractère : Alonzo aime le relationnel. Il est intuitif, fidèle et sait s'adapter à toutes les situations.
Fréquence : rare - Évolution : ↗
Âge moyen : 4 ans

C

Aloysius

Aloïs, Aloisio, Aloys, Aloyse, Aloysisus

Étymologie : du germain *hold* : « illustre, glorieux » et *wig* : « bataille, combattant ». L'allemand Chlodowig s'est transformé en Clovis, forme plus simple, puis en Clodovico, avant le résultat final : Louis. Aloysius correspond à une forme médiévale de Louis encore attribuée.
Fête : 25 août - Couleur : orange - Chiffre : 9
Caractère : Aloysius est sociable, sensible et recherche l'affection.
Fréquence : rare - Évolution : =
Âge moyen : 21 ans

B

Alphonse

Alfons, Alphons, Alphonsin, Alphonso, Alfonso, Anfos, Anfonsa, Fonso, Fonzie, Adelfons, Fons, Alonso, Alonzo

Étymologie : du germain *adal* : « noble » et *funs* : « prompt, rapide », qui signifie : « prêt pour la bataille ».
Fête : 1er août - Couleur : violet - Chiffre : 9
Caractère : Alphonse est spontané, efficace, passionné, sensuel et gai.
Personnages célèbres : Alphonse de Lamartine, le poète ; Alphonse Daudet, l'auteur des *Lettres de mon moulin* ; Alphonse Allais, écrivain humoriste.
Fréquence : rare - Évolution : ↘
Âge moyen : 92 ans

P

Alvin

Aldwin, Alvy, Alwin, Alwynn, Elvin, Elwynn

Étymologie : du vieil angais *aelf* : « elfe » et *win* : « ami ».
Fête : 15 août - Couleur : bleu - Chiffre : 2
Caractère : Alvin est un esthète perfectionniste.
Personnage célèbre : Alvin, petit héros de la série de films *Alvin et les Chipmunks*.
Fréquence : rare - Évolution : ↘
Âge moyen : 15 ans

V

Amadeus

Amadour, Amadeo, Amadeu, Amadis, Amadeo, Amedeo

Étymologie : du latin *amadeus* : « celui qui aime Dieu ». Cette forme latine et primitive du prénom Amédée a été médiatisée dans les années 80 suite au film de Milos Forman qui retraçait la vie de Mozart.

Fête : 30 mars - Couleur : blanc - Chiffre : 2

Caractère : Amadeus est créatif, optimiste et volontaire.

Fréquence : très rare - Évolution : ↘

Âge moyen : 11 ans

V

Amadou

Hammad, Hammadi

Étymologie : de l'arabe *hammad* : « la louange ». Ce prénom est, en effet, une forme dérivée du prénom Hammad. Amadou est sans doute à rapprocher du prénom Laud, qui n'est plus guère attribué aujourd'hui, mais dont l'origine est latine et renvoie à la même idée de louange, puisque laudare signifie « louer ».

Fête : 22 septembre (Saint-Laud)

Couleur : rouge - Chiffre : 7

Caractère : Amadou est directif, dynamique, indépendant et plein d'assurance.

Personnage célèbre : Amadou, chanteur et compositeur du duo musical *Amadou et Mariam*.

Fréquence : rare - Évolution : ↗

Âge moyen : 19 ans

C

Amalric

Amalrico

Étymologie : du germain *amal*, lié à la famille royale wisigothe Amali et de *ric* : « puissant ». Amalric correspond à la forme primitive d'Amaury.

Fête : 15 janvier - Couleur : jaune - Chiffre : 4

Caractère : Amalric est actif, combatif et impatient.

Fréquence : très rare - Évolution : =

Âge moyen : 18 ans

C

Amaury

Amery, Amorey, Amory

Étymologie : du germain *amal*, de signification obscure, lié à la famille royale wisigothe Amali et de *ric* : « puissant ».

Fête : 15 janvier - Couleur : jaune - Chiffre : 4

Caractère : Amaury est un amateur d'aventures, impulsif, conquérant et amateur d'amitiés viriles. Il est également sensuel, méthodique et nerveux.

Personnage célèbre : Amaury-Duval, peintre français du XIXe siècle.

Fréquence : rare - Évolution : ↗

Âge moyen : 18 ans

B

Ambroise

Ambrose, Ambrosius, Ambrogio, Ambroisino, Ambroisin

Étymologie : du grec *ambrôsios* : « immortel ».

Fête : 7 décembre - Couleur : violet - Chiffre : 1

Caractère : Ambroise est un sentimental qui peut sembler austère, mais qui est avant tout rigoureux et soumis à la réflexion. Très charitable, il est néanmoins acquis aux faibles et aux malheureux.

Personnages célèbres : Ambroise Thomas (1811-1896), le compositeur ; Ambroise Paré (1509-1590), chirurgien de Henri II, de François II, de Charles IX et de Henri III.

Fréquence : rare - Évolution : ↗

Âge moyen : 59 ans

B

Amédée

Amadour, Amadeo, Amadeu, Amadis, Amadeo, Amédé, Amédéo, Amedo

Étymologie : du latin *amadeus* : « celui qui aime Dieu ». C'est l'équivalent, pour le sens, de l'allemand Gottlieb ou du grec Théophile.
Fête : 30 mars - Couleur : jaune - Chiffre : 1
Caractère : Amédée est sensible, ambitieux, très actif mais aussi capable du plus grand calme.
Personnages célèbres : le roi d'Espagne Amédée de Savoie (1845-1890) ; neuf comtes de Savoie également dont le plus connu fut Amédée VIII, qui fut antipape sous le nom de Felix V ; Amédée Bollée, constructeur de voitures à vapeur. On lui doit notamment en 1873 l'*Obéissante*, un break à vapeur de douze places.
Fréquence : rare - Évolution : ↗
Âge moyen : 89 ans

V

Amerigo

Étymologie : du germanique *haim* : « maison » et *ric* : « roi ». Ce prénom correspond à la forme italienne d'Aymeric. Correctement représenté en Italie, il est moins connu en France.
Fête : 4 novembre - Couleur : bleu - Chiffre : 7
Caractère : Amerigo est persévérant, aventureux, réservé mais déterminé.
Personnage célèbre : Amerigo Vespucci (1454-1512), le cartographe et navigateur florentin dont le prénom a inspiré le nom « Amérique ».
Fréquence : très rare - Évolution : =
Âge moyen : 58 ans

V

Amin

Amine

Étymologie : de l'arabe : « loyal, digne de confiance ». Signifie également : « celui qui demande la protection de Dieu » ou encore : « Amen, ainsi soit-il ». Al Amin était le nom du fils du calife Hârûn Ar-Rashîd. À la mort de ce dernier, une guerre civile éclata entre ses deux fils et c'est Al Amin qui fut déclaré calife.
Couleur : jaune - Chiffre : 6
Caractère : Amin est dynamique, directif et audacieux.
Personnage célèbre : Amin Maalouf, écrivain franco-libanais, élu à l'Académie française en 2011.
Fréquence : rare - Évolution : ↘
Âge moyen : 14 ans

C

Amory

Étymologie : du germain *amal*, de signification obscure, lié à la famille royale wisigothe Amali et de *ric* : « puissant ». Ce prénom est un dérivé du prénom Amaury, plus rarement attribué.
Fête : 15 janvier - Couleur : jaune - Chiffre : 4
Caractère : Amory est indépendant et a soif de réalisation. Rien d'étonnant à ce qu'il aime la méditation.
Fréquence : rare - Évolution : ↗
Âge moyen : 11 ans

V

Amos

Étymologie : de l'hébreu : « celui qui est chargé ». Ce prénom fut porté par un prophète juif qui, au VIIIe siècle avant notre ère, eut pour mission de condamner le matérialisme et la dépravation au royaume d'Israël. Ses oracles constituent l'un des livres des prophètes les plus anciens de la Bible. Ce prénom, rare en France, est très répandu aux États-Unis et en Israël.
Fête : 31 mars - Couleur : blanc - Chiffre : 1
Caractère : Amos est sociable, fantaisiste, curieux et indépendant.
Personnage célèbre : Amos Gitaï, cinéaste israélien.
Fréquence : rare - Évolution : ↗
Âge moyen : 11 ans

V

Anaël

Enaël

Étymologie : de l'hébreu : « grâce ». Ce prénom correspond à une invention récente formée sur le prénom Anne. Le suffixe « aël » l'apparente à la Bretagne et le virilise.

Fête : 26 juillet - Couleur : bleu - Chiffre : 5

Caractère : Anaël est équilibré, influent et a le sens des responsabilités.

Fréquence : rare - Évolution : ↗

Âge moyen : 15 ans

B

Anastase

Anastas, Anastasio, Anasthase

Étymologie : d'un nom grec latinisé, *Anastasius* : « né une nouvelle fois ».

Fête : 22 janvier - Couleur : vert - Chiffre : 8

Caractère : Anastase est doté d'un tempérament ardent et plein de vitalité. De plus, il possède un certain leadership.

Fréquence : rare - Évolution : ↘

Âge moyen : 81 ans

B

Anatole

Anatol, Anatoli, Anatolii, Astola, Tola

Étymologie : du grec *anatolé* : « l'Orient, le levant ». Ce terme désigne la région d'Anatolie en Asie Mineure.

Fête : 3 février - Couleur : jaune - Chiffre : 5

Caractère : Anatole est indépendant, curieux et rigoureux.

Personnage célèbre : l'écrivain Anatole France (1844-1924).

Fréquence : rare - Évolution : ↗

Âge moyen : 46 ans

V

Anderson

Ander, Anders

Étymologie : de l'anglo-saxon : « le fils d'André ». Ce prénom est formé sur la base grecque à laquelle a été rajouté le mot « son » : fils, faisant office de suffixe. L'usage de ce patronyme répandu dans les pays anglo-saxons en a fait un prénom.

Fête : 30 novembre - Couleur : rouge - Chiffre : 8

Caractère : Anderson est déterminé, volontaire, mais a su conserver son côté humain et rêveur.

Fréquence : rare - Évolution : ↘

Âge moyen : 15 ans

C

André

Anders, Andor, Andrea, Andreani, Andrev, Andrieu, Andreu, Andras, Andros, Andrew, Andy, Drew, Dries

Étymologie : du grec *andros* : « illustre parmi les hommes ».

Fête : 30 novembre - Couleur : rouge - Chiffre : 6

Caractère : André est un excentrique, sportif, affectueux, doté d'un grand sens de la justice.

Personnages célèbres : les écrivains André Malraux, André Gide, André Maurois et André Breton ; l'ingénieur et industriel André Citroën ; le comédien André Dussolier ; le joueur de tennis André Agassi.

Fréquence : rare - Évolution : ↘

Âge moyen : 81 ans

B

Andréa

Étymologie : du grec *andros* : « illustre parmi les hommes ». Andréa correspond à la forme italienne d'André. Il figure parmi les prénoms masculins les plus portés en Italie. En France, c'est évidemment au Pays basque et en Corse

que ce prénom est le plus fréquemment attribué.
Fête : 30 novembre - Couleur : orange - Chiffre : 2
Caractère : Andréa est intelligent, ambitieux et lorsqu'il se passionne pour quelque chose, son savoir pour cette discipline peut aller jusqu'à l'érudition. Il est aussi très enclin à la méditation.
Personnage célèbre : le chanteur Andrea Bocelli.
Fréquence : rare - Évolution : ↗
Âge moyen : 13 ans

V

Andreas

Étymologie : du grec *andros* : « illustre parmi les hommes ». Ce prénom correspond à la forme scandinave d'André et c'est en Norvège qu'il figure parmi les prénoms les plus portés. S'il se montre plus rare en France, il a néanmoins des adeptes.
Fête : 30 novembre - Couleur : rouge - Chiffre : 2
Caractère : Andreas est ambitieux, fort et parfois quelque peu directif.
Personnage célèbre : Andreas Martens, scénariste et dessinateur de bande dessinée.
Fréquence : rare - Évolution : ↗
Âge moyen : 13 ans

V

Andres

Étymologie : du grec *andros* : « illustre parmi les hommes ». Cette forme correspond à la version espagnole, portugaise et sud-américaine d'André. Contrairement à Andreas et Andréa, autre formes d'origine étrangère, elle est moins représentée en France.
Fête : 30 novembre - Couleur : orange - Chiffre : 2
Caractère : Andres est spirituel et sait faire preuve de sagacité. Il est original, ce qui ne l'empêche pas d'être résolu surtout lorsqu'il s'agit d'élargir ses connaissances, puisqu'il a toujours soif d'enrichissement spirituel et culturel.
Fréquence : rare - Évolution : ↗
Âge moyen : 36 ans

V

Andrew

André, Andéol, Andréa, Andréi, Andres, Andreu, Andrev, Andros, Andy

Étymologie : du grec *andros* : « illustre parmi les hommes ». Ce prénom correspond à la forme anglo-saxonne d'André et figure parmi les prénoms américains les plus portés.
Fête : 30 novembre - Couleur : jaune - Chiffre : 2
Caractère : Andrew est loyal, diplomate, sociable et très réceptif.
Personnages célèbres : Andrew Carnegie, industriel et philanthrope célèbre (1835-1919), à l'origine, notamment, de *Carnegie Hall*, célèbre salle de spectacle new-yorkaise ; le prince Andrew, troisième enfant de la reine Élisabeth II, duc d'York.
Fréquence : rare - Évolution : ↗
Âge moyen : 17 ans

P

Andy

Étymologie : du grec *andros* : « illustre parmi les hommes ». Andy est considéré comme le diminutif anglo-saxon d'André, devenu un prénom à part entière.
Fête : 30 novembre - Couleur : jaune - Chiffre : 7
Caractère : Andy est un fin stratège, plein de vitalité, ardent, épris de réalisation et en premier lieu de la sienne.
Personnages célèbres : Andy Warhol, artiste américain appartenant au mouvement du pop art ; Andy Capp, personnage de B. D. ayant, par ailleurs, inspiré la chanson des Rita Mitsouko, *Andy*.
Fréquence : rare - Évolution : ↘
Âge moyen : 15 ans

B

Ange

Ael, Angelico, Aniol, Angelet, Anget, Angiolo, Arcangelo

Étymologie : du grec *eggelos* : « messager ». Ce prénom est surtout usité en Provence et en Corse.

Fête : 5 mai - Couleur : violet - Chiffre : 5

Caractère : Ange est humain, rêveur, généreux et tolérant.

Personnage célèbre : Ange Pitou, journaliste et chansonnier français immortalisé par Alexandre Dumas père.

Fréquence : rare - Évolution : ↗

Âge moyen : 66 ans

P

Angel

Ael, Aela, Aelig, Angelin, Angelo, Angelos, Angelus, Angie, Angy, Arcangelo

Étymologie : du grec *eggelos* : « messager ».

Fête : 5 mai - Couleur : bleu - Chiffre : 3

Caractère : Angel est curieux de tout, par conséquent très cultivé, brillant mais exigeant.

Personnage célèbre : personnage de la série télévisée *Buffy contre les vampires*, devenu ensuite héros de la série portant son nom.

Fréquence : rare - Évolution : =

Âge moyen : 6 ans

V

Angelo

Angelico, Angelito

Étymologie : du grec *eggelos* : « messager ». Ce prénom correspond à la version italienne d'Ange.

Fête : 5 mai - Couleur : violet - Chiffre : 5

Caractère : Angelo est aussi idéaliste qu'altruiste. Quoi de plus normal, il a un très grand cœur !

Personnage célèbre : Angelo Roncalli, le pape Jean XXIII.

Fréquence : rare - Évolution : ↗

Âge moyen : 37 ans

C

Angus

Aengus

Étymologie : du celte : « un, unique » et *rejeto* : « tige ». Angus Og aurait été un dieu celtique. Ce nom fut surtout porté par un roi picte du VIIe siècle qui régna sur presque toute l'Écosse.

Fête : 5 mai - Couleur : jaune - Chiffre : 7

Caractère : Angus est un individu fier, loyal, doué pour la poésie.

Personnage célèbre : Angus Young, guitariste du groupe AC/DC.

Fréquence : rare - Évolution : ↗

Âge moyen : 5 ans

B

Anicet

Anycet, Nicet

Étymologie : du latin *anicetum* : « anis » ou du grec *aniketo* : « invincible, invaincu ».

Fête : 17 avril - Couleur : jaune - Chiffre : 3

Caractère : Anicet est altruiste, discipliné et possède de grandes qualités intellectuelles.

Personnages célèbres : Anicet, inventeur d'un vaisseau destiné à noyer Agrippine, la mère de Néron ; le héros du roman du jeune Aragon : *Anicet ou le panorama* (1921).

Fréquence : rare - Évolution : ↗

Âge moyen : 66 ans

V

Anis

Aniss, Anisse, Anys

Étymologie : de l'arabe : « cordial, affable, aimable ». L'arabe littéraire le désigne comme « le compagnon ». Ce prénom renvoie à la notion d'amitié qui est essentielle aux yeux du Prophète. Il est à rapprocher du latin Aimable par

sa signification. Il renvoie, en outre, à la plante herbacée cultivée pour ses feuilles et ses graines aromatiques dont le parfum est si particulier.
Fête : 18 octobre - Couleur : bleu - Chiffre : 1
Caractère : Anis porte bien son nom : sympathique, à l'écoute, il n'en est pas moins pourvu d'une grande force de caractère.
Fréquence : rare - Évolution : ⇗
Âge moyen : 12 ans

V

Anja

Étymologie : du grec *eggelos* : « messager ». Ce joli prénom mixte est l'Ange des Balkans.
Fête : 5 mai - Couleur : violet - Chiffre : 3
Caractère : Anja est un idéaliste qui sait faire face à ses tourments. Comme le phœnix, il renaît toujours de ses cendres.
Fréquence : très rare - Évolution : =

V

Annaeg

Annaec, Annaïc, Annaïg

Étymologie : de l'hébreu *hannah* : « grâce ». Ce prénom correspond à la forme masculine et bretonne du prénom Anne.
Fête : 26 juillet - Couleur : bleu - Chiffre : 7
Caractère : Annaeg est un homme d'influence. Exigeant, il a le sens des responsabilités et de la famille.
Fréquence : rare - Évolution : ⇗
Âge moyen : 25 ans

B

Anselme

Anse, Anseaume, Ansel, Anserme, Anthelme, Anthime, Anthyme, Antime, Anzo, Enseli

Étymologie : du germain *ans*, désignant les dieux Ases et *helm*, signifiant : « casque, heaume, protection ». Ce prénom est mixte.
Fête : 21 avril - Couleur : bleu - Chiffre : 7
Caractère : Anselme est pourvu d'une grande sensibilité alliée à un sens aigu de la logique, de l'adresse, de la minutie. C'est un travailleur intellectuel fort subtil amoureux de la précision.
Fréquence : rare - Évolution : ⇗
Âge moyen : 69 ans

V

Anouar

Anoir, Anwar

Étymologie : de l'arabe *anwar* : « très lumineux, éblouissant ». Ce prénom est mixte. La signification étymologique fait référence à la lumière divine, image de la beauté, de la splendeur.
Couleur : jaune - Chiffre : 10
Caractère : Anouar est calme, volontaire, affectueux et déterminé.
Fréquence : rare - Évolution : ⇗
Âge moyen : 20 ans

P

Anthony

Antonello, Antoni, Antony, Antonie, Antonien, Tonio, Nellino

Étymologie : du latin *antonius* : « inestimable ». Ce nom proviendrait de celui d'une famille romaine baptisée Antonia et dont Plutarque a relaté l'histoire. Ce prénom correspond à la forme anglaise d'Antoine, particulièrement affectionnée chez les New-Yorkais de souche italienne. C'est vers les années 60 qu'il devient populaire en France jusqu'à devenir très courant dans les années 80.
Fête : 13 juin - Couleur : jaune - Chiffre : 6
Caractère : Anthony est spirituel et doté d'une grande sensibilité. C'est un original.
Personnages célèbres : les acteurs Anthony Quinn, Anthony Perkins, Anthony Hopkins et Anthony Delon.
Fréquence : répandu - Évolution : ⇘
Âge moyen : 23 ans

C

Antoine

Antin, Antoinet, Antoinon, Antonello, Antoney, Antoni, Antonien, Antonino, Antonio, Antonius, Antons, Antony, Antos, Anttony, Titoan, Toni, Tonio, Tony

Étymologie : du latin *antonius* : « inestimable ». Ce nom proviendrait de celui d'une famille romaine baptisée Antonia et dont Plutarque a relaté l'histoire. Le plus illustre des 19 saints nommé Antoine est le fondateur du monachisme chrétien. Mais, originaire d'Égypte, Antoine dit « le Grand », doit surtout sa célébrité à son triomphe sur le Malin et les nombreuses tentations que celui-ci lui infligea. Il a d'ailleurs inspiré, entre autres, à Flaubert une nouvelle : *La Tentation de saint Antoine*. Saint Antoine de Padoue, prédicateur et professeur de théologie en Italie au XIIe siècle a sans doute, également, largement contribué à populariser ce prénom, par sa fonction de protecteur des pauvres gens. Ce prénom fut également porté par 31 bienheureux.

Fête : 13 juin - Couleur : jaune - Chiffre : 6

Caractère : Antoine sait fort bien « faire le vide » en lui et accueillir la vie comme un don et comme un combat. Il est l'intransigeance qui résiste aux égarements.

Personnages célèbres : Antoine Lavoisier, chimiste ; Antoine de Saint-Exupéry, aviateur et auteur du *Petit Prince* ; les peintres Antoine van Dyck et Antoine Watteau ; le sculpteur Antoine Bourdelle ; le chanteur Antoine ; le comédien, réalisateur et présentateur TV Antoine de Caunes.

Fréquence : répandu - Évolution : ↘

Âge moyen : 45 ans

V

Anton

Antton, Antone

Étymologie : du latin *antonius* : « inestimable ». Ce nom proviendrait de celui d'une famille romaine baptisée Antonia et dont Plutarque a relaté l'histoire. Ce prénom correspond à la forme germanique d'Antoine. Il est particulièrement répandu dans les pays slaves et scandinaves et commence à croître doucement en France.

Fête : 13 juin - Couleur : jaune - Chiffre : 6

Caractère : Anton est autonome, énergique, toujours à la recherche de l'innovation.

Personnage célèbre : l'écrivain Anton Tchekhov.

Fréquence : rare - Évolution : ↗

Âge moyen : 12 ans

B

Antonin

Antoninus, Antonino, Nino

Étymologie : du latin *antonius* : « inestimable ». Ce nom proviendrait de celui d'une famille romaine baptisée Antonia et dont Plutarque a relaté l'histoire. Ce prénom est un dérivé ancien d'Antoine qui fut porté par onze saints.

Fête : 2 mai - Couleur : jaune - Chiffre : 1

Caractère : Antonin est adroit, diplomate tout en ayant le goût du commandement.

Personnage célèbre : Antonin Artaud, poète français, comédien et essayiste dramatique.

Fréquence : rare - Évolution : ↗

Âge moyen : 41 ans

V

Antonio

Antonello, Antonino, Tonio

Étymologie : du latin *antonius* : « inestimable ». Ce nom proviendrait de celui d'une famille romaine baptisée Antonia et dont Plutarque a relaté l'histoire. Ce prénom correspond à la forme

italienne, espagnole et portugaise d'Antoine.
Fête : 13 juin - Couleur : jaune - Chiffre : 6
Caractère : Antonio est secret, émotif, sensible, méthodique, mais aussi fort et combatif.
Personnages célèbres : Antonio Stradivari, le célèbre luthier ; le musicien Antonio Vivaldi ; Antonio Gaudí, le grand architecte catalan.
Fréquence : répandu - Évolution : ↗
Âge moyen : 45 ans

B

Apollinaire

Apolinarie, Apollinaris, Apolo, Apolon, Apollon, Apollonius, Apollos, Appolinaire

Étymologie : du grec *apellos* : « qui inspire ». C'est le dieu Apollon qui a inspiré ce prénom. On oublie bien souvent qu'il s'agit d'un prénom à cause de ce qu'on pense être le patronyme du poète Guillaume Apollinaire. À tort, puisqu'il s'agit d'un pseudonyme composé des prénoms du poète.
Fête : 12 septembre - Couleur : bleu - Chiffre : 4
Caractère : rares sont celles et ceux qu'il ne parvient pas à convaincre ou à séduire. Avec lui, c'est l'énergie de l'intuition vive qui est à l'œuvre.
Personnages célèbres : deux grammairiens grecs (IVe siècle), Apollinaire le Jeune et Apollinaire l'Ancien.
Fréquence : rare - Évolution : ↗
Âge moyen : 49 ans

B

Archibald

Archie, Archimbaut, Archambaud, Archie, Archy, Arcibaldo, Baldie, Erkenbald

Étymologie : du germain *aircan* : « naturel » et *bald* : « audacieux ». Archibald est un classique britannique qui a engendré le diminutif non moins célèbre Archie.

TOP 20

Prénoms de la mythologie et de héros

La mythologie égyptienne, grecque ou romaine est évidemment génératrice de rêve. Quoi de plus normal que de vouloir donner à son enfant un prénom qui le placera sous un patronat au potentiel héroïque ?

Achille
Adonis
Arcas
Arès
Attis/Atys
Castor
Daphnis
Hector
Hélios
Hercule
Icare
Jason
Liber
Lycaon
Narcisse
Oreste
Philémon
Silvanus
Télémaque
Ulysse

Fête : 30 avril - Couleur : jaune - Chiffre : 4
Caractère : Archibald, comme tous les bâtisseurs, est aussi obstiné que visionnaire. Il est aussi mystérieux et chanceux.
Personnage célèbre : saint Archibald fut, au VIIe siècle, évêque de Londres.
Fréquence : rare - Évolution : ↗
Âge moyen : 9 ans

(V)

Ariel

Étymologie : de l'hébreu *arie* et *el* : « le lion de Dieu ». Selon le prophète Isaïe, ce nom est à la fois le nom d'un ange et celui de la ville sainte de Jérusalem. La Kabbale l'apparente à l'ange révélateur qui connaît ensuite la déchéance.
Couleur : vert - Chiffre : 7
Caractère : Ariel est très ambigu. Pourtant, la solidité fait partie de sa personnalité au même titre que son ambivalence et bien entendu, de son extrême intelligence. Il est inébranlable.
Personnages célèbres : Ariel Sharon, homme d'État israélien ; *Ariel et autres poèmes*, nom d'un recueil de poésie de Sylvia Plath ; le journaliste Ariel Wizman.
Fréquence : rare - Évolution : ↗
Âge moyen : 27 ans

(B)

Aristide

Aricie, Ariste, Aristeo, Aristée, Aristides, Aristido, Aristiarque, Aristion

Étymologie : du grec *aristos* et *eidès* : « fils du meilleur ».
Fête : 31 août - Couleur : jaune - Chiffre : 7
Caractère : Aristide est persuasif, méthodique, intuitif : c'est un gagneur.
Personnages célèbres : Aristide Briand (1862-1932), onze fois président du Conseil en France et remarquable orateur ; Aristide Bruant (1851-1925), le chansonnier ; Aristide Maillol (1861-1944), le sculpteur.
Fréquence : rare - Évolution : ↗
Âge moyen : 78 ans

(C)

Armand

Arman, Armando, Armandin, Armin, Armon, Armond, Armondo.

Étymologie : du germanique *harja* : « armée » et *man* : « homme ».
Fête : 9 juillet - Couleur : bleu - Chiffre : 6
Caractère : Armand est solide, réaliste, honnête et d'une fidélité sans failles.
Personnages célèbres : Armand Jean du Plessis, duc de Richelieu ; Armand Duval, le héros romantique de *La Dame aux camélias*.
Fréquence : rare - Évolution : ↗
Âge moyen : 76 ans

(V)

Armel

Armael, Arzhel, Arzel, Arhel, Arael, Arzael, Armelin, Harmel

Étymologie : du celte *arz* : « ours » et *mael* : « prince » : « prince des ours ». Armagilus est la forme latine de ce prénom illustré par l'évangélisateur de Bretagne, qui, exilé quand les Saxons envahissent l'île, envahit Plouarzel, puis Ploërmel.
Fête : 16 août - Couleur : bleu - Chiffre : 4
Caractère : Armel est attachant, affectueux, un véritable comédien, mais il manque parfois de rigueur... qu'il compense par l'imagination.
Fréquence : rare - Évolution : ↗
Âge moyen : 55 ans

(V)

Armin

Arminius, Arminot

Étymologie : du germanique *Irmin*, dieu dont le nom se retrouve également dans la peuplade ancienne des Irminions, ou Hermions.
Couleur : violet - Chiffre : 4

Caractère : Armin est indépendant, directif et audacieux… C'est un meneur qui ne laisse pas indifférent.
Fréquence : rare - Évolution : ↗
Âge moyen : 19 ans

C

Arnaud

Arend, Arnal, Arnall, Arnard, Arnauld, Arnaudet, Arnaudy, Arnd, Arnault, Arnec, Arnaldo, Arnalt, Arnas, Arnolfo, Arnoud, Arnould, Arend, Arnd

Étymologie : du germain *arn* : « aigle » et *walden* : « gouverner » ; « le gouverneur de l'aigle ».
Fête : 10 février - Couleur : violet - Chiffre : 5
Caractère : Arnaud est efficace, réfléchi mais séducteur… et séduisant. C'est un leader dans l'âme.
Personnages célèbres : le tennisman Arnaud Clément ; l'homme d'affaires Arnaud Lagardère ; l'avocat Arnaud Klarsfeld ; le réalisateur et comédien Arnaud Desplechin.
Fréquence : répandu - Évolution : ↘
Âge moyen : 32 ans

V

Arno

Étymologie : du germain *arn* : « aigle » et *wulf* : « lion ». Contrairement à l'opinion commune, il ne s'agit pas d'une version simplifiée d'Arnold ou d'Arnaud, mais celle du prénom Arnulf également trouvé sous la forme Arnoul, qui évoque la double protection totémique de l'aigle et du lion.
Fête : 17 septembre (Saint-Arnulf) ou 7 novembre (Saint-Ernest) - Couleur : jaune - Chiffre : 7
Caractère : Arno est pragmatique, ce qui ne l'empêche pas d'être un vrai créatif. C'est un tempérament optimiste.
Personnage célèbre : Arno, chanteur belge ; Arno est aussi un fleuve qui traverse la ville de Florence.
Fréquence : rare - Évolution : =
Âge moyen : 12 ans

P

Arnold

Arnoldo

Étymologie : du germain *arn* : « aigle » et *walden* : « gouverner » ; « le gouverneur de l'aigle ». Ce prénom correspond à la forme primitive d'Arnaud.
Fête : 15 août - Couleur : vert - Chiffre : 5
Caractère : Arnold est dynamique, curieux et peut passer de l'extrême gentillesse à l'indifférence la plus totale.
Personnage célèbre : Arnold Schwarzenegger, acteur devenu gouverneur de Californie.
Fréquence : rare - Évolution : ↘
Âge moyen : 48 ans

B

Arsène

Arsenio, Arsenius, Arseno, Arsinoé

Étymologie : du grec *arsenios* : « viril, puissant ».
Fête : 19 juillet - Couleur : jaune - Chiffre : 7
Caractère : on voit en Arsène l'alliance réussie de l'extrême sensibilité émotive et de la maîtrise de soi. En ce qu'il entreprend, finesse et subtilité de l'artiste sont volontiers de la partie.
Personnages célèbres : le physicien français Arsène d'Arsonval (1851-1940) ; Arsène Lupin, le « Gentleman Cambrioleur », créé par l'écrivain Maurice Leblanc ; Arsène Wenger, l'entraîneur de l'Arsenal Football Club.
Fréquence : rare - Évolution : ↗
Âge moyen : 75 ans

C

Arthur

Art, Artair, Arte, Artek, Artie, Artis, Arto, Artu, Arturo, Arty, Artur, Arthuys, Artie, Artor, Aurturo, Thurel

Étymologie : du celte *arz* : « ours ».
Fête : 15 novembre - Couleur : violet - Chiffre : 2
Caractère : Arthur a toutes les qualités de l'individu sociable : il est cultivé, raffiné, mais aussi équitable et souple.
Personnages célèbres : le légendaire roi Arthur et ses chevaliers de la table ronde ; le philosophe Arthur Schopenhauer ; le général Arthur Wellesley, duc de Wellington ; le poète Arthur Rimbaud ; le chanteur Arthur H ; l'animateur TV et humoriste Arthur.
Fréquence : rare - Évolution : ↗
Âge moyen : 31 ans

C

Arthus

Artus

Étymologie : du celte *arz* : « ours ». Ce prénom est une forme dérivée d'Arthur.
Fête : 15 novembre - Couleur : violet - Chiffre : 5
Caractère : Arthus est organisé, bienveillant et pacifiste.
Fréquence : rare - Évolution : ↗
Âge moyen : 7 ans

V

Ashley

Ashlee, Ashleigh, Ashlie, Ashly

Étymologie : du celte *aescleah* : « le bois de frêne ». Ce prénom est d'abord un patronyme. Il devint un prénom suite à la gratitude de la classe ouvrière envers lord Ashley, homme politique britannique qui fit réglementer le travail des enfants dans les usines en 1850.
Couleur : rouge - Chiffre : 8
Caractère : Ashley fonctionne à la passion, à l'énergie et aux élans du cœur.
Fréquence : rare - Évolution : ↗
Âge moyen : 18 ans

V

Ashton

Étymologie : de l'anglais : « ville aux frênes ». Ce prénom est à l'origine un toponyme devenu un patronyme répandu avant d'être attribué comme prénom.
Couleur : vert - Chiffre : 4
Caractère : Ashton est taquin, gentil, provocateur. Pourtant, il sait être patient pour les choses importantes.
Personnage célèbre : Ashton Kutcher, acteur américain.
Fréquence : très rare - Évolution : ↗
Âge moyen : 3 ans

C

Aubert

Aubéron, Aubertin, Ober, Obéron

Étymologie : du germain *adal* : « noble » et *behrt* : « célèbre ». Ce prénom correspond à une forme très ancienne d'Albert.
Fête : 10 septembre - Couleur : jaune - Chiffre : 4
Caractère : Aubert est un individu que l'on pourrait qualifier d'intellectuel : il aime résoudre les énigmes surtout si elles sont mathématiques.
Fréquence : rare - Évolution : ↘
Âge moyen : 72 ans

C

Aubin

Aubain

Étymologie : du latin *albus* : « blanc ». Ce prénom correspond à une forme dérivée d'Alban.
Fête : 22 juin - Couleur : blanc - Chiffre : 3
Caractère : Aubin est un intuitif qui aime le relationnel. Résolu, organisé, c'est un excellent

médiateur dans les périodes de conflit.
Fréquence : rare - Évolution : ↗
Âge moyen : 29 ans

C

Aubry

Aubrey, Aubri, Audric

Étymologie : du germain *alb* : « elfe » et *ric* : « puissant », ou *rik* : « roi ». Ce prénom correspond à une forme dérivée du germanique Albéric.
Fête : 26 janvier - Couleur : rouge - Chiffre : 5
Caractère : sérieux, rigoureux, Aubry aime à être dans l'action.
Fréquence : rare - Évolution : ↘
Âge moyen : 22 ans

C

Auguste

Agust, August, Augusto, Guste, Gusto

Étymologie : du latin *augustus* : « vénérable, majestueux, consacré par les augures ». Tout empereur portant ce titre, qui devint ainsi un nom, était donc sacré comme un égal des dieux.
Fête : 29 février - Couleur : vert - Chiffre : 4
Caractère : Auguste est un fonceur : tenace, dynamique, méthodique, mais il est aussi fier et loyal.
Personnages célèbres : le philosophe Auguste Comte ; le peintre Auguste Renoir ; le sculpteur Auguste Rodin ; l'inventeur du cinéma (avec son frère Louis) Auguste Lumière.
Fréquence : répandu - Évolution : ↗
Âge moyen : 93 ans

C

Augustin

Agostino, Agustin, Angoustin, Gustin

Étymologie : du latin *augustus* : « vénérable, majestueux, consacré par les augures ». Tout empereur portant ce titre, qui devint ainsi un nom, était donc sacré comme un égal des dieux.
Fête : 28 août - Couleur : rouge - Chiffre : 4
Caractère : Augustin est aussi sympathique que sécurisant : il est structuré, mais aussi déterminé et persévérant.
Personnages célèbres : le théologien Augustin de Cantorbéry ; l'historien Augustin Thierry.
Fréquence : répandu - Évolution : ↗
Âge moyen : 61 ans

B

Aurèle

Aurel, Aurelio, Aurélius

Étymologie : du grec *aurios* : « matinée », d'où le latin *aureus* ou *aurum* : « or, mordoré, semblable à l'or ».
Fête : 27 juin - Couleur : orange - Chiffre : 8
Caractère : Aurèle est un fin stratège, ardent, gourmand, d'une grande vitalité.
Fréquence : rare - Évolution : ↗
Âge moyen : 26 ans

P

Aurélien

Aurélian, Aurélio, Aurian, Auriol, Orélien.

Étymologie : du grec *aurios* : « matinée », d'où le latin *aureus* ou *aurum* : « or, mordoré, semblable à l'or ».
Fête : 16 juin - Couleur : orange - Chiffre : 4
Caractère : Aurélien est persévérant, efficace, idéaliste et aventureux.
Personnages célèbres : l'empereur Aurélien qui s'est illustré en restaurant l'unité de Rome, mais aussi, accessoirement, le culte du Soleil ; *Aurélien*, le roman de Louis Aragon.
Fréquence : répandu - Évolution : ↘
Âge moyen : 24 ans

P

Austin

Aostin, Austen

Étymologie : du latin *augustus* : « vénérable, majestueux, consacré par les augures ». Tout empereur portant ce titre, qui devint ainsi un nom, était donc sacré comme un égal des dieux. Ce diminutif d'Augustin est à la fois un patronyme anglo-saxon et un prénom très à la mode autant chez les garçons que chez les filles.
Fête : 28 août - Couleur : vert - Chiffre : 8
Caractère : Austin est équilibré, ambitieux, charismatique et pourvu d'un sens aigu de la justice.
Personnage célèbre : Austin Powers, héros d'une trilogie parodiant James Bond, interprété par Mike Myers au cinéma.
Fréquence : très rare - Évolution : ↗
Âge moyen : 7 ans

P

Auxane

Euxane

Étymologie : du grec *euxenos* : « hospitalier ». Plus répandu aujourd'hui chez les filles que chez les garçons, Auxane pourrait bénéficier de la tendance assez répandue des prénoms en « ane ».
Couleur : vert - Chiffre : 9
Caractère : Auxane est habile, sociable et aventureux.
Fréquence : très rare - Évolution : ↘
Âge moyen : 5 ans

P

Axel

Absalon, Aksel, Ax, Axe, Axil, Axill, Axl

Étymologie : de l'hébreu *ab* : « père » et *shalom* : « paix ». Ce prénom est, plus précisément, un dérivé scandinave du nom hébraïque. Rien d'étonnant à ce qu'il soit incontournable en Suède et en Norvège, mais aussi dans les pays germaniques. Cette anagramme du diminutif d'Alexandre connaît un succès grandissant en France, s'inscrivant dans la tendance actuelle des prénoms courts.
Fête : 21 mars - Couleur : jaune - Chiffre : 6
Caractère : Axel a le sens des responsabilités, est un conciliateur patient autant qu'influent.
Personnages célèbres : l'ami de Marie-Antoinette, Axel de Fersen (1755-1810) ; Axel Springer (1912-1985) et Axel Ganz, patrons de presse ; Axel Foley, héros du *Flic de Beverly Hills*, interprété par Eddie Murphy.
Fréquence : répandu - Évolution : ↗
Âge moyen : 14 ans

C

Aymar

Aimar, Aymard, Eymard

Étymologie : du germain *haim* : « maison » et *hard* : « dur », ou mar : « illustre » ; « dure maison » ou « illustre maison ».
Fête : 29 mai - Couleur : rouge - Chiffre : 4
Caractère : Aymar aime être le roi. Un orgueil qui n'entrave en rien sa générosité.
Fréquence : rare - Évolution : ↘
Âge moyen : 41 ans

C

Aymeric

Aymerick

Étymologie : du germanique *haim* : « maison » et *ric* : « roi ».
Fête : 4 novembre - Couleur : bleu - Chiffre : 7
Caractère : Aymeric est réservé, élitiste, affectif, persévérant.
Personnage célèbre : Aymeric Caron, journaliste.
Fréquence : rare - Évolution : ↘
Âge moyen : 19 ans

Ayoub

Ayyoub, Ayoube, Hayoub

Étymologie : du cananéen *ayab* : « celui qui revient vers Dieu, se repent ». Cette langue ancienne a engendré l'arabe « Ayoub » et l'hébreu « Lyyob » que nous traduisons par Job.
Fête : le 29 mai - Couleur : jaune - Chiffre : 1
Caractère : Ayoub est un conquérant qui, comme le phœnix, renaît toujours de ses cendres.
Personnages célèbres : Ayoub, le porte-étendard de Mahomet qui mourut en assiégeant Constantinople ; Ayyoub, le père de Saladin qui fonda la dynastie des Ayyoubides.
Fréquence : rare - Évolution : ↗
Âge moyen : 9 ans

Aziz

Aaziz, Azize, Haziz

Étymologie : de l'arabe : « précieux, chéri ». Aziz est un peu l'équivalent arabe du latin Aimé. C'est, en tous cas, l'un des noms du Prophète dans le Coran que l'on traduit par : « le Très Honoré ».
Couleur : rouge - Chiffre : 3
Caractère : Aziz honore son prénom en rêvant de paix et d'harmonie, mais d'aucuns lui reprochent de manquer de pragmatisme.
Fréquence : rare - Évolution : ↘
Âge moyen : 29 ans

B

Babacar

Ababacar

Étymologie : de l'arabe : « jeune chameau ». Babacar est la forme la plus répandue en Afrique noire de Boubacar.
Couleur : jaune - Chiffre : 4
Caractère : Babacar est idéaliste, intègre et possède un grand sens de l'analyse.
Personnage célèbre : *Babacar*, la chanson de France Gall, composée et écrite par Michel Berger.
Fréquence : rare - Évolution : ↗
Âge moyen : 16 ans

Bachir

Bachar

Étymologie : de l'arabe: « qui annonce une bonne nouvelle ». Le prénom Ange, qui vient du grec *aggelos* : « messager », a le même sens. Ce prénom est l'une des appellations coraniques du Prophète Mahomet.
Couleur : bleu clair - Chiffre : 5
Caractère : Bachir est indépendant et sait s'adapter. Il est curieux et aventurier.
Fréquence : rare - Évolution : ↗
Âge moyen : 35 ans

Badir

Badr, Badre

Étymologie : de l'arabe : « pleine lune ». Ce prénom correspond au nom qui fut donné au Prophète lorsqu'il émigra de la Mecque à Médine.

La lune symbolise la perfection du créateur dans la tradition musulmane.
Couleur : jaune - Chiffre : 8
Caractère : Badir est intelligent, indépendant et sage.
Fréquence : rare - Évolution : =

B

Balthazar

Baldassarre, Baltasar, Balthasar, Balthazard

Étymologie : de l'assyrien *baal* : « dieu », *shar* : « protéger » et *ukur* : « roi ».
Fête : 6 janvier (jour des rois) - Couleur : jaune
Chiffre : 7
Caractère : Balthazar est réfléchi, logique, inspiré et aussi spontané qu'inventif.
Personnages célèbres : Balthazar, l'un des trois mages venus adorer l'Enfant Jésus dans la crèche de Bethléem (il était le porteur de la myrrhe) ; Balthazar Castiglione, auteur italien d'un traité, *Le Livre du courtisan.*
Fréquence : rare - Évolution : ↗
Âge moyen : 17 ans

C

Baptiste

Bapper, Batiste, Bastisto, Bautista, Battista, Baptistet, Batistoun, Bautisse, Bop, Titoun

Étymologie : du grec *baptistes* : « qui immerge ». Avant de devenir un prénom, Baptiste était le surnom du prophète saint Jean le Baptiste, fils de Zacharie et d'Élisabeth, une cousine de Marie. Ce n'est qu'à partir du XVIIe siècle que Baptiste fut employé seul et non plus sous la forme composée : Jean-Baptiste.
Fête : 24 juin - Couleur : jaune - Chiffre : 2
Caractère : Baptiste est altruiste, calme, diplomate et persuasif.
Personnages célèbres : Baptiste Lecaplain, humoriste et acteur français ; Baptiste Giabiconi, mannequin et chanteur français.
Fréquence : répandu - Évolution : ↘
Âge moyen : 21 ans

B

Baptistin

Baptist, Baptista

Étymologie : du grec *baptistes* : « qui immerge ». Ce prénom correspond à une variante du prénom Baptiste, forme qui a engendré le féminin Baptistine.
Fête : 24 juin - Couleur : jaune - Chiffre : 2
Caractère : Baptistin est sociable, diplomate, loyal et résolu.
Personnage célèbre : Baptistin Poujoulat, écrivain.
Fréquence : rare - Évolution : ↘
Âge moyen : 89 ans

B

Barnabé

Barnaba, Barnabas, Barn, Barney, Bernabé, Barnabe, Barnaby, Varnava

Étymologie : de l'hébreu *bar* : « fils » et *naba* : « consolation ».
Fête : 11 juin - Couleur : jaune - Chiffre : 3
Caractère : Barnabé est sensible, réservé mais parfois piquant.
Fréquence : rare - Évolution : ↗
Âge moyen : 41 ans

V

Barry

Étymologie : du celte *bearach* : « la lance ». Ce prénom a d'abord été répandu en Écosse et en Irlande, où il a ses racines. C'est au XIXe siècle qu'il a commencé à s'étendre en Angleterre (sans doute sous l'impulsion du roman de Thackeray : *Barry Lindon*, paru en 1844). Ce prénom est à présent assez courant aux États-Unis et la

France, sans l'usiter fréquemment, le considère néanmoins comme familier.
Couleur : vert - Chiffre : 1
Caractère : Barry apparaît comme un épicurien évident, pourtant il est plus profond qu'il n'y paraît.
Personnages célèbres : Barry Lindon, héros éponyme du roman de Thackeray, puis de l'adaptation cinématographique réalisée par Kubrick ; Barry White, chanteur américain, considéré comme une légende de la funk.
Fréquence : très rare - Évolution : ↘
Âge moyen : 31 ans

P

Bart

Étymologie : de l'araméen *bar tolomaï* : « fils de Tolomaï ». Bart correspond au diminutif de Barthélémy devenu un prénom anglo-saxon.
Fête : 24 août - Couleur : bleu - Chiffre : 1
Caractère : Bart est travailleur, éloquent et charismatique.
Personnage célèbre : Bart Simpson, fils d'Homer et de Marge dans la célèbre série animée.
Fréquence : très rare - Évolution : =

B

Barthélémy

Barsimée, Bartel, Bartemiou, Bärthel, Barthélémi, Barthélémie, Barthélemye, Bartholomäus, Bartholoméo, Bartholomé, Bartolomé, Bartolo, Bartholomew, Bartolo, Bartolomeo, Berthélémy, Barth, Bartlett, Bartie

Étymologie : de l'araméen *bar tolomaï* : « fils de Tolomaï ».
Fête : 24 août - Couleur : bleu - Chiffre : 1
Caractère : Barthélémy est ambitieux et quelque peu versatile. Il est capable d'autant d'impétuosité que de douceur et d'affectivité. Ce qui explique sans aucun doute son âme de battant.
Personnages célèbres : Barthélémy Thimonnier, inventeur de la machine à coudre ; Barthélémy Boganda, président-fondateur de la République centrafricaine.
Fréquence : rare - Évolution : =
Âge moyen : 72 ans

B

Basile

Basil, Basileus, Basilio, Basilius, Bazire, Basillou

Étymologie : du grec *basileus* : « roi ».
Fête : 2 janvier - Couleur : rouge - Chiffre : 1
Caractère : Basile est sociable, a le sens des responsabilités, ce qui ne l'empêche pas d'être un épicurien. Il parvient à maintenir un juste équilibre.
Personnages célèbres : l'alchimiste Basile Valentin ; le footballeur Basile Boli.
Fréquence : rare - Évolution : ↗
Âge moyen : 34 ans

B

Bastian

Étymologie : du grec *sebastos* : « honoré ». Ce prénom correspond à un diminutif de Sébastien dont la forme est usitée à la fois en Bretagne, en Occitanie et en Grande-Bretagne.
Fête : 20 janvier - Couleur : blanc - Chiffre : 7
Caractère : Bastian est enthousiaste et résolu.
Fréquence : rare - Évolution : ↗
Âge moyen : 12 ans

P

Bastien

Bastiano

Étymologie : du grec *sebastos* : « honoré ». Ce prénom correspond au diminutif de Sébastien, attesté depuis le Moyen Âge et en vogue en Europe depuis longtemps. Il est encore très répandu aujourd'hui.
Fête : 20 janvier - Couleur : blanc - Chiffre : 7

TOP 20

Prénoms rares

Voici quelques exemples de prénoms singuliers aux jolis sonorités qui sortent de l'ordinaire. Il est tout à fait légitime de vouloir donner à son fils un prénom qui le distinguera.

Abriel
Chain
Cleon
Erke
Hess
Gipsy
Golding
Gray
Hiérémias
Jamaine
Jay
Lior
Lord
Léocadie
Sim
Quantilien
Xever
Tewis
Xerox
Yoni

Caractère : Bastien est sensible, exigeant et volontaire.
Personnage célèbre : Bastien, protagoniste de l'opéra-comique de Mozart : *Bastien et Bastienne* (1768).
Fréquence : répandu - Évolution : ↘
Âge moyen : 17 ans

C

Baudoin

Balduino, Baldwin, Baldwino, Beaudoin, Beaudouin, Balduino

Étymologie : du germain *bald* : « audacieux » et *win* : « ami ».
Fête : 17 octobre - Couleur : bleu - Chiffre : 7
Caractère : Baudoin est exigeant, mais aussi généreux et prudent.
Personnages célèbres : Baudoin de Constantinople, frère de Godefroy de Bouillon ; Baudoin Ier, roi des Belges.
Fréquence : rare - Évolution : ↘
Âge moyen : 38 ans

C

Baudry

Baldéric, Baudri, Baudric

Étymologie : du germain *bald* : « audacieux » et *rik* : « le chef ». Ce prénom correspond à la forme française du prénom Baldéric.
Fête : 8 octobre - Couleur : bleu - Chiffre : 5
Caractère : Baudry est un être qui aborde la vie avec légèreté et impulsivité.
Fréquence : très rare

V

Bechir

Étymologie : de l'arabe : « qui annonce une bonne nouvelle ». Le prénom Ange, qui vient du grec *aggelos* : « messager », a le même sens. Ce prénom est l'une des appellations coraniques du Prophète Mahomet.

Couleur : bleu clair - Chiffre : 5
Caractère : Bechir est rêveur mais, en contrepartie, humain et ouvert d'esprit.
Fréquence : rare - Évolution : ↘
Âge moyen : 27 ans

C

Benjamin

Beathan, Ben, Beniamino, Benny, Veniamine

Étymologie : de l'hébreu *ben'yamin* : « fils de la main droite », soit du côté de la chance, du bon augure.
Fête : 31 mars - Couleur : vert - Chiffre : 5
Caractère : Benjamin est passionné, ambitieux et affectif.
Personnages célèbres : Benjamin Franklin (1706-1790), homme d'État et inventeur du paratonnerre ; Benjamin Constant (1767-1830), écrivain, auteur du célèbre *Adolphe* ; le présentateur TV Benjamin Castaldi ; le chanteur Benjamin Biolay ; Benjamin Millepied, ex directeur du Ballet de l'Opéra de Paris, aujourd'hui à la tête du LA Dance Project et époux de l'actrice Natalie Portman.
Fréquence : répandu - Évolution : ↘
Âge moyen : 23 ans

C

Benoît

Bendetto, Benz, Bénédig, Bénédit, Bénezet, Bennideg, Bennigan, Benito.

Étymologie : du latin *benedictus* : « bien dit, bien nommé », donc « béni, protégé de Dieu ».
Fête : 11 juillet - Couleur : orange - Chiffre : 2
Caractère : Benoît est un être cultivé, sensible, généreux, calme et efficace.
Personnages célèbres : les comédiens Benoît Magimel et Benoît Poelvoorde.
Fréquence : répandu - Évolution : ↘
Âge moyen : 36 ans

C

Benoni

Étymologie : de l'hébreu *benoni* : « fils de ma douleur ». Ce prénom est en réalité le premier prénom qui fut donné à Benjamin. En effet, Rachel, devinant qu'elle allait mourir en couches, décida de prénommer son dernier-né Benoni. Jacob, après sa mort, le renomma Benjamin. Nombre de parents, qui le pensent italien à cause de sa sonorité, sont donc loin du compte. Par sa signification, c'est du féminin Dolorès que Benoni est le plus proche.
Fête : 18 janvier - Couleur : bleu clair - Chiffre : 5
Caractère : Benoni est habité par une certaine gravité, ce qui, heureusement, ne l'empêche pas d'être pourvu d'une grande joie de vivre.
Fréquence : rare - Évolution : =
Âge moyen : 84 ans

C

Béranger

Bérenger

Étymologie : du germain ber : « ours » et gari : « lance ».
Fête : 26 mai - Couleur : violet - Chiffre : 7
Caractère : Béranger est dynamique, motivé, curieux et imaginatif.
Personnage célèbre : Béranger de Tours, théologien du Moyen Âge dont les idées furent condamnées par le concile de Tours pour hérésie.
Fréquence : rare - Évolution : ↘
Âge moyen : 33 ans

P

Bernard

Barnard, Barnd, Barney, Bénard, Bernardino, Bernardo, Bernd, Bernhard, Bernie, Berny, Bernward, Berie, Bernez, Bernhardt, Bernat, Bjorn.

Étymologie : du germain *ber* : « ours » et *hard* : « courageux ».

Fête : 20 août - **Couleur** : violet - **Chiffre** : 8
Caractère : Bernard est un être entier : les tièdes et les irrésolus ne l'intéressent pas.
Personnages célèbres : l'architecte de la cathédrale de Reims, Bernard de Soissons ; le chanteur Bernard Lavilliers ; l'écrivain Bernard Clavel ; l'éditeur Bernard Grasset ; Bernard Pivot, présentateur d'émissions télévisées culturelles ; le philosophe Bernard-Henri Lévy ; le médiatique Bernard Tapie ; l'homme politique Bernard Kouchner.
Fréquence : répandu - **Évolution** : ↘
Âge moyen : 67 ans

C

Bernardin

Étymologie : du germain *ber* : « ours » et *hard* : « courageux ». Ce prénom correspond à une forme dérivée de Bernard, assez répandue également en tant que patronyme.
Fête : 20 août - **Couleur** : bleu - **Chiffre** : 8
Caractère : Bernardin a l'esprit directif, il est méthodique, fiable, tenace et engagé.
Personnage célèbre : Bernardin de Saint-Pierre, auteur du roman *Paul et Virginie*.
Fréquence : rare - **Évolution** : =
Âge moyen : 87 ans

V

Bernardo

Étymologie : du germain *ber* : « ours » et *hard* : « courageux ». Ce prénom correspond à la forme italienne et espagnole de Bernard.
Fête : 20 août - **Couleur** : violet - **Chiffre** : 8
Caractère : Bernardo est curieux, déterminé, dynamique et volontaire.
Personnages célèbres : Bernardo, comparse de Zorro ; Bernardo Bertolucci, cinéaste.
Fréquence : rare - **Évolution** : =
Âge moyen : 50 ans

C

Bertrand

Belt, Beltig, , Bertie, Bertram, Bertran, Bertrando, Bertranet, Ebertram

Étymologie : du germain *behrt* : « brillant » et *hramm* : « corbeau ».
Fête : 16 octobre - **Couleur** : orange - **Chiffre** : 1
Caractère : Bertrand est sociable et déterminé.
Personnages célèbres : le connétable Bertrand Du Guesclin, qui combattit les Anglais pendant la guerre de Cent Ans ; l'écrivain Bertrand Poirot-Delpech et les cinéastes Bertrand Tavernier et Bertrand Blier ; l'homme politique Bertrand Delanoë.
Fréquence : répandu - **Évolution** : ↘
Âge moyen : 46 ans

B

Béryl

Berillio, Berillo

Étymologie : du sanskrit *veruliya* qui a engendré le grec *berullas* et le latin *beryllis*. Le mot iranien *beryl* désigne le cristal. On utilisa le béryl pour faire des lunettes et le mot français « besicles » en dérive. Ce prénom-substantif désigne une famille de pierres dont l'une est précieuse, l'émeraude et les deux autres semi-précieuses, l'aiguemarine et le béryl lui-même, caractérisé par la variété de ses couleurs : transparent, jaune, rose ou bleu azur.
Fête : 29 juin (Saint-Pierre) - **Couleur** : vert
Chiffre : 4
Caractère : Béryl est réaliste, volontaire, fidèle, a le sens des responsabilités.
Fréquence : rare - **Évolution** : ↗
Âge moyen : 12 ans

V

Beverly

Étymologie : du vieil anglais *beaver stream* : « la rivière des castors ». Suivant une évolution assez connue, Beverley, ville du Yorkshire en Angleterre, est devenue un patronyme, puis un prénom dès le XVIIIe siècle. Cette orthographe (sans le « e » avant le « y ») correspond à la forme américaine de Beverley, puisque l'hommage au célèbre faubourg de Los Angeles, Beverly Hills (qui a même inspiré une série), semble avoir pris le pas sur la ville d'Angleterre. Ce prénom est, à l'origine, un prénom masculin.

Couleur : blanc - Chiffre : 9

Caractère : Beverly est ambitieux, travailleur et consciencieux.

Fréquence : très rare - Évolution : ↘

V

Bessim

Étymologie : de l'arabe : « celui qui est souriant ».

Couleur : rouge - Chiffre : 9

Caractère : Bessim est fidèle, intuitif et possède de grandes facultés d'adaptation.

Fréquence : très rare - Évolution : =

V

Bilal

Belal, Bellal, Bilail, Bilale, Bilele, Bilhal, Billel, Bylel

Étymologie : de l'arabe : « l'eau, le rafraîchissement ».

Couleur : violet - Chiffre : 9

Caractère : Bilal est un altruiste, discret, travailleur et rêveur.

Fréquence : rare - Évolution : ↗

Âge moyen : 11 ans

V

Bilel

Étymologie : de l'arabe : « l'eau, le rafraîchissement ».

Couleur : violet - Chiffre : 9

Caractère : Bilel est persévérant, efficace et honnête.

Fréquence : rare - Évolution : ↗

Âge moyen : 12 ans

P

Bill

Bily, Billy

Étymologie : du germain *will* : « volonté » et *helm* : « protection ». Bill correspond à une forme dérivée de Will, lui-même diminutif de William, le Guillaume français.

Fête : 10 janvier - Couleur : rouge - Chiffre : 2

Caractère : Bill possède un certain leadership. Il est ardent et plein de vitalité.

Personnage célèbre : Bill Clinton, ancien président des États-Unis.

Fréquence : très rare - Évolution : ↘

Âge moyen : 22 ans

V

Billal

Étymologie : de l'arabe : « l'eau, le rafraîchissement ».

Couleur : violet - Chiffre : 9

Caractère : Billal est pragmatique, créatif et bon gestionnaire.

Fréquence : rare - Évolution : ↗

Âge moyen : 12 ans

V

Bixente

Étymologie : du latin : « qui travaille ». Ce prénom correspond à la forme basque de Vincent.

Fête : 22 janvier - Couleur : rouge - Chiffre : 6

Caractère : même si Bixente peut sembler fougueux, il est en réalité sage et indépendant.

Personnage célèbre : Bixente Lizarazu, champion du monde de football en 1998.

Fréquence : rare - Évolution : ↗

Âge moyen : 10 ans

B

Blaise

Blaze, Bleiz, Blas, Blasius, Biagio, Biasio, Blaisian, Blasioun, Vlas

Étymologie : du nom d'une famille romaine, *Blaesus*, signifiant « qui bégaie ». Comme l'aveuglement, le bégaiement était considéré par les Romains comme le signe d'une communication directe avec le divin.

Fête : 3 février - Couleur : jaune - Chiffre : 3

Caractère : Blaise est sensible, a le sens des responsabilités et aime l'étude.

Personnages célèbres : Blaise Pascal ; Blaise Cendrars ; *Pauvre Blaise* de la comtesse de Ségur ; le joueur de football Blaise Matuidi.

Fréquence : rare - Évolution : ↘

Âge moyen : 61 ans

P

Bob

Étymologie : du germain *hrod* : « gloire » et *behrt* : « brillant ». Ce prénom correspond au diminutif anglo-saxon de Robert. Il est particulièrement répandu en Grande-Bretagne, Irlande et aux États-Unis.

Fête : 30 avril - Couleur : rouge - Chiffre : 6

Caractère : Bob est autonome, autoritaire et ambitieux.

Personnages célèbres : Bob Hope, acteur et humoriste américain (1903-2003) ; Bob Fosse, chorégraphe et metteur en scène (*Cabaret*, *Chicago*...) ; les chanteurs Bob Dylan et Bob Marley.

Fréquence : rare - Évolution : ↘

Âge moyen : 25 ans

V

Bobby

Boby

Étymologie : du germain *hrod* : « gloire » et *behrt* : « brillant ». Ce prénom correspond à la forme familière de Bob, lui-même diminutif de Robert, mais qui est reconnu comme prénom depuis peu.

Fête : 30 avril - Couleur : rouge - Chiffre : 6

Caractère : Bobby est autoritaire, énergique et ambitieux.

Personnages célèbres : le chanteur Bobby Lapointe.

Fréquence : rare - Évolution : ↘

Âge moyen : 28 ans

B

Boniface

Bonifacius, Bonifacio, Bonifas, Faas, Fatzel

Étymologie : du latin *bonifacius* : « celui qui a bonne face », ou encore *bonus* : « bon » et *fatum* : « destinée ».

Fête : 5 juin - Couleur : bleu - Chiffre : 1

Caractère : Boniface est énergique, autoritaire, travailleur et curieux.

Personnages célèbres : neuf papes, dont l'excommunicateur de Philippe le Bel, Boniface VIII ; Boniface, marquis de Toscane, qui fonda en Corse une ville à laquelle il donna le nom de Bonifacio ; le poète pamphlétaire du XIIIe siècle Boniface de Castellane, qui combattit durement de ses vers Charles d'Anjou.

Fréquence : rare - Évolution : ↘

Âge moyen : 83 ans

V

Boris

Borromée

Étymologie : du slave *borotj* : « combattant, guerrier ».

Fête : 2 mai - Couleur : violet - Chiffre : 9

Caractère : Boris est sociable, tolérant, épris d'harmonie et très affectueux.

Personnages célèbres : un tsar de toutes les Russies, Boris Godounov, gendre d'Ivan le Terrible, dont Moussorgsky s'inspira pour son opéra

(Boris Godounov, 1874) ; l'acteur Boris Karloff ; Boris Eltsine, premier président russe d'après l'URSS ; l'écrivain poète et musicien Boris Vian ; le joueur de tennis Boris Becker.
Fréquence : répandu - Évolution : ↗
Âge moyen : 31 ans

V

Boubacar

Aboubacary, Baoubakar, Boubacary, Boubaker

Étymologie : de l'arabe : « jeune chameau ».
Couleur : jaune - Chiffre : 4
Caractère : Boubacar est idéaliste, altruiste et organisé.
Personnage célèbre : le père de l'épouse de Mahomet, qui lui succéda de 632 à 634 comme calife orthodoxe.
Fréquence : rare - Évolution : ↗
Âge moyen : 15 ans

P

Brad

Bradan, Braden, Bradin

Étymologie : du veil anglais *brad leah* : « la large clairière ». Ce prénom correspond au diminutif de Bradley, devenu plus courant encore que son prénom d'origine.
Couleur : rouge - Chiffre : 9
Caractère : Brad est calme, sérieux, persévérant, discipliné, mais il est aussi spirituel et avide de connaissances.
Personnage célèbre : l'acteur américain Brad Pitt.
Fréquence : rare - Évolution : =
Âge moyen : 10 ans

P

Bradley

Bradleigh, Bradlie, Bradly, Bradle, Bradlie, Bradly

Étymologie : du veil anglais *brad leah* : « la large clairière ». Ce toponyme est devenu un patronyme, puis un prénom. C'est la popularité du général Omar Bradley, commandant de la 12e armée américaine au moment du débarquement des Alliés en 1944, qui généra cette différence d'usage.
Couleur : rouge - Chiffre : 9
Caractère : Bradley sait se montrer d'une détermination farouche. Altruiste et généreux, il sait faire preuve de patience.
Personnage célèbre : Bradley Cooper, acteur américain.
Fréquence : rare - Évolution : ↗
Âge moyen : 10 ans

P

Brady

Bradie

Étymologie : du veil anglais *brad leah* : « la large clairière ». Ce prénom correspond à une forme dérivée de Bradley, formée sur le diminutif Brad.
Couleur : bleu - Chiffre : 7
Caractère : Brady est tenace, méthodique et fiable.
Fréquence : rare - Évolution : ↗
Âge moyen : 7 ans

V

Brahim

Brahime

Étymologie : de l'hébreu *abraham* : « père de la multitude ». Ce prénom correspond, en effet, au diminutif d'Ibrahim, transcription arabe d'Abraham. Dans le Coran, la 14e sourate porte son nom.
Couleur : vert - Chiffre : 3
Caractère : Brahim est affectueux, a le sens des responsabilités et est d'une générosité sans faille.
Personnages célèbres : Brahim Asloum, boxeur français, champion olympique en 2000 ; Brahim Zaibat, danseur et chorégraphe français.
Fréquence : rare - Évolution : ↘
Âge moyen : 29 ans

Brandon

Étymologie : du celte *brano* : « le corbeau ». Brandon correspond à une forme dérivée de Brendan, beaucoup plus américaine et qui doit sa percée en France, au milieu des années 90, à la diffusion d'une série télévisée américaine.
Fête : 16 mai - Couleur : blanc - Chiffre : 7
Caractère : Brandon a l'esprit d'aventure, il est donc actif et curieux.
Personnage célèbre : Brandon Walsh, le héros de la série télévisée *Beverly Hills 90210.*
Fréquence : très rare - Évolution : ↘
Âge moyen : 18 ans

Brayan

Brayann, Brayane

Étymologie : du celte *brigo* : « la dignité, l'élévation ». Ce prénom est un dérivé du prénom Briac et fut porté au Moyen Âge par Brian Boru (940-1014), un irlandais qui parvint à unifier entièrement l'île et à la rendre prospère.
Ce prénom correspond à la forme de Brian qui fut pendant un temps la plus attribuée en France car cette transcription obligeait à une prononciation anglo-saxonne.
Fête : 18 décembre - Couleur : rouge - Chiffre : 1
Caractère : Brayan est caractérisé par sa constante soif de connaissances et son esprit sagace.
Fréquence : rare - Évolution : ↗
Âge moyen : 10 ans

Brendan

Brandan, Brendon, Brendy

Étymologie : du celte *brano* : « le corbeau ». C'est dans les pays celtiques et anglophones (Écosse, pays de Galles, Irlande où saint Brendan est aussi renommé que saint Patrick) que Brendan eut le plus de succès, mais dès la fin du XIXe siècle, il franchit les mers et commence à être usité aux États-Unis. En France, son arrivée est toute récente.
Fête : 16 mai - Couleur : blanc - Chiffre : 7
Caractère : Brendan est résolu, méthodique et engagé.
Personnage célèbre : Brendan Fraser, acteur américain.
Fréquence : rare - Évolution : ↘
Âge moyen : 17 ans

Brenton

Étymologie : du viel anglais : « la colline ». Brenton est un dérivé de Brent.
Couleur : jaune - Chiffre : 5
Caractère : Brenton a l'esprit sagace. Il est avide de connaissances et de spiritualité.
Fréquence : très rare - Évolution : =

Brent

Étymologie : du viel anglais : « la colline ». Ce nom de lieu est ensuite devenu dès le XVe siècle un nom de famille avant de devenir un prénom. Brent a beau avoir des origines anglo-irlandaises (Brent désigne une déesse irlandaise et a donné son nom à une rivière d'Angleterre), c'est d'abord aux États-Unis qu'il rencontre ses premiers succès.
Couleur : jaune - Chiffre : 4
Caractère : Brent est original, audacieux, énergique et séducteur.
Fréquence : très rare - Évolution : =

Brett

Bret, Bretton, Brit

Étymologie : du latin *britto* : « originaire de Bretagne ». Comprendre : « originaire de Grande-

Bretagne ». Brett désignait également au Moyen Âge les Armoricains débarquant en Angleterre pour suivre Guillaume le Conquérant. Ce n'est pourtant pas uniquement en Grande-Bretagne que Brett a été attribué en particulier. En effet, il est aussi très répandu en Australie.

Couleur : vert - Chiffre : 8

Caractère : Brett allie une certaine aisance relationnelle à une forte intuition et faculté d'adaptation.

Personnages célèbres : Brett Sinclair, un des deux héros de la série *Amicalement vôtre* ; l'écrivain américain Bret Easton Ellis.

Fréquence : très rare - Évolution : =

Âge moyen : 22 ans

V

Briac

Briag

Étymologie : du celte *brigo* : « la dignité, l'élévation ». Ce prénom fut porté par un Irlandais qui fonda un monastère dans une petite ville des Côtes-d'Armor, nommée Boubriac en son honneur, comme Saint-Briac-sur-Mer, dans le Finistère.

Fête : 18 décembre - Couleur : bleu - Chiffre : 6

Caractère : Briac est élégant, indépendant, charmant et a le sens des responsabilités.

Fréquence : rare - Évolution : =

Âge moyen : 13 ans

P

Brian

Briand, Briano, Brien, Brion, Bryant, Bryan

Étymologie : du celte *brigo* : « la dignité, l'élévation ». Ce prénom est un dérivé du prénom Briac et fut porté au Moyen Âge par Brian Boru (940-1014), un irlandais qui parvint à unifier entièrement l'île et à la rendre prospère. Si Briac est resté typiquement breton, Brian, lui, est un grand succès américain.

Fête : 18 décembre - Couleur : rouge - Chiffre : 1

Caractère : Brian est un fin stratège, plein de vitalité et d'ardeur et s'il peut se montrer extrêmement brillant et d'une créativité géniale, il a tendance à être trop sérieux au quotidien.

Personnages célèbres : le cinéaste Brian De Palma ; Brian Jones, guitariste des Rolling Stones ; le patineur Brian Joubert.

Fréquence : rare - Évolution : ↘

Âge moyen : 17 ans

P

Brice

Brès, Bricius, Brix, Briz, Bryce

Étymologie : du celte *brictio* : « tacheté », en allusion aux taches de rousseur.

Fête : 13 novembre - Couleur : rouge - Chiffre : 1

Caractère : Brice est dynamique, actif, habile et indépendant.

Personnage célèbre : le héros éponyme du film *Brice de Nice* incarné par Jean Dujardin.

Fréquence : répandu - Évolution : ↘

Âge moyen : 26 ans

V

Brieuc

Brieg, Brieug, Brieux, Briog

Étymologie : du celte *brigomaglos* : « le grand prince ». Ce prénom dont la forme bretonne correspond à Brieg est retranscrit Brieuc en français.

Fête : 1er mai - Couleur : rouge - Chiffre : 1

Caractère : Brieuc est affectueux, généreux, charitable et perfectionniste.

Fréquence : rare - Évolution : =

Âge moyen : 17 ans

P

Bruce

Brucey, Brucie, Brunetto, Broen

Étymologie : ce nom serait vraisemblablement celui d'une famille normande du Cotentin, les

Bruce. Ce patronyme aurait conquis l'Écosse, d'où l'origine anglo-saxonne qu'on lui prête aujourd'hui, à tort puisqu'il ne s'est répandu dans les autres pays anglophones qu'au XXe siècle.
Couleur : rouge - Chiffre : 2
Caractère : Bruce peut sembler renfermé, voire taciturne, mais en réalité c'est un grand sentimental qui peine, parfois, à se l'avouer. D'où sa difficulté à le montrer.
Personnages célèbres : les acteurs Bruce Lee et Bruce Willis ; le chanteur Bruce Springsteen.
Fréquence : rare - Évolution : =
Âge moyen : 31 ans

P

Bruno

Broen, Brunetto, Bruneau, Brunot, Brunon

Étymologie : du germain brun : « bouclier » ou brunja : « armure ».
Fête : 6 octobre - Couleur : bleu - Chiffre : 7
Caractère : Bruno est secret, pétri de gentillesse, mais se révèle assez rapidement solitaire, attiré par le risque, comme par la réflexion.
Personnages célèbres : Bruno Bettelheim, psychanalyste et auteur (*La Psychanalyse des contes de fées*) ; Bruno Coquatrix, homme de spectacle, directeur et propriétaire de l'Olympia ; les acteurs Bruno Putzulu et Bruno Solo ; le chanteur Bruno Mars.
Fréquence : répandu - Évolution : ↘
Âge moyen : 47 ans

B

Byron

Étymologie : ce prénom doit son usage au nom de famille de lord George Byron, célèbre poète anglais (1788-1824). Dès le XIXe siècle, ce prénom fut très attribué au États-Unis et il l'est toujours. Longtemps plus rare en France, Byron commence néanmoins à trouver des amateurs.
Couleur : bleu - Chiffre : 4
Caractère : Byron est un révolté, qui prend toujours le parti de la passion et de l'humanité.
Fréquence : rare - Évolution : ↗
Âge moyen : 10 ans

C

V

Caleb

Cale, Kaleb

Étymologie : de l'hébreu : « comme le cœur, courageux ».
Couleur : jaune - Chiffre : 1
Caractère : Caleb est curieux, sociable, autoritaire et a le goût du pouvoir.
Personnage célèbre : ce prénom est porté, dans la Bible, par un des douze explorateurs que Moïse envoya pour découvrir la Terre promise.
Fréquence : très rare - Évolution : ↗
Âge moyen : 4 ans

B

Caliste

Calix, Calixte, Calliste, Callisto

Étymologie : du grec *kallistos* : « le plus beau ».
Fête : 14 octobre - Couleur : rouge - Chiffre : 5
Caractère : Caliste est pétri de qualités de cœur : fidélité, générosité, il semble toutes les posséder.
Fréquence : très rare - Évolution : ↗
Âge moyen : 3 ans

P

Calvin

Étymologie : du latin : « chauve ». Ce prénom est issu du patronyme du célèbre théologien français qui contribua à la construction de la doctrine protestante, qui s'oppose au culte des saints.
Couleur : jaune - Chiffre : 7
Personnages célèbres : Calvin, l'enfant imaginatif du duo de la B. D. *Calvin et Hobbes* ; le styliste Calvin Klein.
Caractère : Calvin est réservé, sensible, perfectionniste. C'est un esthète.
Fréquence : rare - Évolution : ↗
Âge moyen : 10 ans

V

Camel

Camal

Étymologie : de l'arabe *kamal* : « perfection, plénitude ».
Couleur : gris - Chiffre : 7
Caractère : Camel est intelligent, sage et indépendant. Sa quête de savoir n'a pas de limite.
Fréquence : rare - Évolution : ↘
Âge moyen : 27 ans

V

Cameron

Camerone

Étymologie : du gaélique *camshron* : « nez crochu ». Ce nom était celui d'un clan écossais très connu. Très prisé aujourd'hui au sein des pays anglo-saxons, ce prénom n'est apparu en Écosse que dans les années 50, avant de se répandre en Australie. Il est aujourd'hui plus attribué chez les filles.
Couleur : vert - Chiffre : 6
Caractère : Cameron est énergique, dynamique, doté d'un bel esprit de camaraderie et très attentif aux autres.
Fréquence : rare - Évolution : ↗
Âge moyen : 7 ans

B

Camille

Camilien, Camilo, Camillo, Camilho, Kamil, Kamill, Kamillo

Étymologie : du latin *camillus* : « jeune homme », qui, dans les sacrifices aux dieux de Rome, assistait le grand prêtre durant la cérémonie.
Fête : 14 juillet - Couleur : jaune - Chiffre : 1
Caractère : Camille est énergique, sociable, travailleur et indépendant.
Personnages célèbres : l'homme politique de la Révolution française, Camille Desmoulins ; les peintres Camille Corot et Camille Pissarro ; le musicien Camille Saint-Saëns.
Fréquence : rare - Évolution : ↗
Âge moyen : 73 ans

V

Carl

Carle, Carles, Carlus

Étymologie : du germanique *karl* : « fort, viril ». Ce prénom correspond à une variante de la forme primitive de Charles. C'est en Alsace que ce prénom est le plus attribué.
Fête : 4 novembre - Couleur : vert - Chiffre : 3
Caractère : Carl est équilibré, organisé, a le sens des responsabilités, est solide et protecteur.
Fréquence : rare - Évolution : ↘
Âge moyen : 27 ans

V

Carlos

Étymologie : du germanique *karl* : « fort, viril ». Ce prénom correspond à la forme espagnole de Charles.
Fête : 4 novembre - Couleur : vert - Chiffre : 3
Caractère : Carlos est audacieux, attiré par l'originalité et les découvertes.
Personnages célèbres : Carlos Fuentes, romancier

et essayiste mexicain ; Carlos, le chanteur de chansons ludiques.
Fréquence : rare - Évolution : =
Âge moyen : 41 ans

V

Carmelo

Carmel, Carmello

Étymologie : de l'hébreu *carmel* : « voyager ». Ce prénom désigne le mont Carmel en Israël, à l'endroit où le prophète Élie se sacrifia. Au XIIe siècle, un Italien revenu des croisades s'installa avec d'autres ermites sur ce mont et fonda un nouvel ordre religieux qui se répandit dans toute l'Europe, les Carmes, avant de donner naissance au XVe siècle, à un ordre typiquement féminin, les Carmélites, encore connues aujourd'hui.
Fête : 16 juillet (consacrée à la Vierge Marie, sous son appellation Notre-Dame du Mont-Carmel).
Couleur : bleu - Chiffre : 7
Caractère : Carmelo est bon conseiller, bienveillant, pacifiste et consciencieux.
Fréquence : rare - Évolution : ↘
Âge moyen : 47 ans

V

Casey

Étymologie : du celte *cathasach* : « le vigilant ». Ce prénom doit son succès à John Luther Jones, surnommé « Casey » qui, après un terrible accident de chemin de fer en 1900, sauva une dizaine de vies avant de succomber à ses blessures. Il devint un héros dans l'inconscient collectif.
Couleur : vert - Chiffre : 6
Caractère : Casey a beaucoup de cœur. Et il est, ce qui ne gâche rien, fort, ambitieux, passionné et sait faire preuve d'habileté.
Fréquence : rare - Évolution : ↗
Âge moyen : 4 ans

V

Casimir

Casimiro, Casimo, Casper, Cass, Kazimir

Étymologie : du polonais *kas* : « assemblée » et *kasimierz* : « qui fait la paix ».
Fête : 4 mars - Couleur : bleu - Chiffre : 6
Caractère : Casimir peut se montrer rêveur, mais il est humain et généreux.
Personnages célèbres : le poète Casimir Delavigne (1793-1843) ; le banquier et homme politique Casimir Perier ; le personnage orange de *L'Île aux enfants*.
Fréquence : rare - Évolution : ↘
Âge moyen : 85 ans

B

Cassien

Cassian, Cassio, Cassiono, Kassian

Étymologie : du latin *cassia*, du nom d'une illustre famille romaine du Ier siècle. Ce prénom fut porté par celui qui est devenu le protecteur des écrivains et des enseignants. Il fut mis à mort à coup de stylets par une vingtaine de ses élèves, en raison de sa foi chrétienne.
Fête : 5 août - Couleur : orange - Chiffre : 7
Caractère : Cassien aime l'étude, la réflexion et la persévérance.
Fréquence : rare - Évolution : ↗
Âge moyen : 9 ans

B

Cassius

Étymologie : du latin *cassia*, du nom d'une illustre famille romaine du Ier siècle. Ce prénom correspond à la forme originelle de Cassien.
Fête : 5 août - Couleur : orange - Chiffre : 7
Caractère : Cassius est un original qui aime les prises de risques et déteste le conformisme.
Personnages célèbres : Cassius Clay, nom de

baptême de Mohamed Ali ; Cassius, duo de musique électronique assimilé au mouvement *french touch*.
Fréquence : très rare - Évolution : =
Âge moyen : 4 ans

B

Cécilien

Cécilian, Cécilio

Étymologie : du latin *caecili*, nom d'une célèbre famille de l'aristocratie romaine. Cette famille aurait hérité du nom donné à un ancêtre, Caecus : « l'aveugle ». La perte d'un des sens était alors considérée comme un signe de communion avec les dieux. Dans l'Antiquité, être aveugle signifiait avoir un pouvoir de vision différent : pouvoir lire dans l'avenir.
Fête : 22 novembre - Couleur : bleu - Chiffre : 1
Caractère : Cécilien est bienveillant, consciencieux et plein de sagesse.
Fréquence : rare - Évolution : ↘
Âge moyen : 72 ans

P

Cédric

Cédrick, Cédrik

Étymologie : du vieil anglais *caddaric* : « chef de guerre » ; ou du gallois *ceredig* : « aimable ». Ce sont les romans anglo-saxons qui ont contribué, en partie, à faire connaître ce prénom. Pourtant, ce n'est pas dans les pays anglophones que Cédric rencontre le succès. C'est en France qu'il s'est répandu.
Fête : 7 janvier - Couleur : bleu - Chiffre : 3
Caractère : Cédric est orgueilleux, parfois possessif, mais aussi travailleur et épicurien. Il est donc animé par le goût de l'art, du luxe et de l'amitié.
Personnages célèbres : Cédric, personnage du roman *Ivanhoé* de Walter Scott (1820) ; Cédric, héros du *Petit Lord Fauntleroy* (1886), roman de Hodgson Burnett ; le joueur de tennis Cédric

TOP 20

Prénoms en chanson

Ces prénoms ont inspiré des titres cultes, des textes inoubliables mettant en avant des personnages hauts en couleurs... Directement liés à la vie des artistes qui les ont chantés ou simples causes de rêveries musicales, ils pourraient bien inspirer vos vies.

Alexis — *Philippe Lafontaine*
Andy — *Rita Mitsouko*
Clyde — *Serge Gainsbourg (Bonnie and Clyde)*
Diego — *Michel Berger*
Etienne — *Guesh Patti*
Fernand — *Jacques Brel*
Gaston — *Nino Ferrer*
Georgy – *Toto (Georgy Porgy)*
Jeff — *Jacques Brel*
Jim — *Alain Souchon (La Ballade de Jim)*
Joe – *Jimi Hendrix (Hey Joe)*
Johnny — *Jeanne Mas (Johnny Johnny)*
Luka – *Suzanne Vega*
Manu — *Renaud*
Max — *Hervé Christiani (Il est libre Max)*
Nicolas – *Rita Mitsouko (Les Histoires d'A)*
Pierrot — *Renaud*
Raphaël — *Carla Bruni*
Valentin — *Juliette Gréco*
Ziggy — *Fabienne Thibeault / Céline Dion*

Pioline ; le réalisateur Cédric Klapisch.
Fréquence : répandu - Évolution : ↘
Âge moyen : 30 ans

B

Céleste

Célestu, Célestyn

Étymologie : du latin *caelestis* : « d'origine céleste, venant du ciel ». Prénom mixte à l'origine, car porté par un saint et non une sainte, Céleste est aujourd'hui bien plus attribué aux filles, mais la tendance pourrait s'inverser.
Fête : 14 octobre - Couleur : jaune - Chiffre : 6
Caractère : Céleste est discret, a le sens des responsabilités et de l'harmonie.
Fréquence : rare - Évolution : ↗
Âge moyen : 70 ans

B

Célestin

Célestion, Colestin, Célestino

Étymologie : du latin *caelestis* : « d'origine céleste, venant du ciel ». Célestin Ier fut élu pape en 422, il combattit l'hérésie toute sa vie. On le fête le 6 avril. Célestin V fut élu pape, malgré lui, à la fin du XIIIe siècle et quitta sa fonction après six mois, de sa propre initiative. On le fête le 19 mai.
Fête : 6 avril ou 19 mai - Couleur : jaune
Chiffre : 6
Caractère : Célestin a le sens des responsabilités, est fidèle et aime le pouvoir.
Fréquence : rare - Évolution : ↗
Âge moyen : 79 ans

B

Célian

Célien

Étymologie : du grec *séléné* : « la lune ». Ce prénom correspond à la forme masculine de Céline.
Fête : 21 octobre - Couleur : bleu - Chiffre : 3
Caractère : détermination, ardeur... autant de qualités qui font de Célian un être combatif et stratège. Il aime aller au bout des choses.
Fréquence : rare - Évolution : ↗
Âge moyen : 8 ans

P

Célio

Étymologie : du latin *caecili*, nom d'une célèbre famille de l'aristocratie romaine. Cette famille aurait hérité du nom donné à un ancêtre, Caecus : « l'aveugle ». Célio correspond à une forme masculine de Cécile, via Cécilio dont il pourrait être un diminutif.
Fête : 22 novembre - Couleur : bleu - Chiffre : 1
Caractère : Célio est dans le raisonnement constant. Il a toujours besoin d'achever ce qu'il entreprend.
Personnage célèbre : Célio, une marque de prêt-à-porter masculin.
Fréquence : rare - Évolution : ↗
Âge moyen : 11 ans

B

Cernin

Étymologie : du nom du dieu romain de l'agriculture, Saturne, équivalent du grec Cronos. Ce prénom est, en effet, un diminutif de Saturnin.
Fête : 29 novembre - Couleur : rouge - Chiffre : 8
Caractère : Cernin est humain, ouvert d'esprit, généreux... C'est aussi un grand rêveur.
Fréquence : très rare - Évolution : =

B

César

Césaire, Césare, Caesar, Cäsar, Césaire, Cesare, Césarie, Césarine, Cesario, Cesariu, Cesarius, Cisar, Cisariu, Kecha, Kesari, Serres, Tzer

Étymologie : du latin *caesariatus* : « le chevelu » ou *caedo* : « coupé, tranché ». En latin, César (ou

Cæsar) est le titre honorifique qui désigne les empereurs. Ce prénom évoque aujourd'hui irrémédiablement le fondateur de l'Empire romain et est devenu un titre royal en lui-même dans de nombreuses langues (Kaiser, Tsar...).

Fête : 26 août - Couleur : bleu - Chiffre : 2

Caractère : César est dynamique, audacieux, directif et indépendant.

Personnages célèbres : César Franck, musicien ; César, le sculpteur qui a donné son nom à la cérémonie du cinéma français (et dessiné les trophées) ; César, héros du roman de Marcel Pagnol.

Fréquence : rare - Évolution : ↗

Âge moyen : 52 ans

P

Charlélie

Charlély

Étymologie : prénom fusionnant Charles et Élie.

Fête : 5 novembre (Charles) ou 20 juillet (Élie)

Couleur : jaune - Chiffre : 1

Caractère : Charlélie aime l'innovation, il est créatif et énergique.

Personnage célèbre : Charlélie Couture, artiste, qui a lancé le prénom.

Fréquence : rare - Évolution : ↘

Âge moyen : 15 ans

C

Charles

Carlo, Charel, Charle, Charlemagne, Charlez, Charley, Charlot, Charlton, Carol, Carolin, Charlot, Chick, Chuck, Jarl, Karel, Karl, Siarl, Teârlach

Étymologie : du germain *karl* : « viril ». Charles est aujourd'hui un classique chic indémodable.

Fête : 4 novembre - Couleur : rouge - Chiffre : 3

Caractère : Charles sait mettre sa force tout entière au service d'un but clairement visé et défini. Pragmatisme et créativité s'unissent en lui pour braver les obstacles qui auraient bien tort de se placer sur sa route.

Personnages célèbres : Charles Martel, duc d'Austrasie et grand-père de Charlemagne ; le penseur politique Charles de Montesquieu ; le musicien Charles Gounod ; Charles Darwin, le naturaliste anglais ; Charles Baudelaire, le poète ; le faiseur de contes Charles Perrault ; les écrivains Charles Dickens et Charles Bukowski ; les chanteurs Charles Trenet et Charles Aznavour ; l'acteur Charles Bronson ; Charles, le prince de Galles.

Fréquence : répandu - Évolution : =

Âge moyen : 76 ans

C

Charles-Antoine

Étymologie : du germanique *karl* : « fort, viril » et du latin *antonius* : « inestimable". Ce prénom réunit deux classiques chics.

Fête : 4 novembre (Saint-Charles), 17 janvier ou 13 juin (Saint-Antoine).

Couleur : rouge - Chiffre : 4

Caractère : Charles-Antoine est parfois tourmenté, mais sa capacité à choisir ceux qui l'entourent pallient ses manques éventuels de confiance en lui.

Fréquence : rare - Évolution : ↘

Âge moyen : 24 ans

C

Charles-Édouard

Étymologie : du germanique *karl* : « fort, viril » et du germain *ed* : « biens, richesses » et *ward* : « gardien ». Ce prénom est, à l'instar de Marie-Chantal, voire de Charles-Henri, un prénom devenu emblématique de la classe bourgeoise, au point, parfois, d'être pourvu d'un côté caricatural. Il est, néanmoins, en bonne place dans le *Bottin mondain*.

Fête : 4 novembre (Saint-Charles) ou 5 janvier (Saint-Édouard) - Couleur : rouge - Chiffre : 5

Caractère : Charles-Édouard est volontaire, raisonnable et aime achever ce qu'il entreprend.

Personnage célèbre : Charles-Édouard Jeanneret-Gris, dit Le Corbusier.
Fréquence : rare - **Évolution** : ↘
Âge moyen : 24 ans

C

Charles-Élie

Étymologie : prénom composé de Charles et d'Élie. Ce prénom est très rare et équivaut lorsqu'il est prononcé au prénom Charlélie.
Fête : 5 novembre (Saint-Charles) ou le 20 juillet (Saint-Élie) - **Couleur** : orange - **Chiffre** : 5
Caractère : Charles-Élie est résolu, spirituel et sagace.
Personnage célèbre : Charles-Élie de Ferrières, homme politique et homme de lettres français (1741-1804).
Fréquence : rare - **Évolution** : ↗
Âge moyen : 18 ans

C

Charles-Henri

Étymologie : prénom composé de Charles et d'Henri. Ce prénom est, avec Charles-Édouard, l'un des prénoms les plus représentés dans le *Bottin mondain* et le *Who's Who*.
Fête : 4 novembre (Saint-Charles) ou le 13 juillet (Saint-Henri) - **Couleur** : jaune - **Chiffre** : 5
Caractère : Charles-Henri aime la communication, il a de fortes capacités d'adaptation et possède une nature enthousiaste qui lui donne beaucoup de force.
Fréquence : rare - **Évolution** : ↘
Âge moyen : 30 ans

P

Charlie

Charli

Âge moyen : du germain *karl* : « viril ». Ce prénom correspond à un diminutif de Charles.
Fête : 4 novembre - **Couleur** : rouge - **Chiffre** : 3
Caractère : Charlie aime le relationnel, il est intuitif et fidèle.
Personnages célèbres : Charlie Chaplin, le célèbre Charlot.
Fréquence : rare - **Évolution** : ↗
Âge moyen : 9 ans

P

Charly

Étymologie : du germain *karl* : « viril ». Ce prénom correspond à un diminutif de Charles à la terminaison anglo-saxonne.
Fête : 4 novembre - **Couleur** : rouge - **Chiffre** : 3
Caractère : Charly est structuré, sécurisant et efficace.
Fréquence : rare - **Évolution** : ↗
Âge moyen : 22 ans

V

Cheikh

Cheick

Étymologie : de l'arabe : « le maître que l'expérience a rempli de sagesse ».
Couleur : bleu - **Chiffre** : 7
Caractère : malgré son côté stratège, Cheikh est d'une grande sensibilité. Dynamique, il a un constant besoin de challenges.
Fréquence : rare - **Évolution** : ↗
Âge moyen : 16 ans

V

Chérif

Charaf, Charef, Charif, Chériff, Sherif

Étymologie : de l'arabe : « de haut rang ».
Couleur : vert - **Chiffre** : 10
Caractère : Chérif est tenace, fiable, méthodique et logique.
Fréquence : rare - **Évolution** : ↗
Âge moyen : 36 ans

Chris

Chriss, Chrys

Étymologie : ce prénom est un diminutif des prénoms assemblés avec Chris, il est plus couramment usité dans les pays anglo-saxons.
Fête : 12 novembre (Saint-Christian)
Couleur : vert - Chiffre : 4
Caractère : Chris a l'esprit pratique, aime la communication et possède de fortes qualités d'adaptation.
Fréquence : rare - Évolution : ↗
Âge moyen : 15 ans

Christian

Crestian, Chrétien, Christ, Christaen, Christel, Christien, Christin, Kriss, Kristan, Kristen, Kristian

Étymologie : du latin *christianus* : « chrétien, disciple du Christ ».
Fête : 12 novembre - Couleur : vert - Chiffre : 2
Caractère : Christian est intuitif, attentif, prudent et animé d'une certaine confiance en lui.
Personnages célèbres : l'acteur Christian Clavier ; les couturiers Christian Lacroix et Christian Dior.
Fréquence : répandu - Évolution : ↘
Âge moyen : 58 ans

Christobal

Cristobal

Étymologie : du grec *khristophoros* : « qui porte le Christ ».
Fête : 25 juillet - Couleur : bleu - Chiffre : 4
Caractère : doté d'un fort esprit logique, Christobal est un bon gestionnaire.
Fréquence : très rare - Évolution : =
Âge moyen : 43 ans

Christophe

Chrys, Chrystal, Cristof, Cristoforo, Kester, Kit, Kristof, Kristofor, Toffel, Töffel

Étymologie : du grec *khristophoros* : « qui porte le Christ ».
Fête : 25 juillet - Couleur : bleu - Chiffre : 4
Caractère : Christophe est une forte tête, voilà qui est certain !
Doté d'une volonté farouche, c'est un passionné, un spirituel.
Personnages célèbres : Christophe Colomb ; l'animateur Christophe Dechavanne ; l'acteur Christophe Lambert ; les chanteurs Christophe Willem et Christophe Maé ; l'athlète médaillé, Christophe Lemaitre.
Fréquence : répandu - Évolution : ↘
Âge moyen : 39 ans

Christopher

Christofer, Chrystopher, Kristofer, Kristopher

Étymologie : du grec *khristophoros* : « qui porte le Christ ».
Fête : 25 juillet - Couleur : bleu - Chiffre : 4
Caractère : Christopher est méthodique, tenace, fiable et attentionné.
Personnages célèbres : les acteurs Christopher Lee, Christopher Walken et Christopher Reeve.
Fréquence : répandu - Évolution : ↘
Âge moyen : 21 ans

Clair

Clairin

Étymologie : du latin *clarus* : « clair ». Ce prénom correspond à la forme masculine de Claire, qu'on juge, à tort, inexistant.
Fête : 26 avril - Couleur : jaune - Chiffre : 4

Caractère : Clair est sage, indépendant et intelligent.

Fréquence : rare - Évolution : =

Âge moyen : 84 ans

B

Clarence

Clare, Clarey

Étymologie : du latin *clarus* : « clair ». Ce prénom, dont la sonorité semble très équivoque en France, est, au contraire, très masculin en Angleterre, particulièrement au XIXe siècle.

Fête : 26 avril - Couleur : jaune - Chiffre : 4

Caractère : Clarence aime l'inconstance et la légèreté. Ce sont les plaisirs immédiats qui priment, à ses yeux.

Fréquence : rare - Évolution : ↗

Âge moyen : 11 ans

P

Claude

Claud, Claudien

Étymologie : du latin *claudus* : « le boiteux », substantif qui semble avoir engendré Claudius, le nom de l'illustre famille romaine, dont furent issus Néron, Claude et Caligula. La claudication, rappelant Vulcain le dieu forgeron, qui souffrait de cette infirmité, passait pour une capacité à communiquer avec l'au-delà.

Fête : 6 juin - Couleur : orange - Chiffre : 1

Caractère : Claude est élégant, généreux et plein de vivacité.

Personnages célèbres : le peintre Claude Monet ; le musicien Claude Debussy ; les chanteurs Claude François et Claude Nougaro ; les cinéastes Claude Lelouch, Claude Sautet, Claude Santelli et Claude Lanzmann.

Fréquence : répandu - Évolution : ↘

Âge moyen : 68 ans

V

Claudio

Étymologie : du latin *claudus* : « le boiteux », substantif qui semble avoir engendré Claudius, le nom de l'illustre famille romaine, dont furent issus Néron, Claude et Caligula. La claudication, rappelant Vulcain le dieu forgeron, qui souffrait de cette infirmité, passait pour une capacité à communiquer avec l'au-delà. Claudio est le Claude de l'Italie et de l'Espagne.

Fête : 6 juin - Couleur : orange - Chiffre : 1

Caractère : Claudio est réceptif, sociable et diplomate.

Personnage célèbre : le musicien Claudio Monteverdi.

Fréquence : rare - Évolution : ↗

Âge moyen : 41 ans

B

Claudy

Claudie

Étymologie : du latin *claudus* : « le boiteux », substantif qui semble avoir engendré Claudius, le nom de l'illustre famille romaine, dont furent issus Néron, Claude et Caligula. La claudication, rappelant Vulcain le dieu forgeron, qui souffrait de cette infirmité, passait pour une capacité à communiquer avec l'au-delà. Ce prénom correspond à un diminutif de Claude, dont la terminaison en fait l'équivalent anglo-saxon de Claudie. .

Fête : 6 juin - Couleur : orange - Chiffre : 1

Caractère : Claudy est autoritaire, ambitieux et énergique.

Fréquence : rare - Évolution : ↘

Âge moyen : 50 ans

P

Clark

Clerk

Étymologie : du latin *clericus* : « clerc », dont Clark est la version anglaise. Cette forme est celle qui a subsisté, puisque « clerc » est un substantif français, mais n'est guère usité en tant que prénom.

Fête : 14 janvier - Couleur : blanc - Chiffre : 9

Caractère : Clark est sociable, généreux, émotif et sait écouter.

Personnages célèbres : Clark Gable, acteur connu, entre autres, pour son rôle de Rhett Butler dans *Autant en emporte le vent* ; Clark Kent, patronyme de Superman.

Fréquence : rare - Évolution : ↗

Âge moyen : 14 ans

V

Clay

Clayborne

Étymologie : du vieil anglais : « l'argile », qui serait issu du saxon *claeg*.

Couleur : vert Chiffre : 6

Caractère : Clay est altruiste, compatissant et idéaliste.

Fréquence : très rare - Évolution : =

V

Clayton

Étymologie : du vieil anglais : « qui habite sur un sol d'argile », qui serait issu du saxon *claeg*.

Couleur : vert - Chiffre : 6

Caractère : Clayton est intègre, compatissant et généreux.

Fréquence : rare - Évolution : ↗

Âge moyen : 11 ans

V

Cliff

Étymologie : du saxon *clif* : « la falaise ». Ce nom de lieu est devenu un patronyme aux États-Unis au XIXe siècle, avant de devenir un prénom. Cliff est le diminutif de Clifford.

Couleur : bleu - Chiffre : 5

Caractère : Cliff est réfléchi, intègre, altruiste et idéaliste.

Fréquence : rare - Évolution : ↘

Âge moyen : 23 ans

V

Clifford

Étymologie : du saxon *clif* : « la falaise » et *ford* : « le gué ». Ce nom de lieu est devenu un patronyme aux États-Unis au XIXe siècle, avant de devenir un prénom.

Couleur : bleu - Chiffre : 5

Caractère : Clifford est indépendant, audacieux et directif.

Fréquence : rare - Évolution : ↘

Âge moyen : 28 ans

C

Clément

Clem, Clemens, Clemente, Clemmie, Clemmy, Clemens, Clémentius, Clim, Klémens, Kliment

Étymologie : du latin *clemens* : « doux, clément ».

Fête : 23 novembre - Couleur : rouge - Chiffre : 7

Caractère : Clément porte-t-il bien son nom ? Eh bien, l'étymologie ne ment pas : Clément est généreux, magnanime, doux, tendre et équilibré. En revanche, il peut parfois se montrer autoritaire.

Personnages célèbres : le poète de la Renaissance Clément Marot ; le précurseur de l'aviation Clément Ader.

Fréquence : répandu - Évolution : ↘

Âge moyen : 27 ans

B

Clémentin

Étymologie : du latin *clemens* : « doux, clément ».

Fête : 23 novembre - Couleur : rouge - Chiffre : 7

Caractère : Clémentin est dynamique, curieux, indépendant et courageux.
Fréquence : rare - Évolution : ↘
Âge moyen : 19 ans

P

Cléo

Étymologie : du grec *kleiô* : « commémorer, célébrer ». Cléo peut être considéré comme le diminutif de Cléophas ou du féminin Cléopâtre. Il bénéficie d'un succès réel et est reconnu aujourd'hui comme un prénom mixte. Il est de plus en plus souvent attribué à des garçons, raison de sa terminaison en « o », qui est un signe masculin pour de nombreux parents. Il fait ainsi office de pendant à Chloé.
Fête : 19 octobre - Couleur : noir - Chiffre : 8
Caractère : Cléo est dynamique, franc et généreux.
Fréquence : rare - Évolution : ↗
Âge moyen : 16 ans

C

Cléophas

Étymologie : du grec *kleiô* : « commémorer, célébrer ». Cléophas correspond à la forme masculine de Cléophée.
Fête : 19 octobre - Couleur : gris - Chiffre : 8
Caractère : Cléophas est doté d'un bel esprit et d'un grand cœur. Toujours avide de nouvelles connaissances, il est spirituel et aime l'originalité.
Fréquence : très rare - Évolution : =
Âge moyen : 100 ans !

C

Clotaire

Étymologie : du germanique *hold* : « illustre » et *hart* « fort ».
Fête : 7 avril - Couleur : bleu - Chiffre : 2
Caractère : Clotaire est affectueux, fidèle et se laisse toujours guider par ses intuitions.
Personnage célèbre : Clotaire Ier, fils de sainte Clothilde.
Fréquence : rare - Évolution : ↗
Âge moyen : 81 ans

C

Clovis

Clodwig, Clovisse

Étymologie : du germain *hold* : « illustre, glorieux » et *wig* : « bataille, combattant ». L'allemand Chlodowig s'est transformé en Clovis, forme plus simple, puis en Clodovico, forme plus latine, qui a engendré Ludovic, puis Louis. Clovis est donc bien une forme franque de Louis.
Fête : 25 août - Couleur : vert - Chiffre : 8
Caractère : Clovis est énergique, autoritaire, déterminé et réservé.
Personnages célèbres : Clovis, le très célèbre roi des Francs au Ve siècle, qui fonda la dynastie mérovingienne ; Clovis Cornillac, acteur français.
Fréquence : rare - Évolution : ↗
Âge moyen : 59 ans

P

Clyde

Étymologie : du celtique *clyde*, du nom de la rivère qui arrose Glasgow.
Couleur : vert - Chiffre : 4
Caractère : Clyde est persévérant, efficace et redoutablement sympathique.
Personnage célèbre : le malfaiteur Clyde Barrow, complice de Bonnie Parker, durant la Grande Dépression. Il est immortalisé par Warren Beatty dans le film *Bonnie and Clyde* d'Arthur Penn sorti en 1967, mais aussi en musique par Serge Gainsbourg dans la chanson qu'il interpréta avec Brigitte Bardot l'année suivante.
Fréquence : rare - Évolution : ↘
Âge moyen : 17 ans

P

Colas

Klaus

Étymologie : du grec *nikê* : « la victoire » et *laos* : « le peuple ». Ce prénom est un diminutif de Nicolas.
Fête : 6 décembre - Couleur : rouge - Chiffre : 9
Caractère : Colas est curieux, dynamique, courageux et charismatique.
Fréquence : rare - Évolution : ↘
Âge moyen : 19 ans

P

Colin

Collin, Kolin

Étymologie : du grec *nikê* : « la victoire » et *laos* : « le peuple ».
Fête : 6 décembre - Couleur : rouge - Chiffre : 9
Caractère : Colin est habile, fort, ambitieux. Il parvient à maintenir un juste équilibre entre raisonnement et passion.
Fréquence : rare - Évolution : ↘

C

Côme

Cosme, Cosmos, Cosimo, Kosma, Kosmas, Kosmos

Étymologie : du grec *cosmos* : « le bon ordre de l'univers ». Côme est le prénom du frère ou camarade de Damien qui se rendit illustre (comme Damien) en tant que médecin « anagyre » : il prodiguait des soins gratuitement. Côme est, comme Damien, le patron de l'Ordre des Médecins.
Fête : 26 septembre - Couleur : violet - Chiffre : 4
Caractère : Côme est émotif, altruiste, diplomate et sérieux.
Personnages célèbres : Côme l'Ancien et Côme le Jeune, princes de la famille de Médicis.
Fréquence : rare - Évolution : ↗
Âge moyen : 16 ans

V

Conan

Connan, Konan

Étymologie : du celtique *kuno* : « le chef ».
Fête : 13 juin - Couleur : rouge - Chiffre : 2
Caractère : Conan est volontaire, déterminé, impétueux et brave.
Personnages célèbres : sir Conan Doyle, romancier anglais et créateur du célébrissimme *Sherlock Holmes* ; Conan le Barbare, personnage de fiction (livres, cinéma, dessins animés).
Fréquence : très rare - Évolution : =
Âge moyen : 4 ans

V

Connor

Étymologie : de l'irlandais : « grand désir ». - Couleur : rouge - Chiffre : 2
Caractère : Connor est diplomate, émotif et charismatique.
Fréquence : très rare - Évolution : =
Âge moyen : 5 ans

V

Conrad

Corrado, Konrad, Conradin, Conrado, Conrard, Conrart, Corradino, Curd, Curt, Keno, Koeraad, Koert, Koertsje, Radel, Rädel, Râsch

Étymologie : du germain *kon* : « audacieux » et *ragin* : « le conseil ».
Fête : 26 novembre - Couleur : jaune - Chiffre : 1
Caractère : Conrad est dynamique, original, travailleur et réfléchi.
Personnage célèbre : Konrad Adenauer, homme d'État allemand.
Fréquence : rare - Évolution : ↗
Âge moyen : 60 ans

TOP 20

Prénoms du monde minéral et animal

L'animalité et le caractère intangible et précieux du monde minéral renvoient à une masculinité forte dans l'imaginaire collectif. Voici quelques exemples.

Béryl
Corail
Cristal
Chrysobéryl
Dauphin
Diamanté
Grenat
Larimar
Lazuli
Loup
Onyx
Opalin
Péridot
Pierre
Quartz
Roc
Saphir
Shark
Turquoise
Zircon

C

Constant

Constans, Constantino, Costin, Stans

Étymologie : du latin *constantia* : « constance ».
Fête : 23 septembre - Couleur : vert - Chiffre : 1
Caractère : Constant est intelligent, indépendant et bon gestionnaire.
Fréquence : rare - Évolution : ↗
Âge moyen : 81 ans

B

Constantin

Constancio, Konstanze, Konstantin, Kosta, Costanzo, Konstantin

Étymologie : du latin *constantia* : « constance ».
Fête : 31 mai - Couleur : rouge - Chiffre : 3
Caractère : Constantin est opportuniste, sociable et prudent.
Personnages célèbres : le sculpteur roumain Constantin Brâncusi ; le cinéaste franco-grec Constantin Costa-Gavras.
Fréquence : rare - Évolution : ↗
Âge moyen : 47 ans

P

Corentin

Coranthin, Corantin, Corenthin, Corentino, Corentyn, Curi, Kaou, Kaourentin, Korantin, Korentin, Tin

Étymologie : du celtique *carent* : « parenté, entourage », ou kar : « ami ».
Fête : 12 décembre - Couleur : noir - Chiffre : 1
Caractère : ardeur et vitalité sont les caractéristiques de Corentin, ce stratège qui aime les raisonnements.
Personnage célèbre : le footballeur Corentin Martins.
Fréquence : répandu - Évolution : ↘
Âge moyen : 18 ans

V

Corey

Coie, Corry, Cory, Korey

Étymologie : du gaëlique *conhraïde* : « un creux, un lieu caverneux ».
Couleur : jaune - Chiffre : 3
Caractère : Corey est intelligent, indépendant et a l'esprit logique.
Fréquence : très rare - Évolution : =
Âge moyen : 9 ans

P

Corneille

Cornel, Corneli, Cornelien, Cornelis, Cornelio, Cornelius, Cornely, Cornil, Cornille, Korneli

Étymologie : du latin : « cornu, corneille ».
Couleur : jaune - Chiffre : 10
Caractère : Corneille a l'esprit pratique. Il est de nature enthousiaste et aime communiquer.
Personnage célèbre : le chanteur Corneille.
Fréquence : rare - Évolution : ↗
Âge moyen : 84 ans

V

Craig

Kraig

Étymologie : du celte *craig* : « le rocher ».
Couleur : violet - Chiffre : 9
Caractère : Craig est diplomate, loyal et réceptif.
Fréquence : rare - Évolution : ↘
Âge moyen : 30 ans

V

Curt

Curd, Kurt

Étymologie : du germain *kurz* : « allemand ».
Couleur : jaune - Chiffre : 8
Caractère : Curt est un sage indépendant qui aime la méditation.
Fréquence : rare - Évolution : =
Âge moyen : 98 ans

P

Curtis

Kurtis, Curtiss

Étymologie : du latin *curtis* : « la cour ». Ce prénom est la transcription de l'adjectif qualificatif français « courtois ». Patronyme anglais dès le XIIe siècle, il est attesté comme prénom aux États-Unis dès le XIXe siècle.
Fête : 26 novembre - Couleur : vert - Chiffre : 1
Caractère : Curtis est idéaliste, intègre et organisé. Et porte à merveille son prénom ! Autant dire que la courtoisie n'est guère une valeur usurpée par Curtis.
Personnage célèbre : Curtis Mayfield, le chanteur, auteur-compositeur.
Fréquence : rare - Évolution : ↗
Âge moyen : 11 ans

C

Cyprien

Cyprian, Cipriano, Cyprian, Cypris

Étymologie : du latin *cyprius* ou du grec *kupris*, qui signifient « originaire de l'île de Chypre ».
Fête : 16 septembre - Couleur : rouge - Chiffre : 9
Caractère : Cyprien est idéaliste, altruiste et compatissant.
Fréquence : rare - Évolution : ↘
Âge moyen : 39 ans

B

Cyriaque

Étymologie : du grec *kurios* : « consacré au divin ». Ce prénom fut porté par un martyr romain des premiers siècles, l'un des Quatorze Auxiliaires, saints invoqués pour écarter les maladies ou les maux . Cyriaque est surtout répandu dans les pays de tradition orthodoxe, mais on le rencontre aussi en Italie et en France.

Fête : 8 août - **Couleur** : rouge - **Chiffre** : 3
Caractère : Cyriaque est humain, rêveur et a du cœur.
Fréquence : rare - **Évolution** : =
Âge moyen : 48 ans

P

Cyril

Ciril, Cirillo, Ciryl, Cyrill, Cyrile

Étymologie : du grec *kurios* : « consacré au divin ». Cyril correspond à une variante de Cyrille, dont l'orthographe est ainsi plus moderne et masculine.
Fête : 18 mars - **Couleur** : rouge - **Chiffre** : 3
Caractère : Cyril est persévérant, efficace et sécurisant.
Personnage célèbre : le cuisinier Cyril Lignac.
Fréquence : répandu - **Évolution** : ↘
Âge moyen : 30 ans

P

Cyrille

Cyrile, Cyrillus

Étymologie : du grec *kurios* : « consacré au divin ».
Fête : 18 mars - **Couleur** : rouge - **Chiffre** : 3
Caractère : côté caractère, Cyrille est un original, un franc-tireur ; c'est un combattant de l'amitié et un grand cœur.
Personnage célèbre : saint Cyrille qui mit définitivement au point l'alphabet cyrillique (IXe siècle).
Fréquence : répandu - **Évolution** : ↘
Âge moyen : 42 ans

P

Cyrus

Cyrius

Étymologie : du perse *kurush* : « le trône ». Ce prénom fut porté par l'empereur perse qui a permis aux Juifs captifs à Babylone de retourner dans leur patrie. Cyrus est devenu un prénom très répandu aux États-Unis
Couleur : jaune - **Chiffre** : 3
Caractère : Cyrus est franc, indépendant et réservé. Mais sa force intérieure est immense.
Fréquence : rare - **Évolution** : ↗
Âge moyen : 19 ans

D

V

Dagmar

Dag, Dagomar, Dagomaro, Dajo

Étymologie : du scandinave *dag* : « dieu du jour » dans la mythologie scandinave et mar : « la gloire ». Ce prénom fait donc allusion au dieu de la Lumière dans la mythologie scandinave, soit à l'Apollon nordique.
Couleur : noir - **Chiffre** : 8
Caractère : Dagmar est sensible, généreux et toujours en quête d'harmonie.
Fréquence : très rare - **Évolution** : =
Âge moyen : 60 ans

B

Dagobert

Étymologie : du germain *dag* : « jour » et *bert* : « brillant ».
Fête : 23 décembre - **Couleur** : bleu - **Chiffre** : 5
Caractère : Dagobert est intègre et idéaliste, ce qui le rend altruiste.
Personnages célèbres : ce prénom perpétue le souvenir du fameux roi Dagobert Ier, roi des Francs entre 629 et 639 et sujet d'une chanson bien connue.
Fréquence : très rare - **Évolution** : ↘

C

Damase

Damas, Damaso

Étymologie : du latin *damasius*, de la ville de Damas en Syrie.
Fête : 11 décembre - Couleur : bleu - Chiffre : 7
Caractère : Damase est sérieux, réfléchi, intuitif et affectueux.
Fréquence : rare - Évolution : =
Âge moyen : 92 ans

P

Damian

Étymologie : du grec *Damia*, qui était la déesse de la Fertilité et des Moissons. Damia était un surnom de Cybèle, véritable « identité » de la déesse. Damian correspond à la forme anglo-saxonne de Damien.
Fête : 26 septembre - Couleur : rouge - Chiffre : 1
Caractère : Damian est bienveillant, bon conseiller et consciencieux.
Personnage célèbre : Damian Marley, fils de Bob Marley, artiste et producteur de disques.
Fréquence : rare - Évolution : ↗
Âge moyen : 16 ans

P

Damien

Dami, Damiano, Damianus, Damiens, Damioen, Damy

Étymologie : du grec *Damia*, qui était la déesse de la Fertilité et des Moissons. Damia était un surnom de Cybèle, véritable « identité » de la déesse. Saint Damien et son inséparable frère, saint Côme, furent martyrisés sous le règne de Dioclétien ; ils sont désormais les patrons des médecins.
Fête : 26 septembre - Couleur : rouge - Chiffre : 1
Caractère : Damien est sérieux, travailleur et réfléchi.
Personnages célèbres : Damien Saez et Damien Sargue, chanteurs français ; Damien Hirst, artiste britannique, activiste des Young British Artists.
Fréquence : répandu - Évolution : ↘
Âge moyen : 27 ans

P

Damon

Étymologie : du grec : « gentil ».
Couleur : violet - Chiffre : 3
Caractère : Damon est autoritaire, ambitieux et énergique.
Personnage célèbre : Damon Albarn, chanteur britannique, leader des groupes *Blur* et *Gorillaz*.
Fréquence : rare - Évolution : ↗
Âge moyen : 10 ans

P

Dan

Étymologie : de l'hébreu *dayân, dan* : « il juge ». Contrairement à l'opinion commune, Dan n'est pas un diminutif de Daniel, mais un prénom biblique. Il fut porté par le cinquième des douze fils de Jacob. Il est donc l'un des fondateurs des tribus d'Israël.
Couleur : vert - Chiffre : 1
Caractère : Dan est généreux, ambitieux et fier. Il est d'une rare pugnacité.
Personnage célèbre : Dan Brown, écrivain star, auteur notamment du *Da Vinci Code*.
Fréquence : rare - Évolution : ↘
Âge moyen : 19 ans

P

Daniel

Dan, Dany, Danilo, Daniele, Danié, Daniset, Danie, Danielo, Danielou, Danilo, Danjel, Dännel, Deniel

Étymologie : de l'hébreu *dayân, dan* : « juge » et *el* (de Elohim), l'un des noms de Dieu. Signifie : « Dieu est seul juge ».
Fête : 11 décembre - Couleur : jaune - Chiffre : 9

Caractère : Daniel est intelligent, séducteur, exigeant et aime la communication.
Personnages célèbres : l'auteur de *Robinson Crusoë* Daniel Defoe ; les acteurs Daniel Auteuil, Daniel Radcliffe et Daniel Day-Lewis ; l'homme politique Daniel Cohn-Bendit.
Fréquence : répandu - **Évolution :** ↘
Âge moyen : 61 ans

V

Danny

Étymologie : de l'hébreu *dayân, dan* : « juge » et *el* (de Elohim), l'un des noms de Dieu. Signifie : « Dieu est seul juge ». Danny correspond à une variante anglo-saxonne de Daniel considérée comme un prénom mixte.
Fête : 11 décembre - **Couleur :** jaune - **Chiffre :** 9
Caractère : Danny est persévérant, structuré et efficace.
Personnage célèbre : Danny DeVito, célèbre acteur américain.
Fréquence : rare - **Évolution :** ↗
Âge moyen : 26 ans

B

Dante

Dantes

Étymologie : du latin *durante* : « obstiné, endurant ». Ce prénom est bien le diminutif de Durante et non le patronyme du célèbre écrivain de la Renaissance. Ce prénom était très répandu dans la France et l'Italie moyenâgeuses et a engendré les patronymes français bien connus Durand et Durant.
Couleur : vert - **Chiffre :** 8
Caractère : Dante est énergique, créatif, fort et passionné.
Personnage célèbre : Dante Alighieri, l'auteur de la *Divine Comédie* dont le prénom est resté illustre.
Fréquence : rare - **Évolution :** ↗
Âge moyen : 64 ans

V

Dario

Darrel, Darril, Derrel

Étymologie : du perse *Daraya-Vahu*, qui a donné le grec *dareios*, nom désignant les rois perses.
Fête : 19 décembre - **Couleur :** blanc - **Chiffre :** 6
Caractère : Dario est fidèle, intuitif. C'est un grand créatif qui écoute son instinct.
Personnages célèbres : Dario Moreno, chanteur ; Dario Argento, réalisateur italien.
Fréquence : rare - **Évolution :** ↗
Âge moyen : 30 ans

P

Darius

Étymologie : du perse *Daraya-Vahu*, qui a donné le grec *dareios*, nom désignant les rois perses. Darius correspond à la forme latinisée du grec Dario.
Fête : 19 décembre - **Couleur :** blanc - **Chiffre :** 6
Caractère : Darius est sensible, imaginatif et altruiste.
Fréquence : rare - **Évolution :** ↗
Âge moyen : 37 ans

P

Daryl

Darryl, Daryll

Étymologie : du nom d'une famille normande du XIe siècle, les D'Airelle, qui s'installèrent dans le sud-est de l'Angleterre, à la suite de Guillaume le Conquérant.
Couleur : rouge - **Chiffre :** 8
Caractère : Daryl est dynamique, plein de joie de vivre et d'attentions.
Fréquence : rare - **Évolution :** ↗
Âge moyen : 11 ans

V

Dave

Daven

Étymologie : de l'hébreu *daoud*, ou *yadad*, qui signifie « aimé, chéri ». Dave est un diminutif anglo-saxon de David.

Fête : 29 décembre - Couleur : bleu - Chiffre : 4

Caractère : Dave est dynamique, curieux et courageux.

Personnage célèbre : Dave, chanteur d'origine néerlandaise et célèbre en France.

Fréquence : rare - Évolution : ↘

Âge moyen : 27 ans

P

David

Daoud, Dave, Dafydd, Daibidh, Davida, Davide, Davidka, Davidou, Davie, Davina, Daviot, Davit, Daw, Dawie, Taffy, Vida, Vidli

Étymologie : de l'hébreu *daoud*, ou *yadad*, qui signifie « aimé, chéri ».

Fête : 29 décembre - Couleur : bleu - Chiffre : 4

Caractère : en ce qui concerne le caractère, on le dit volontaire et farouche, pratiquant volontiers le culte de l'amitié virile et du courage du genre « risque-tout ». Ce n'est pas par hasard qu'il abat les géants !

Personnages célèbres : le héros du roman de Charles Dickens *David Copperfield* ; le magicien volant David Copperfield, qui a emprunté son nom de scène au héros de Dickens ; le chanteur David Bowie ; le réalisateur David Lynch ; le comédien David Duchovny ; les footballeurs David Ginola, David Trezeguet et David Beckham.

Fréquence : répandu - Évolution : ↘

Âge moyen : 34 ans

V

Davy

Davys, Davyd

Étymologie : de l'hébreu *daoud*, ou *yadad*, qui signifie « aimé, chéri ». Davy correspond à une forme galloise de David.

Fête : 20 septembre - Couleur : blanc - Chiffre : 7

Caractère : Davy aime l'originalité, a l'esprit sagace et recherche la réussite.

Personnage célèbre : Davy Crockett, le célèbre trappeur du XIXe siècle, qui s'illustra lors du siège de Fort Alamo.

Fréquence : rare - Évolution : ↘

Âge moyen : 26 ans

P

Dean

Étymologie : du latin *decanus*, titre que l'on donnait à un moine responsable de dix autres moines. Ce titre ecclésiastique a dérivé en nom de famille qui a évolué en prénom.

Couleur : orange - Chiffre : 6

Caractère : Dean est exigeant, influent, équilibré et a le sens des responsabilités.

Personnage célèbre : l'acteur Dean Martin.

Fréquence : rare - Évolution : ↗

Âge moyen : 10 ans

P

Denis

Denney,Dionisio, Dionysos, Dennis, Denys, Dnny, Dion, Donisi, Dwight, Dionysius, Nise, Nisi, Sidney, Sydney

Étymologie : du grec *Dionysos*, nom du dieu du vin, de la vigne et de l'inspiration poétique dans la mythologie grecque.

Fête : 9 octobre - Couleur : orange - Chiffre : 6

Caractère : Denis est un impulsif, un émotif qui réagit souvent avant de réfléchir. Pourtant, son intelligence très cartésienne n'admet que le rationel. Ce caractère ambivalent sait séduire par son originalité et en déconcerte souvent plus d'un !

Personnages célèbres : Denis Diderot, le célèbre auteur de l'Encyclopédie ; Denis Papin, l'inventeur de la machine à vapeur ; Denis de Rougemont, le philosophe.

Fréquence : répandu - Évolution : ↘

Âge moyen : 54 ans

P

Derek

Derick, Derreck, Deryck, Dirk

Étymologie : du germain *theud* : « peuple » et *rik* : « chef » ; « maître du peuple ». Ce prénom est un diminutif de Théodoric, la forme première du français Thierry. Derek est considéré comme un prénom d'origine anglophone, car c'est dans ces pays qu'il rencontre le plus de succès depuis le XIXe siècle, mais il est aussi prisé en Allemagne, son lieu de naissance.

Fête : 9 juillet - Couleur : bleu - Chiffre : 7

Caractère : Derek est charmeur et charmant, il possède un certain sens de l'harmonie, mais ne sait pas rester inactif.

Fréquence : rare - Évolution : ↗

Âge moyen : 20 ans

B

Désiré

Dees, Desidario, Desiderio, Desider, Desideratus, Desiderius, Désirat, Dizier, Detle

Étymologie : du latin *desideratus* : « souhaité, désiré ».

Fête : 8 mai - Couleur : violet - Chiffre : 6

Caractère : Désiré est bienveillant, déterminé et consciencieux.

Personnage célèbre : Désiré, héros de la pièce éponyme de Sacha Guitry.

Fréquence : rare - Évolution : ↘

Âge moyen : 89 ans

V

Desmond

Étymologie : de l'irlandais *Deasmhumhnaigh*, originaire du Sud Munster. Desmond est un dérivé de ce nom de famille et devint ensuite un prénom dans l'Irlande du XVIIe siècle. Il gagna ensuite l'Angleterre avant de s'étendre à tous les pays anglo-saxons.

Couleur : bleu - Chiffre : 8

Caractère : Desmond est bienveillant, diplomate, sociable et loyal.

Personnage célèbre : Desmond Tutu, archevêque anglican sud-africain, prix Nobel de la Paix.

Fréquence : très rare - Évolution : =

Âge moyen : 9 ans

P

Dick

Dick, Dickie, Dicky, Dix

Étymologie : du germain *rik* ; « roi » et *hart* : « fort ». Ce prénom est un diminutif affectueux de Richard, datant du XIVe siècle.

Fête : 3 avril - Couleur : rouge - Chiffre : 7

Caractère : Dick est rêveur, ouvert d'esprit et profondément humain.

Personnages célèbres : Dick Cheney, ancien vice-président des États-Unis (de 2001 à 2009).

Fréquence : très rare - Évolution : ↘

P

Didier

Dider, Dieter, Desiderio

Étymologie : du latin *desideratus* : « souhaité, désiré ». Ce prénom est une forme dérivée du prénom Désiré.

Fête : 23 mai - Couleur : jaune - Chiffre : 4

Caractère : Didier est un être franc, travailleur, parfois impulsif mais aussi solide, réfléchi et loyal.

Personnages célèbres : l'entraîneur de l'équipe de France de football Didier Deschamps ; le

footballeur Didier Drogba.
Fréquence : répandu - Évolution : ↘
Âge moyen : 51 ans

P

Diego

Diege

Étymologie : de l'hébreu *yaacov* : « il a talonné ». Ce prénom correspond à la version espagnole et portugaise de Jacques.
Couleur : jaune Chiffre : 4
Caractère : Diego est aussi séduisant que séducteur. Attentif aux autres, aimant savourer les plaisirs de l'existence, de nature souriante, Diego est un sensuel.
Personnages célèbres : les peintres Diego Velasquez et Diego Rivera ; Don Diego de la Vega, véritable identité de Zorro ; le footballeur Diego Forlan.
Fréquence : rare - Évolution : ↗
Âge moyen : 16 ans

V

Dietrich

Étymologie : du germain *theud* : « peuple » et *rik* « chef » ; « maître du peuple ». Ce prénom correspond à la forme germanique de Thierry.
Fête : 1er juillet - Couleur : bleu - Chiffre : 4
Caractère : Dietrich est persévérant, a du ressort et de la finesse.
Fréquence : très rare - Évolution : =
Âge moyen : 66 ans

C

Dimitri

Demetre, Demetrio, Demetrios, Demetrius, Dmitri,Dimitr, Dimitre, Dimitrios, Dimitrios, Dmitry

Étymologie : du nom de la déesse grecque des Moissons, Déméter. La Grèce et l'Asie Mineure, jadis et maintenant, ont beaucoup utilisé ce prénom qui est répandu, d'une manière plus générale, dans tous les pays de confession orthodoxe de l'Europe centrale et jusqu'en Russie.
Fête : 26 octobre - Couleur : vert - Chiffre : 7
Caractère : Dimitri est un être excessif. Il aime ardemment, jalouse obstinément et se montre volontiers tyrannique. C'est aussi un grand créatif. On peut lui accorder sa confiance les yeux fermés et on lui pardonne volontiers ses colères, comme à tous les êtres dotés d'un charme puissant.
Personnage célèbre : le compositeur Dimitri Chostakovitch.
Fréquence : rare - Évolution : ↘
Âge moyen : 22 ans

V

Dimitry

Étymologie : du nom de la déesse grecque des Moissons, Déméter. La Grèce et l'Asie Mineure, jadis et maintenant, ont beaucoup utilisé ce prénom qui est répandu, d'une manière plus générale, dans tous les pays de confession orthodoxe de l'Europe centrale et jusqu'en Russie.
Fête : 26 octobre - Couleur : vert - Chiffre : 7
Caractère : Dimitry est habile, fort et ambitieux.
Personnage célèbre : Dimitry Tsvetkov, plasticien-designer russe.
Fréquence : rare - Évolution : ↘
Âge moyen : 18 ans

V

Dirk

Étymologie : du germain *theud* : « peuple » et *rik* « chef » ; « maître du peuple ». Ce prénom est un diminutif de Théodoric, la forme première du français Thierry.
Couleur : 9 juillet - Chiffre : bleu
Caractère : 7
Personnage célèbre : l'acteur américain Dirk Bogarde.
Fréquence : très rare - Évolution : =

V

Djamal

Djamale

Étymologie : de l'arabe *jamâl* : « la beauté ».
Couleur : rouge - Chiffre : 1
Caractère : Djamal est courageux, déterminé, indépendant, dynamique et charismatique.
Fréquence : rare - Évolution : ↗
Âge moyen : 40 ans

V

Djamel

Djamele, Djamil

Étymologie : de l'arabe *jamâl* : « la beauté ».
Couleur : rouge - Chiffre : 1
Caractère : Djamel est un créatif, passionné par autrui et les liens qu'il peut tisser.
Fréquence : rare - Évolution : ↘
Âge moyen : 35 ans

V

Djibril

Djibrill

Étymologie : de l'hébreu *gavar* : « force » et *el* : « Dieu » ; « Dieu est ma force ». Djibril correspond à la forme arabe de Gabriel. C'est lui qui révéla le Coran au Prophète Mahomet.
Couleur : bleu - Chiffre : 9
Caractère : Djibril est idéaliste, intègre et réfléchi.
Personnage célèbre : le footballeur Djibril Cissé.
Fréquence : rare - Évolution : ↗
Âge moyen : 8 ans

V

Domenico

Étymologie : du latin *dominicus* : « qui appartient au Seigneur ». Domenico est la forme italienne de Dominique.
Fête : 8 août - Couleur : vert - Chiffre : 8
Caractère : Domenico a le sens de l'analyse, est équilibré et volontaire.
Fréquence : rare - Évolution : ↘
Âge moyen : 49 ans

V

Domingo

Domingos

Étymologie : du latin *dominicus* : « qui appartient au Seigneur ». Domingo est la forme espagnole de Dominique. En espagnol, Domingo signifie dimanche (le jour du Seigneur). L'île de Saint-Domingue fut découverte un dimanche, d'où le nom qui lui fut attribué.
Fête : 8 août - Couleur : vert - Chiffre : 8
Caractère : Domingo est énergique, audacieux et original.
Fréquence : rare - Évolution : ↘
Âge moyen : 55 ans

P

Dominique

Dom, Domien, Dominico, Domini, Dominik, Dominick, Mingo, Mini, Minkes

Étymologie : du latin *dominicus* : « qui appartient au Seigneur ». Dominique, en français, fait partie des prénoms mixtes. Il a, en outre, donné naissance à nombre de noms de famille.
Fête : 8 août - Couleur : vert - Chiffre : 8
Caractère : Dominique est armé d'une volonté farouche, c'est un vrai passionné, fougueux, déterminé et quelque peu jusqu'au-boutiste.
Personnages célèbres : Dominique, héros éponyme du roman d'Eugène Fromentin paru en 1863 ; Dominique Farrugia, humoriste et réalisateur français.
Fréquence : répandu - Évolution : ↘
Âge moyen : 54 ans

P

Don

Étymologie : du celte *domhnall* : « le peuple puissant ». Don est un diminutif de Donald.
Fête : 15 juillet - Couleur : rouge - Chiffre : 5
Caractère : Don est volontaire, déterminé et consciencieux.
Personnage célèbre : l'acteur américain Don Johnson.
Fréquence : rare - Évolution : ↗
Âge moyen : 80 ans

P

Donald

Étymologie : du celte *domhnall* : « le peuple puissant ».
Fête : 15 juillet - Couleur : rouge - Chiffre : 5
Caractère : Donald est d'une générosité remarquable, n'hésitant pas à tendre la main à ceux qui sont dans le besoin. Émotif, affectueux et prodigue, il peut être impulsif, agissant parfois sans penser aux conséquences.
Personnage célèbre : le célébrissime canard de dessin animé créé par Walt Disney.
Fréquence : rare - Évolution : ↘
Âge moyen : 48 ans

P

Donan

Étymologie : du celte *danin* : « la hauteur ».
Fête : 15 avril - Couleur : bleu - Chiffre : 3
Caractère : Donan est charismatique, réservé et doté d'un grand sens artistique.
Fréquence : très rare - Évolution : ↗

C

Donatien

Donasian, Donatian

Étymologie : du latin *donatus* : « donné ».
Fête : 24 mai - Couleur : jaune - Chiffre : 1
Caractère : Donatien est calme, énergique, curieux au point que son esprit semble étudier sans cesse.
Personnage célèbre : Donatien Alphonse François de Sade, le « divin marquis ».
Fréquence : rare - Évolution : ↘
Âge moyen : 52 ans

P

Donovan

Donovane, Donovann, Donoven, Donovon

Étymologie : du celte *donnabhain* : « brun foncé ».
Couleur : blanc - Chiffre : 7
Caractère : Donovan est rigoureux, travailleur et méthodique.
Fréquence : rare - Évolution : ↗
Âge moyen : 13 ans

B

Dorian

Doriand, Doriane, Doriann, Doriano

Étymologie : du peuple des Doriens qui envahirent la Grèce au XIIe siècle avant notre ère pour s'y installer.
Couleur : bleu - Chiffre : 1
Caractère : Dorian est sensible, prudent, aime l'étude, la réflexion et la prudence.
Personnage célèbre : le héros du roman d'Oscar Wilde, *Le Portrait de Dorian Gray*.
Fréquence : rare - Évolution : ↘
Âge moyen : 13 ans

B

Doryan

Doryann

Étymologie : du peuple des Doriens qui envahirent la Grèce au XIIe siècle avant notre ère pour s'y installer.

Doryan est une variante récente de Dorian.
Couleur : bleu - Chiffre : 1
Caractère : Doryan est dynamique, courageux et curieux.
Fréquence : rare - Évolution : ↗
Âge moyen : 9 ans

P

Douglas

Doug

Étymologie : du celtique *dubio* : « noir » et *glas* : « bleu sombre ». Ces adjectifs ont sans doute d'abord composé des toponymes avant de nommer pendant trois siècles (du XIIe au XVe), une des plus grandes familles d'Écosse.
Couleur : noir - Chiffre : 5
Caractère : Douglas est réservé, raffiné, exigeant et doté d'un grand sens de l'harmonie.
Personnages célèbres : Douglas Fairbanks, père et fils, acteurs ; Douglas MacArthur, général américain de la Seconde Guerre mondiale.
Fréquence : rare - Évolution : ↘
Âge moyen : 29 ans

V

Driss

Drice, Dris, Drisse, Dryss

Étymologie : de l'arabe *darada* : « étudier ». Ce prénom est le diminutif du prénom Idriss. Idriss correspond au prénom attribué par les musulmans à celui que la Bible prénomme Énoch. Il est considéré par les musulmans comme le premier homme à s'être essayé à l'écriture par le biais d'une plume : le kalam.
Couleur : vert - Chiffre : 6
Caractère : Driss a le sens des responsabilités, est exigeant et attache beaucoup d'importance à la famille.
Fréquence : rare - Évolution : ↘
Âge moyen : 21 ans

V

Duncan

Dunc, Dunchan, Dunkan, Dunnchad

Étymologie : du celtique *donchad* : « le guerrier brun », qui engendra Duncan, nom d'une dynastie de rois écossais.
Couleur : blanc - Chiffre : 9
Caractère : Duncan est créatif, optimiste et pragmatique.
Personnage célèbre : Duncan Ier, qui fut tué par Macbeth.
Fréquence : rare - Évolution : ↘
Âge moyen : 12 ans

P

Dunstan

Dusten, Dustin, Duston

Étymologie : du celte : « bon et ardent ». Ce prénom fut porté par l'évêque de Canterbury au Xe siècle, qui joua un rôle politique important au sein de l'Église anglaise.
Fête : 19 mai - Couleur : jaune - Chiffre : 3
Caractère : Dunstan est doué pour la communication, possède un grand sens pratique, de l'éloquence et du charme.
Fréquence : très rare - Évolution : =

P

Dylan

Dylan, Dylann, Dylane

Étymologie : du gallois : « le fils des vagues ». Ce dieu très populaire de la mythologie galloise serait né alors que sa mère sautait par-dessus une baguette magique. Il serait tombé dans une rivière se jetant dans l'océan et en serait devenu le dieu.
Couleur : vert - Chiffre : 2
Caractère : Dylan est travailleur, persévérant et fiable.
Personnage célèbre : le poète Dylan Thomas.
Fréquence : rare - Évolution : ↘

E

Eddie

Étymologie : du germain *ed* : « biens, *ri*chesses » et *ward* : « gardien ». Eddie est le diminutif francisé de tous les prénoms courants formés avec « ed », mais c'est à Édouard qu'on le rattache, la plupart du temps.

Fête : 5 janvier - Couleur : rouge - Chiffre : 5

Caractère : Eddie est intègre, altruiste et idéaliste.

Personnages célèbres : Eddie Barclay (1921-2005) producteur de musique ; Eddie Murphy.

Fréquence : rare - Évolution : ↘

Âge moyen : 40 ans

Eddy

Édy

Étymologie : du germain *ed* : « biens, *ri*chesses » et *ward* : « gardien ». Eddy est un diminutif de tous les prénoms courants formés avec « ed », mais c'est à Édouard qu'on le rattache la plupart du temps. Eddy est devenu un prénom à part entière dès le XIXe siècle.

Fête : 5 janvier - Couleur : rouge - Chiffre : 5

Caractère : Eddy aime le relationnel, il est intuitif et fidèle.

Personnages célèbres : Eddy Merckx, champion cycliste ; Eddy Mitchell, chanteur.

Fréquence : rare - Évolution : ↘

Âge moyen : 31 ans

TOP 20

Prénoms bibliques

Le prénom biblique a bien des facettes : il est parfois un classique intemporel, se prête à des engouements populaires, et reste une valeur sûre dans le monde judaïque, dans la population Bobo (Adam...), voire dans les familles afro ou blanches fortement influencées par la culture américaine (Ruben, Ethan). Une source d'inspiration intarissable donc...

Abel
Abraham
Adam
Dan
Daniel
Éthan
Evan
Ilan
Isaac
Jacob
Jacques
Joseph
Ruben
Raphaël
Salomon
Samson
Seth
Simon
Timothée
Zacharie

(P)

Eden

Étymologie : de l'hebreu *eden* : « délices, plaisirs ». Ce nom désigne, dans la Bible, le jardin où Dieu a placé Adam et Ève. C'est un prénom attesté dès le XVIIe siècle dans les pays anglophones où il est également attribué à des garçons. Ce n'est qu'en France qu'il est plutôt féminin.
Couleur : jaune - Chiffre : 1
Caractère : Eden est optimiste, douce, déterminé et combatif.
Personnage célèbre : Eden Hazard, le joueur de football.
Fréquence : rare - Évolution : ⇗
Âge moyen : 6 ans

(C)

Edern

Edernez, Edernig

Étymologie : du vieux gallois *edyrn* : « géant, énorme ». Prénom attesté en Bretagne depuis le haut Moyen Âge ; ce prénom apparaît tout au long des récits arthuriens.
Fête : 30 août - Couleur : violet - Chiffre : 4
Caractère : directif, audacieux, indépendant, Edern est plein d'assurance.
Fréquence : rare - Évolution : ⇗
Âge moyen : 16 ans

(C)

Edgar

Edgard, Edgardo, Edger, Ogier, Otgar, Otger, Otker

Étymologie : du germain *ed* : « biens, *ri*chesses » et *gari* : « pique, lance ».
Fête : 8 juillet - Couleur : jaune - Chiffre : 8
Caractère : Edgar est un homme intuitif, à l'intelligence aiguisée. Il possède une qualité considérable : il est ouvert sur le monde.
Personnages célèbres : l'historien et philosophe français Edgar Quinet (1803-1875) ; le peintre Edgar Degas (1834-1917) ; l'homme politique Edgar Faure ; l'auteur Edgar Allan Poe.
Fréquence : rare - Évolution : ⇗
Âge moyen : 39 ans

(C)

Edmond

Admeo, Eamon, Edmund, Edmundo, Edmondo, Otmund

Étymologie : du germain *ed* : « biens, *ri*chesses » et *mund* : « protecteur » ; « le protecteur de patrimoines ».
Fête : 20 novembre - Couleur : violet - Chiffre : 1
Caractère : Edmond est un fonceur : brillant, entreprenant, réalisant impeccablement ses projets, il fait l'unanimité quant à la reconnaissance de son envergure intellectuelle.
Personnages célèbres : Edmond Dantès, le Comte de Monte-Cristo (roman d'Alexandre Dumas) ; les écrivains Edmond Rostand et Edmond de Goncourt.
Fréquence : rare - Évolution : =
Âge moyen : 87 ans

(C)

Édouard

Duarte, Edoardo, Eduardo, Edvard, Edward, Ned, Otward, Ted, Teddy

Étymologie : du germain *ed* : « biens, *ri*chesses » et *ward* : « gardien ».
Fête : 5 janvier - Couleur : rouge - Chiffre : 5
Caractère : Édouard est disponible et pourvu d'une certaine capacité à agir pour autrui. Édouard possède l'aptitude au dévouement et au commandement.
Personnages célèbres : les peintres Édouard Manet et Édouard Vuillard ; les hommes politiques Édouard Herriot et Édouard Balladur ; le comédien Édouard Baer.
Fréquence : rare - Évolution : ⇘
Âge moyen : 71 ans

V

Eduardo

Edouardo

Étymologie : du germain *ed* : « biens, richesses » et *ward* : « gardien ». Eduardo est la forme italienne et hispanique d'Édouard.

Fête : 5 janvier - Couleur : rouge - Chiffre : 5

Caractère : Eduardo est volontaire, courageux, dynamique et curieux.

Personnage célèbre : Eduardo De Filippo, peintre.

Fréquence : rare - Évolution : ↗

Âge moyen : 34 ans

B

Edwin

Eduin, Eduino

Étymologie : du germain *ed* : « biens, richesses » et *win* : « ami ».

Fête : 12 octobre - Couleur : vert - Chiffre : 7

Caractère : Edwin aime l'innovation. Il est quelque peu ambitieux. En revanche, il est autonome et énergique.

Fréquence : rare - Évolution : ↘

Âge moyen : 24 ans

C

Egmont

Egmond, Egmund, Egmunt

Étymologie : du germain *ecka* : « qui effraie, qui impressionne » et *mund* : « protecteur ».

Couleur : bleu - Chiffre : 2

Caractère : Egmont est diplomate, loyal et réceptif, mais reste un homme de caractère.

Fréquence : rare - Évolution : ↘

V

Efflam

Étymologie : du celte : « rayonnant ». Ce prénom fut porté par le fils d'un roi irlandais marié, dès le berceau, à Énora, une princesse galloise. À l'âge adulte et, bien que mariés, ils firent tous deux vœu de chasteté, mais Efflam finit par s'enfuir, éprouvant trop de désir pour Énora. Celle-ci le rejoignit, se faisant construire un oratoire de l'autre côté de la colline où était situé celui d'Efflam. Ils passèrent ainsi le reste de leur vie loin l'un de l'autre, ne pouvant que s'apercevoir.

Fête : 12 octobre - Couleur : bleu - Chiffre : 7

Caractère : Efflam est sérieux, discret et a le sens des responsabilités.

Fréquence : rare - Évolution : ↗

Âge moyen : 15 ans

V

Éli

Eliel, Ellis, Elly, Ely, Héli, Hélie

Étymologie : de l'hébreu *el* et *yah* : « Dieu est Dieu ». Ce prénom est particulièrement attribué en Israël, mais moins en France que les autres formes.

Fête : 20 juillet - Couleur : bleu - Chiffre : 3

Caractère : Éli est fort autant qu'ambitieux. Il est passionné et habile. Des qualités de manager, assurément.

Fréquence : rare - Évolution : ↗

Âge moyen : 31 ans

V

Élias

Eliasse, Ellias, Helias

Étymologie : de l'hébreu *el* et *yah* : « Dieu est Dieu ». C'est cette dernière syllabe que l'on retrouve dans *yah*vé et Jéhovah. Ce prénom correspond à une des formes internationales d'Élie.

Fête : 20 juillet - Couleur : bleu - Chiffre : 3

Caractère : Élias est un énergique et un ambitieux, ce qui le rend parfois quelque peu autoritaire.

Fréquence : rare - Évolution : ↗

Âge moyen : 10 ans

V

Élie

Elia, Elio, Elias, Ellis, Ili

Étymologie : de l'hébreu *el* et *yah* : « Dieu est Dieu ».
Fête : 20 juillet - Couleur : bleu - Chiffre : 3
Caractère : Élie est ambitieux, sociable et éloquent. C'est un épicurien.
Personnages célèbres : Élie Faure, le célèbre historien d'art ; Élie Wiesel, écrivain américain, prix Nobel de la paix ; Élie Kakou (1960-1999) et Élie Semoun, humoristes ; le cinéaste Élie Chouraqui.
Fréquence : répandu - Évolution : ↗
Âge moyen : 72 ans

V

Éliès

Eliesse, Eliess, Heliès

Étymologie : de l'hébreu *el* et *yah* : « Dieu est Dieu ». Ce prénom correspond à une des formes internationales d'Élie.
Fête : 20 juillet - Couleur : bleu - Chiffre : 3
Caractère : Éliès est indépendant, courageux et résolu.
Fréquence : rare - Évolution : ↗
Âge moyen : 11 ans

B

Élijah

Étymologie : de l'hébreu *el* et *yah* : « Dieu est Dieu ». Élijah correspond à la forme hébraïque et première d'Élie.
Couleur : 20 juillet - Chiffre : bleu
Caractère : 3
Personnage célèbre : l'acteur américain Elijah Wood.
Fréquence : rare - Évolution : ↗
Âge moyen : 6 ans

B

Éliot

Elioth, Eliote, Heliot

Étymologie : de l'hébreu : « Dieu est mon seigneur ». C'est un dérivé du prénom juif Élie.
Fête : 20 juillet - Couleur : rouge - Chiffre : 9
Caractère : dynamique, indépendant, audacieux… Éliot est un touche-à-tout.
Personnage célèbre : Eliot Ness, agent du trésor américain déterminé à faire respecter la prohibition aux États-Unis.
Fréquence : rare - Évolution : ↗
Âge moyen : 8 ans

B

Éliott

Étymologie : de l'hébreu : « Dieu est mon seigneur ».
Fête : 20 juillet - Couleur : rouge - Chiffre : 9
Caractère : Éliott est ouvert d'esprit, très humain, mais quelque peu rêveur.
Fréquence : rare - Évolution : ↗
Âge moyen : 8 ans

B

Elliot

Étymologie : de l'hébreu : « Dieu est mon seigneur ».
Fête : 20 juillet - Couleur : rouge - Chiffre : 9
Caractère : indépendant, dynamique et audacieux, Elliot est aussi un brin casse-cou.
Fréquence : rare - Évolution : ↗
Âge moyen : 8 ans

B

Elliott

Étymologie : de l'hébreu : « Dieu est mon seigneur ».
Fête : 20 juillet - Couleur : rouge - Chiffre : 9
Caractère : Elliott est un homme de communi-

cation, sa gouaille et sa force de persuasion sont définitivement des atouts.
Fréquence : rare - Évolution : ↗
Âge moyen : 10 ans

C

Éloi

Aloi, Eloic, Eloick, Eloim, Elois, Eloy, Eligio, Helois

Étymologie : du latin *eligius* : « élu ».
Fête : 1er décembre - Couleur : jaune - Chiffre : 5
Caractère : Éloi est une bouffée d'air frais à lui tout seul. Il a les défauts de ses qualités : espiègle mais étourdi. Mais comme il répare ses étourderies, rares sont ceux qui lui en veulent.
Personnage célèbre : le bon saint Éloi (588-659) qui aida le roi Dagobert d'un point de vue vestimentaire et politique.
Fréquence : rare - Évolution : ↗
Âge moyen : 59 ans

V

Élouan

Elouann, Elouane, Elouen, Elvan

Étymologie : du celtique : « le très lumineux, le très éclairé ».
Fête : 28 août - Couleur : rouge - Chiffre : 5
Caractère : Élouan est curieux, optimiste et indépendant.
Fréquence : rare - Évolution : ↗
Âge moyen : 7 ans

P

Elton

Étymologie : de l'anglais : « la demeure d'Ella ». Ce prénom est à l'origine un toponyme attribué comme prénom en Angleterre dès le XIXe siècle.
Fête : 1er février (Sainte-Ella)
Couleur : blanc Chiffre : 1
Caractère : Elton est généreux, créatif et enthousiaste.
Fréquence : rare - Évolution : ↗
Âge moyen : 12 ans

P

Elvis

Elwis

Étymologie : l'étymologie de ce prénom est incertaine : du scandinave : « sage », ou d'Alvis, nom d'une marque américaine de voitures dont les parents du King se seraient inspirés pour prénommer leur fils !
Couleur : rouge - Chiffre : 5
Caractère : Elvis est tenace, méthodique, résolu, créatif et torturé.
Personnage célèbre : Elvis Presley, le King, bien évidemment.
Fréquence : rare - Évolution : ↘
Âge moyen : 26 ans

V

Élyas

Elyass, Elyasse

Étymologie : de l'hébreu *el* et *yah* : « Dieu est Dieu ». Ce prénom correspond à une des formes internationales d'Élie.
Fête : 20 juillet - Couleur : bleu - Chiffre : 2
Caractère : Élyas est énergique, autoritaire et ambitieux.
Fréquence : rare - Évolution : ↗
Âge moyen : 7 ans

V

Émeric

Eymard

Étymologie : du germanique *haim* : « maison » et *ric* : « roi ». Émeric correspond à une variante d'Aymeric.
Fête : 4 novembre - Couleur : bleu - Chiffre : 2
Caractère : Émeric est sympathique, équilibré

et a le sens des responsabilités.
Fréquence : rare - Évolution : ↘
Âge moyen : 21 ans

B

Émile

Emil, Emiland, Emille, Emilius, Emils, Migeli, Mil, Millian, Million

Étymologie : du latin *aemulus* : « rival », ou du grec *haimulos* : « ruse ». Aemilius fut le nom d'une grande famille romaine.
Fête : 22 mai - Couleur : bleu - Chiffre : 8
Caractère : Émile se signale par sa fraîcheur d'esprit, sa fougue spontanée. Il est volontaire, très intuitif, actif.
Personnages célèbres : Émile Augier, l'auteur du *Gendre de M. Poirier* ; Émile Littré, lexicographe et philosophe ; Émile Zola ; *L'Émile* de Jean-Jacques Rousseau.
Fréquence : rare - Évolution : ↗
Âge moyen : 89 ans

C

Emmanuel

Emanuel, Emmanouïl, Immanuel, Maan, Mandel, Mano, Manoel, Manolete, Manolo, Manu, Manuel, Mendel

Étymologie : de l'hébreu *imanu-el* : « Dieu est avec nous ».
Fête : 25 décembre - Couleur : orange - Chiffre : 3
Caractère : Emmanuel est un homme de volonté. C'est elle qui le pousse et le soutient. Très actif, il est aussi d'une grande conscience professionnelle.
Personnages célèbres : le philosophe Emmanuel Kant (1724-1804) ; le compositeur Emmanuel Chabrier ; l'homme politique Emmanuel Arago ; le chanteur Emmanuel Moire.
Fréquence : répandu - Évolution : ↘
Âge moyen : 42 ans

B

Émilien

Emilian, Emilion

Étymologie : du latin *aemulus* : « rival », ou du grec *haimulos* : « ruse ». Aemilius fut le nom d'une grande famille romaine.
Fête : 18 juillet - Couleur : bleu - Chiffre : 6
Caractère : Émilien est calculateur, parfois méfiant imaginatif et passionné.
Fréquence : rare - Évolution : ↘
Âge moyen : 46 ans

V

Émilio

Étymologie : du latin *aemulus* : « rival », ou du grec *haimulos* : « ruse ». Aemilius fut le nom d'une grande famille romaine. Ce prénom correspond à la forme hispanophone et italienne d'Émile.
Fête : 22 mai - Couleur : bleu - Chiffre : 8
Caractère : Émilio est sensible, enthousiaste, passionné et exigeant.
Personnages célèbres : le créateur de mode italien Émilio Pucci ; l'acteur américain Émilio Estevez.
Fréquence : rare - Évolution : ↗
Âge moyen : 35 ans

C

Enguerrand

Angelram, Angeran, Anguerand, Engilram, Engueran, Enguerand, Enguerran

Étymologie : du germanique *engil* : « ange » et *hramm* : « corbeau ».
Fête : 25 octobre - Couleur : orange - Chiffre : 4
Caractère : Enguerrand est sympathique. Réalisation et achèvement sont les maîtres mots de cet astucieux stratège.
Personnage célèbre : Enguerrand de Marigny, ministre du roi Philippe IV le Bel.

Fréquence : rare - Évolution : ↘
Âge moyen : 15 ans

(B)

Énoch

Étymologie : de l'hébreu *enoch* : « consacré ». Ce prénom fut porté par l'un des dix patriarches bibliques, père de Mathusalem et arrière-grand-père de Noé.
Couleur : blanc - Chiffre : 9
Caractère : Énoch est optimiste, travailleur et d'une détermination sans faille.
Fréquence : très rare - Évolution : ↗
Âge moyen : 5 ans

(V)

Enrico

Enriko, Henrico

Étymologie : du germain *aina* : « unique, total » et *rik* : « roi » ; ou bien de *ehre* : « honneur » et *ric* : « riche, puissant » ; signifie par extension : « le maître de tout ». En dehors de la France, Enrico est particulièrement répandu en Italie.
Fête : 18 mai - Couleur : rouge - Chiffre : 8
Caractère : Enrico est audacieux, indépendant et quelque peu directif.
Personnage célèbre : Enrico Macias, le chanteur.
Fréquence : rare - Évolution : =
Âge moyen : 50 ans

(V)

Enrique

Henrique

Étymologie : du germain *aina* : « unique, total » et *rik* : « roi » ; ou bien de *ehre* : « honneur » et *ric* : « riche, puissant » ; signifie par extension : « le maître de tout ». Enrique correspond à la forme espagnole et portugaise d'Éric, mais il est également bien représenté en France.
Fête : 18 mai - Couleur : rouge - Chiffre : 8
Caractère : habile, ambitieux, Enrique peut se révéler un manager né, animé par la passion.
Personnage célèbre : Enrique Iglesias, le chanteur.
Fréquence : rare - Évolution : ↗
Âge moyen : 31 ans

(P)

Enzo

Étymologie : du germain *heim* : « maison, foyer » et *rik* : « roi ». Ce prénom correspond en réalité à une forme hybride d'Henri composée de sa version italienne, Enrico et de sa version allemande, Heinz. On dit que cette variante fut inventée au XIIIe siècle par l'empereur germanique Frédéric II pour le fils naturel qu'il eut de sa maîtresse italienne Bianca Lancia.
Fête : 13 juillet - Couleur : vert - Chiffre : 4
Caractère : Enzo est indépendant, créatif, il n'aime guère les conflits, car il aime communiquer, en particulier des idées. Enzo est rigoureux, ce qui lui permet de mener à bien ses projets.
Personnages célèbres : Enzo Ferrari (1898-1988), le créateur d'une des marques de voitures de sport les plus iconiques du monde ; Enzo Siciliano (1934-2006), romancier, essayiste, éditorialiste italien, qui fut aussi président de la télévision publique italienne : la Raï.
Fréquence : répandu - Évolution : ↗
Âge moyen : 8 ans

(P)

Éric

Air, Eirik, Éri, Érich, Érico, Érika, Eriks, Erke, Erker, Erkina, Éryck, Genseric, Jerk, Ric, Ricky, Rika

Étymologie : du germain *aina* : « unique, total » et *rik* : « roi » ; ou bien de *ehre* : « honneur » et *ric* : « riche, puissant » ; signifie par extension : « le maître de tout ».
Fête : 18 mai - Couleur : rouge - Chiffre : 8
Caractère : Éric est d'une intelligence profonde, et a beaucoup de flair et d'intuition.

Personnages célèbres : l'acteur Eric von Stroheim ; Eric Clapton ; le navigateur Éric Tabarly ; Éric Cantona ; Éric Judor, le comédien et humoriste ; le réalisateur Éric Rohmer.
Fréquence : répandu - Évolution : ↘
Âge moyen : 45 ans

P

Érik

Étymologie : du germain *aina* : « unique, total » et *rik* : « roi » ; ou bien de *ehre* : « honneur » et *ric* : « riche, puissant » ; signifie par extension : « le maître de tout ». Érik correspond à la forme scandinave d'Éric. C'est un prénom très répandu en Suède.
Fête : 18 mai - Couleur : rouge - Chiffre : 8
Caractère : Érik est attiré par la spiritualité, il aime l'originalité et est toujours en quête de connaissances.
Personnages célèbres : le musicien Érik Satie ; Érik Orsenna, romancier et académicien français.
Fréquence : rare - Évolution : ↗
Âge moyen : 38 ans

B

Ernest

Arnost, Arnst, Earnest, Ernesto, Ernestus, Ernie, Erno, Ernst, Erny

Étymologie : du germain *ernst* : « sérieux ».
Fête : 7 novembre - Couleur : jaune - Chiffre : 9
Caractère : Ernest est énergique, passionné et exigeant.
Personnages célèbres : les auteurs Ernest Renan et Ernest Hemingway.
Fréquence : rare - Évolution : ↗
Âge moyen : 92 ans

P

Éros

Étymologie : nom du dieu de l'Amour dans la mythologie grecque. Né directement du Chaos primitif, Éros est une allégorie de l'amour passionnel et le dieu du désir sexuel, qui rapproche les êtres et pousse la vie à se perpétuer. Selon Hésiode, quand Aphrodite apparaît, présidant à l'amour conjugal (union ordonnée des sexes et pendant de l'amour passionnel), Éros se met à son service.
Couleur : rouge - Chiffre : 7
Caractère : Éros est enthousiaste, a de fortes capacités de communication et d'adaptation.
Personnage célèbre : Éros Ramazotti, chanteur italien.
Fréquence : rare - Évolution : ↗
Âge moyen : 8 ans

V

Erwan

Ervan, Erwann

Étymologie : du celtique *esugenos* : « de la race d'Ésus », dieu gaulois de la guerre, ou du gallois *ivo*, *iv* : « l'if ». L'étymologie d'Erwann est incertaine et si les spécialistes penchent pour la première origine, c'est pourtant la deuxième qui prévaut en France. Erwan est donc usité, sans doute à tort, comme la forme bretonne d'Yves.
Fête : 19 mai - Couleur : blanc - Chiffre : 7
Caractère : Erwan est indépendant, affectueux et déterminé.
Fréquence : rare - Évolution : ↘
Âge moyen : 19 ans

V

Erwin

Irvin, Irving, Irwin

Étymologie : du germain *her* : « armée » et win : « ami ». Prénom surtout allemand et alsacien, on le confond, souvent et à tort, avec le celtique Erwan.
Fête : 29 mai - Couleur : rouge - Chiffre : 4
Caractère : Erwin se caractérise par la volonté, le dynamisme et une intuition très affinée.
Personnages célèbres : Erwin von Steinbach

(XIVe siècle), bâtisseur de la cathédrale de Strasbourg ; le général Erwin Rommel.
Fréquence : rare - Évolution : ↘
Âge moyen : 50 ans

V

Esteban

Estebane, Estebann, Estefan, Estevan

Étymologie : du grec *stephanos* : « couronne ». Ce prénom est le doublet étymologique de Stéphane. Il est donc l'Étienne hispanique.
Fête : 26 décembre - Couleur : rouge - Chiffre : 3
Caractère : charismatique et généreux, Esteban ne laisse guère indifférent. Il est, en outre, très créatif.
Fréquence : rare - Évolution : ↗
Âge moyen : 8 ans

P

Étan

Étane, Étann

Étymologie : de l'hebreu *etan* : « fort, ferme ». Ce prénom fut porté par trois personnages de la Bible. L'un d'eux, fils de Mahol, haut fonctionnaire du roi Salomon, était d'une sagesse telle qu'on la disait égale à celle du roi lui-même. Si l'un des Éthan bibliques est l'un des petits-fils de Judas, l'autre est connu pour être un lévite et avoir accompagné en chanson le transfert de l'arche de Jérusalem. Ce prénom correspond à la forme hébraïque originale de ce prénom biblique dont le « h » rajouté est typiquement anglo-saxon.
Couleur : vert - Chiffre : 3
Caractère : sensible, Étan est aussi rêveur et généreux.
Fréquence : rare - Évolution : ↗
Âge moyen : 4 ans

P

Éthan

Éthane, Éthann

Étymologie : de l'hebreu *etan* : « fort, ferme ». Éthan, avec son « h » central, correspond à l'orthographe anglo-saxonne de ce prénom, qui, comme nombre de prénoms bibliques, se répandit d'abord aux États-Unis, car remis au goût du jour par des puritains anglais y ayant migré.
Couleur : vert - Chiffre : 3
Caractère : Éthan est vif, charismatique, amusant et pourvu de grandes facultés d'adaptation.
Personnages célèbres : Ethan Allen, important leader de la guerre d'Indépendance ; Ethan Hawke, acteur américain ; Ethan Coen (l'un des deux frères Coen), cinéaste.
Fréquence : rare - Évolution : ↗
Âge moyen : 5 ans

B

Étienne

Esteffe, Estevan, Estève, Estienne, Staffan, Staines, Steaphan, Stefaans, Stefan, Steffel, Steffert, Stephan, Stephanson

Étymologie : du grec *stephanos* : « couronne ». Ce prénom est le doublet étymologique de Stéphane.
Fête : 26 décembre - Couleur : vert - Chiffre : 9
Caractère : Étienne est sociable, tolérant et toujours en quête d'harmonie.
Personnages célèbres : Étienne Marcel (mort en 1358), prévôt des marchands de Paris et opposant au futur Charles V ; le poète Étienne de La Boétie ; l'évêque Étienne Montgolfier (1712-1791) ; le cinéaste français Étienne Chatiliez.
Fréquence : répandu - Évolution : ↘
Âge moyen : 60 ans

TOP 20

Prénoms bobos

Les bobos (bourgeois bohème) sont sans conteste les plus prescripteurs de tendances. Intellectuels branchés, ils puisent dans le classique, la référence « arty », ou le rétro assumé. Ce sont eux qui récupèrent les premiers les prénoms passés de mode, les jugeant anticonformistes.

Apollinaire
Arsène
Aristide
Émile
Eugène
Eustache
Gabin
Gaspard
Gavroche
Léon
Jules
Marcus
Marceau
Marius
Mirabeau
Numa
Soren
Solal
Vadim
Zélian

C

Eudes

Eude, Eudin, Eudelin

Étymologie : du grec *eod* : « le preux ».
Fête : 19 novembre - Couleur : vert - Chiffre : 9
Caractère : Eudes est altruiste, affectueux et plein de fantaisie.
Fréquence : rare - Évolution : ↗
Âge moyen : 29 ans

B

Eugène

Eugen, Eugénien, Eugenio, Eugenios, Eujen, Gene

Étymologie : du grec *eugenios* : « bien né, de noble race ».
Fête : 13 juillet - Couleur : bleu - Chiffre : 3
Caractère : Eugène possède de fortes capacités d'adaptation, il possède un fort esprit d'innovation et sait naviguer hors de sa zone de confort.
Personnages célèbres : les dramaturges Eugène Labiche et Eugène Ionesco ; le peintre Eugène Delacroix ; Eugène Sue, l'auteur des *Mystères de Paris*.
Fréquence : ancien - Évolution : ↗
Âge moyen : 93 ans

B

Eusèbe

Eusebio

Étymologie : du grec *eusebes* : « pieux ».
Fête : 2 août - Couleur : jaune - Chiffre : 3
Caractère : Eusèbe possède de fortes capacités d'adaptation. Doté d'une nature enthousiaste, il aime profondément communiquer avec autrui.
Fréquence : rare - Évolution : =
Âge moyen : 87 ans

B

Eustache

Eustace, Eustasius, Eustatius, Eustazio, Stazio

Étymologie : du grec *eustachios* : « fécond, fertile ».

Fête : 20 septembre - Couleur : violet - Chiffre : 1

Caractère : Eustache est un être profondément intègre. Épris de vérité et de justice, il est capable de déplacer des montagnes pour atteindre ses objectifs.

Personnages célèbres : Eustache Deschamps, poète du XIVe siècle ; Eustache Le Sueur, peintre du XVIIe siècle ; Eustache Du Caurroy, musicien d'Henri IV.

Fréquence : rare - Évolution : =

V

Évan

Évann

Étymologie : de l'hébreu *yohânân* : « Dieu pardonne ». Ce prénom correspond à une variante celtique de Jean, même si sa sonorité le rapproche d'Even et son orthographe d'Ivan.

Fête : 24 juin ou 27 décembre - Couleur : jaune

Chiffre : 2

Caractère : Évan a le sens des responsabilités, il est bienveillant et consciencieux.

Fréquence : rare - Évolution : ⇗

Âge moyen : 7 ans

V

Évans

Évence

Étymologie : de l'irlandais : « jeune guerrier ».

Couleur : orange - Chiffre : 2

Caractère : Évans est un philosophe, toujours en quête de spiritualité et dont l'esprit est toujours en mouvement.

Fréquence : rare - Évolution : ⇗

Âge moyen : 11 ans

C

Évariste

Evaristo

Étymologie : du latin *evagor* : « se propager, se répandre ».

Fête : 26 octobre - Couleur : jaune - Chiffre : 9

Caractère : Évariste est un altruiste. Idéaliste certes, mais déterminé et intègre.

Personnages célèbres : le poète académicien français Évariste Désiré de Forges ; le mathématicien Évariste Galois (1811-1832).

Fréquence : rare - Évolution : ⇗

Âge moyen : 76 ans

V

Éven

Éwen

Étymologie : du celtique *esugenos* : « de la race d'Ésus », dieu gaulois de la guerre. Éven est un nom gaulois et un homonyme du substantif anglais heaven : « paradis ».

Fête : 17 avril - Couleur : jaune - Chiffre : 1

Caractère : Éven est dynamique, audacieux, indépendant et courageux.

Fréquence : rare - Évolution : ⇗

Âge moyen : 10 ans

C

Évrard

Éverard, Éverardo

Étymologie : du germain *eber* : « sanglier » et *hard* : « vigoureux ».

Fête : 14 août - Couleur : violet - Chiffre : 5

Caractère : Évrard aime la vie : il la croque à pleine dents. C'est aussi un esthète qui place le beau au centre de son quotidien. Il aime se cultiver et découvrir de nouvelles choses.

Personnage célèbre : le premier porteur du titre de « peintre du roi », Évrard d'Orléans (XIIIe siècle).

Fréquence : rare - Évolution : ⇘

Éwan

Éwann

Étymologie : du celtique *esugenos* : « de la race d'Ésus », dieu gaulois de la guerre, ou du gaélique eoghan : « la jeunesse ».
Fête : 19 mai - Couleur : orange - Chiffre : 7
Caractère : Éwan est réfléchi, réservé autant que spirituel.
Fréquence : rare - Évolution : ↗
Âge moyen : 7 ans

Éwen

Éwenn

Étymologie : du celtique *esugenos* : « de la race d'Ésus », dieu gaulois de la guerre. Éwen est une variante d'Éven.
Fête : 17 avril - Couleur : jaune - Chiffre : 1
Caractère : Éwen est diplomate, loyal et bon.
Fréquence : rare - Évolution : ↗
Âge moyen : 9 ans

Eymeric

Eymard, Eymerick

Étymologie : du germanique *haim* : « maison » et *ric* : « roi ». Eymeric correspond à une variante d'Aymeric, plus proche, par son orthographe, de son origine.
Fête : 4 novembre - Couleur : bleu - Chiffre : 2
Caractère : Eymeric est sympathique, équilibré et a le sens des responsabilités.
Fréquence : rare - Évolution : ↘

Ezéchiel

Ezkiel, Ezéquiel

Étymologie : de l'hébreu *yeh'ezquel* : « Dieu rendra fort ».
Fête : 10 avril - Couleur : bleu - Chiffre : 1
Caractère : Ezéchiel est énergique, exigeant, autoritaire et volontaire.
Personnage célèbre : Ezéchiel, prophète de l'ancien testament
Fréquence : rare - Évolution : ↗
Âge moyen : 13 ans

F

Fabien

Fabian, Fabiano, Fabianus, Fabion, Fabis

Étymologie : du latin *faba* : « fève ».
Fête : 20 janvier - Couleur : jaune - Chiffre : 1
Caractère : Fabien est doté d'un esprit analytique toujours en mouvement. Il sait rester maître de ses émotions et assume pleinement ses responsabilités.
Personnages célèbres : le héros de *Vol de nuit*, de Saint-Exupéry ; le footballeur Fabien Barthez ; le réalisateur Fabien Onteniente.
Fréquence : répandu - Évolution : ↘
Âge moyen : 31 ans

Fabio

Étymologie : du latin *faba* : « fève ». Fabio correspond à la forme italienne de Fabien et figure dans le top 10 des prénoms masculins favoris en Italie.
Fête : 20 janvier - Couleur : jaune - Chiffre : 1
Caractère : Fabio a le sens des responsabilités et de la famille. Il est exigeant et équilibré.
Personnages célèbres : Fabio Ambrozio, religieux italien.

Fréquence : rare - Évolution : ↗
Âge moyen : 13 ans

P

Fabrice

Fabri, Fabricien, Fabricio, Fabricius, Favre

Étymologie : du latin *faber* : « l'artisan, le forgeron ». Fabrice a donné naissance à nombre de noms de famille comme Favre, Fèvre, Lefèvre, Lefébure, Fabry, etc.
Fête : 22 août - Couleur : rouge - Chiffre : 8
Caractère : Fabrice est rigoureux dans sa vie comme dans son métier. Sensible et plein de charme, il peut aussi faire preuve de beaucoup d'humour et aime à plaire à un public qu'il s'est lui-même choisi.
Personnages célèbres : le héros de *La Chartreuse de Parme* (1839), de Stendhal, Fabrice del Dongo ; le comédien français Fabrice Luchini ; le tennisman français Fabrice Santoro.
Fréquence : rare - Évolution : ↘
Âge moyen : 40 ans

V

Fabrizio

Étymologie : du latin *faber* : « l'artisan, le forgeron ». Fabrizio est la forme italienne de Fabrice. En France, c'est au Pays basque et en Corse que ce prénom est le plus couramment usité.
Fête : 22 août - Couleur : rouge - Chiffre : 8
Caractère : Fabrizio est audacieux, énergique et aime l'originalité et la séduction.
Fréquence : rare - Évolution : =
Âge moyen : 37 ans

V

Fadel

Fadil

Étymologie : de l'arabe : « vertueux, méritant ». Ce terme est souvent utilisé pour désigner Mahomet.
Couleur : rouge - Chiffre : 10
Caractère : Fadel est audacieux, raisonnable et énergique.
Personnages célèbres : deux vizirs de la dynastie abbasside, qui régna du VIIIe au XIIIe siècle, portèrent ce nom.
Fréquence : rare - Évolution : ↗
Âge moyen : 20 ans

V

Faël

Étymologie : de l'arabe : « heureux présage ».
Couleur : rose - Chiffre : 8
Caractère : Faël est sage, bienveillant et bon conseiller.
Fréquence : rare - Évolution : ↗
Âge moyen : 8 ans

B

Fantin

Étymologie : du latin : « enfant ». Ce prénom fut porté par un abbé en Calabre au Xe siècle connu pour sa charité et sa bonté.
Fête : 30 août - Couleur : vert - Chiffre : 1
Caractère : Fantin est sensible, autoritaire, généreux et volontaire.
Fréquence : rare - Évolution : =
Âge moyen : 9 ans

V

Farah

Étymologie : de l'arabe : « la joie, la gaieté ». Ce prénom est mixte, même si en France on le considère avant tout comme un prénom féminin.
Couleur : blanc - Chiffre : 7
Caractère : Farah est courageux, digne, fier et studieux.
Fréquence : très rare - Évolution : ↘
Âge moyen : 25 ans

V

Faouzi

Étymologie : de l'arabe : « qui aura du scuccès ».
Couleur : jaune - Chiffre : 7
Caractère : Faouzi est intuitif, fidèle et directif.
Fréquence : rare - Évolution : ↘
Âge moyen : 30 ans

V

Farid

Faride, Farrid, Férid

Étymologie : de l'arabe : « incomparable, sans pareil ». Ce prénom fait de celui qui le porte l'élu divin. Il est donc assez courant.
Couleur : jaune - Chiffre : 7
Caractère : Farid est fidèle, intuitif et possède un certain sens du relationnel.
Fréquence : répandu - Évolution : ↘
Âge moyen : 36 ans

V

Fares

Faress, Faresse

Étymologie : de l'arabe *faris* : « le cavalier ». Ce substantif est, en réalité, le surnom courant du lion, considéré comme un symbole de force et de bravoure.
Couleur : vert - Chiffre : 8
Caractère : Fares est efficace, persévérant et directif.
Fréquence : rare - Évolution : ↗
Âge moyen : 11 ans

V

Farouk

Farik, Faruk

Étymologie : de l'arabe : « qui aura du succès ».
Couleur : bleu - Chiffre : 10
Caractère : Farouk est altruiste, intègre et idéaliste.
Personnage célèbre : le roi Farouk d'Égypte détrôné par un coup d'État en 1952.
Fréquence : rare - Évolution : ↗
Âge moyen : 31 ans

V

Fathi

Fathy, Fati, Fethy

Étymologie : de l'arabe : « conquérant ». Ce prénom est un des surnoms du Prophète.
Couleur : noir - Chiffre : 8
Caractère : Fathi est actif, plein d'ardeur : c'est un leader dans l'âme.
Fréquence : rare - Évolution : ↘
Âge moyen : 19 ans

V

Fatih

Faṭah, Fatèh

Étymologie : de l'arabe : « conquérant ». Ce prénom est un des surnoms du Prophète.
Couleur : noir - Chiffre : 8
Caractère : Fatih est ambitieux, fort, habile et passionné.
Fréquence : rare - Évolution : ↗
Âge moyen : 19 ans

C

Faustin

Faustino, Fausto

Étymologie : du latin *faustus* : « heureux, fortuné ».
Fête : 15 février - Couleur : blanc - Chiffre : 2
Caractère : Faustin est intuitif, fidèle et directif.
Fréquence : rare - Évolution : ↗
Âge moyen : 55 ans

V

Fawzi

Étymologie : de l'arabe : « qui aura du succès ».

Couleur : jaune - Chiffre : 7
Caractère : Fawzi est intuitif, fidèle et directif.
Fréquence : rare - Évolution : ↘
Âge moyen : 27 ans

V

Fayçal

Faïçal, Faïsal, Faïssal, Fayçel, Faysal, Fayssal

Étymologie : de l'arabe *fayssal* : « celui qui décide ».
Couleur : rouge - Chiffre : 4
Caractère : Fayçal est rigoureux, travailleur et stable.
Personnages célèbres : Fayçal Ier, le prince qui dirige la révolte arabe contre l'Empire ottoman en 1916, avant de devenir roi de Syrie et roi d'Irak.
Fréquence : rare - Évolution : ↘
Âge moyen : 24 ans

V

Federico

Étymologie : du germain *fried* : « protecteur » et *ric* : « puissant », ou *rik* : « roi ». Ce prénom correspond à la forme italienne et hispanique de Frédéric.
Fête : 18 juillet - Couleur : jaune - Chiffre : 5
Caractère : Federico a l'espit logique, du caractère et de l'intuition.
Personnages célèbres : les peintres Federico Garcia Lorca et Federico Bahamontes ; Federico Fellini, réalisateur et scénariste italien.
Fréquence : rare - Évolution : ↗

B

Félicien

Felice, Felizian, Felise, Felizon

Étymologie : du latin *felicitas* : « chance, bonheur ».
Fête : 9 juin - Couleur : orange - Chiffre : 9
Caractère : Félicien est un être plein de douceur, de délicatesse et de dévouement.
Personnages célèbres : le dramaturge Félicien Marceau ; le peintre Félicien Rops.
Fréquence : rare - Évolution : ↘
Âge moyen : 76 ans

V

Félipe

Felip

Étymologie : du grec *philo* : « ami » et *hippos* : « cheval ». Ce prénom correspond à la forme espagnole de Philippe. En France, c'est au Pays basque que ce prénom est le plus couramment usité.
Fête : 3 mai - Couleur : vert - Chiffre : 1
Caractère : Felipe est sympathique, aime analyser et aller jusqu'au bout des choses.
Personnage célèbre : Felipe de Bourbon, prince héritier d'Espagne.
Fréquence : rare - Évolution : ↗
Âge moyen : 34 ans

B

Félix

Féliz, Felicidad, Felice, Feliciano

Étymologie : du latin *felicitas* : « chance, bonheur ».
Fête : 8 janvier ou 12 février - Couleur : orange
Chiffre : 2
Caractère : Félix est intuitif, doté d'un certain sens artistique. C'est un épicurien charmant.
Personnages célèbres : l'homme d'État Félix Faure ; les peintres Félix Vallotton et Félix Labisse ; Félix Mendelssohn, musicien : auteur de la Marche du même nom ; Félix le Chat, héros de BD.
Fréquence : répandu - Évolution : ↘
Âge moyen : 70 ans

B

Ferdinand

Ferd, Ferdinando, Ferdl, Ferrante, Fertel, Friedenand, Hernando

Étymologie : du germain *fried* : « protecteur », ou *frithu* : « paix » et *nant* : « hardi, courageux ».
Fête : 30 mai - Couleur : jaune - Chiffre : 3
Caractère : Ferdinand est intelligent, éloquent, sensible et plein de vivacité.
Personnages célèbres : Ferdinand de Lesseps, à l'origine de la création du canal de Suez ; Ferdinand de Saussure, l'éminent linguiste.
Fréquence : répandu - Évolution : ↗
Âge moyen : 86 ans

B

Fergal

Étymologie : du celte *fur* : « sage » et *gal* : « brave ». Ce prénom fut porté par un abbé irlandais du VIIIe siècle qui évangélisa l'Autriche.
Fête : 27 novembre - Couleur : vert - Chiffre : 8
Caractère : Fergal est discret, émotif et équilibré.
Fréquence : très rare - Évolution : ↘
Âge moyen : 8 ans

B

Fernand

Fernan, Fernando, Hernandes, Hernandez

Étymologie : du germain *fried* : « protecteur », ou *frithu* : « paix » et *nant* : « hardi, courageux ».
Fête : 27 juin - Couleur : jaune - Chiffre : 8
Caractère : Fernand est doué d'une grande puissance vitale, autant pour le travail que pour les plaisirs. C'est un amoureux de la vie.
Personnage célèbre : l'humoriste Fernand Raynaud.
Fréquence : répandu - Évolution : ↘
Âge moyen : 89 ans

B

Ferréol

Étymologie : du latin : « de la vigne ».
Fête : 18 septembre - Couleur : vert - Chiffre : 7
Caractère : Ferréol est émotif, prudent, réfléchi et studieux.
Fréquence : rare - Évolution : ↗
Âge moyen : 36 ans

V

Fidel

Étymologie : du latin *fidelis* : « croyant ».
Fête : 24 avril - Couleur : jaune - Chiffre : 5
Caractère : Fidel est volontaire, humain et rêveur.
Personnages célèbres : Fidel Castro, le chef d'État cubain.
Fréquence : rare - Évolution : ↘
Âge moyen : 50 ans

B

Fidèle

Fidelo, Fidelio

Étymologie : du latin *fidelis* : « croyant ».
Fête : 24 avril - Couleur : jaune - Chiffre : 5
Caractère : Fidèle est un être puissant, fascinant, volontiers dominateur. Il porte à merveille son prénom : entier et loyal, comme il est.
Fréquence : rare - Évolution : =
Âge moyen : 90 ans

V

Filippo

Étymologie : du grec *philo* : « ami » et hippos : « cheval ». Ce prénom correspond à la forme italienne de Philippe.
Fête : 3 mai - Couleur : vert - Chiffre : 1
Caractère : Filipo a l'esprit pratique, est sympathique, enthousiaste et aime communiquer.
Fréquence : rare - Évolution : ↘

B

Firmin

Fermin, Firminan, Firminien, Frémin, Firmino

Étymologie : du latin *firmus* : « ferme » (dans sa foi, ses convictions).

Fête : 11 octobre - Couleur : orange - Chiffre : 6

Caractère : Firmin est un être rigoriste, pragmatique et entier. Il fait honneur au sens de son prénom et reste campé sur ses principes et positions sans toutefois se montrer obtus.

Personnage célèbre : l'imprimeur Firmin Didot.

Fréquence : rare - Évolution : ↗

Âge moyen : 82 ans

C

Flavien

Flavianus, Flavius

Étymologie : du latin *Flavius*, nom d'une famille romaine, qui signifie « blond ».

Fête : 22 décembre - Couleur : jaune - Chiffre : 3

Caractère : Flavien est calme, diplomate, généreux et courageux.

Fréquence : rare - Évolution : ↘

Âge moyen : 26 ans

V

Flavio

Étymologie : du latin *Flavius*, nom d'une famille romaine, qui signifie « blond ». Ce prénom correspond à la forme espagnole et italienne de Flavien.

Fête : 18 février - Couleur : jaune - Chiffre : 3

Caractère : Flavio est diplomate, sociable et réceptif.

Personnage célèbre : Flavio Briatore, homme d'affaires italien.

Fréquence : rare - Évolution : ↗

Âge moyen : 11 ans

P

Florent

Florenceau, Florencio, Florentius, Florenz

Étymologie : du latin *florens* : « en floraison, florissant ».

Fête : 7 novembre - Couleur : orange - Chiffre : 9

Caractère : Florent est réservé, prudent, sensible et intuitif.

Personnages célèbres : le nageur Florent Manaudou ; le chanteur Florent Pagny.

Fréquence : rare - Évolution : ↘

Âge moyen : 30 ans

P

Florentin

Florentino

Étymologie : du latin *florentinus* : « originaire de la cité de Florence ».

Fête : 24 octobre - Couleur : vert - Chiffre : 5

Caractère : Florentin aime la séduction, il est éloquent, dynamique et passionné.

Fréquence : rare - Évolution : ↘

Âge moyen : 36 ans

P

Florian

Floriant, Floriano

Étymologie : du latin *florens* : « en floraison, florissant ».

Fête : 4 mai - Couleur : vert - Chiffre : 6

Caractère : Florian est plein de vivacité, sociable, mais aussi très indépendant.

Personnages célèbres : l'écrivain Florian Zeller ; le Caffè Florian, nom d'un café mythique situé sur la place Saint-Marc à Venise.

Fréquence : répandu - Évolution : ↘

Âge moyen : 20 ans

P

Florient

Florien

Étymologie : du latin *florens* : « en floraison, florissant ». Ce prénom est une variante de Florian.
Fête : 4 mai - Couleur : vert - Chiffre : 6
Caractère : Florient est idéaliste, altruiste, intègre et réfléchi.
Fréquence : rare - Évolution : ↘
Âge moyen : 17 ans

B

Florimond

Florimon

Étymologie : du latin *florens* : « en floraison, florissant ». Ce prénom est célébré le jour de la Saint-Florian.
Fête : 4 mai - Couleur : violet - Chiffre : 6
Caractère : Florimond est calme, curieux, intelligent et exigeant.
Fréquence : rare - Évolution : ↘
Âge moyen : 72 ans

B

Floris

Étymologie : du latin *florens* : « en floraison, florissant ». Ce prénom, qui peut correspondre au masculin de Flore, est néanmoins fêté en même temps que Florian et non pas à la Sainte-Fleur.
Fête : 4 mai - Couleur : bleu - Chiffre : 7
Caractère : Floris est perfectionniste, exigeant et rigoureux.
Fréquence : rare - Évolution : ↗
Âge moyen : 38 ans

V

Fortuné

Fortunat, Fortunato

Étymologie : du latin *fortuna,* du nom de la déesse de la Chance, sous la protection de laquelle était placé celui qui portait ce prénom. Fortuné est une variante de Fortunat, nom d'un diacre martyrisé à Valence au IIIe siècle.
Fête : 23 avril - Couleur : blanc - Chiffre : 3
Caractère : Fortuné est élégant, diplomate et perfectionniste.
Fréquence : rare - Évolution : ↗
Âge moyen : 88 ans

V

Fouad

Fouaad, Fouade, Fouede, Fouhad

Étymologie : de l'arabe *fouad* : « cœur spirituel, courageux ».
Couleur : gris - Chiffre : 2
Caractère : Fouad est diplomate, émotif et sociable.
Personnage célèbre : Fouad fut un nom porté par de nombreux monarques d'Égypte.
Fréquence : rare - Évolution : ↘
Âge moyen : 28 ans

C

Foucauld

Foucault

Étymologie : du germain *folc* : « peuple ».
Fête : 10 juin - Couleur : vert - Chiffre : 9
Caractère : Foucauld est sérieux, intuitif, diplomate et a le sens des responsabilités.
Fréquence : rare - Évolution : ↗
Âge moyen : 11 ans

C

Foulques

Étymologie : du germain *folc* : « peuple ».
Fête : 10 juin - Couleur : vert - Chiffre : 9
Caractère : Foulques est énergique, courageux, franc et loyal.
Fréquence : rare - Évolution : =
Âge moyen : 17 ans

V

Foued

Fouhed, Fouede

Étymologie : de l'arabe *fouad* : « cœur spirituel, courageux ».
Couleur : gris - Chiffre : 2
Caractère : Foued est bienveillant, bon conseiller et parfois caractériel.
Fréquence : rare - Évolution : ↘
Âge moyen : 27 ans

V

Francesco

Étymologie : du latin *francus* : « homme libre ». Dès l'origine, le mot a été utilisé pour désigner les Francs. Francesco est la forme italienne de François.
Fête : 4 octobre - Couleur : bleu - Chiffre : 4
Caractère : Francesco est enthousiaste, raisonnable et déterminé.
Fréquence : rare - Évolution : ↗
Âge moyen : 42 ans

P

Francis

Francisek, Francisque

Étymologie : du latin *francus* : « homme libre ». Dès l'origine, le mot a été utilisé pour désigner les Francs.
Fête : 28 septembre - Couleur : bleu - Chiffre : 7
Caractère : Francis est charmant, élégant, sensible et exigeant.
Personnages célèbres : les peintres Francis Bacon et Francis Picabia ; le poète Francis Ponge ; les acteurs Francis Blanche et Francis Huster ; le cinéaste Francis Ford Coppola ; le chanteur Francis Cabrel.
Fréquence : rare - Évolution : ↘
Âge moyen : 65 ans

V

Francisco

Étymologie : du latin *francus* : « homme libre ». Dès l'origine, le mot a été utilisé pour désigner les Francs. Francisco est la forme espagnole de François.
Fête : 4 octobre - Couleur : bleu - Chiffre : 4
Caractère : Francisco est déterminé, spirituel, cultivé et sagace.
Fréquence : rare - Évolution : ↗
Âge moyen : 46 ans

P

Franck

Étymologie : du latin *francus* : « homme libre ». Dès l'origine, le mot a été utilisé pour désigner les Francs. Franck correspond à la forme anglo-américaine de François, Frank, que la majorité des Français ont modifié en y rajoutant un « c ».
Fête : 4 octobre - Couleur : bleu - Chiffre : 8
Caractère : Franck est déterminé, raisonnable, actif et sensible.
Personnages célèbres : l'humoriste Franck Dubosc ; le footballeur Franck Ribéry.
Fréquence : répandu - Évolution : ↘
Âge moyen : 41 ans

C

François

Fercsi, Ferenc, Fran, Francelin, Francisek, Franek, Frangag, Frankie, Frans, Franz, Fränze, Pancho, Ziskus

Étymologie : du latin *francus* : « homme libre ». Dès l'origine, le mot a été utilisé pour désigner les Francs. François coïncide donc exactement avec la France, pays des Francs.
Fête : 4 octobre - Couleur : bleu - Chiffre : 4
Caractère : Si François semble faire preuve de mesure en toutes choses, c'est en réalité un être animé de passion. Très intuitif, il est le feu caché sous la glace.

Personnages célèbres : les auteurs François Rabelais, François Fénelon et François Mauriac ; les comédiens François Cluzet et François Berléand ; les présidents François Mitterrand, François Hollande.
Fréquence : répandu - Évolution : ↘
Âge moyen : 66 ans

C

François-Xavier

Étymologie : ce prénom est à l'origine un patronyme donné à un saint François, car il y en avait trop. Né en Navarre espagnole en 1906, ce jeune noble venait d'un château de Pampelune que l'on appelait *etcheberri* : « la maison neuve ». Après avoir rencontré Ignace de Loyola, il le suivit et fonda la Compagnie de Jésus. C'est alors qu'il prit ce nom déformé en « Javerri », puis en « Javier », ce qui donne Xavier.
Fête : 3 décembre - Couleur : vert - Chiffre : 4
Caractère : François-Xavier peut passer pour un expansif, mais il est mû par un besoin de reconnaissance.
Personnage célèbre : l'écrivain et humoriste François-Xavier Demaison.
Fréquence : rare - Évolution : ↘
Âge moyen : 33 ans

P

Francky

Francki, Franckie, Franki, Frankie

Étymologie : du latin *francus* : « homme libre ». Ce prénom correspond à un diminutif de Franck.
Fête : 4 octobre - Couleur : rouge - Chiffre : 1
Caractère : Francky est sympathique, équilibré et a le sens des responsabilités.
Fréquence : rare - Évolution : ↘
Âge moyen : 31 ans

P

Frank

Étymologie : du latin *francus* : « homme libre ». Dès l'origine, le mot a été utilisé pour désigner les Francs. Frank correspond à la forme anglo-américaine de François.
Fête : 4 octobre - Couleur : bleu - Chiffre : 8
Caractère : Frank est courageux, dynamique, curieux et indépendant.
Personnage célèbre : l'acteur et chanteur américain Frank Sinatra.
Fréquence : rare - Évolution : ↘
Âge moyen : 44 ans

P

Franklin

Étymologie : du latin *francus* : « homme libre ». Ce prénom correspond à un dérivé de Frank.
Fête : 4 octobre - Couleur : rouge - Chiffre : 1
Caractère : Franklin est persévérant, résolu et déterminé.
Personnage célèbre : Franklin Delano Roosevelt, ancien président des États-Unis.
Fréquence : rare - Évolution : ↘
Âge moyen : 38 ans

P

Fred

Frede

Étymologie : du germain *fried* : « protecteur » et *ric* : « puissant », ou *rik* : « roi ».
Fête : 18 juillet - Couleur : jaune - Chiffre : 5
Caractère : Fred est équilibré, volontaire et a le sens des responsabilités.
Fréquence : rare - Évolution : ↘
Âge moyen : 50 ans

P

Freddy

Freddi, Freddie, Fredi, Fredj, Fredo

Étymologie : du germain *fried* : « protecteur » et *ric* : « puissant », ou *rik* : « roi ». Freddy est un diminutif de Frédéric consacré prénom à part entière dès les années 60 en France.

Fête : 18 juillet - Couleur : jaune - Chiffre : 5

Caractère : Freddy est volontaire, déterminé et aime aller au bout des choses.

Fréquence : répandu - Évolution : ↘

Âge moyen : 39 ans

P

Frédéric

Feder, Federigo, Frederick, Fredericus, Frederik, Frederk, Fredric, Fredrick, Freek, Frerich, Frerk, Fridichs, Friedel, Friedl, Rickel

Étymologie : du germain *fried* : « protecteur » et *ric* : « puissant », ou *rik* : « roi ».

Fête : 18 juillet - Couleur : jaune - Chiffre : 5

Caractère : Frédéric est courageux, déterminé, ambitieux et entreprenant.

Personnages célèbres : Frédéric Chopin, musicien virtuose ; Frédéric Mistral, écrivain et lexicographe français ; Frédéric Dard, auteur des *San Antonio* ; l'acteur Frédéric Diefenthal ; Frédéric Mitterrand ; Frédéric Beigbeder ; le journaliste Frédéric Taddeï.

Fréquence : répandu - Évolution : ↘

Âge moyen : 42 ans

V

Friedrich

Étymologie : du germain *fried* : « protecteur » et *ric* : « puissant », ou *rik* : « roi ». Friedrich est la forme germanique de Frédéric.

Fête : 18 juillet - Couleur : jaune - Chiffre : 5

Caractère : Friedrich est fort, ambitieux et habile. Il est doté d'un fort esprit de logique.

TOP 20

Prénoms chics

Révélateur du milieu social auquel nous appartenons, le prénom laisse transparaître l'origine autant que certains codes vestimentaires. Ainsi, certains prénoms qui semblent originaux, voire rarissimes, à l'ensemble de la population, apparaissent en bonne place dans le *Bottin Mondain* et sont très attribués en milieux aristocratiques.

Ambroise
Armand
Augustin
Baudoin
Charles
Côme
Constant
Cyprien
Edgar
Édouard
Éloi
Enguerrand
Eudes
Hippolyte
Louis
Stanislas
Tancrède
Théophile
Vianney
Victor

Personnages célèbres : le dramaturge Friedrich Schiller ; les philosophes Friedrich Nietzsche et Friedrich Engels.
Fréquence : très rare - Évolution : =
Âge moyen : 90 ans

C

Fulbert

Volbert

Étymologie : du germain *ful* : « abondant, beaucoup » et *bert* : « brillant ».
Fête : 10 avril - Couleur : jaune - Chiffre : 5
Caractère : Fulbert est discret, charmant et s'adapte aux individus avec facilité.
Fréquence : rare - Évolution : ↘
Âge moyen : 77 ans

C

Fulvien

Fulvi, Fulvian, Fulvius

Étymologie : du latin *fulvus* : « jaunâtre, fauve ». Les Fulvius furent une célèbre famille romaine.
Couleur : jaune - Chiffre : 3
Caractère : Fulvien est un stratège à l'esprit logique.
Fréquence : très rare - Évolution : ↘

G

B

Gabin

Gabino

Étymologie : de *Gabinia*, nom d'une illustre famille romaine sans doute originaire du Gabies, une ville du Latium.
Fête : 19 février - Couleur : jaune - Chiffre : 6
Caractère : Gabin a le sens des responsabilités, est exigeant et affectueux.
Fréquence : rare - Évolution : ↗
Âge moyen : 10 ans

P

Gabriel

Gaaf, Gabay, Gabel, Gabig, Gabrielo, Gabor, Gabrel, Gabriël, Gabriele, Gabriello, Gabrielo, Gabrio, Gabry, Gavril, Gavriil,

Étymologie : de l'hébreu *gabar* : « force », ou *gabri* : « héros »
Fête : 29 septembre - Couleur : bleu - Chiffre : 9
Caractère : Gabriel est un être brillant, doté d'un solide esprit de synthèse. Il avance, toujours paré d'une solide confiance en lui. Rien ne peut véritablement le désarçonner. Il est pourvu d'une force intérieure comme on en connaît peu.
Personnages célèbres : le musicien Gabriel Fauré ; Gabriel García Márquez, écrivain colombien qui obtint le prix Nobel en 1982.
Fréquence : répandu - Évolution : ↗
Âge moyen : 57 ans

P

Gaby

Étymologie : de l'hébreu *gabar* : « force », ou *gabri* : « héros ». Gaby est le diminutif de Gabriel.
Fête : 29 septembre - Couleur : bleu - Chiffre : 9
Caractère : Gaby est fort, ambitieux et habile.
Fréquence : rare - Évolution : ↗
Âge moyen : 45 ans

V

Gad

Étymologie : de l'hébreu : « honneur ». Gad est le fondateur de l'une des tribus d'Israël.
Couleur : jaune - Chiffre : 3
Caractère : Gad est actif, déterminé, sociable,

mais parfois réservé.
Personnage célèbre : Gad Elmaleh, humoriste et acteur.
Fréquence : rare - Évolution : ↘
Âge moyen : 16 ans

P

Gaël

Étymologie : du germain *walah* : « étranger » et plus spécialement les Celtes.
Fête : 17 décembre - Couleur : jaune - Chiffre : 2
Caractère : Gaël cache sa sensibilité et sa tendresse sous une certaine forme de froideur comme le font les timides, prompts à tomber amoureux.
Personnage célèbre : le comédien Gael García Bernal.
Fréquence : répandu - Évolution : ↗
Âge moyen : 26 ans

P

Gaëtan

Gaetano, Cajetan, Gaéthan, Kajetan

Étymologie : du latin *caietanus* : « habitant de Caieta (Gaète) ».
Fête : 7 août - Couleur : orange - Chiffre : 3
Caractère : Gaëtan est un rêveur, un tendre, un éternel enfant.
Personnage célèbre : le chanteur Gaëtan Roussel.
Fréquence : rare - Évolution : ↘

C

Garnier

Varnier, Vernier, Guarnerio, Guarnerio

Étymologie : du germanique *waran* : « protéger » et *heri* : « armée ». Ce prénom correspond à la forme française de Werner.
Fête : 19 avril - Couleur : rouge - Chiffre : 4
Caractère : Garnier est altruiste, réfléchi et aime le dépassement de soi.
Fréquence : très rare - Évolution : =

V

Gary

Étymologie : du germanique *ger* : « la lance » (symbole du guerrier) et *hart* : « fort ». Gary est un diminutif de Garrett, forme anglo-saxonne de Gérard.
Fête : 3 octobre - Couleur : bleu - Chiffre : 6
Caractère : Gary est charmant, sociable et sensible.
Personnages célèbres : Gary Cooper et Gary Oldman, acteurs.
Fréquence : rare - Évolution : ↘
Âge moyen : 25 ans

B

Gaspard

Caspar, Casper, Jasper, Gaspar, Kaspar, Gaspare, Gasparin, Gasparo, Gasper, Kapp, Kaspar, Kasper, Käsper

Étymologie : du sanskrit *gathaspa* : « celui qui vient voir ».
Fête : 3 janvier - Couleur : rouge - Chiffre : 3
Caractère : Gaspard aime les risques et en prend volontiers. C'est un volontaire, un dynamique qui ne s'avoue jamais fatigué ni vaincu.
Personnages célèbres : Gaspard, celui des trois mages qui apportait l'encens pour la naissance de Jésus ; Gaspard Monge, mathématicien ; Gaspard, héros du roman de la Comtesse de Ségur *La Fortune de Gaspard* ; le comédien Gaspard Ulliel ; l'humoriste Gaspard Proust.
Fréquence : rare - Évolution : ↗
Âge moyen : 18 ans

B

Gaston

Gastone, Gastoun, Gastão, Vaast, Waast

Étymologie : du germain *gast* : « hôte, voyageur ».
Fête : 6 février - Couleur : vert - Chiffre : 4

Caractère : sa robuste volonté, la finesse de son intellect et une sociabilité bon enfant caractérisent Gaston.
Personnages célèbres : Gaston Doumergue, l'homme d'État ; l'écrivain Gaston Leroux ; l'éditeur Gaston Gallimard ; Gaston Lagaffe ; le philosophe Gaston Bachelard.
Fréquence : répandu - Évolution : ↗
Âge moyen : 91 ans

(C)

Gatien

Étymologie : du latin *gatinus* : « originaire du Gâtinais ».
Fête : 18 décembre - Couleur : jaune - Chiffre : 5
Caractère : Gatien est sociable, réceptif et diplomate.
Fréquence : rare - Évolution : ↗
Âge moyen : 27 ans

(C)

Gaubert

Gaudebert, Goberto, Gualber, Jaubert, Joubert

Étymologie : du germain *gault* : « divinité » et *bert* : « brillant ».
Fête : 2 mai - Couleur : rouge - Chiffre : 4
Caractère : Si Gaubert peut parfois se montrer colérique, c'est aussi un être d'intuitions et un grand amoureux.
Fréquence : très rare - Évolution : ↗

(C)

Gauthier

Bhailtair, Galtier, Galtière, Gaultier, Gautier, Gauthière, Gualtiero, Ualtar, Walt, Walter, Waltersje, Walterus, Walthera, Waly, Walz, Wat, Welter, Wolt, Wouter

Étymologie : du germain *waldan* : « gouverner » et *her* : « armée ».
Fête : 9 avril - Couleur : orange - Chiffre : 9
Caractère : Gauthier est attentif, actif et aime aller au bout des choses.
Fréquence : rare - Évolution : ↘
Âge moyen : 19 ans

(C)

Gauvain

Gauwe, Gavan, Gaven, Gauvin, Galwin, Gavin, Gawain, Gawen, Gawin

Étymologie : du vieux gallois *gwalchmai* : « faucon de la plaine »
Couleur : orange - Chiffre : 4
Caractère : Gauvain est dynamique, indépendant et élégant.
Personnage célèbre : dans le cycle des *Chevaliers de la Table ronde*, Gauvain est le neveu préféré du roi Arthur.
Fréquence : rare - Évolution : ↘
Âge moyen : 14 ans

(P)

Gaylord

Gaylor

Étymologie : de l'anglais : « le joyeux sire ».
Couleur : jaune - Chiffre : 1
Caractère : Gaylord est dynamique, audacieux et directif.
Fréquence : rare - Évolution : ↘
Âge moyen : 25 ans

(B)

Gédéon

Guidon, Gideon, Gideone

Étymologie : de l'hébreu : « saison de chance ».
Fête : 1er septembre - Couleur : violet - Chiffre : 5
Caractère : Gédéon est sociable, actif et réservé.
Fréquence : rare - Évolution : ↗
Âge moyen : 58 ans

(C)

Gélase

Étymologie : du latin *Gelasius* : « habitant de la ville de Gélase ».

Fête : 21 novembre - Couleur : rouge - Chiffre : 1

Caractère : Gélase est énergique, franc et rigoureux.

Fréquence : très rare - Évolution : =

(C)

Geoffrey

Jaufret, Jefferey, Jeffrey, Joffret,

Étymologie : du germain *gaut* : « divinité, dieu » et *frid* : « paix », ou *fried* : « protecteur ».

Fête : 8 novembre - Couleur : jaune - Chiffre : 7

Caractère : Geoffrey est élégant, indépendant, fier et charismatique.

Fréquence : répandu - Évolution : ↘

Âge moyen : 23 ans

(C)

Geoffroy

Goffert, Jeffe, Jefie

Étymologie : du germain *gaut* : « divinité, dieu » et *frid* : « paix », ou *fried* : « protecteur ».

Fête : 8 novembre - Couleur : jaune - Chiffre : 7

Caractère : Geoffroy est prudent et n'accorde pas facilement sa confiance. Pourtant, dès qu'il dépose les armes, il sait se montrer charmant et chaleureux.

Personnage célèbre : le naturaliste Geoffroy Saint-Hilaire.

Fréquence : rare - Évolution : ↘

Âge moyen : 33 ans

(C)

Georges

Egor, Georas, Georg, George, Georgio, Georgius, Georgy, Gorch, Görch, Görgel, György, Iouri, Jörg, Jorge, Jorick, Joris, Jörn, Jürg, Jürgen, Juris, Seiorse, Sior, Yorick

Étymologie : du grec *gheorghios* : « travailleur de la terre ».

Fête : 23 avril - Couleur : jaune - Chiffre : 4

Caractère : Georges exige autant des autres que de lui-même. Plein d'humour, il est drôle et curieux. Résolument optimiste, il dévore la vie avec appétit !

Personnages célèbres : le compositeur Georges Bizet ; les auteurs Georges Courteline, Georges Feydeau, Georges Bernanos, Georges Perec et Georges Bataille ; l'artiste Georges Braque ; le chanteur Georges Brassens.

Fréquence : répandu - Évolution : ↘

Âge moyen : 84 ans

(P)

Gérald

Géraud, Guiraud, Gerold, Geerry, Geraldo, Gerry, Gerwald, Giraldo, Gerrelt, Gerwald, Graald, Greelt, Jerry

Étymologie : du germain *ger* : « lance, pique » et *waldan* : « commander, gouverner ».

Fête : 5 décembre - Couleur : bleu - Chiffre : 2

Caractère : Gérald est volontaire, courageux et perfectionniste.

Personnage célèbre : l'historien Gérald Barry (XIIe siècle).

Fréquence : rare - Évolution : ↘

Âge moyen : 45 ans

(P)

Gérard

Gard, Garret, Garrit, Gearard, Geeraard, Geerhard, Geert, Gérardin, Gerardo, Gerardus, Gerd, Gerhard, Gerhart, Gersten, Gert, Gherardo, Girard,

Étymologie : du germain *ger* : « lance, pique » et *herd* : « dur, courageux ».

Fête : 3 octobre - Couleur : orange - Chiffre : 8

Caractère : Gérard est réaliste, a le sens des responsabilités, est rigoureux et possède une certaine autorité.
Personnages célèbres : le poète Gérard de Nerval ; le cinéaste Gérard Oury ; les acteurs Gérard Depardieu, Gérard Jugnot et Gérard Lanvin.
Fréquence : rare - Évolution : ↘
Âge moyen : 65 ans

C

Géraud

Guérand

Âge moyen : du germain *ger* : « lance, pique » et *herd* : « dur, courageux ». Géraud n'est autre que la transcription française de Gérald.
Fête : 13 octobre - Couleur : bleu - Chiffre : 2
Caractère : Géraud est intuitif, altruiste et sensible.
Fréquence : rare - Évolution : ↘
Âge moyen : 42 ans

C

Germain

Garmon, German, Germanus, Germanio, Germanus, Germano

Étymologie : du latin *germanus* (germen) : « issu de la même race, du même sang ».
Fête : 28 mai - Couleur : jaune - Chiffre : 4
Caractère : une ténacité sans faille, une grande confiance en lui, une intelligence pratique et précise l'accompagne.
Fréquence : répandu - Évolution : ↘
Âge moyen : 79 ans

B

Gervais

Étymologie : du germanique *ger* : « la lance » et *win* : « l'ami ».
Fête : 19 juin - Couleur : rouge - Chiffre : 9
Caractère : Gervais est un grand amoureux et un ami loyal. Il accorde une grande importance à ses affections et à ceux qui en constituent l'objet. Pour lui, l'amitié n'a pas de prix.
Fréquence : rare - Évolution : =
Âge moyen : 73 ans

P

Ghislain

Gelijn, Ghilain, Gislain, Gisleno, Gislenus, Gleitje, Guislain

Étymologie : du germain *ghil* : « otage » et *hard* : « dur ».
Fête : 10 octobre - Couleur : bleu - Chiffre : 7
Caractère : Ghislain est élégant et volontaire, c'est un esthète.
Fréquence : rare - Évolution : ↘
Âge moyen : 42 ans

V

Giacomo

Étymologie : de l'hébreu *ya'aqob* : « que Dieu favorise ». Giacomo est la forme italienne de Jacques, forme française de Jacob, prénom biblique du fils d'Esaü et de Rebecca.
Fête : 25 juillet - Couleur : rouge - Chiffre : 4
Caractère : Giacomo est idéaliste, intègre et altruiste.
Personnage célèbre : Giacomo Casanova, séducteur légendaire.
Fréquence : rare - Évolution : ↗
Âge moyen : 37 ans

V

Gianni

Gian, Giani, Gianny

Étymologie : de l'hébreu *yohânân* : « Dieu pardonne ». Gianni est le diminutif de Giovanni, forme italienne de Jean.
Fête : 24 juin ou 27 décembre - Couleur : jaune
Chiffre : 2
Caractère : Gianni est curieux, créatif et charismatique.

Personnage célèbre : Gianni Versace, le créateur de mode.
Fréquence : rare - Évolution : ↗
Âge moyen : 18 ans

V

Gil

Étymologie : du germanique *ghil* : « la promesse, l'engagement », ou du grec *aigidos* : « le bouclier ». Ce prénom correspond à un diminutif des prénoms commençant par Gil (Gilbert, par exemple), mais c'est aussi la forme espagnole de Gilles.
Fête : 4 février - Couleur : bleu - Chiffre : 2
Caractère : Gil est ambitieux, énergique et autonome.
Personnage célèbre : Gil Blas de Santillane, héros de Lesage.
Fréquence : rare - Évolution : ↘
Âge moyen : 46 ans

P

Gilbert

Gielbert, Gielbertus, Gilbertus, Gilbrecht, Gillebert, Gisbert, Giselbert, Gisilo

Étymologie : du germain *gisil* : « descendant (de haute race) » et *bert* : « brillant ».
Fête : 7 juin ou 4 février - Couleur : bleu
Chiffre : 2
Caractère : Gilbert est dynamique, indépendant et a le goût de l'aventure.
Personnages célèbres : le chanteur-compositeur Gilbert Bécaud ; le chanteur Gilbert Montagné ; l'acteur Gilbert Melki.
Fréquence : répandu - Évolution : ↘
Âge moyen : 73 ans

V

Gilberto

Étymologie : du germain *gisil* : « descendant (de haute race) » et *bert* : « brillant ». Gilberto est la forme hispanophone de Gilbert. Gilberto est très répandu en Espagne, mais aussi au Portugal ou au Brésil.
Fête : 7 juin ou 4 février - Couleur : bleu
Chiffre : 2
Caractère : Gilberto est intelligent, a du cœur et l'esprit logique.
Personnage célèbre : Gilberto Gil, chanteur et compositeur brésilien.
Fréquence : rare - Évolution : ↘
Âge moyen : 42 ans

C

Gildas

Gildo, Gweltaz, Gweltazenn, Gweltazig, Ieltaz, Ieltez, Jildaz, Jildazig, Veltaz, Yeltaz

Étymologie : du celtique *gwelt* : « chevelure ».
Fête : 29 janvier - Couleur : noir - Chiffre : 9
Caractère : Gildas est spirituel, organisé et original.
Fréquence : rare - Évolution : ↘
Âge moyen : 44 ans

P

Gilles

Aegidius, Egid, Egide, Egidio, Gil, Giles, Gilet, Gilio, Gill, Gilleske, Gillis, Gillo, Idzi, Ilian, Jilez

Étymologie : du germain *gisil* : « descendant (de haute origine) », qui se confondit avec *aegidius* : « le protecteur » (du grec *aigidos* : « bouclier », celui de Zeus).
Fête : 1er septembre - Couleur : vert - Chiffre : 1
Caractère : c'est à la fois un timide et un entreprenant, toujours en quête de s'affirmer et de s'affermir.
Personnages célèbres : l'écrivain Gilles Perrault ; l'acteur Gilles Lellouche ; le philosophe Gilles Deleuze .
Fréquence : répandu - Évolution : ↘
Âge moyen : 51 ans

Gino

Gine, Ginno

Étymologie : du germain *hold* : « glorieux » et *wig* : « le combattant ». Gino est un diminutif de Luigino, lui-même diminutif de Luigi, le Louis italien.
Fête : 25 août - Couleur : vert - Chiffre : 9
Caractère : Gino a du tact, est sensible et sait parfaitement s'adapter.
Fréquence : rare - Évolution : ↗
Âge moyen : 44 ans

Giordano

Étymologie : de l'hébreu *yarden* : « Jourdain », du nom du fleuve qui arrose la Palestine et borde la frontière de la Jordanie, avant de se jeter dans la mer Morte. C'est dans ces eaux que Jean-Baptiste baptisa le Christ. Giordano est la forme italienne de Jordan.
Fête : 15 février - Couleur : bleu - Chiffre : 4
Caractère : Giordano est diplomate, sociable, volontaire et réceptif.
Fréquence : très rare - Évolution : ↘
Âge moyen : 76 ans

Giorgio

Étymologie : du grec *gheorghios* : « travailleur de la terre ».
Fête : 23 avril - Couleur : jaune - Chiffre : 4
Caractère : Giorgio est à la fois un stratège et un créatif. Il possède un certain leadership.
Personnages célèbres : Giorgio Armani, le créateur ; Giorgio Moroder, le compositeur et producteur.
Fréquence : rare - Évolution : ↗
Âge moyen : 33 ans

Giovanni

Étymologie : de l'hébreu *yohânân* : « Dieu pardonne ». Giovanni est la forme italienne de Jean.
Fête : 24 juin ou 27 décembre - Couleur : jaune
Chiffre : 2
Caractère : Giovanni est audacieux, dynamique et directif.
Personnage célèbre : Don Giovanni, le héros de l'opéra de Mozart.
Fréquence : rare - Évolution : ↘
Âge moyen : 30 ans

Giulio

Étymologie : du latin *iulius*, dérivé de *Jovilios* : « descendant de Jupiter ». Ce nom désignait à l'origine un fils d'Énée avant de devenir le patronyme de ses descendants. La gens Jiulia a pour membre célèbre le grand César lui-même. Giulio est la forme italienne de Jules.
Fête : 12 avril - Couleur : rouge - Chiffre : 4
Caractère : Giulio est ambitieux, opiniâtre et travailleur.
Fréquence : rare - Évolution : ↗
Âge moyen : 18 ans

Giuseppe

Étymologie : de l'hébreu *yosseph* : « Dieu ajoutera ».
Fête : 19 décembre ou 20 mars - Couleur : rouge
Chiffre : 1
Caractère : Giuseppe a du cœur. Il est habile, fort et ambitieux.
Personnage célèbre : le compositeur Giuseppe Verdi.
Fréquence : rare - Évolution : ↗
Âge moyen : 43 ans

V

Glenn

Étymologie : du celte *glean* : « vallée encaissée ».
Fête : 11 septembre - Couleur : bleu - Chiffre : 2
Caractère : Glenn a du cœur. Il est enclin à la méditation et toujours en quête de savoir.
Personnage célèbre : le chanteur Glenn Medeiros.
Fréquence : rare - Évolution : ↘
Âge moyen : 20 ans

C

Godefroy

Friedel, Godefroi, Godel, Godfred, Godfroi, Godofredo, Goffert, Goraidh, Gotfridus, Gothfraith, Götschi, Gottfredo, Gottfriede, Gotti, Götz, Gotz

Étymologie : du germain *gaut* : « divinité, dieu » et *frid* : « paix », ou *fried* : « protecteur ».
Fête : 8 novembre - Couleur : vert - Chiffre : 5
Caractère : Intuitif, Godefroy recherche la sécurité. Pourtant, il aime à la remettre en jeu, la bousculer, sans doute pour mieux l'éprouver.
Personnage célèbre : Godefroi de Bouillon, qui mena la première croisade jusqu'à Jérusalem et n'admit pas d'en être sacré roi.
Fréquence : rare - Évolution : ↘
Âge moyen : 48 ans

C

Gontran

Gontrand

Étymologie : du germain *gund* : « combat » et *harban* : « corbeau ».
Fête : 28 mars - Couleur : bleu - Chiffre : 8
Caractère : Gontran est un obstiné, un idéaliste qui défend toujours ce qu'il entreprend. Il aime les plaisirs de la vie et tout ce qui est beau.
Fréquence : rare - Évolution : ↘
Âge moyen : 66 ans

C

Gonzague

Étymologie : ce prénom est, à l'origine, un patronyme. Il a subi une évolution typique des pays anglophones, beaucoup moins courante en France. En effet, Gonzague était le nom d'une famille originaire de Gonzaga en Lombardie, qui régna sur le duché de Mantoue pendant deux siècles.
Fête : 26 juin - Couleur : violet - Chiffre : 6
Caractère : Gonzague est travailleur, calme, courageux et se laisse guider par son instinct affectif.
Personnage célèbre : le journaliste et auteur Gonzague Saint Bris.
Fréquence : rare - Évolution : =
Âge moyen : 42 ans

V

Gonzalès

Étymologie : du germain *gund* : « combat » et *al* : « tout ». Ce prénom fut porté par un seigneur portugais qui, à son retour de Terre sainte, se fit dominicain et vécut en ermite au bord d'un fleuve jusqu'à sa mort.
Fête : 10 janvier - Couleur : vert - Chiffre : 4
Caractère : Gonzalès est humain, ouvert d'esprit et très généreux.
Fréquence : très rare - Évolution : =

V

Gordon

Gordan, Gordy

Étymologie : du celte : « la montagne aux trois versants ». Ce toponyme aurait été le patronyme d'un vieux clan écossais.
Fête : 10 mai - Couleur : vert - Chiffre : 5
Caractère : Gordon est audacieux, dynamique et fort.
Personnage célèbre : Gordon Ramsay, le chef cuisinier.
Fréquence : rare - Évolution : ↘
Âge moyen : 23 ans

TOP 20

Prénoms composés et 2 en 1

Une certaine liberté étant offerte aux parents, il est à présent possible de... ne plus choisir entre deux prénoms aimés. Depuis quelques années, on compose et on appose les prénoms, au point de retirer le trait d'union si on le désire.

Carobert *(contraction de Charles et Robert)*
Charles-Édouard
Charles-Henri
Franck-Olivier
François-Xavier
Jean-Luc
Jean-Pierre
Juan-Carlos
Mohamed-Amine
Noah-Gabriel
Léo-Paul
Louinick *(contraction de Louis et Yannick)*
Louis-Marie
Paul-Alexandre
Paul-Antoine
Pierre-Étienne
Pierre-Loup
Pierre-Olivier
Pierre-Yves
Victor-Emmanuel

C

Gracien

Étymologie : du latin *gratia* : « la faveur, le bienfait ». Gracien est une variante de Gratien.
Fête : 22 décembre - Couleur : jaune - Chiffre : 2
Caractère : Gracien est optimiste, pragmatique et sympathique.
Fréquence : très rare - Évolution : ↘

V

Graham

Étymologie : du gallois : « maison grise ». Graham est un patronyme anglo-saxon qui est aussi usité comme prénom dans les pays anglophones.
Couleur : vert - Chiffre : 2
Caractère : Graham a du ressort, aime la communication et la réalisation.
Personnage célèbre : l'écrivain anglais Graham Greene.
Fréquence : très rare - Évolution : ↗
Âge moyen : 17 ans

C

Gratien

Gratian, Graziano

Étymologie : du latin *gratia* : « la faveur, le bienfait ».
Fête : 22 décembre - Couleur : jaune - Chiffre : 2
Caractère : Gratien est loyal, sociable et résolu.
Fréquence : rare - Évolution : ↘
Âge moyen : 76 ans

P

Greg

Étymologie : du grec *egregorien* : « éveillé, qui veille ». Greg est un diminutif de Gregory devenu un prénom à part entière.
Fête : 3 septembre - Couleur : violet - Chiffre : 3
Caractère : Greg est directif, audacieux, indépendant et dynamique.

Fréquence : rare - Évolution : ↘
Âge moyen : 15 ans

C

Grégoire

Étymologie : du grec *egregorien* : « éveillé, qui veille ». Ce prénom fut porté par un pape qui, dès 590, réorganisa l'Église et unifia la liturgie. C'est lui qui est l'origine des chants grégoriens. À sa mort, il fut nommé docteur de l'Église.
Fête : 3 septembre - Couleur : violet - Chiffre : 3
Caractère : Grégoire est rapide, curieux, indépendant et sociable.
Personnages célèbres : le chanteur Grégoire ; l'illustrateur Grégoire Solotareff.
Fréquence : répandu - Évolution : ↘
Âge moyen : 30 ans

P

Gregory

Étymologie : du grec *egregorien* : « éveillé, qui veille ». Gregory est la forme anglo-saxonne de Grégoire, qui fut très prisée en France dès les années 80.
Fête : 3 septembre - Couleur : violet - Chiffre : 3
Caractère : Gregory a le goût de l'aventure, est indépendant et dynamique.
Personnages célèbres : l'acteur Gregory Peck.
Fréquence : répandu - Évolution : ↘
Âge moyen : 29 ans

V

Griffin

Étymologie : du gallois : « cheveux rouges ». Griffin est un patronyme anglo-saxon qui est aussi usité comme prénom dans les pays anglophones.
Couleur : rouge - Chiffre : 7
Caractère : Griffin est équilibré, a le sens des responsabilités et de la famille.
Fréquence : très rare - Évolution : ↘

V

Griffith

Étymologie : du gallois : « chef fort ». Griffith est un patronyme anglo-saxon qui est aussi usité comme prénom depuis le XVIIIe siècle.
Couleur : vert - Chiffre : 2
Caractère : Griffith est diplomate, sociable et rigoureux.
Fréquence : très rare - Évolution : ↘

V

Guénael

Étymologie : du celtique *gwenn* : « blanc, heureux » et *hael* : « généreux, noble ».
Fête : 3 novembre - Couleur : bleu - Chiffre : 7
Caractère : Guénael est loyal, sympathique et sociable.
Fréquence : rare - Évolution : ↘
Âge moyen : 34 ans

V

Guénhaël

Étymologie : du celtique *gwenn* : « blanc, heureux ».
Fête : 3 novembre - Couleur : bleu - Chiffre : 7
Caractère : Guénhaël est fier, volontaire, ombrageux parfois, mais possédant un grand sens de la beauté et une indéniable sensualité.
Fréquence : rare - Évolution : =
Âge moyen : 45 ans

V

Guénolé

Étymologie : du celtique *gwenn* : « blanc, heureux » et *uual* : « le valeureux ».
Fête : 3 mars - Couleur : rouge - Chiffre : 9
Caractère : Guénolé est indépendant, intelligent et sympathique.
Fréquence : rare - Évolution : ↘
Âge moyen : 31 ans

V

Guerric

Étymologie : du germain *warran* : « la protection » et *rik* : « le roi ».

Fête : 19 août - Couleur : rouge - Chiffre : 9

Caractère : Guerric est sympathique, ouvert d'esprit, rêveur et humain.

Fréquence : rare - Évolution : ↘

Âge moyen : 23 ans

V

Guido

Étymologie : du germain *wid* : « forêt ».

Fête : 12 juin - Couleur : violet - Chiffre : 8

Caractère : Guido est un fin stratège, dont la vitalité et l'ardeur au travail en font un redoutable travailleur.

Fréquence : rare - Évolution : =

Âge moyen : 73 ans

P

Guillaume

Guillemet, Guillemin, Guillerme, Guillermo, Guillou, Guilmot, Guilhaume, Guillemin, Guyllaume, Gwilherm

Étymologie : du germain *will* : « volonté » et *helm* : « protection ».

Fête : 10 janvier - Couleur : vert - Chiffre : 2

Caractère : Guillaume est enclin à la méditation. Sage, droit, solide et généreux, il possède une certaine réserve qui se mêle à un côté hédoniste.

Personnages célèbres : Guillaume le Conquérant, duc de Normandie ; Guillaume Tell, héros légendaire du XVIe siècle, expert en arbalète ; l'humaniste Guillaume Budé ; le poète Guillaume Apollinaire ; Guillaume Gallienne, de la Comédie Française.

Fréquence : répandu - Évolution : ↘

Âge moyen : 30 ans

V

Guilhem

Guilem, Guilhelm

Étymologie : du germain *will* : « volonté » et *helm* : « protection ». Guilhem correspond à une variante de Guillaume usitée depuis le XIIIe siècle.

Fête : 10 janvier - Couleur : vert - Chiffre : 2

Caractère : Guilhem a du ressort, est enthousiaste et sympathique.

Fréquence : rare - Évolution : ↘

Âge moyen : 21 ans

P

Guillain

Ghilain, Guilain, Guillai, Guislain

Étymologie : du germain : « doux otage ».

Fête : 10 octobre - Couleur : bleu - Chiffre : 7

Caractère : Guillain est élégant, volontaire, c'est un esthète.

Fréquence : rare - Évolution : ↘

Âge moyen : 28 ans

V

Gunther

Gondario, Gontario, Gonthier, Gontier, Gunder, Gunezilo, Gunnar, Gunner, Guntars, Günter, Gunter, Günzel, Gunzo

Étymologie : du germain : « guerrier ». Gunther est un prénom typique du nord de l'Europe (Scandinavie ou Allemagne).

Couleur : bleu - Chiffre : 8

Caractère : Gunther est sociable, persuasif et opportuniste.

Fréquence : rare - Évolution : ↘

Âge moyen : 57 ans

V

Gurvan

Gourvan, Gurvann, Gurwan

Étymologie : du breton : « sagesse ».
Couleur : bleu - Chiffre : 4
Caractère : Gurvan est réceptif, sociable, diplomate, mais il sait faire preuve de compassion.
Fréquence : rare - Évolution : ↘
Âge moyen : 17 ans

P

Gus

Guste, Gusto

Étymologie : du germain *gustav* : « qui prospère ». Gus est un diminutif anglo-saxon d'Auguste.
Fête : 7 octobre - Couleur : violet - Chiffre : 5
Caractère : Gus est un fonceur, tenace, dynamique, méthodique, mais il est aussi fier et loyal.
Personnage célèbre : Gus Van Sant, réalisateur primé à Cannes.
Fréquence : très rare - Évolution : =
Âge moyen : 2 ans

B

Gustave

Gus, Gust, Gustaf, Gustav, Gustavo, Gustavus, Gustel, Staf

Étymologie : du germain *gustav* : « qui prospère ».
Fête : 7 octobre - Couleur : violet - Chiffre : 5
Caractère : Gustave est un être curieux, dynamique, dont le grand cœur égale l'esprit de réussite.
Personnages célèbres : Gustave Flaubert, le célèbre auteur de *L'Éducation sentimentale* et de *Madame Bovary* ; Gustave Eiffel, à qui on doit la tour mythique.
Fréquence : rare - Évolution : ↗
Âge moyen : 91 ans

P

Guy

Gui, Guyot, Gurig, Veit, Vitus

Étymologie : du germain *wid* : « forêt ».
Fête : 12 juin - Couleur : violet - Chiffre : 8
Caractère : Guy est un intuitif et un esthète qui n'aime pas se disperser. Il est perpétuellement en quête de stabilité et d'équilibre de vie. Pour lui, rien de tel que les relations durables.
Personnages célèbres : l'écrivain Guy de Maupassant ; l'acteur Guy Marchand ; le chanteur Guy Béart ; l'humoriste Guy Bedos ; Guy Roux, l'entraîneur de football.
Fréquence : répandu - Évolution : ↘
Âge moyen : 69 ans

V

Gwen

Étymologie : du celtique *gwenn* : « blanc, heureux ». Ce prénom est mixte et fut porté par une sainte. La mère des saints Jacut et Gwenolé. Elle a vécu au VIe siècle.
Fête : 18 octobre - Couleur : vert - Chiffre : 3
Caractère : Gwen est un être fiable, tenace, qui mêle le sens du devoir à celui de la méthode. Évidemment, il est parfois très engagé dans certaines causes qu'il sert avec passion.
Fréquence : rare - Évolution : ↗
Âge moyen : 16 ans

V

Gwenaël

Gwenal, Gwenel, Gwennaël, Gwenhael, Guenael, Ganael

Étymologie : du celtique *gwenn* : « blanc, heureux » et *hael* : « généreux, noble ».

Fête : 3 novembre - Couleur : blanc - Chiffre : 2
Caractère : Gwenaël est sécurisant, perspicace, structuré et sait faire preuve d'une immense compassion.
Fréquence : rare - Évolution : ↘
Âge moyen : 30 ans

Gwendal

Étymologie : du celtique *gwenn* : « blanc, heureux » et *talo* : « le front ».
Fête : 19 janvier - Couleur : bleu - Chiffre : 3
Caractère : Gwendal est doté d'un esprit pratique et d'un don certain pour la communication.
Personnage célèbre : Gwendal Peizerat, danseur sur glace.
Fréquence : rare - Évolution : ↘
Âge moyen : 17 ans

Gwenhaël

Étymologie : du celtique *gwenn* : « blanc, heureux » et *hael* : « généreux, noble ». Gwenhaël est une forme orthographique peu répandue, mais est la plus fidèle à la graphie d'origine.
Fête : 3 novembre - Couleur : blanc - Chiffre : 2
Caractère : Gwenhaël est sécurisant, perspicace, structuré et sait faire preuve d'une immense compassion.
Fréquence : rare - Évolution : ↘
Âge moyen : 27 ans

Gwenolé

Étymologie : du celtique *gwenn* : « blanc, heureux » et *uual* : « le valeureux ».
Fête : 3 mars - Couleur : rouge - Chiffre : 9
Caractère : Gwenolé est humain, ouvert d'esprit et rêveur.
Fréquence : rare - Évolution : ↘
Âge moyen : 24 ans

H

Habib

Étymologie : de l'arabe : « louange ». Ce prénom fut porté par un diacre d'Urfa, en Turquie (anciennement Édesse), martyrisé. Il se livra volontairement à ses bourreaux et mourut, en 327, sur le bûcher. De ce fait, il fut canonisé par l'Église catholique. Habib peut donc être attribué à un chrétien comme à un musulman.
Fête : 27 mars - Couleur : jaune - Chiffre : 1
Caractère : Habib est persévérant, intelligent, capable d'un certain romantisme et très fidèle en amour.
Personnage célèbre : Habib Bourguiba, fondateur de la Tunisie indépendante.
Fréquence : rare - Évolution : ↗
Âge moyen : 27 ans

Hachim

Étymologie : de l'arabe : « le docteur, le sage ». Ce prénom correspond à une variante orthographique d'Hakim, c'est aussi une variante sonore lorsque le « ch » n'est pas prononcé « k ». Allah Al-Hakim fut calife jusqu'en 1021, avant de proclamer sa divinité. Les « tables hakimites » sont des tables astronomiques qui datent de son règne et ont été baptisées ainsi en son honneur.
Couleur : orange - Chiffre : 2
Caractère : Hachim porte bien son nom : il est juste et sage. Il possède un certain sens des valeurs, des responsabilités et de la famille.
Fréquence : rare - Évolution : ↗
Âge moyen : 14 ans

V

Hadad

Étymologie : de l'hébreu : « aigu ». Ce prénom fut porté, dans la Bible, par un petit-fils d'Abraham.
Couleur : rouge - Chiffre : 9
Caractère : Hadad est efficace, réaliste, ambitieux et organisé.
Fréquence : très rare - Évolution : ↘

C

Hadrien

Hadriano

Étymologie : du grec *Adrianos* et du latin *Adrianus*, nom d'une famille romaine originaire d'Adria, ville de Vénétie. Cette ville aurait donné son nom à la mer Adriatique.
Fête : 8 septembre - Couleur : bleu - Chiffre : 6
Caractère : Hadrien sait faire preuve d'une redoutable énergie, d'une audace certaine et d'un fort esprit de découverte.
Personnage célèbre : Hadrien, qui prit la tête de l'Empire romain en 117, a marqué l'histoire par ses talents d'administrateur et de législateur. Marguerite Yourcenar en fit le héros de ses *Mémoires d'Hadrien*.
Fréquence : rare - Évolution : ↘
Âge moyen : 17 ans

V

Hakim

Hachim, Hakime, Hakem

Étymologie : de l'arabe : « le docteur, le sage ». Allah Al-Hakim fut calife jusqu'en 1021, avant de proclamer sa divinité. Les « tables hakimites » sont des tables astronomiques qui datent de son règne et ont été baptisées ainsi en son honneur.
Couleur : orange - Chiffre : 2
Caractère : Hakim est minutieux, consciencieux, excellent conseiller car bienveillant.
Fréquence : rare - Évolution : ↘
Âge moyen : 26 ans

V

Hamza

Aza, Hamsa

Étymologie : de l'arabe : « dur, vif, vigoureux ».
Couleur : jaune - Chiffre : 4
Caractère : Hamza est d'une fougue et d'une énergie quasi batailleuse, tout en étant optimiste et déterminé.
Fréquence : rare - Évolution : ↗
Âge moyen : 12 ans

V

Hannes

Étymologie : de l'hébreu *yohânân* : « Dieu pardonne ». Hannes correspond à la forme néerlandaise et germanique de Jean.
Fête : 24 juin ou 27 décembre - Couleur : jaune
Chiffre : 6
Caractère : Hannes est bienveillant, sage et consciencieux.
Fréquence : très rare - Évolution : =

V

Hans

Étymologie : de l'hébreu *yohânân* : « Dieu pardonne ». Hans correspond à la forme néerlandaise et germanique de Jean.
Fête : 24 juin ou 27 décembre - Couleur : jaune
Chiffre : 6
Caractère : Hans est un séducteur, a le sens des responsabilités, est indépendant et perfectionniste.
Personnage célèbre : Hans, héros de la légende du *Preneur de rats* de Hamelin.
Fréquence : rare - Évolution : ↘
Âge moyen : 44 ans

P

Harold

Aradldo, Aralt, Aroldo, Hal, Halle, Harailt, Haralds, Haraldus, Haroldo, Heroldo

Étymologie : du germanique *hari* : « armée » et *waldan* : « commander ».

Fête : 1er novembre - Couleur : jaune - Chiffre : 7

Caractère : Harold est calme, observateur et patient, mais gare à l'original qui sommeille en lui !

Personnages célèbres : Harold Pinter, auteur dramatique anglais ; Harold Godwinson, dit Harold II d'Angleterre, est le dernier roi anglo-saxon d'Angleterre.

Fréquence : rare - Évolution : ↘

Âge moyen : 32 ans

P

Harrison

Harrissen

Étymologie : de l'anglais : « fils de Harry ».

Fête : 13 juillet (Saint-Henri dont Harry est une variante) - Couleur : violet - Chiffre : 3

Caractère : Harrison est un homme de parole, qui respecte ses engagements. C'est son redoutable sens de l'observation qui lui permet de prendre les bonnes décisions.

Personnage célèbre : Harrison Ford, acteur américain.

Fréquence : très rare - Évolution : ↘

Âge moyen : 5 ans

V

Haroun

Arouna, Arun, Harouna, Harun

Étymologie : de l'hébreu : « esprit », ou har : « montagne ». Signifie par extension : « noble ou exalté ». Ce prénom correspond, en effet, à la forme arabe de Aaron, le frère de Moïse dans la Bible.

Couleur : rouge - Chiffre : 4

Caractère : Haroun est courageux, résolu, dynamique et curieux.

Personnages célèbres : Haroun Tazieff, géologue et vulcanologue (1914- 1998) ; Hâroun Ar-Rachîd (763-809), connu pour être le plus fastueux des califes de Bagdad et surtout le héros des *Mille et Une Nuits*.

Fréquence : rare - Évolution : ↗

Âge moyen : 14 ans

P

Harry

Étymologie : du germain *heim* : « maison, foyer » et *rik* : « roi ». Harry correspond à une forme anglo-saxonne d'Henri.

Fête : 13 juillet - Couleur : violet - Chiffre : 9

Caractère : Harry est intelligent, indépendant et actif.

Personnages célèbres : l'inspecteur Harry, héros interprété au cinéma par Clint Eastwood ; le héros de la saga *Harry Potter* ; le présentateur télé Harry Roselmack ; le prince Harry.

Fréquence : rare - Évolution : ↗

Âge moyen : 40 ans

V

Harvey

Hervey

Étymologie : du celtique *haer* : « fort », ou *houarn* : « fer » et *ber* : « ardent ». Ce prénom correspond à la forme anglo-saxonne d'Hervé.

Fête : 17 juin - Couleur : rouge - Chiffre : 9

Caractère : Harvey est réfléchi, sérieux et calme.

Personnage célèbre : l'acteur Harvey Keitel.

Fréquence : très rare - Évolution : =

Âge moyen : 6 ans

(V)

Hassan

Assan, Assen, Hasan, Hasane, Hassane

Étymologie : de l'arabe : « le lion ». Ce prénom fut porté par le cinquième calife de l'histoire, considéré comme le cinquième successeur du Prophète et le second imam des chiites. Hassan est un prénom régulièrement attribué en France, dans les familles originaires du Maroc.
Couleur : rouge - Chiffre : 1
Caractère : Hassan est énergique, intelligent et charmeur. C'est un épicurien assumé.
Fréquence : rare - Évolution : ↗
Âge moyen : 27 ans

(V)

Heathcliff

Étymologie : de l'anglais : « falaise près d'un champ ». Heathcliff est un prénom rare, mais pas inexistant dans les pays anglo-saxons. C'est, à l'origine, un patronyme.
Couleur : bleu - Chiffre : 9
Caractère : Heathcliff est parfois obstiné, mais il est généreux et passionné.
Personnages célèbres : le héros des *Hauts de Hurlevent* d'Emily Brontë ; Heathcliff Huxtable, héros de la série *Cosby Show*.
Fréquence : très rare - Évolution : ↘

(B)

Hector

Ettore

Étymologie : du grec *hectoros* : « celui qui détient ». Nom du héros troyen, fils de Priam et chef de guerre, qui fut tué par Achille.
Couleur : jaune - Chiffre : 6
Caractère : Hector est un courageux, franc, droit et fidèle.
Personnages célèbres : le compositeur Hector Berlioz ; l'auteur Hector Malot.
Fréquence : rare - Évolution : ↗

(V)

Hedi

Hadi

Étymologie : de l'arabe *hâdî* : « qui va vers le droit chemin ». Cette signification équivaut au mot « guide », nom souvent attribué au Prophète Mahomet dans le Coran.
Couleur : noir - Chiffre : 8
Caractère : Hedi est sociable, aimable et très épicurien en apparence, mais plus tourmenté qu'il n'y paraît.
Personnage célèbre : Hedi Slimane, photographe et couturier français.
Fréquence : rare - Évolution : ↗
Âge moyen : 19 ans

(V)

Heinrich

Heinrick, Heinz

Étymologie : du germain *heim* : « maison, foyer » et *rik* : « roi ». Ce prénom correspond à la forme germanique d'Henri, c'est un classique en Allemagne et même s'il se fait rare en France, il est parfois usité en Alsace.
Fête : 13 juillet - Couleur : bleu - Chiffre : 9
Caractère : Heinrich est réceptif, sociable, diplomate, loyal et bon.
Personnages célèbres : les écrivains Heinrich von Kleist et Heinrich Heine.
Fréquence : très rare - Évolution : ↘
Âge moyen : 51 ans

(V)

Hélie

Étymologie : de l'hébreu : « Dieu est mon seigneur ». Ce prénom est une variante du prénom Éli.
Fête : 20 juillet - Couleur : bleu - Chiffre : 1
Caractère : Hélie est indépendant, curieux, épicurien et a de fortes capacités d'adaptation.
Fréquence : rare - Évolution : ↗
Âge moyen : 18 ans

V

Helmut

Helle, Hellmuth, Helm, Helmi, Helmke, Helmo, Helmoed, Helmuts

Étymologie : du germain *helm* : « protection, heaume » et mut : « courage ».

Couleur : rouge - Chiffre : 5

Caractère : l'intelligence, l'indépendance et la finesse, voilà ce qui caractérise Helmut.

Personnages célèbres : l'acteur Helmut Berger ; les chanceliers allemands Helmut Schmidt et Helmut Kohl ; le photographe Helmut Newton ; le styliste Helmut Lang.

Fréquence : rare - Évolution : =

Âge moyen : 80 ans

C

Henri

Arrigo, Drickes, Eanruig, Guenrikh, Hank, Hanraoi, Heinrich, Heinrik, Heinz, Henderkien, Hendrick, Hendricus, Hendrijke, Henke, Hennih, Henno, Henrik, Henschel, Hettie, Hetty, Hinz, Reiz, Riekie, Ritz

Étymologie : du germain *heim* : « maison, foyer » et *rik* : « roi ».

Fête : 13 juillet - Couleur : violet - Chiffre : 9

Caractère : Henri est chanceux, mais sait provoquer la chance, car il est un brin opportuniste. Ce qui ne l'empêche pas d'être sensible et bon.

Personnages célèbres : Henri est un prénom royal, il ne prénomma pas moins de quatre rois de France, huit rois d'Angleterre et quatre rois de Castille ; le peintre Henri Matisse ; le philosophe Henri Bergson ; l'écrivain Henri Michaux ; Henri Cartier-Bresson, le photographe.

Fréquence : répandu - Évolution : ↘

Âge moyen : 85 ans

C

Henry

Étymologie : du germain *heim* : « maison, foyer » et *rik* : « roi ». Henry correspond à une forme anglo-saxonne d'Henri, mais il est néanmoins attribué en France aussi, même si c'est à moindre échelle.

Fête : 13 juillet - Couleur : violet - Chiffre : rouge

Caractère : Henry a toujours soif d'originalité et de connaissances, mais il est fin et spirituel.

Personnages célèbres : les écrivains Henry James, Henry Miller et Henry de Montherlant.

Fréquence : rare - Évolution : ↘

Âge moyen : 70 ans

B

Herbert

Aribert, Hébert, Héribert, Herberto, Herbrecht, Erberto

Étymologie : du germain *hari* : « armée » et *behrt* : « brillant ».

Fête : 20 mars - Couleur : vert - Chiffre : 4

Caractère : intuitif, rêveur, philosophe, il est pourvu d'une intelligence aiguë et d'une mémoire sans faille.

Personnages célèbres : Herbert George Wells (plus connu par ses initiales : H. G. Wells), célèbre écrivain anglais ; Herbert Spencer, philosophe ; le grand chef d'orchestre Herbert von Karajan.

Fréquence : rare - Évolution : ↘

Âge moyen : 71 ans

B

Hercule

Ercolano, Ercole, Herkules

Étymologie : du grec *Héraklès* : « la gloire de la déesse Héra ». Ce prénom est celui du fils de Zeus qui réussit à exécuter les « douze travaux ». Il demeure, encore aujourd'hui, un symbole de force.

Couleur : violet - Chiffre : 3

Caractère : Hercule est rigoureux, persévérant, ambitieux et autoritaire.
Personnage célèbre : le détective belge Hercule Poirot, héros de l'œuvre d'Agatha Christie.
Fréquence : très rare - Évolution : ↘
Âge moyen : 80 ans

V

Hermann

Ermanno, Erminio, Harm, Hermake, Herman, Hermano, Hermel, Hermen, Herminius, Hermjke, Herrmann, Hetze, Hetzel, Manes, Mannus, Meins, Menzel

Étymologie : du germain *hari* : « armée » et *mann* : « homme ».
Fête : 25 septembre - Couleur : orange - Chiffre : 1
Caractère : Hermann est calme, sérieux, réaliste et persévérant.
Personnages célèbres : les écrivains Herman Melville et Hermann Hesse ; Hermann, héros du poème de Goethe, *Hermann et Dorothée.*
Fréquence : rare - Évolution : ↘
Âge moyen : 60 ans

P

Hervé

Harvey, Hervea, Herveig, Hervey, Hervie

Étymologie : du celtique *haer* : « fort », ou *houarn* : « fer » et *ber* : « ardent ». Prénom breton par excellence, Hervé a pourtant dépassé les limites de la Bretagne il y a bien longtemps. Hervé fut invoqué pour se protéger des loups et guérir les yeux malades.
Fête : 17 juin - Couleur : bleu - Chiffre : 4
Caractère : la volonté, la vitalité, la passion, la pénétration de l'esprit, voilà ce qui d'emblée marque le caractère d'un Hervé.
Personnage célèbre : le romancier Hervé Bazin.
Fréquence : répandu - Évolution : ↘
Âge moyen : 50 ans

V

Hicham

Hichame, Hichem, Hicheme, Ichaï, Icham

Étymologie : de l'arabe *hichem* : « amour, générosité, bienveillance ». Ce prénom fut porté par le dixième calife de la dynastie des Omeyyades de Damas, c'est lui qui termina la construction de la mosquée de Cordoue, puisque son empire allait de l'Iran à l'Espagne.
Couleur : vert - Chiffre : 6
Caractère : Hicham porte bien son prénom et fait honneur à ses illustres représentants. En effet, il aime construire et il aime le faste, mais il n'aime pas en profiter seul. La réussite sans le partage n'a aucun intérêt pour lui.
Fréquence : rare - Évolution : ↘
Âge moyen : 22 ans

C

Hilaire

Allaire, Guilarka, Hario, Hélier, Hilar, Hilario, Hilarion, Hilarius,

Étymologie : du latin *hilarus* : « celui qui est gai ». La commune de Saint-Hilaire doit son nom à cet évêque, auteur d'un écrit sur la Trinité qui fit date dans la théologie.
Couleur : rouge - Chiffre : 3
Caractère : Hilaire est ambitieux, efficace, persévérant et sensible.
Fréquence : rare - Évolution : ↘
Âge moyen : 80 ans

C

Hippolyte

Hippol, Hippolyt, Ippolita, Ippolito, Hipolito, Ippolito

Étymologie : du grec *hippos* : « cheval » et lutos : « dompteur, qui délie ».
Fête : 13 août - Couleur : vert - Chiffre : 9

Caractère : Hippolyte est sensible, réfléchi et réservé.

Personnages célèbres : Hippolyte est le fils du roi Thésée dont Phèdre (chez Euripide comme chez Racine), alors qu'elle était sa belle-mère, tomba folle amoureuse ; l'acteur Hippolyte Girardot.

Fréquence : rare - Évolution : ↗

Âge moyen : 64 ans

V

Hoël

Étymologie : du celte *hywell* : « éminent, occupant une position élevée ». Ce prénom fut porté par le roi de Domnomée, au VIe siècle, qui fut le père d'une nombreuse famille qu'il éleva dans la plus extrême piété.

Fête : 13 juillet - Couleur : vert - Chiffre : 4

Caractère : Hoël est travailleur, rigoureux et organisé.

Personnage célèbre : Hoël, père d'Iseult dans le cycle de Tristan.

Fréquence : rare - Évolution : ↘

Âge moyen : 15 ans

B

Honoré

Honor, Honoratus,
Honorius, Onorato, Onorio

Étymologie : du latin *honoratus* : « honoré, digne d'honneurs ». Saint Honoré fut évêque d'Amiens au VIe siècle ; on dit que le Christ lui-même lui serait apparu, lui présentant l'hostie, autrement dit le pain consacré. Il est devenu le patron des boulangers et des pâtissiers au point que ceux-ci établirent leur confrérie au XIIIe siècle dans son église du quartier Saint-Honoré, à Paris.

Couleur : orange - Chiffre : 3

Caractère : Honoré est imaginatif, travailleur, gourmand et tenace. C'est un combatif amateur des plaisirs de la vie.

Personnages célèbres : les écrivains Honoré d'Urfé et Honoré de Balzac ; le peintre et caricaturiste Honoré Daumier.

Fréquence : rare - Évolution : ↗

Âge moyen : 85 ans

B

Horace

Horacio, Horatius, Horats,
Horz, Orazio, Horatio

Étymologie : du latin *Horatia*, nom porté par une famille de Rome.

Couleur : bleu - Chiffre : 2

Caractère : Horace est doté d'une grande sensibilité autant que d'une grande détermination. Sous son sens de l'humour et son émotivité se cache une volonté à toute épreuve.

Personnage célèbre : Horace, l'illustre poète latin, auteur du célèbre « carpe diem ».

Fréquence : rare - Évolution : ↗

Âge moyen : 77 ans

V

Howard

Étymologie : du germanique *huguard* : « le gardien, le veilleur ». Ce prénom s'est répandu au XIXe siècle aux États-Unis, sans doute à cause de la popularité d'Oliver Howard, le héros de la guerre de Sécession qui fonda l'université du même nom.

Couleur : rouge - Chiffre : 9

Caractère : Howard est bienveillant, charismatique, volontaire et résolu.

Personnages célèbres : le milliardaire Howard Hughes, homme d'affaires et producteur ; Howard Hawks, réalisateur, producteur et scénariste américain.

Fréquence : rare - Évolution : ↘

Âge moyen : 31 ans

C

Hubert

Bertus, Breggie, Hauke, Hobard, Hoibeard, Hube, Hubbard, Huberto, Hubertus, Hugibert, Huibert, Hukko, Huppel, Huprecht, Uberto

Étymologie : du germain *hug* : « intelligence » et *behrt* : « brillant ».

Fête : 3 novembre - Couleur : bleu - Chiffre : 2

Caractère : force de la nature, Hubert est largement tourné vers la vie et le monde ; une volonté éclatante l'anime qui confine parfois au goût de l'héroïsme.

Personnages célèbres : Hubert van Eyck, le peintre flamand ; Hubert Reeves, astrophysicien ; Hubert Beuve-Méry, fondateur du journal *Le Monde* ; Hubert Bonisseur de la Bath, nom du héros de fiction *OSS 117*.

Fréquence : répandu - Évolution : ↘

Âge moyen : 68 ans

P

Hugo

Étymologie : du germain *hug* : « intelligence ». Si Hugues est largement tombé en désuétude, Hugo et sa sonorité finale en « o », que beaucoup considèrent comme le signe du masculin, est devenu une valeur sûre en France.

Fête : 1er avril - Couleur : bleu - Chiffre : 7

Caractère : Hugo est un être extrêmement sociable et très entouré. Il est, du coup, parfois déçu. Il est sensible et exigeant.

Personnages célèbres : l'auteur de bandes dessinées Hugo Pratt ; le président vénézuélien Hugo Chavez ; Hugo Boss, le fondateur de la marque du même nom.

Fréquence : répandu - Évolution : ↘

Âge moyen : 12 ans

TOP 20

Prénoms de séries TV

Les séries télévisées constituent aujourd'hui un véritable phénomène de société entraînant des addictions en masse, des attentes fébriles et des discussions sans fin. S'insérant dans notre quotidien, elles influencent de manière inévitable le choix des prénoms de nombreux parents.

Adam *(Sexify)*
Arben *(Hippocrate)*
Conrad *(The Resident)*
Cooper *(Sex/Life)*
Eric *(La Cité Invisible)*
Ethan *(Clickbait)*
Joseph *(Family Business)*
Julio *(Son Royaume)*
Lars *(Nine Perfect Strangers)*
Léopold *(Les irréguliers de Baker Street)*
Maxime *(Demain nous appartient)*
Michael *(Your Honor)*
Neil *(The Good Doctor)*
Paul *(Je te promets)*
Ray *(Panic)*
Raoul *(Lupin)*
Ritchie *(It's a sin)*
Sheldon *(Jupiter Legacy)*
Yorick *(Y-Le Dernier Homme)*
Wilhelm *(The Young Royals)*

C

Hugues

Aodh, Haug, Hoege, Huey, Huglie, Hugly, Hugolin, Hugorick, Huige, Huik

Étymologie : du germain *hug* : « intelligence ».
Fête : 1er avril - Couleur : violet - Chiffre : 9
Caractère : Hugues est sensible, exigeant et diplomate.
Personnages célèbres : Hugues Capet, le fondateur de la monarchie française et plus précisément de la dynastie des Capétiens ; Hugues Aufrey, le chanteur.
Fréquence : répandu - Évolution : ↘
Âge moyen : 49 ans

B

Humbert

Étymologie : du germanique *un* : « très » et *behrt* : « brillant ».
Fête : 25 mars - Couleur : bleu - Chiffre : 2
Caractère : Humbert est ambitieux, courageux, travailleur et exigeant.
Fréquence : rare - Évolution : ↘
Âge moyen : 81 ans

V

Humphrey

Étymologie : du germanique *hun* : « géant » et *frido* : « paix ».
Couleur : rouge - Chiffre : 6
Caractère : Humphrey est un épicurien, généreux et charmant.
Personnage célèbre : l'acteur Humphrey Bogart.
Fréquence : très rare - Évolution : ↘
Âge moyen : 25 ans

V

Hussein

Houssain, Husayn

Étymologie : de l'arabe *husayn*, diminutif d'Hassan : « le lion ».
Couleur : vert - Chiffre : 4
Caractère : Hussein est passionné, parfois impulsif et coléreux.
Personnage célèbre : le créateur et styliste Hussein Chalayan.
Fréquence : rare - Évolution : ↗
Âge moyen : 19 ans

B

Hyacinthe

Giacinto, Jacinto

Étymologie : du grec *Hyacinthé*, du nom du jeune homme qu'Apollon tua par accident alors qu'il en était épris. C'est de son sang que naquit la célèbre fleur parfumée que l'on connaît sous le nom de Jacinthe.
Fête : 17 août - Couleur : rouge - Chiffre : 2
Caractère : Hyacinthe est charmeur et charmant. Réaliste, il est néanmoins féru de négociations, partant du principe que rien n'est jamais perdu d'avance.
Personnage célèbre : Hyacinthe Rigaud, peintre.
Fréquence : rare - Évolution : =
Âge moyen : 79 ans

I

V

Iago

Étymologie : de l'hébreu *ya'aqob* : « que Dieu favorise ». Ce prénom correspond, en effet, à

la forme dialectale de Jacques en italien et en espagnol. Santiago est ainsi l'équivalent de saint Jacques.
Fête : 25 juillet ou 3 mai - Couleur : rouge
Chiffre : 4
Caractère : Iago est dynamique, courageux, indépendant et curieux.
Personnage célèbre : Iago, personnage shakespearien de la pièce *Othello ou le maure de Venise*.
Fréquence : très rare - Évolution : =
Âge moyen : 5 ans

V

Ian

Étymologie : de l'hébreu *yohânân* : « Dieu pardonne ». Ce prénom correspond à une variante du prénom Jean surtout attribuée en Grande-Bretagne.
Fête : 24 juin ou 27 décembre - Couleur : jaune
Chiffre : 2
Caractère : Ian est pacifiste, bienveillant et consciencieux.
Fréquence : rare - Évolution : ↗
Âge moyen : 17 ans

V

Ianis

Iannis

Étymologie : de l'hébreu *yohânân* : « Dieu pardonne ». Ce prénom correspond à la forme grecque originelle de Jean. Ce prénom semble mêler les prénoms arabes Anis et Yassine et doit son succès au fait qu'il mêle dans un heureux symbole le grec, le breton et l'arabe.
Fête : 24 juin ou 27 décembre - Couleur : jaune
Chiffre : 2
Caractère : Ianis est original, spirituel, sagace et résolu.
Fréquence : rare - Évolution : ↗
Âge moyen : 11 ans

V

Iban

Étymologie : de l'hébreu *yohânân* : « Dieu pardonne ». Ce prénom correspond à la forme basque de Jean.
Fête : 24 juin ou 27 décembre - Couleur : jaune
Chiffre : 2
Caractère : Iban est ardent, déterminé et fougueux.
Fréquence : rare - Évolution : ↗
Âge moyen : 8 ans

V

Ibrahim

Étymologie : de l'hébreu : « père des nations ». Ce prénom correspond à la forme arabe d'Abraham.
Fête : 20 décembre - Couleur : blanc - Chiffre : 8
Caractère : Ibrahim est aussi charmeur que charmant. Il est aussi exigeant, indépendant, toujours en quête d'harmonie.
Personnage célèbre : Ibrahim Ferrer, chanteur cubain, membre du groupe *Buena Vista Social Club*.
Fréquence : rare - Évolution : ↗
Âge moyen : 15 ans

V

Idris

Driss, Idriss

Étymologie : de l'arabe *edrasa* : « étudier ». Idris correspond au prénom attribué par les musulmans à celui que la Bible prénomme Énoch. Il est considéré par les musulmans comme le premier homme à s'être essayé à l'écriture par le biais d'une plume : le kalam. Idris est un prénom très attribué dès les débuts de l'Islam ; il continue d'être très répandu.
Couleur : vert - Chiffre : 2
Caractère : Idris est dynamique, curieux et charismatique.

Personnage célèbre : Idris, un grand géographe, qui, vers 1150 mit au point une carte du monde qu'on utilisa durant trois siècles. Il élabora également la première mappemonde.
Fréquence : rare - Évolution : ↗
Âge moyen : 15 ans

B

Ignace

Gnazi, Ignacio, Ignatio, Ignatus, Ignatz, Ignaz, Ignazio, Inigo, Natz, Nazerl

Étymologie : du latin *ignitus* : « enflammé » (entendre « par la foi »).
Fête : 31 juillet - Couleur : jaune - Chiffre : 3
Caractère : Ignace a le sens des responsabilités, est équilibré, charismatique et éloquent.
Personnages célèbres : Ignace de Loyola, qui fonda l'ordre des jésuites ; Ignace, titre d'une chanson de Fernandel ; Ignace Paderewski, célèbre musicien polonais.
Fréquence : rare - Évolution : ↘
Âge moyen : 80 ans

V

Igor

Ingvarr, Ingver, Ingwar

Étymologie : du germain *ingward* : « fils protecteur ».
Fête : 5 juin - Couleur : rouge - Chiffre : 4
Caractère : Igor est un être fougueux, fier et audacieux. Plein d'audace, il n'ésite pas à entreprendre ce qui lui tient à cœur.
Personnages célèbres : l'opéra inachevé de Borodine, *Le Prince Igor* ; le compositeur Igor Stravinski ; le chef d'orchestre Igor Markevitch.
Fréquence : rare - Évolution : ↘
Âge moyen : 31 ans

V

Ikram

Étymologie : de l'arabe *ikram* : « déférence, respect ».
Couleur : blanc - Chiffre : 7
Caractère : Ikram est doux, optimiste et enthousiaste.
Fréquence : rare - Évolution : ↗
Âge moyen : 12 ans

V

Ilan

Ilane, Ilann, Ilhan

Étymologie : de l'hébreu : « arbre ». Ce prénom, très à la mode aujourd'hui, renvoie au nouvel an des arbres. Le 15 du mois de Chevath (ce qui correspond de manière approximative et variable à la mi-février), on doit consommer chacun des produits qui caractérisent la terre d'Israël : blé, orge, raisin, figues, olives, grenade et miel.
Couleur : rouge - Chiffre : 9
Caractère : Ilan a toujours soif de connaissances, est original et compatissant.
Fréquence : rare - Évolution : ↗
Âge moyen : 8 ans

V

Ilario

Hilari, Lari

Étymologie : du latin *hilarus* : « celui qui est gai ». Ilario correspond à la forme italienne d'Hilaire et a, par ailleurs, nettement plus de succès que la forme française.
Couleur : rouge - Chiffre : 3
Caractère : Ilario est ambitieux, énergique et a l'esprit d'innovation.
Fréquence : rare - Évolution : ↗
Âge moyen : 11 ans

Ilian

Ilyan, Ylian

Étymologie : de l'arabe : « grandeur, élévation de l'esprit ». Une confusion s'opère souvent entre Ilan et Ilian, pourtant il s'agit de deux prénoms différents, aux origines distinctes (et non des formes dérivées).
Couleur : bleu - Chiffre : 5
Caractère : Ilian est idéaliste, aime la réflexion. Il est altruiste et intègre.
Fréquence : rare - Évolution : ↗
Âge moyen : 6 ans

Ilias

Ilies, Ilyas, Ilyes

Étymologie : de l'hébreu *el* et *yah* : « Dieu est Dieu ». Ce prénom correspond à une variante américaine d'Élie.
Fête : 20 juillet - Couleur : bleu - Chiffre : 5
Caractère : Ilias est indépendant, courageux, dynamique et curieux.
Fréquence : rare - Évolution : ↗
Âge moyen : 10 ans

Illan

Étymologie : de l'hébreu : « arbre ». Ce prénom correspond à une variante orthographique du prénom Ilan.
Couleur : rouge - Chiffre : 9
Caractère : Ilan a l'esprit pratique. Il est enthousiaste et sait prendre des décisions.
Fréquence : rare - Évolution : ↗
Âge moyen : 8 ans

Ilyas

Ilya, Ilyass, Ilyasse

Étymologie : de l'hébreu *el* et *yah* : « Dieu est Dieu ». Ce prénom correspond à une variante américaine d'Élie.
Fête : 20 juillet - Couleur : bleu - Chiffre : 5
Caractère : Ilyas aime la communication, est enthousiaste et généreux.
Fréquence : rare - Évolution : ↗
Âge moyen : 9 ans

Ilyes

Ilies, Illyes, Illyess

Étymologie : de l'hébreu *el* et *yah* : « Dieu est Dieu ». Ce prénom correspond à une variante américaine d'Élie.
Fête : 20 juillet - Couleur : bleu - Chiffre : 5
Caractère : Ilyes est résolu, épris de savoir et sympathique.
Fréquence : rare - Évolution : ↗
Âge moyen : 7 ans

Iman

Étymologie : de l'arabe *imân* : « la foi ». Ce prénom relève d'un substantif qui renvoyait, en premier lieu, à la notion de guide. Ce mot a ensuite pris un sens religieux en évoquant la prière. Ce prénom est à rapprocher du mot *imam*.
Couleur : jaune - Chiffre : 1
Caractère : Iman est simple, candide et généreux.
Fréquence : rare - Évolution : ↘
Âge moyen : 12 ans

B

Innocent

Innocenzo, Nocenzio

Étymologie : du latin *innocens* : « qui ne nuit pas ».

Fête : 28 décembre - **Couleur** : orange - **Chiffre** : 1

Caractère : Innocent contrecarre parfois le sens de son prénom en se montrant combatif et volontaire.

Personnages célèbres : les papes (une lignée de onze).

Fréquence : rare - **Évolution** : ↘

Âge moyen : 83 ans

V

Iossif

Étymologie : de l'hébreu *yosseph* : « Dieu ajoutera ». Ce prénom correspond à une variante orthographique de Yossef, l'une des transcriptions arabes les plus courantes du Joseph français.

Couleur : rouge - **Chiffre** : 1

Caractère : Iossif est tendre, bienveillant, mais parfois impulsif.

Fréquence : très rare - **Évolution** : =

V

Irvin

Irvine

Étymologie : du vieil anglais : « ami de la mer ». Ce prénom est, à l'origine, un toponyme devenu dès le XVe siècle un patronyme.

Couleur : bleu - **Chiffre** : 7

Caractère : Irvin est altruiste, intègre et idéaliste.

Fréquence : rare - **Évolution** : ↘

Âge moyen : 17 ans

V

Irving

Earvin

Étymologie : du vieil anglais : « ami de la mer ». Ce prénom est, à l'origine, un toponyme devenu dès le XVe siècle un patronyme.

Couleur : bleu - **Chiffre** : 7

Caractère : Irving est équilibré, a le sens des affaires et de la justice.

Personnages célèbres : le photographe Irving Penn ; Irving Stone, écrivain ; Irving Langmuir, prix Nobel de chimie.

Fréquence : très rare - **Évolution** : ↘

Âge moyen : 23 ans

V

Irwin

Étymologie : du germanique : « ami du sanglier ». Ce prénom provient de la tradition germanique ancienne de se référer à des animaux totémiques. Irwin est depuis régulièrement attribué aux États-Unis.

Couleur : rouge - **Chiffre** : 9

Caractère : Irwin est dévoué et ne prend jamais de décision à la légère.

Fréquence : rare - **Évolution** : ↘

Âge moyen : 22 ans

B

Isaac

Ike, Ikey, Ikie, Isaak, Isach, Isacco, Isha, Ishak, Itsaq, Itzaq, Itzhak, Izak, Yitzhak

Étymologie : de l'hébreu *yitshak* : « il rira ». Dans la Bible, Isaac est le fils de Sarah et d'Abraham. Ils pensaient qu'ils ne pourraient jamais avoir d'enfants lorsque Dieu leur envoya l'annonce que Sarah enfanterait un fils. D'où le prénom qu'ils lui attribuèrent en guise d'expression de leur joie.

Fête : 20 décembre - **Couleur** : rouge - **Chiffre** : 6

Caractère : Isaac est un mystique, instinctif et intuitif. Il fait confiance à son sixième sens. Très doué pour les disciplines artistiques, il progresse vite, guidé par son talent inné. Isaac n'est pas très cartésien mais son intuition lui suffit et le guide.
Personnages célèbres : le physicien Isaac Newton ; le violoniste Isaac Stern.
Fréquence : rare - **Évolution** : ↗
Âge moyen : 24 ans

B

Isaiah

Jesaïa

Étymologie : de l'hébreu : « Dieu est délivrance ». Ce prénom correspond à la forme anglo-saxonne d'Isaïe.
Couleur : vert - **Chiffre** : 7
Caractère : Isaiah est ambitieux, opiniâtre, mais est aussi quelqu'un de très affectif.
Personnage célèbre : Isaiah Washington, acteur américain.
Fréquence : rare - **Évolution** : ↗
Âge moyen : 4 ans

B

Isaïe

Isaiah

Étymologie : de l'hébreu : « Dieu est délivrance ». Isaïe est le nom d'un prophète de la Bible. C'est au royaume de Juda qu'il exerça son ministère au VIIIe siècle avant J.-C.
Couleur : vert - **Chiffre** : 7
Caractère : Isaïe est indépendant, opiniâtre et ambitieux.
Fréquence : rare - **Évolution** : ↗
Âge moyen : 59 ans

B

Isidore

Isidor, Isidorius, Isidoro, Isidro

Étymologie : du grec *isidôres* : « cadeau, présent d'Isis ».
Fête : 4 avril - **Couleur** : vert - **Chiffre** : 7
Caractère : Isidore est très exigent et se donne les moyens d'atteindre ses objectifs. Il est entreprenant et n'aime pas être contrarié dans la quête d'absolu qui est la sienne au quotidien !
Personnages célèbres : l'architecte byzantin du VIe siècle Isidore de Milet ; Isidore Ducasse, comte de Lautréamont, poète français.
Fréquence : rare - **Évolution** : ↗
Âge moyen : 88 ans

V

Ismaël

Étymologie : de l'hébreu *Yichmaël* : « Dieu entendra ». Ce prénom est régulièrement attribué dans les pays musulmans (en particulier au Moyen-Orient) tout en figurant dans le calendrier de l'Église catholique. Il est aussi représenté en France.
Fête : 13 mai - **Couleur** : bleu - **Chiffre** : 5
Caractère : Ismaël est indépendant, courageux, dynamique et déterminé.
Fréquence : rare - **Évolution** : ↗
Âge moyen : 22 ans

V

Ismail

Esmaël, Ismayil, Ismaïla

Étymologie : de l'hébreu *yichmaël* : « Dieu entendra ». Sous cette forme qui présente une variante orthographique d'Ismaël, Ismail reste un prénom attribué tant en France que dans les pays musulmans.
Fête : 13 mai - **Couleur** : bleu - **Chiffre** : 5

TOP 20

Prénoms de marques

Le nom qui symbolise une marque est souvent... un prénom. Il peut être celui du créateur(trice) de la marque ou être choisi de façon stratégique pour sa sonorité, son histoire, son image. Des parents peuvent aussi avoir jeté leur dévolu sur un nom commercial bien connu afin de prénommer leur enfant.

André
Armani
Arthur
Célio
César
Esteban
Félix
Fred
Kenzo
Léon
Nathan
Nicolas
Noë
Renault
Sandro
Sony
Paul
Thomas
Zadig
Zippo

Caractère : Ismail est humain, généreux et ouvert d'esprit.
Fréquence : rare - Évolution : ↗
Âge moyen : 15 ans

B

Ivan

Étymologie : de l'hébreu *yohânân* : « Dieu pardonne ». Ce prénom correspond à la forme slave de Jean.
Fête : 24 juin ou 27 décembre - Couleur : rouge
Chiffre : 1
Caractère : Ivan est émotif, généreux, autoritaire et exigeant.
Personnages célèbres : six princes ou tsars russes, dont le fameux Ivan le Terrible ; les écrivains Ivan Bounine et Ivan Tourgueniev.
Fréquence : rare - Évolution : ↘
Âge moyen : 36 ans

P

Ivy

Étymologie : du gallois *ivo, iv* : « l'if ». Ce prénom correspond à une version anglicisée de la forme ancienne du prénom Yves, même si elle est plus rare.
Fête : 19 mai - Couleur : vert - Chiffre : 4
Caractère : Ivy est volontaire, travailleur, exigeant et a le sens des responsabilités.
Fréquence : très rare - Évolution : ↘
Âge moyen : 5 ans

V

Iwan

Étymologie : du gallois *ivo, iv* : « l'if ». Ce prénom correspond à une variante typiquement bretonne d'Yves. Iwan est très attribué en Bretagne, mais commence à se répandre dans d'autres régions, en raison de la vague actuelle pour les prénoms celtiques.
Fête : 19 mai - Couleur : vert - Chiffre : 4

Caractère : Iwan est diplomate, sociable et réceptif.
Fréquence : très rare - Évolution : ↘
Âge moyen : 4 ans

J

P

Jack

Jac, Jacq, Jacmé

Étymologie : de l'hébreu *yohânân* : « Dieu pardonne ». Contrairement à l'opinion commune, Jack n'est pas une version anglo-saxonne de Jacques, mais de Jean, et figure dans dans le top 10 anglais et irlandais.
Fête : 24 juin ou 27 décembre
Couleur : jaune - Chiffre : 2
Caractère : Jack est original, spirituel et organisé.
Personnages célèbres : les écrivains américains Jack London et Jack Kerouac ; le ministre Jack Lang ; l'acteur Jack Nicholson ; Jack Sparrow, le héros du film *Pirates des Caraïbes*, incarné par Johnny Depp ; Jack Bauer, héros de la série américaine *24 heures*.
Fréquence : rare - Évolution : ↗
Âge moyen : 67 ans

P

Jackie

Étymologie : de l'hébreu *yohânân* : « Dieu pardonne ». Jackie est un diminutif de Jack.
Fête : 24 juin ou 27 décembre - Couleur : jaune
Chiffre : 2
Caractère : Jackie est optimiste, pragmatique et déterminé.
Personnage célèbre : Jackie Chan, acteur chinois de films d'action.
Fréquence : rare - Évolution : ↘

P

Jacky

Étymologie : de l'hébreu *yohânân* : « Dieu pardonne ». Jacky est un diminutif de Jack.
Fête : 24 juin ou 27 décembre - Couleur : jaune
Chiffre : 2
Caractère : Jacky est audacieux, aime la découverte, l'originalité et est énergique.
Fréquence : répandu - Évolution : ↘
Âge moyen : 57 ans

B

Jacob

Cob, Cobb, Giacobe, Giacobo, Jacobin, Jacobo, Jacobus, Jacpo, Jacob, Jake, Keube, Köb, Köbes, Koeeb

Étymologie : de l'hébreu *ya'aqob* : « que Dieu favorise ». Ce prénom fut porté, dans la Bible, par le fils d'Isaac et de Rebecca qui racheta d'un plat de lentilles son droit d'aînesse à Esaü. Ses douze fils seront les patriarches des douze tribus d'Israël.
Fête : 25 juillet - Couleur : rouge - Chiffre : 4
Caractère : Jacob est prudent, persévérant, fidèle et a le sens de l'observation.
Personnages célèbres : Jacob van Ruisdael et Jacob Jordaens, peintres.
Fréquence : rare - Évolution : ↗
Âge moyen : 59 ans

C

Jacques

Hamish, Iacovo, Iago, Iakov, Iakovkha, Jaap, Jachimo, Jacolyn, Jacomus, Jacot, Jäggi, Jago, Jaime, Jakez, Jakkie, Jakob, Jakobys, Jakoos, Jakou, Jayme, Jem, Jeppe, Joakje, Joggi, Schack

Étymologie : de l'hébreu *ya'aqob* : « que Dieu favorise ». Ce prénom fut porté, dans la Bible, par le fils d'Isaac et de Rebecca qui racheta d'un plat de lentilles son droit d'aînesse à Esaü.

Ses douze fils seront les patriarches des douze tribus d'Israël.
Fête : 25 juillet - Couleur : rouge - Chiffre : 4
Caractère : Jacques est pourvu d'une volonté exemplaire. Il mûrit soigneusement ses plans. En fait, il est l'efficacité en pensées et en actes.
Personnages célèbres : l'homme de main de Louis XVI pour les finances, Jacques Necker ; le compositeur Jacques Offenbach ; le psychanalyste Jacques Lacan ; le poète Jacques Prévert ; les chanteurs Jacques Brel et Jacques Higelin ; Jacques Chirac, ancien président de la République française.
Fréquence : répandu - Évolution : ↘
Âge moyen : 71 ans

V

Jafar

Étymologie : de l'arabe : « fleuve ». Ce prénom fut porté par un cousin de Mahomet, martyr de l'islam.
Couleur : orange - Chiffre : 9
Caractère : Jafar est rigoureux, volontaire, autoritaire et loyal.
Personnage célèbre : Jafar, le méchant d'*Aladdin*, le dessin animé de Walt Disney.
Fréquence : très rare - Évolution : ↘
Âge moyen : 10 ans

V

Jalil

Djelal, Djelali, Djellouol, Djeloul, Jalal, Jalale, Jalele, Jallal, Jelal.

Étymologie : de l'arabe : « qui est grand ».
Couleur : rouge - Chiffre : 2
Caractère : Jalil est ambitieux, fort, habile et passionné.
Personnage célèbre : l'acteur et réalisateur Jalil Lespert.
Fréquence : rare - Évolution : ↗
Âge moyen : 10 ans

V

Jamal

Jamil

Étymologie : de l'arabe : « la beauté ».
Couleur : jaune - Chiffre : 2
Caractère : Jamal est ambitieux, autonome et aime l'innovation.
Fréquence : rare - Évolution : ↘
Âge moyen : 30 ans

V

Jamel

Étymologie : de l'arabe : « la beauté ».
Couleur : jaune - Chiffre : 2
Caractère : Jamel est énergique, audacieux, original et séduisant.
Personnage célèbre : l'humoriste Jamel Debbouze.
Fréquence : rare - Évolution : ↘
Âge moyen : 34 ans

P

James

Jame, Jamie, Jammes

Étymologie : de l'hébreu *ya'aqob* : « que Dieu favorise ». James est une des formes anglo-saxonnes de Jacques, forme française de Jacob. James est un classique dans les pays anglo-saxons.
Fête : 25 juillet - Couleur : blanc - Chiffre : 3
Caractère : James est optimiste, pragmatique et très sociable.
Personnages célèbres : les écrivains James Joyce et James Ellroy ; les acteurs James Stewart, James Cagney, James Dean et James Franco ; James Bond, le héros de Ian Fleming.
Fréquence : rare - Évolution : ↘
Âge moyen : 51 ans

P

Jan

Étymologie : de l'hébreu *yohânân* : « Dieu pardonne ». Jan est un dérivé de Jean.
Fête : 24 juin ou 27 décembre - **Couleur** : jaune
Chiffre : 2
Caractère : Jan est intelligent, sage et indépendant.
Fréquence : rare - **Évolution** : ↗
Âge moyen : 39 ans

V

Jarod

Étymologie : de l'hébreu *yered* : « Dieu fera descendre sa loi ». Ce prénom fut porté par le sixième des neuf patriarches qui succéda à Adam d'après la Genèse. Il est le grand-père de Mathusalem. Jarod est aussi le surnom de Moïse.
Couleur : rouge - **Chiffre** : 8
Caractère : Jarod est pragmatique, créatif et sociable.
Personnages célèbres : le personnage principal de la série télévisée *Le Caméléon* ; le joueur de hockey Jarrod Skalde ; le basketteur Jarod Stevenson ; le joueur de baseball Jarrod Washburn ; le footballeur Jarrod Smith.
Fréquence : rare - **Évolution** : ↘
Âge moyen : 9 ans

P

Jason

Djason, Jaison, Jaeason, Jayson, Jeson, Jeyson

Étymologie : de l'hébreu *yehosua* : « Dieu est mon sauveur ». Les traducteurs de la Bible en latin avaient ainsi reproduit le nom grec *Eason*, transcription fantaisiste de l'hébreu *Joshua*, *Josué* ou Jésus en français.
Fête : 12 juillet - **Couleur** : rouge - **Chiffre** : 7
Caractère : Jason est intuitif, réfléchi, est intelligent et a le goût de l'aventure.
Personnages célèbres : le Jason de la mythologie grecque, qui dut conquérir la Toison d'or d'un bélier fabuleux pour obtenir le trône de Ialcos ; l'acteur Jason Statham ; le personnage de fiction (littéraire et cinématographique) Jason Bourne.
Fréquence : rare - **Évolution** : ↘
Âge moyen : 15 ans

V

Jasper

Étymologie : du sanskrit *gathaspa* : « celui qui vient voir ». Jasper est une forme anglo-saxonne de Gaspard.
Couleur : bleu - **Chiffre** : 1
Caractère : Jasper a le sens des responsabilités et de la famille. Il est équilibré et c'est un homme d'influence.
Fréquence : très rare - **Évolution** : ↗
Âge moyen : 5 ans

V

Jawad

Jaouad

Étymologie : de l'arabe *jawâd* : « généreux, libéral ».
Couleur : rouge - **Chiffre** : 3
Caractère : Jawad est entreprenant, généreux et partageur.
Fréquence : rare - **Évolution** : ↗
Âge moyen : 14 ans

C

Jean

Hampe, Hampus, Hanko, Jens, Jent, Joäo, Jock, Joen, Joes, Jon, Jonet, Jöns, Joop, Juhans, Seain, Seonaid, Shang, Shani

Étymologie : de l'hébreu *yohânân* : « Dieu pardonne ». Ce prénom fut rendu illustre par deux célèbres figures bibliques. La première est celle de saint Jean le Baptiste, fils de Zacharie et d'Élisabeth, une cousine de Marie. On le considère donc comme un petit cousin de Jésus. Prédicateur en Palestine, il est, dans le Nouveau Testament, l'ultime annonciateur de la venue du Messie. Il baptisa Jésus dans le désert et dévoila à tous son origine divine. Il est fêté le 24 juin, jour de sa naissance. La seconde figure biblique marquante est bien évidemment celle du frère de Jacques, Jean l'Apôtre, un des premiers disciples du Christ, auteur supposé du quatrième Évangile, de trois Épîtres et de l'Apocalypse. Il vécut jusqu'à plus de cent ans, en répétant ce qui fut son leitmotiv : « Aimez-vous les uns les autres. » Il est fêté le 27 décembre, date que certains surnomment la Saint-Jean d'hiver.

Fête : 24 juin ou 27 décembre - Couleur : jaune
Chiffre : 2

Caractère : Jean est pourvu d'un indéniable charisme et d'une grande bonté. Il ne communique, cependant, qu'avec ceux qui l'intéressent. En effet, il exige beaucoup des autres, mais en échange il se montre d'une droiture sans faille. Combatif, il refuse de se laisser abattre et les beautés de la vie le rendent curieux.

Personnages célèbres : les auteurs Jean de La Fontaine, Jean Racine, Jean de La Bruyère, Jean Cocteau, Jean Anouilh, Jean Giraudoux, Jean Rostand, Jean Giono, Jean Genet et Jean Paulhan ; les acteurs Jean Gabin, Jean Marais, Jean Dujardin et Jean Reno.

Fréquence : répandu - Évolution : ↘

Âge moyen : 74 ans

P

Jean-Baptiste

Étymologie : avant de devenir un prénom, Baptiste était le surnom du prophète saint Jean qui, après avoir annoncé la venue du Christ depuis la rive du Jourdain, le baptisa. Ce prénom évoque par sa sonorité le substantif « baptême ». Ce n'est qu'à partir du XVIIe siècle que Baptiste fut employé seul et non plus sous la forme composée : Jean-Baptiste.

Fête : 24 juin - Couleur : blanc - Chiffre : 2

Caractère : Jean-Baptiste est audacieux, énergique et résolu.

Personnage célèbre : Jean-Baptiste Poquelin, dit Molière.

Fréquence : répandu - Évolution : ↘

Âge moyen : 41 ans

C

Jean-Bernard

Étymologie : prénom composé de Jean et de Bernard. Ce prénom fut porté par un missionnaire français à la Réunion, mort en 1867.

Fête : 24 juin ou 27 décembre (Saint-Jean) ou 20 août (Saint-Bernard) - Couleur : bleu - Chiffre : 4

Caractère : Jean-Bernard est nerveux, sensuel, parfois instable.

Fréquence : rare - Évolution : ↘

Âge moyen : 50 ans

C

Jean-Charles

Étymologie : prénom composé de Jean et de Charles. Il fut porté par un missionnaire français envoyé à Tonkin martyrisé en 1837.

Fête : 20 septembre - Couleur : gris - Chiffre : 7

Caractère : Jean-Charles est bienveillant, consciencieux et directif.

Fréquence : rare - Évolution : ↘

Âge moyen : 41 ans

P

Jean-Christophe

Étymologie : prénom composé de Jean et de Christophe.

Fête : 24 juin, 27 décembre (Saint-Jean) ou 25 juillet - Couleur : bleu - Chiffre : 5

Caractère : Jean-Christophe est spirituel, sensible et raisonnable.

Fréquence : répandu - Évolution : ↘

P

Jean-Claude

Étymologie : prénom composé de Jean et de Claude.

Fête : 24 juin, 27 décembre ou 6 juin

Couleur : bleu - Chiffre : 8

Caractère : Jean-Claude est structuré, sécurisant et persévérant.

Personnage célèbre : l'acteur Jean-Claude Van Damme.

Fréquence : répandu - Évolution : ↘

Âge moyen : 60 ans

P

Jean-David

Étymologie : prénom composé de Jean et de David, deux figures bibliques.

Fête : 24 juin, 27 décembre ou 29 décembre

Couleur : vert - Chiffre : 6

Caractère : Jean-David est indépendant, intelligent et résolu.

Fréquence : rare - Évolution : ↘

Âge moyen : 30 ans

C

Jean-Denis

Étymologie : prénom composé de Jean et de Denis.

Fête : 24 juin, 27 décembre ou 9 octobre

Couleur : vert - Chiffre : 6

Caractère : Jean-Denis est humain, rêveur et déterminé.

Fréquence : rare - Évolution : ↘

Âge moyen : 45 ans

C

Jean-Emmanuel

Étymologie : prénom composé de Jean et d'Emmanuel.

Fête : 24 juin, 27 décembre ou 25 décembre

Couleur : vert - Chiffre : 5

Caractère : Jean-Emmanuel est équilibré, exigeant et a le sens de la famille.

Fréquence : rare - Évolution : ↘

Âge moyen : 33 ans

C

Jean-Eudes

Étymologie : prénom composé de Jean et d'Eudes. Ce prénom fut porté par un oratorien normand qui fonda l'ordre des Eudistes. Il créa de nombreux refuges pour les prostituées ainsi que l'institut Notre-Dame-de-la-Charité, consacré à la prière et à la réinsertion sociale. Il est mort à Caen en 1680.

Fête : 19 août - Couleur : orange - Chiffre : 2

Caractère : Jean-Eudes est un homme de foi et de valeurs. Idéaliste, il déteste l'inachevé.

Fréquence : rare - Évolution : ↘

Âge moyen : 27 ans

P

Jean-François

Étymologie : prénom composé de Jean et de François, qui fut porté par un jésuite envoyé en mission dans le Vivarais, région de France alors profondément calviniste. Il y mourut en 1640.

Fête : 16 juin - Couleur : gris - Chiffre : 7

Caractère : Jean-François est savant, intelligent et déterminé.

Personnage célèbre : le chef cuisinier Jean-François Piège.

Fréquence : répandu - Évolution : ↘

C

Jean-Gabriel

Étymologie : prénom composé de Jean et de Gabriel.

Fête : 11 septembre - Couleur : bleu - Chiffre : 9

Caractère : Jean-Gabriel est pratique, enthousiaste et résolu.

Personnage célèbre : le peintre Jean-Gabriel Domergue.
Fréquence : rare - Évolution : ↘
Âge moyen : 38 ans

C

Jean-Hugues

Étymologie : prénom composé de Jean et de Hugues.
Fête : 1er avril ou 29 avril
Couleur : gris - Chiffre : 2
Caractère : Jean-Hugues est audacieux, subtil et secret.
Personnage célèbre : l'acteur Jean-Hugues Anglade.
Fréquence : rare - Évolution : ↘
Âge moyen : 44 ans

P

Jean-Jacques

Étymologie : prénom composé de Jean et de Jacques. Ce prénom fut porté par un prêtre emprisonné en 1792 à la prison des Carmes à Paris. Il fut massacré lors d'une émeute la même année.
Fête : 24 juin - Couleur : blanc - Chiffre : 2
Caractère : Jean-Jacques est spirituel, aime la philosophie et l'originalité.
Personnages célèbres : Jean-Jacques Rousseau, écrivain et philosophe ; Jean-Jacques Goldman, chanteur et compositeur français.
Fréquence : répandu - Évolution : ↘
Âge moyen : 55 ans

C

Jean-Joseph

Étymologie : prénom composé de Jean et de Joseph.
Fête : 19 mars ou 20 décembre - Couleur : bleu
Chiffre : 4
Caractère : Jean-Joseph est honnête, sécurisant et solide.
Fréquence : rare - Évolution : ↘
Âge moyen : 57 ans

P

Jean-Louis

Étymologie : prénom composé de Jean et de Louis. Ce prénom fut porté par un missionnaire français qui fut envoyé en mission au Tonkin et fut martyrisé en 1852.
Fête : 2 mai - Couleur : bleu - Chiffre : 3
Caractère : Jean-Louis est directif, spirituel et épris de connaissances.
Personnages célèbres : l'acteur Jean-Louis Trintignant ; l'homme politique Jean-Louis Borloo.
Fréquence : répandu - Évolution : ↘
Âge moyen : 56 ans

P

Jean-Loup

Étymologie : prénom composé de Jean et de Loup.
Fête : 24 juin, le 27 décembre (Saint-Jean) ou 29 juillet (Saint-Loup) - Couleur : bleu - Chiffre : 3
Caractère : Jean-Loup est efficace, persévérant, sympathique et structuré.
Personnages célèbres : l'astronaute Jean-Loup Chrétien ; le photographe Jean-Loup Sieff ; l'homme de lettres Jean-Loup Dabadie.
Fréquence : rare - Évolution : ↘
Âge moyen : 48 ans

P

Jean-Luc

Étymologie : prénom composé de Jean et de Luc.
Fête : 24 juin, 27 décembre ou 18 octobre
Couleur : vert - Chiffre : 6
Caractère : Jean-Luc est enthousiaste, généreux et pragmatique.
Personnages célèbres : Jean-Luc Godard,

cinéastre franco-suisse ; Jean-Luc Reichmann, animateur et producteur français.
Fréquence : répandu - Évolution : ↘
Âge moyen : 51 ans

P

Jean-Marc

Étymologie : prénom composé de Jean et de Marc.
Fête : 25 avril - Couleur : blanc - Chiffre : 2
Caractère : Jean-Marc est sociable, réceptif et diplomate.
Personnages célèbres : l'acteur Jean-Marc Barr ; le journaliste Jean-Marc Morandini.
Fréquence : répandu - Évolution : ↘
Âge moyen : 49 ans

P

Jean-Marie

Étymologie : prénom composé de Jean et de Marie. Ce prénom fut rendu illustre par Jean-Marie Vianney dont le nom de famille est également devenu un prénom en son honneur. Jean-Marie Vianney, curé dans le village d'Ars, de 1818 à 1859, réputé pour ses qualités de confesseurs. Il a été canonisé en 1925 et devenu « patron de tous les curés de l'univers ».
Fête : 4 août - Couleur : vert - Chiffre : 6
Caractère : Jean-Marie est tenace, méthodique, fiable et résolu.
Personnage célèbre : Jean-Marie Farina, le créateur de l'eau de Cologne.
Fréquence : répandu - Évolution : ↘
Âge moyen : 58 ans

C

Jean-Matthieu

Étymologie : prénom composé de Jean et de Matthieu.
Fête : 24 juin, le 27 décembre (Saint-Jean) ou le 21 septembre (Saint-Matthieu).
Couleur : jaune - Chiffre : 4
Caractère : Jean-Matthieu est audacieux, déterminé et sensible.
Fréquence : rare - Évolution : ↘
Âge moyen : 55 ans

P

Jean-Michel

Étymologie : prénom composé de Jean et de Michel. Jean-Michel est le prénom d'un général de l'ordre des chartreux au XVIe siècle.
Fête : 23 février - Couleur : blanc - Chiffre : 2
Caractère : Jean-Michel est directif et plein de vitalité.
Personnage célèbre : Jean-Michel Jarre, le compositeur.
Fréquence : répandu - Évolution : ↘
Âge moyen : 49 ans

P

Jean-Noël

Étymologie : prénom composé de Jean et de Noël.
Fête : 24 juin ou 25 décembre - Couleur : bleu
Chiffre : 5
Caractère : Jean-Noël est actif, indulgent et paisible.
Fréquence : rare - Évolution : ↘
Âge moyen : 47 ans

C

Jean-Pascal

Étymologie : prénom composé de Jean et de Pascal.
Fête : 17 mai (Saint-Pascal) - Couleur : rouge
Chiffre : 4
Caractère : Jean-Pascal est indépendant, audacieux et dynamique.
Fréquence : rare - Évolution : ↘
Âge moyen : 44 ans

P

Jean-Paul

Étymologie : prénom composé de Jean et de Paul.
Fête : 29 juin - Couleur : bleu - Chiffre : 3
Caractère : Jean-Paul est ambitieux, passionné, fort, habile et compatissant.
Personnages célèbres : le philosophe Jean-Paul Sartre ; l'acteur Jean-Paul Belmondo ; Jean-Paul Gaultier, le couturier.
Fréquence : répandu - Évolution : ↘
Âge moyen : 56 ans

P

Jean-Philippe

Étymologie : prénom composé de Jean et de Philippe.
Fête : 24 juin ou 3 mai - Couleur : jaune
Chiffre : 3
Caractère : Jean-Philippe est structuré, persévérant et sympathique.
Personnages célèbres : Jean-Philippe Rameau, musicien français du XVIIIe siècle ; Jean-Philippe Smet, véritable nom de Johnny Hallyday.
Fréquence : répandu - Évolution : ↘
Âge moyen : 41 ans

P

Jean-Pierre

Étymologie : prénom composé de Jean et de Pierre. Ce prénom fut porté par un missionnaire français envoyé en Chine qui fut martyrisé en 1862.
Fête : 18 février - Couleur : gris - Chiffre : 7
Caractère : Jean-Pierre est fidèle, intuitif et a le sens du relationnel.
Personnages célèbres : l'acteur Jean-Pierre Darroussin ; l'animateur, Jean-Pierre Foucault.
Fréquence : répandu - Évolution : ↘
Âge moyen : 58 ans

P

Jean-René

Étymologie : prénom composé de Jean et de René.
Couleur : gris - Chiffre : 7
Personnage célèbre : Jean-René Godart, journaliste sportif.
Fréquence : rare - Évolution : ↘
Âge moyen : 49 ans

P

Jean-Roch

Étymologie : prénom composé de Jean et de Roch.
Fête : 24 juin ou 16 août - Couleur : bleu
Chiffre : 4
Caractère : Jean-Roch est réceptif, diplomate et sociable.
Personnage célèbre : l'homme d'affaires Jean-Roch Pedri.
Fréquence : rare - Évolution : =
Âge moyen : 34 ans

C

Jean-Sébastien

Étymologie : prénom composé de Jean et de Sébastien.
Fête : 20 janvier - Couleur : blanc - Chiffre : 2
Caractère : Jean-Sébastien est indépendant, intelligent et créatif.
Personnage célèbre : le compositeur Jean-Sébastien Bach.
Fréquence : rare - Évolution : ↘
Âge moyen : 33 ans

C

Jean-Victor

Étymologie : prénom composé de Jean et de Victor.
Fête : 24 juin ou 20 janvier - Couleur : bleu

Chiffre : 3
Caractère : Jean-Victor est intègre, idéaliste et altruiste.
Fréquence : rare - Évolution : ↘
Âge moyen : 33 ans

P

Jean-Yves

Étymologie : prénom composé de Jean et d'Yves.
Fête : 24 juin ou 19 mai
Couleur : rose - Chiffre : 3
Caractère : Jean-Yves est diplomate, sociable et loyal.
Personnage célèbre : Jean-Yves Lafesse, l'humoriste, Lambert de son vrai nom.
Fréquence : répandu - Évolution : ↘
Âge moyen : 51 ans

P

Jeff

Étymologie : du germain *gaut* : « divinité, dieu » et *frid* : « paix », ou *fried* : « protecteur ». En France, c'est en tant que diminutif de Jean-François et, plus rarement, comme celui de Joseph que Jeff est usité. Pourtant, à l'origine, Jeff est le diminutif de Jeffrey, forme anglo-saxonne de Geoffroy.
Fête : 15 janvier - Couleur : jaune - Chiffre : 7
Caractère : Jeffrey est original, avide de spiritualité et philosophe.
Personnage célèbre : le chanteur Jeff Buckley.
Fréquence : rare - Évolution : ↘
Âge moyen : 20 ans

P

Jefferson

Étymologie : de l'anglais *Jeffrey's son*, fils de Jeffrey. Ce nom de famille est devenu un prénom à partir du XIXe siècle, en référence au président des jeunes États-Unis, Thomas Jefferson (1743-1826).

TOP 20

Prénoms d'enfants de stars

Bien évidemment, être « fils de » peut être parfois lourd à porter. Alors autant se faire un prénom, et en avoir un totalement fantaisiste peut finalement aider à se distinguer. Les stars prénomment leurs enfants de noms d'endroits qui les ont marqués, d'extraits de titres de chanson, de leur nombre fétiche... Là où nous pouvons y voir de l'extravagance, peut-être n'est-ce qu'une façon de se stabiliser.

Amaro *(Erika et Antoine Griezmann)*
Archie *(Meghan Markle et Prince Harry)*
Ciro *(Antonella Roccuzzo et Lionel Messi)*
Hart *(Miranda Kerr et Evan Spiegel)*
Joseph *(Ophélie Meunier et Mathieu Vergne)*
Léon *(Ludivine et Laurent Ournac)*
Leonard *(Lara Micheli et Frédéric Beigbeder)*
Lion *(Clélia et Mario Balotelli)*
Louis *(Kate Middleton et Prince William)*
Marcel *(Marion Cotillard et Guillaume Canet)*
Marlon *(Caroline Receveur et Hugo Philip)*
Martin *(Amelia Ossa Llorente et Lucas Hernandez)*
Maximilian *(Princesse Elisabetta et Prince Amadeo de Belgique)*
Milo *(Lucie Lucas et Adrien)*
Oscar *(Tana et Gordon Ramsay)*
Psalm *(Kim Kardashian et Kanye West)*
Sir Carter *(Beyoncé et Jay-Z)*
Souleymane *(Leïla Bekhti et Tahar Rahim)*
Stellar *(Isabelle Funaro et Michaël Youn)*
Welf August *(Ekaterina et Prince Ernst August de Hanovre)*

Couleur : noir - Chiffre : 8
Caractère : Jefferson est directif, habile et sûr de lui.
Fréquence : rare - Évolution : ↘
Âge moyen : 18 ans

Jeffrey

Étymologie : du germain *gaut* : « divinité, dieu » et *frid* : « paix », ou *fried* : « protecteur ». Jeffrey est la forme anglo-saxonne de Geoffrey et Geoffroy, les dérivés modernes de Godefroy. Ce prénom fut porté par un évêque d'Amiens au XIIe siècle qui défendit la bourgeoisie et le petit peuple contre les grands seigneurs picards et dut souvent en payer le prix.
Fête : 15 janvier - Couleur : jaune - Chiffre : 3
Caractère : Jeffrey est sensible, éloquent et plein de vivacité.
Fréquence : rare - Évolution : ↘
Âge moyen : 21 ans

Jérémie

Jérémi, Jérémias

Étymologie : de l'hébreu *yirmeyah* : « Iahvé (Dieu) élève ». Ce prénom est, dans la Bible, celui d'un des prophètes. Pour réconcilier avec Dieu le peuple juif, il lui fit craindre les châtiments et les malheurs qui l'attendaient (d'où le mot « jérémiades »). Il fut arrêté et, réfugié en Égypte, il y mourut en 587 avant J.-C. Jérémie est la forme française de Jérémy, elle est pourtant nettement moins attribuée.
Fête : 1er mai - Couleur : rouge - Chiffre : 2
Caractère : Jérémie est actif, sociable et diplomate. Il est résolu, a le sens de la famille et des responsabilités.
Personnage célèbre : l'acteur Jérémie Renier.
Fréquence : répandu - Évolution : ↘
Âge moyen : 27 ans

Jérémy

Gérémy

Étymologie : de l'hébreu *yirmeyah* : « Iahvé (Dieu) élève ». C'est sous cette forme que Jérémy est le plus attribué.
Fête : 1er mai - Couleur : rouge - Chiffre : 2
Caractère : Jérémy est persévérant, déterminé et aime la réalisation.
Personnage célèbre : Jeremy Irons, acteur.
Fréquence : répandu - Évolution : ↘
Âge moyen : 22 ans

Jérôme

Gérôme, Geronimo, Gerry, Girolano, Hieronymus, Hyronimus, Ieronim, Jeronimo, Jeromin, Jeronim, Jeronimo, Jeronimus, Olmes, Onimus, Ronimus

Étymologie : du grec *hieros* : « sacré » et onoma : « nom ».
Fête : 30 septembre - Couleur : rouge - Chiffre : 3
Caractère : Jérôme est sociable, fantaisiste, curieux mais parfois impulsif.
Personnages célèbres : Jérôme Bosch, peintre hollandais du XVe siècle ; Jérôme Bonaparte, frère de l'empereur Napoléon ; le metteur en scène Jérôme Savary.
Fréquence : répandu - Évolution : ↘
Âge moyen : 36 ans

Jerry

Étymologie : de l'hébreu *yirmeyah* : « Iahvé (Dieu) élève ». Ce prénom est un diminutif de Jérémy.
Fête : 1er mai - Couleur : rouge - Chiffre : 2
Caractère : Jerry est fiable, résolu et méthodique.
Personnages célèbres : Jerry Lewis, acteur américain ; Jerry, la petite souris de *Tom et Jerry*.
Fréquence : rare - Évolution : ↘

V

Jessé

Étymologie : de l'hébreu *yichaï* : « il y a un cadeau ». Dans la Bible, Jessé est le père du roi David et donc l'ancêtre du Christ dont la généalogie est souvent appelée « l'arbre de Jessé ». Ce prénom fut porté par un évêque géorgien du VIe siècle qui fut martyrisé par les Perses. Jessé est, la plupart du temps, orthographié sans accent aujourd'hui.

Fête : 29 décembre - Couleur : jaune - Chiffre : 4

Caractère : Jessé est persévérant, efficace et structuré.

Personnages célèbres : Jesse James, bandit américain du XIXe siècle ; Jesse Eisenberg, acteur américain.

Fréquence : rare - Évolution : ↗

Âge moyen : 19 ans

P

Jessy

Djessy, Jessi

Étymologie : de l'hébreu *yichaï* : « il y a un cadeau ».

Fête : 29 décembre - Couleur : jaune - Chiffre : 4

Caractère : Jessy est plein d'assurance, réfléchi et déterminé.

Fréquence : rare - Évolution : ↘

Âge moyen : 18 ans

V

Jibril

Gibril, Jebril

Étymologie : de l'hébreu *gavar* : « force » et *el* : « Dieu » ; « Dieu est ma force ». Jibril correspond à la forme arabe de Gabriel. C'est lui qui révéla le Coran au Prophète Mahomet.

Couleur : bleu - Chiffre : 9

Caractère : Jibril est idéaliste, intègre et réfléchi.

Fréquence : rare - Évolution : ↗

Âge moyen : 6 ans

P

Jim

Gim

Étymologie : de l'hébreu *ya'aqob* : « que Dieu favorise ». Jim est un diminutif de James, version anglo-saxonne de Jacques. Il est assez répandu.

Fête : 25 juillet - Couleur : blanc - Chiffre : 7

Caractère : Jim est dynamique, curieux et courageux.

Personnages célèbres : le chanteur Jim Morrison ; l'acteur Jim Carrey.

Fréquence : rare - Évolution : ↘

Âge moyen : 35 ans

P

Jimmy

Djimmy, Gimy, Jimi, Jimy

Étymologie : de l'hébreu *ya'aqob* : « que Dieu favorise ». Jimmy est un diminutif familier de James, version anglo-saxonne de Jacques.

Fête : 25 juillet - Couleur : blanc - Chiffre : 7

Caractère : Jimmy est spirituel, original et aime se réaliser.

Personnages célèbres : le joueur de tennis Jimmy Connors ; le président des États-Unis Jimmy Carter ; Jimmy Somerville, chanteur ; Jimmy Choo, créateur de chaussures.

Fréquence : répandu - Évolution : ↘

Âge moyen : 25 ans

B

Joachim

Achim, Chim, Joachin, Joackim, Joaquim, Jochem, Jochen, Jochim, Juchem

Étymologie : de l'hébreu *yehoyagim* : « Iahvé (Dieu) met debout ». Selon l'évangile apocryphe de saint Jérôme, Joachim est l'époux de sainte Anne et le père de la Vierge Marie.

Fête : 26 juillet - Couleur : bleu - Chiffre : 5

Caractère : Très intelligent, Joachim fait preuve

d'une grande cohérence dans tout ce qu'il entreprend. Il est aussi très rigoureux et intuitif.
Personnages célèbres : Joachim de Flore ; le poète Joachim Du Bellay (1522-1560).
Fréquence : rare - Évolution : ↗
Âge moyen : 49 ans

P

Joan

Étymologie : de l'hébreu *yohânân* : « Dieu pardonne ». Joan est un dérivé de Jean (sans doute une forme simplifiée de Johan).
Fête : 26 juillet - Couleur : bleu - Chiffre : 5
Caractère : Joan est intelligent, sage et indépendant.
Fréquence : rare - Évolution : ↗
Âge moyen : 19 ans

P

Joaquin

Étymologie : de l'hébreu *yehoyagim* : « Iahvé (Dieu) met debout ».
Fête : 26 juillet - Couleur : blanc - Chiffre : 3
Caractère : Joaquin est bienveillant, consciencieux, déterminé et raisonnable.
Personnage célèbre : l'acteur Joaquin Phoenix.
Fréquence : rare - Évolution : ↗
Âge moyen : 52 ans

C

Jocelyn

Étymologie : du celtique *iad* : « prince » et *lind* : « doux ».
Fête : 13 décembre (Saint-Jocelyn)
Couleur : rouge - Chiffre : 3
Caractère : Jocelyn est compatissant, enthousiaste et aime la communication.
Fréquence : rare - Évolution : ↘
Âge moyen : 40 ans

P

Joe

Étymologie : de l'hébreu *yosseph* : « Dieu ajoutera ». Ce prénom est le diminutif anglo-saxon de Joseph.
Fête : 19 mars ou 20 décembre
Couleur : rouge - Chiffre : 1
Caractère : Joe est optimiste, créatif, sociable et pragmatique.
Personnages célèbres : les chanteurs Joe Cocker et Joe Dassin ; Joe Dalton, célèbre bandit ; Joe DiMaggio, légende du base-ball qui fut aussi marié à Marilyn Monroe.
Fréquence : rare - Évolution : ↘
Âge moyen : 24 ans

P

Joël

Étymologie : de l'hébreu *yô'el* : « Iavhé est Dieu ». Joël, l'un des douze « petits » prophètes de la Bible, vécut environ cinq siècles av. J.-C. C'est un prénom parfaitement biblique et non, comme on le croit parfois, breton.
Fête : 13 juillet - Couleur : bleu - Chiffre : 6
Caractère : Joël est volontaire et intuitif. C'est un excellent orateur servi par une imagination fertile dont il use et abuse pour séduire. Joël n'aime pas être contraint et se fait fort de le rappeler à qui veut l'entendre.
Fréquence : répandu - Évolution : ↘
Âge moyen : 54 ans

P

Joey

Étymologie : de l'hébreu *yosseph* : « Dieu ajoutera ». Ce prénom est le diminutif anglo-saxon de Joseph.
Fête : 19 mars ou 20 décembre
Couleur : rouge - Chiffre : 1
Caractère : Joey est audacieux, dynamique et indépendant.

Personnages célèbres : Joey Tribbiani, l'un des héros de la série *Friends* ; Joey Starr, nom de scène du rappeur Didier Morville.
Fréquence : rare - Évolution : ↘
Âge moyen : 11 ans

P

Joffrey

Joeffrey, Jofray, Joffre, Jofrey

Étymologie : du germain *gaut* : « divinité, dieu » et frid : « paix », ou *fried* : « protecteur ». Joffrey est une forme anglo-saxonne de Geoffrey et Geoffroy, les dérivés modernes de Godefroy. Ce prénom fut porté par un évêque d'Amiens au XIIe siècle qui défendit la bourgeoisie et le petit peuple contre les grands seigneurs picards et dut souvent en payer le prix.
Fête : 15 janvier - Couleur : jaune - Chiffre : 3
Caractère : Joffrey est persévérant, efficace, résolu et structuré.
Personnage célèbre : Joffrey de Peyrac, héros de la série des *Angélique*.
Fréquence : rare - Évolution : ↘
Âge moyen : 23 ans

V

Johan

Étymologie : de l'hébreu *yohânân* : « Dieu pardonne ». Johan correspond à la forme médiévale de Jean.
Fête : 24 juin - Couleur : jaune - Chiffre : 2
Caractère : Johan est un épicurien charismatique.
Fréquence : répandu - Évolution : ↘
Âge moyen : 23 ans

P

Johann

Étymologie : de l'hébreu *yohânân* : « Dieu pardonne ».
Fête : 24 juin - Couleur : jaune - Chiffre : 2
Caractère : Johann est éloquent et charismatique.
Fréquence : répandu - Évolution : ↘
Âge moyen : 28 ans

P

John

Étymologie : de l'hébreu *yohânân* : « Dieu pardonne ». John correspond à une forme anglo-saxonne bien connue de Jean, proche, par ailleurs, de sa forme médiévale.
Fête : 24 juin - Couleur : jaune - Chiffre : 2
Caractère : John est intuitif, fidèle et a le sens du relationnel. C'est un excellent médiateur.
Personnages célèbres : le président des États-Unis John Fitzgerald Kennedy ; l'acteur John Wayne ; les chanteurs John Lennon et John Legend ; le Premier ministre britannique John Major ; John Malkovitch, acteur, producteur, réalisateur et scénariste américain.
Fréquence : rare - Évolution : ↘
Âge moyen : 34 ans

P

Johnny

Étymologie : de l'hébreu *yohânân* : « Dieu pardonne ». Ce prénom est un diminutif familier de John, une des formes anglo-saxonnes de Jean.
Fête : 24 juin - Couleur : jaune - Chiffre : 2
Caractère : Johnny est énergique, audacieux, original et séducteur.
Personnages célèbres : les chanteurs Johnny Hallyday et Johnny Cash ; l'acteur Johnny Depp.
Fréquence : répandu - Évolution : ↘
Âge moyen : 30 ans

B

Jonas

Étymologie : de l'hébreu : « colombe ». Ce prénom, porté par un personnage biblique, désigne l'un des douze « petits prophètes » d'Israël. Il reçut l'ordre divin d'aller prêcher en Assyrie, mais il prit peur et voulut s'enfuir par la mer.

Pris dans une violente tempête, il tomba à l'eau et fut englouti par une baleine, dans le ventre de laquelle il passa trois jours et trois nuits à prier. Il finit par être rejeté sur le rivage.
Fête : 21 septembre - Couleur : vert - Chiffre : 3
Caractère : Jonas est énergique, audacieux et séducteur.
Fréquence : rare - Évolution : ↗
Âge moyen : 18 ans

P

Jonathan

Étymologie : de l'hébreu *yonathan* : « Dieu a donné ». Ce prénom fut porté par le fils du roi Saül et ami de David, tué avec son père à la bataille de Gelboé contre les envahisseurs philistins au XIe siècle avant notre ère.
Fête : 1er mars - Couleur : blanc - Chiffre : 2
Caractère : Jonathan est courageux, volontaire et fidèle.
Personnages célèbres : les écrivains Jonathan Coe, Jonathan Franzen, Jonathan Safran Foer et Jonathan Swift ; l'acteur Jonathan Rhys-Meyers.
Fréquence : répandu - Évolution : ↘
Âge moyen : 23 ans

P

Jordan

Djordan, Jourdain

Étymologie : de l'hébreu *yarden* : « Jourdain », du nom du fleuve qui arrose la Palestine et borde la frontière de la Jordanie, avant de se jeter dans la mer Morte. C'est dans ces eaux que Jean-Baptiste baptisa le Christ. Ce prénom fut rendu illustre par Jourdain de Saxe, successeur des dominicains, qui, très étrangement, périt en mer, au large des côtes Palestine, non loin de l'embouchure du Jourdain.
Fête : 15 février (Saint-Jordan) - Couleur : bleu
Chiffre : 4
Caractère : Jordan est ambitieux, fort, caractériel et habile.
Fréquence : rare - Évolution : ↘
Âge moyen : 16 ans

P

Jordy

Étymologie : de l'hébreu *yarden* : « Jourdain », du nom du fleuve qui arrose la Palestine et borde la frontière de la Jordanie, avant de se jeter dans la mer Morte. Jordy est un diminutif de Jordan.
Fête : 15 février (Saint-Jordan) - Couleur : bleu
Chiffre : 4
Caractère : Jordy est humain, rêveur et ouvert d'esprit.
Fréquence : rare - Évolution : ↘
Âge moyen : 17 ans

P

Joris

Étymologie : du grec *gheorghios* : « travailleur de la terre ». Joris est la forme néerlandaise de Georges, mais possède son propre patron : un évêque arménien très réputé qui mourut en Artois en 1033.
Fête : 26 juillet - Couleur : bleu - Chiffre : 8
Caractère : Joris est ambitieux, travailleur et courageux.
Fréquence : rare - Évolution : ↘
Âge moyen : 16 ans

V

José

Étymologie : de l'hébreu *yôsephyâh* : « que Iavhé (Dieu) ajoute ». José est une version hispanique de Joseph.
Fête : 19 mars - Couleur : rouge - Chiffre : 1
Caractère : José est méthodique, fiable, a le sens du devoir et de l'engagement.
Personnages célèbres : José Bové, figure altermondialiste ; l'acteur José Garcia.
Fréquence : répandu - Évolution : ↘
Âge moyen : 49 ans

B

Joseph

Iosep, Jef, Jeke, Jo, Joap, Job, Jobig, Joep, Jody, Joop, Joos, Josef, Josephus, Jozsef, Jupp, Ossip, Säbel, Seb, Sebel, Seefke

Étymologie : de l'hébreu *yôsephyâh* : « que Iavhé (Dieu) ajoute ».

Fête : 19 mars - Couleur : rouge - Chiffre : 1

Caractère : volontaire, actif, d'une moralité qu'on ne peut mettre en doute, Joseph est un homme bon et fiable.

Personnages célèbres : les écrivains Joseph de Maistre et Joseph Conrad ; le musicien Joseph Haydn ; Joseph Gordon-Lewitt, acteur et producteur américain.

Fréquence : répandu - Évolution : ↗

Âge moyen : 84 ans

B

Joshua

Josh, Jozua, Josiah, Jossua, Josuah, Josua, Josuha

Étymologie : de l'hébreu *yehoshua* : « Dieu sauve ». Ce prénom fut porté par le premier successeur de Moïse. Joshua est très répandu dans les pays anglo-saxons.

Couleur : blanc - Chiffre : 4

Caractère : Joshua est loyal, diplomate et bon.

Personnages célèbres : Joshua Jackson, acteur et réalisateur canadien ; Joshua Bowman, acteur anglais ; Joshua Redman, saxophoniste américain.

Fréquence : rare - Évolution : ↗

Âge moyen : 10 ans

B

Josse

Étymologie : du celtique *iad* : « prince » et *lind* : « doux ». Ce prénom se rapporte à saint Josse, frère cadet du roi Judicaël. Il préféra fuir la cour pour vivre en ermite en Picardie. Il y mourut en 669.

Fête : 13 décembre - Couleur : bleu - Chiffre : 5

Caractère : Josse est dynamique, curieux, indépendant et courageux.

Fréquence : rare - Évolution : ↘

Âge moyen : 31 ans

C

Josselin

Étymologie : du celtique *iad* : « prince » et *lind* : « doux ».

Fête : 13 décembre - Couleur : bleu - Chiffre : 5

Caractère : Josselin est résolu, persévérant et subtil.

Fréquence : rare - Évolution : ↘

Âge moyen : 24 ans

V

Jossué

Josué

Étymologie : de l'hébreu *yehoshua* : « Dieu sauve ».

Fête : 1er septembre - Couleur : rouge - Chiffre : 7

Caractère : Jossué est original, sensible et réservé.

Fréquence : très rare - Évolution : =

V

Juan

Étymologie : de l'hébreu *yohânân* : « Dieu pardonne ». Juan est la forme espagnole de Jean.

Fête : 24 juin ou 27 décembre - Couleur : jaune

Chiffre : 2

Caractère : Juan est autoritaire, énergique et ambitieux.

Fréquence : rare - Évolution : ↗

Âge moyen : 43 ans

TOP 20

Prénoms diminutifs

Un diminutif n'a pas nécessairement vocation à réduire un prénom jugé trop long, mais au contraire il ajoute au prénom une valeur affective. Nombre de ces diminutifs, à force d'être prononcés affectueusement en lieu et place du prénom original, ont fini par leur être préférés et sont devenus des prénoms à part entière.

Bill/Billy
Fred
Gus
Jackie/Jacky
Jeff
John
Leo
Lenny
Lou
Lulu
Manu
Max
Sam
Stan
Ted
Tom
Tim
Tony
Will/Willy
Zac

V

Juan-Carlos

Étymologie : prénom composé de Juan et de Carlos, assez répandu en Espagne. Forme espagnole de Jean-Charles. Il fut porté par un missionnaire français envoyé à Tonkin martyrisé en 1837.

Fête : 20 septembre - Couleur : gris - Chiffre : 7

Caractère : Juan-Carlos est bienveillant, consciencieux et directif.

Personnage célèbre : Juan Carlos Ier, roi d'Espagne.

Fréquence : rare - Évolution : ↗

Âge moyen : 42 ans

V

Jude

Étymologie : de l'hébreu *yehouda* : « Dieu soit loué ». Ce nom est dans la Bible celui du quatrième fils de Jacob et de Léa. Il fut également porté par un frère ou un cousin de l'apôtre Jacques. Selon la *Légende dorée*, Jude aurait été missionnaire en Égypte et au Moyen-Orient, martyrisé en Perse, mis à mort par les prêtres de Zoroastre.

Fête : 18 août - Couleur : noir - Chiffre : 2

Caractère : Jude est tenace, fiable et a le sens du devoir.

Personnages célèbres : Jude, héros du roman de Thomas Hardy, *Jude l'Obscur* ; Jude Law, acteur britannique.

Fréquence : rare - Évolution : ↗

Âge moyen : 39 ans

B

Judicaël

Kaelig, Ikel, Izikel, Jezekaël, Jezekel, Jikaël, Judikäel, Yékel

Étymologie : du vieux breton *lud* : « seigneur » et *hael* : « généreux ». On a longtemps pris Judicaël pour un prénom d'origine hébraïque, alors

qu'il n'en est rien. Judicaël vient de Bretagne et fut le nom d'un roi qui entra dans les ordres au VIIe siècle.
Couleur : blanc - Chiffre : 2
Caractère : Judicaël est généreux, sensible et intuitif.
Fréquence : rare - Évolution : ↘
Âge moyen : 23 ans

B

Jules

Julchen, Juliaantje, Julio, Julius, Juluen, Juult, Oulianke, Schüll, Sile, Sileas, Youli, Youli

Étymologie : du nom d'une famille romaine qui disait descendre du fils d'Énée, Iule.
Fête : 12 avril - Couleur : rouge - Chiffre : 4
Caractère : Jules est aussi ambitieux que travailleur. Il se donne les moyens de sa réussite, est autoritaire mais juste et lucide.
Personnages célèbres : Jules César ; Jules Ferry ; les écrivains Jules Massenet, Jules Michelet, Jules Supervielle, Jules Vallès, Jules Verne, Jules Renard ; l'acteur Jules Raimu.
Fréquence : répandu - Évolution : ↗
Âge moyen : 61 ans

C

Julien

Julen, Juliann, Julano, Jullian, Jullien

Étymologie : du nom d'une famille romaine qui disait descendre du fils d'Énée, Iule.
Fête : 2 août - Couleur : rouge - Chiffre : 8
Caractère : Julien est énergique, courageux, franc et généreux.
Personnages célèbres : le héros de Stendhal (*Le Rouge et le Noir*) Julien Sorel ; le romancier Julien Green ; l'écrivain Julien Gracq ; les chanteurs Julien Clerc et Julien Doré.
Fréquence : répandu - Évolution : ↘
Âge moyen : 35 ans

V

Julio

Étymologie : du nom d'une famille romaine qui disait descendre du fils d'Énée, Iule.
Fête : 12 avril - Couleur : rouge - Chiffre : 4
Caractère : Julio est efficace, persévérant et raisonnable.
Personnage célèbre : le chanteur Julio Iglesias.
Fréquence : rare - Évolution : ↗
Âge moyen : 35 ans

B

Julius

Étymologie : du nom d'une famille romaine qui disait descendre du fils d'Énée, Iule.
Fête : 12 avril - Couleur : rouge - Chiffre : 4
Caractère : Julius est abitieux, opiniâtre et travailleur.
Fréquence : rare - Évolution : ↗
Âge moyen : 55 ans

B

Junien

Juni, Junius

Étymologie : du latin *Juno*, nom d'une divinité, qui, fille de Saturne et femme de Jupiter, présidait célestement à la rencontre et à l'union sexuelle, ainsi qu'aux maternités.
Couleur : violet - Chiffre : 8
Caractère : Junien est ambitieux, déterminé et énergique.
Fréquence : très rare - Évolution : ↘
Âge moyen : 94 ans

C

Just

Étymologie : du latin *justinus* (de *justus*) : « raisonnable, juste ». Ce prénom fut porté par un évêque de Lyon, qui partit prier dans le désert égyptien pour expier ses fautes.

Fête : 14 octobre - **Couleur** : bleu - **Chiffre** : 4

Caractère : Just est enthousiaste, organisé et possède de solides facultés d'adaptation.

Personnages célèbres : Just Fontaine, ancien joueur de football ; Just Jaeckin, photographe et metteur en scène.

Fréquence : rare - **Évolution** : ↘

Âge moyen : 87 ans

C

Justin

Giustino, Giusto, Justinien, Justino, Justo, Tin

Étymologie : du latin *justinus* (de *justus*) : « raisonnable, juste ». Ce prénom fut porté par un philosophe païen qui, une fois, converti, consacra sa vie au dialogue avec les athées et fut martyrisé en 165. Il est le patron des philosophes.

Fête : 1er juin - **Couleur** : vert - **Chiffre** : 3

Caractère : Justin est un esthète, créatif, parfois jaloux et possessif. Il a un tempérament fougueux et attachant.

Personnage célèbre : Justin Timberlake, chanteur et compositeur américain.

Fréquence : répandu - **Évolution** : ↗

Âge moyen : 54 ans

K

V

Kader

Kada, Kadda, Kadder, Kadir

Étymologie : de l'arabe : « puissant, riche ». Ce prénom évoquait une confrérie mystique du XIe siècle, celle des shérifs Kadarites

Couleur : jaune - **Chiffre** : 4

Caractère : Kader est optimiste, pragmatique et créatif.

Fréquence : rare - **Évolution** : ↘

Âge moyen : 34 ans

V

Kaïs

Caïs, Caïss, Kaïss, Kaïsse

Étymologie : de l'arabe: « l'homme à la démarche fière »

Couleur : rouge - **Chiffre** : 9

Caractère : Kaïs est méthodique, obstiné et fier, comme son prénom l'indique.

Personnage célèbre : Kaïs, personnage récurrent de la littérature médiévale arabe, qui symbolisait la passion et l'amour courtois puisque, tout en étant amoureux de Loubna, il était fou amoureux de Leïla.

Fréquence : rare - **Évolution** : ↗

Âge moyen : 8 ans

V

Kamal

Kamale

Étymologie : de l'arabe : *kamal* : « perfection, plénitude ». Ce prénom est fidèle, par son orthographe, au substantif qui en est à l'origine. Pourtant cette forme est assez peu attribuée.

Couleur : gris - **Chiffre** : 7

Caractère : Kamal est intuitif et fidèle.

Fréquence : rare - **Évolution** : ↘

Âge moyen : 33 ans

V

Kamel

Kamil, Kemal, Kemel, Kemil

Étymologie : de l'arabe: *kamal* : « perfection, plénitude ». Ce prénom est très répandu, car il est l'un des nombreux surnoms attribués à Mahomet.

Couleur : gris - **Chiffre** : 7

Caractère : Kamel a le sens des responsabilités et a une certaine influence sur les autres.
Fréquence : répandu - Évolution : ↘
Âge moyen : 33 ans

V

Kareem

Étymologie : de l'arabe : « généreux ». Ce prénom correspond à une variante orthographique de Karim attribuée dans les pays anglo-saxons.
Couleur : vert - Chiffre : 3
Caractère : Kareem est vif, vigilant et difficile à tromper.
Personnage célèbre : Kareem Abdul-Jabbar, star du basket-ball américain et acteur.
Fréquence : rare - Évolution : =

V

Karim

Carim, Karam, Karem, Karime, Karym

Étymologie : de l'arabe : « généreux ». Ce prénom fait figure de classique, car il est un des noms coraniques employés pour désigner Allah.
Couleur : vert - Chiffre : 3
Caractère : Karim est original, spirituel et philosophe.
Personnages célèbres : le milliardaire et chef spirituel des ismaéliens nizârites, Karim Aga Khan ; Karim Kacel, chanteur.
Fréquence : répandu - Évolution : ↘
Âge moyen : 30 ans

V

Karl

Karlo, Karlos

Étymologie : du germanique *karl* : « fort, viril ». Ce prénom correspond à la forme allemande et originale de Charles. Karl est répandu en Allemagne, mais aussi dans les pays scandinaves.
Fête : 4 novembre - Couleur : vert - Chiffre : 3
Caractère : Karl est équilibré, organisé, a le sens des responsabilités, est solide et protecteur.
Personnages célèbres : Karl Marx, essayiste et théoricien de la révolution ; le créateur Karl Lagerfeld.
Fréquence : rare - Évolution : ↘
Âge moyen : 30 ans

V

Kasimir

Étymologie : du slave *kas* : « l'assemblée » et *mir* : « la paix ». Kasimir correspond à la forme slave de Casimir.
Couleur : bleu - Chiffre : 6
Caractère : Kasimir est ouvert d'esprit, rêveur et généreux.
Fréquence : très rare - Évolution : ↗
Âge moyen : 85 ans

V

Keith

Étymologie : du celte : « vent »
Couleur : bleu - Chiffre : 4
Caractère : Keith est un stratège, ardent et fin.
Personnages célèbres : Keith Richards, guitariste des Rolling Stones ; Keith Barnes, auteur anglais de la *beat generation.*
Fréquence : rare - Évolution : =
Âge moyen : 42 ans

P

Kelly

Étymologie : du celtique *ceallagh*, de *ceall* : « le monastère, le couvent ». Kelly est un prénom masculin à l'origine.
Fête : 1er mai - Couleur : bleu - Chiffre : 2
Caractère : Kelly est énergique, créatif, franc et ambitieux
Personnage célèbre : Kelly Slater, célèbre surfer.
Fréquence : rare - Évolution : ↘
Âge moyen : 26 ans

V

Kelian

Kellian

Étymologie : du celtique *ceallagh*, de *ceall* : « le monastère, le couvent ».
Fête : 8 juillet - Couleur : bleu - Chiffre : 5
Caractère : Kelian a l'esprit logique, c'est donc un bon gestionnaire.
Fréquence : rare - Évolution : ↗
Âge moyen : 9 ans

P

Kelvin

Étymologie : d'un mot celtique qui a donné son nom à une rivière d'Écosse.
Couleur : jaune - Chiffre : 8
Caractère : Kelvin est ambitieux et innovateur.
Fréquence : rare - Évolution : ↗
Âge moyen : 9 ans

V

Kelyan

Kelyann, Kelyane

Étymologie : du celtique *ceallagh*, de *ceall* : « le monastère, le couvent ».
Fête : 8 juillet - Couleur : bleu - Chiffre : 5
Caractère : Kelyan est sympathique, courageux et aime la découverte.
Fréquence : rare - Évolution : ↗
Âge moyen : 6 ans

P

Ken

Étymologie : du gaélique *cinaed* : « l'ancien, le sage ». Ken est la plupart du temps un diminutif de Kenan, mais il est employé également pour la majorité des prénoms masculins d'origine celte assemblés avec « Ken ».
Couleur : rouge - Chiffre : 9
Caractère : Ken est pragmatique, optimiste et créatif.
Personnage célèbre : Ken est aussi célèbre que Barbie et ce pour les mêmes raisons : il est son pendant masculin.
Fréquence : rare - Évolution : ↘
Âge moyen : 22 ans

V

Kenan

Étymologie : du gaélique *cinaed* : « l'ancien, le sage ».
Couleur : rouge - Chiffre : 9
Caractère : Kenan est ouvert d'esprit, humain, rêveur et généreux.
Fréquence : rare - Évolution : ↗
Âge moyen : 11 ans

V

Kendal

Kendall

Étymologie : du celte : « rivière de la vallée ».
Couleur : rouge - Chiffre : 9
Caractère : Kendal a le sens du relationnel, il est intuitif, organisé et fidèle.
Fréquence : rare - Évolution : ↗
Âge moyen : 9 ans

V

Kenneth

Étymologie : du gaélique *cinaed* : « l'ancien, le sage ». Ce prénom fut porté par le fils d'un barde irlandais, qui, après avoir fondé un monastère et évangélisé les Pictes écossais, se serait retiré sur une île déserte pour se consacrer à la prière. Il aurait même obtenu que les oiseaux ne chantent pas le dimanche, par respect pour le jour du Seigneur.
Couleur : violet - Chiffre : 4
Caractère : Kenneth aime la réflexion, l'étude, est exigeant et organisé.
Personnage célèbre : Kenneth Branagh, le comé-

dien et réalisateur nord-irlandais.
Fréquence : rare - **Évolution** : =
Âge moyen : 38 ans

P

Kenny

Keny

Étymologie : du gaélique *cinaed* : « l'ancien, le sage ».
Couleur : vert - **Chiffre** : 6
Caractère : Kenny est bienveillant, sage et pacifique.
Personnage célèbre : Kenny McCormick, dit Kenny, personnage de la série télévisée *South Park*.
Fréquence : rare - **Évolution** : ↗
Âge moyen : 17 ans

V

Kentin

Étymologie : du latin *quintus* : « cinquième ». Kentin est une variante de Quentin. Ce prénom est une référence au chiffre cinq, symbole ésotérique de l'union des contraires et de l'harmonie, de l'équilibre. Il renvoie aux sens, aux doigts d'une main et représente, par là-même, la totalité du monde sensible.
Couleur : bleu - **Chiffre** : 1
Caractère : Kentin est ambitieux, autonome, autoritaire et énergique.
Fréquence : rare - **Évolution** : ↗
Âge moyen : 9 ans

V

Kenzo

Kenzi, Kenzy

Étymologie : de l'arabe : « trésor ». Ce prénom est en forte croissance, sans doute entraîné par le succès de Kenza.
Couleur : bleu - **Chiffre** : 3
Caractère : Kenzo est plein de vitalité, il aime le dépassement de soi et l'achèvement.
Personnage célèbre : Kenzo, célèbre créateur (mode, parfums) japonais.
Fréquence : rare - **Évolution** : ↗
Âge moyen : 6 ans

V

Kerian

Keriann, Querian

Étymologie : du celte : « prêt au combat ».
Fête : 5 novembre - **Couleur** : rouge - **Chiffre** : 8
Caractère : Kerian a le sens de la justice, le goût du pouvoir et de l'équilibre.
Fréquence : rare - **Évolution** : ↗
Âge moyen : 8 ans

V

Kerwan

Étymologie : du celte : « sombre »
Couleur : violet - **Chiffre** : 8
Caractère : Kerwan est intègre, idéaliste et altruiste.
Fréquence : rare - **Évolution** : ↗
Âge moyen : 8 ans

V

Keryan

Kerian, Keryann, Kyrian

Étymologie : du celte : « prêt au combat ».
Fête : 5 novembre - **Couleur** : rouge - **Chiffre** : 8
Caractère : Keryan est intuitif et aime le relationnel.
Fréquence : rare - **Évolution** : ↗
Âge moyen : 7 ans

V

Keven

Keven, Kevens, Kewan, Keyvan

Étymologie : du celte *coemgen* : « le bien planté, le bien né, le noble ».

Fête : 3 juin - Couleur : blanc - Chiffre : 4
Caractère : Keven est un manager dans l'âme. Il est habile, fort et passionné.
Fréquence : rare - Évolution : =
Âge moyen : 14 ans

P

Kevin

Gavin, Kervin, Kev, Kevan, Kev, Kevyn

Étymologie : du celte *coemgen* : « le bien planté, le bien né, le noble ».
Fête : 3 juin - Couleur : blanc - Chiffre : 4
Caractère : Kevin est intuitif, discret et sensible.
Personnages célèbres : Kevin Costner, Kevin Spacey et Kevin Bacon, acteurs américains.
Fréquence : répandu - Évolution : ↘
Âge moyen : 20 ans

V

Khaled

Khalid

Étymologie : de l'adjectif arabe *khalid* : « éternel ». Khaled est un dérivé de Khalid. Cet adjectif a été nuancé pour lui ôter tout caractère blasphématoire. Il est, à présent, devenu synonyme de « bienheureux ».
Couleur : rouge - Chiffre : 3
Caractère : Khaled est dynamique, curieux et courageux.
Personnages célèbres : Khaled Ibn Al Walid, un adversaire de Mahomet, qui gagna contre lui la bataille d'Uhud en 625, avant de se convertir à l'islam et de devenir l'un des meilleurs généraux de Mahomet ; Khaled, célèbre chanteur de raï.
Fréquence : rare - Évolution : ↘
Âge moyen : 26 ans

V

Khaïm

Chaïm, Haïm

Étymologie : de l'hébreu *khaïm* : « vie, vivant ».
Couleur : rouge - Chiffre : 2
Caractère : Khaïm est un charmeur, dont la douceur et les capacités artistiques font mouche.
Fréquence : rare - Évolution : =

P

Kilian

Coloman, Kalman, Kill, Killian, Kiliann, Killiam, Killiann, Killien, Koloman, Koulman, Killyan, Kylian

Étymologie : du celtique *ceallagh*, de *ceall* : « le monastère, le couvent ». Ce prénom, ironie du sort, est rarissime dans les pays celtiques d'où il est originaire, mais est un grand succès en France.
Fête : 8 juillet - Couleur : bleu - Chiffre : 5
Caractère : Kilian est énergique, autoritaire et charismatique.
Fréquence : rare - Évolution : ↘
Âge moyen : 10 ans

V

Kim

Étymologie : du viel anglais *kimball* : « guerrier audacieux ». Ce prénom correspond à un diminutif devenu prénom à part entière.
Couleur : orange - Chiffre : 6
Caractère : Kim aime communiquer et attache une grande importance à l'affection.
Personnages célèbres : le héros éponyme de l'ouvrage de Kipling, également auteur du *Livre de la jungle* ; l'acteur Kim Rossi Stuart ; le réalisateur Kim Chapiron.
Fréquence : rare - Évolution : ↗
Âge moyen : 20 ans

B

Kléber

Klébert

Étymologie : en dialecte alsacien, *kléber* signifie « maçon ».

Couleur : bleu - Chiffre : 4
Caractère : Kléber est brave, déterminé, subtil et affectueux.
Personnage célèbre : Jean-Baptiste Kléber (1753-1800), chef militaire extrêmement populaire de la Révolution française, qui fut, comme Marceau, Hoche et Joubert, de ceux qui laissèrent leur nom comme prénom.
Fréquence : rare - Évolution : ↘
Âge moyen : 91 ans

V

Knut

Canut, Canute, Canuto, Knud,

Étymologie : du scandinave *knut* : « nœud », ou du germanique *knutr* : « hardi ».
Couleur : jaune - Chiffre : 8
Caractère : Knut est un pragmatique qui sait s'adapter à toutes les situations. Il est aussi généreux et enthousiaste.
Personnage célèbre : l'écrivain norvégien Knut Hamsun, prix Nobel en 1920.
Fréquence : rare - Évolution : =

V

Kurt

Curd, Curt, Kohn, Kord, Kuno, Kunz

Étymologie : du germanique *kurz* : « allemand ».
Couleur : jaune - Chiffre : 8
Caractère : Kurt est un sage, un indépendant qui aime la méditation.
Personnages célèbres : le compositeur de la musique de *L'Opéra de quat'sous*, de Brecht, Kurt Weill ; le musicien Kurt Cobain ; l'acteur Kurt Russel.
Fréquence : rare - Évolution : ↘

P

Kyle

Étymologie : du celtique *ceallagh*, de *ceall* : « le monastère, le couvent ».
Fête : 8 juillet - Couleur : bleu - Chiffre : 5
Caractère : Kyle est ardent, sympathique et drôle.
Personnage célèbre : l'acteur Kyle MacLachlan (*Dune, Twin Peaks, Desperate Housewives*).
Fréquence : rare - Évolution : ↗
Âge moyen : 7 ans

P

Kylian

Kyllian

Étymologie : du celtique *ceallagh*, de *ceall* : « le monastère, le couvent ».
Fête : 8 juillet - Couleur : bleu - Chiffre : 5
Caractère : Kylian est un idéaliste, altruiste et intègre. Il sait s'attirer la sympathie de tous.
Fréquence : rare - Évolution : ↗
Âge moyen : 7 ans

L

C

Ladislas

Étymologie : du slave *vladi* : « pouvoir » et slava : « gloire ». Ce prénom fut porté par un roi de Hongrie du XIe siècle qui sut fédérer les communautés de son royaume en autorisant les cultes juifs et musulmans. Il fonda également l'évêché de Zagreb en Croatie. Il mourut lors d'une croisade vers la Terre sainte en 1095.
Fête : 27 juin - Couleur : bleu - Chiffre : 5
Caractère : Ladislas est ambitieux, opportuniste et diplomate.
Fréquence : rare - Évolution : =
Âge moyen : 51 ans

C

Lambert

Lamb, Lamberto, Lambertus, Lambrecht, Lampe, Lamprecht, Lanbert, Landbert, Lando, Lanz, Lanzo

Étymologie : du germain *land* : « pays » et *behrt* : « brillant ».

Fête : 17 septembre - Couleur : jaune - Chiffre : 8

Caractère : Lambert est un esprit brillant, cultivé, toujours en quête de connaissances nouvelles : c'est un intellectuel curieux.

Personnage célèbre : le comédien Lambert Wilson.

Fréquence : rare - Évolution : ↘

Âge moyen : 56 ans

B

Lancelot

Lance, Lancelin, Lancellotto, Lancelote, Lancelyn, Lanzelot, Launce, Launcelot

Étymologie : du celte *ancel* : « celui qui sert ».

Fête : 21 avril - Couleur : rouge - Chiffre : 5

Caractère : Lancelot est travailleur, énergique, autoritaire et curieux.

Personnage célèbre : Lancelot est le chevalier de la Table ronde le plus illustre et l'un des personnages les plus importants de la *Geste* (récits d'épopées) de Chrétien de Troyes. Épris de la reine Guenièvre, l'épouse du roi Arthur, il représente l'idéal de l'amoureux courtois aussi beau que courageux et dévoué. C'est cet amour qui, néanmoins, l'empêchera de s'emparer du Graal qui exige la pureté absolue.

Fréquence : rare - Évolution : ↘

Âge moyen : 13 ans

B

Landry

Étymologie : du germain *land* : « pays » et *rik* : « le roi ».

Fête : 10 juin - Couleur : vert - Chiffre : 9

Caractère : Landry est sensible, franc et généreux.

Fréquence : rare - Évolution : ↘

P

Larry

Étymologie : du latin *laurus* : « laurier ». Ce prénom est à l'origine un diminutif de Lawrence, forme anglo-saxonne de Laurent.

Fête : 10 août - Couleur : vert - Chiffre : 2

Caractère : Larry est diplomate, sociable et attiré par la communication.

Personnage célèbre : Larry Hagman, acteur connu pour son rôle de J. R. dans la célèbre série *Dallas*.

Fréquence : rare - Évolution : ↘

Âge moyen : 28 ans

V

Lars

Étymologie : du latin *laurus* : « laurier ». Lars est la forme danoise de Laurent.

Fête : 10 août - Couleur : vert - Chiffre : 1

Caractère : Lars est audacieux, énergique. Il aime la séduction et l'originalité.

Personnage célèbre : Lars Von Trier, réalisateur, scénariste et producteur danois.

Fréquence : très rare - Évolution : =

Âge moyen : 21 ans

P

Laurent

Labhras, Labhruinn, Larrance, Laureano, Laurel, Laurens, Laurentino, Laurentz, Lauritz, Lavr, Lavrenti,Lawrance, Lawrence, Lawry, Lewerentz, Löhr, Löns, Loren, Lorentz, Lori, Lorin, Renzo, Zengo

Étymologie : du latin *laurus* : « laurier ». Le laurier, arbre d'Appolon sous la Grèce antique,

servait à couronner les vainqueurs des jeux. Le christianisme, par la suite, avec les prénoms de Laurentius, Laurenius ou Laura, lui donna une coloration mystique, où ces prénoms se voyaient « couronnés »... par Dieu.
Fête : 10 août - Couleur : vert - Chiffre : 1
Personnages célèbres : le prince Laurent de Médicis, surnommé le Magnifique ; l'homme politique Laurent Fabius ; le chanteur Laurent Voulzy ; l'éditeur Laurent Laffont ; les animateurs Laurent Boyer et Laurent Ruquier.
Fréquence : répandu - Évolution : ↘
Âge moyen : 63 ans

B

Lauréat

Étymologie : du latin *laurus* : « laurier ». La Grèce antique faisait du laurier l'arbre d'Apollon et le tressait en couronne pour les vainqueurs des Jeux. Le christianisme, par la suite, avec les prénoms de Laurentius, Laurenius ou Laura, lui donna une coloration mystique, où ces prénoms se voyaient « couronnés »... par Dieu. Le substantif « lauréat » correspond au prénom et a conservé ce sens d'élu.
Fête : 10 août - Couleur : vert - Chiffre : 1
Caractère : Lauréat est déterminé, équilibré, il a le sens de la famille et des responsabilités.
Fréquence : très rare - Évolution : ↘

B

Laurentin

Étymologie : du latin *laurus* : « laurier ». Laurentin est une forme dérivée de Laurent.
Fête : 10 août - Couleur : vert - Chiffre : 1
Caractère : Laurentin est ambitieux, généreux et raffiné.
Fréquence : très rare - Évolution : ↘
Âge moyen : 7 ans

TOP 20

Prénoms doux

La vague actuelle est aux prénoms courts et aux voyelles juxtaposées qui permettent de jouer avec les harmonies. On rencontre aujourd'hui des Noé comme des Néo ou des Noah. Cet attrait pour une quasi-musicalité agrémentée d'une douceur qu'on pensait réservée aux filles révèle peut-être l'envie d'attribuer un prénom-doudou, qui, sans être régressif, remplira élégamment son office.

Aimé
Ima
Incencio
Ivo
Innocent
Junien
Lel
Léor
Lilo
Maïeul
Manal
Mandé
Malo
Milo
Noah
Noam
Néo
Noé
Roméo
Timéo

C

Lazare

Eléazar, Eliezer, Lazaro, Lazarus, Lazzari

Étymologie : de l'hébreu *el'azar* : « Dieu a secouru ».

Fête : 23 février - Couleur : vert - Chiffre : 3

Caractère : Lazare est réservé, exigeant et travailleur.

Personnage célèbre : le savant et homme politique Lazare Carnot (1753-1823).

Fréquence : rare - Évolution : ↗

Âge moyen : 74 ans

C

Léandre

Étymologie : du grec *lêon* : « le lion » et *andros* : « l'homme » ; « l'homme lion ».

Fête : 27 février - Couleur : bleu - Chiffre : 2

Caractère : Léandre est charmant, curieux, vif et épicurien.

Personnages célèbres : Léandre, archétype du jeune élégant frivole chez Corneille et Molière, qui s'inspiraient eux-mêmes de la comédie italienne ; Léandre, héros mythologique, amoureux d'Hero, prêtresse d'Aphrodite, qui traversait le Bosphore à la nage chaque nuit pour la retrouver. Une nuit d'orage, les torches qu'elle allumait sur une tour pour le guider s'éteignirent et il se noya.

Fréquence : rare - Évolution : ↗

Âge moyen : 36 ans

V

Léandro

Étymologie : du grec *lêon* : « le lion » et *andros* : « l'homme » ; « l'homme lion ». Léandro est la forme hispanique et italienne de Léandre. En France, c'est au Pays basque que cette forme est la plus couramment usitée.

Fête : 27 février - Couleur : bleu - Chiffre : 2

Caractère : Léandro est consciencieux, bienveillant et volontaire.

Fréquence : rare - Évolution : ↗

Âge moyen : 7 ans

V

Leif

Étymologie : du germanique *leiba* : « descendant, fils ».

Couleur : rouge - Chiffre : 6

Caractère : Leif a l'esprit aventureux, il est audacieux et déterminé.

Personnage célèbre : Leif Erikson est une grande figure viking du XIe siècle. On considère qu'il découvrit le premier le sol américain. Il y fonda des colonies de Vikings. Il est célébré le 9 octobre de chaque année en Amérique. Cette journée historique porte son nom : le *Leif Erikson Day*.

Fréquence : très rare - Évolution : ↘

V

Lénaïc

Étymologie : du vieux breton *Elen* : « le troupeau de bétail » ; Lénaïc passe donc, à tort, pour un diminutif d'Hélène. Ce prénom fut porté par un moine évangélisateur du VIIe siècle qui a donné son nom à un village des Côtes-d'Armor : Saint-Helen.

Fête : 7 septembre - Couleur : gris - Chiffre : vert

Caractère : Lenaïc est un stratège, plein de vitalité et d'ardeur.

Fréquence : rare - Évolution : ↗

Âge moyen : 18 ans

P

Lenny

Leny

Étymologie : du germanique *leonhard* : « fort comme un lion ». Ce prénom correspond à un dérivé anglo-saxon de Léonard. Il fut porté par

un ancien soldat de Clovis, qui reçut le baptême en même temps que son roi et se consacra à la libération et à la rééducation des prisonniers, après être entré en religion et avoir fondé un monastère dans le Limousin. Il est aujourd'hui considéré comme le saint patron des prisonniers.
Fête : 6 novembre - Couleur : blanc - Chiffre : 2
Caractère : Lenny est intelligent, indépendant et compatissant.
Personnage célèbre : le chanteur Lenny Kravitz.
Fréquence : rare - Évolution : ⇗
Âge moyen : 7 ans

P

Léo

Étymologie : du latin *leo* : « lion ». C'est sans doute la gloire de Léa, ne correspondant nullement, par ailleurs, à la forme féminine de Léo, qui a engendré l'essor de ce dernier. C'est à la fin des années 80 qu'il s'est timidement réveillé, encouragé par la tendance aux prénoms anciens, courts et riches de voyelles.
Fête : 10 novembre - Couleur : vert - Chiffre : 5
Caractère : Léo est charmant, passionné, très diplomate, car aimant la communication et surtout les autres.
Personnages célèbres : Léo Lagrange (1900-1940), le bienfaiteur du sport populaire ; l'écrivain Léo Malet ; le chanteur Léo Ferré.
Fréquence : rare - Évolution : ⇗
Âge moyen : 14 ans

B

Léon

Leão, Lee, Leons, Léos, Lev

Étymologie : du latin *leo* : « lion ».
Fête : 10 novembre - Couleur : vert - Chiffre : 1
Caractère : Léon est énergique, logique ; il aime la cohérence et la précision. Méthodique et efficace, il sait aussi se montrer chaleureux, affectueux et charismatique.
Personnages célèbres : le géographe arabe Léon l'Africain (XVIe siècle) ; les écrivains Léon Daudet, Léon Bloy, Léon Tolstoï ; les hommes d'État Léon Gambetta, Léon Blum et Léon Trotski.
Fréquence : répandu - Évolution : ⇗
Âge moyen : 90 ans

B

Léonard

Leonhard, Loni, Lonni, Lonny

Étymologie : du germanique *leonhard* : « fort comme un lion ».
Fête : 6 novembre - Couleur : blanc - Chiffre : 2
Caractère : Léonard est réputé brillant et solide ; il voit loin, entreprend intensément et réalise avec audace. Hardi, volontaire et subtil, il manifeste un sens exigeant de l'amitié.
Personnages célèbres : le peintre, sculpteur et ingénieur Léonard de Vinci (1452-1519) ; Léonard Cohen, poète et romancier canadien ; le compositeur Leonard Bernstein.
Fréquence : rare - Évolution : ⇗
Âge moyen : 58 ans

V

Leonardo

Étymologie : du germanique *leonhard* : « fort comme un lion ». Léonardo est la forme espagnole et italienne de Léonard.
Fête : 6 novembre - Couleur : blanc - Chiffre : 2
Caractère : Leonardo est pragmatique, optimiste et a du caractère.
Personnage célèbre : l'acteur Leonardo DiCaprio.
Fréquence : rare - Évolution : ⇗
Âge moyen : 28 ans

B

Léonce

Léoncio

Étymologie : du latin *leo* : « lion ».
Fête : 18 juin - Couleur : orange - Chiffre : 3

Caractère : Léonce est intuitif, réfléchi, sensible et pourvu d'un grand sens critique.
Fréquence : rare - Évolution : ↗
Âge moyen : 91 ans

B

Léontin

Étymologie : du latin *leo* : « lion ».
Fête : 18 juin - Couleur : orange - Chiffre : 3
Caractère : Léontin est un tempérament passionné. Il est fort, habile et ambitieux.
Fréquence : très rare - Évolution : =
Âge moyen : 87 ans

B

Léo-Paul

Étymologie : prénom composé de Léo et de Paul. Cette composition épouse la sonorité du prénom Léopold.
Couleur : vert - Chiffre : 7
Caractère : Léo-Paul est directif, audacieux et indépendant.
Fréquence : rare - Évolution : ↗
Âge moyen : 9 ans

C

Léopold

Bolbi, Lebold, Leibold, Leodebald, Leopoldino, Leopoldo, Leppe, Leupold, Liutbald, Liutpold, Lupold, Lutbald

Étymologie : du germain *liut* : « peuple » et *bald* : « courageux ». Ce prénom fut porté par un duc d'Autriche extrêmement charitable et juste, Léopold IV, qu'on surnomma le « père des pauvres ».
Fête : 15 novembre - Couleur : vert - Chiffre : 7
Caractère : Léopold est ambitieux, travailleur et possède une certaine autorité naturelle ; le poète et chef d'État sénégalais Léopold Sédar Senghor.
Fréquence : rare - Évolution : ↗
Âge moyen : 71 ans

P

Leslie

Lesley, Lesly

Étymologie : de l'écossais : « le château de pierre grise ». Contrairement à ce que l'on pourrait penser, Leslie est également un prénom masculin.
Couleur : vert - Chiffre : 2
Caractère : Leslie est habile, passionné et ambitieux.
Personnages célèbres : Leslie Howard, acteur, réalisateur et producteur britannique ; l'acteur comique américain Leslie Nielsen (*Y a-t-il un pilote dans l'avion ?, Y a-t-il un flic pour sauver la reine ?*).
Fréquence : rare - Évolution : ↘
Âge moyen : 44 ans

V

Levi

Levy

Étymologie : de l'hébreu : « qui accompagne ». Ce prénom est porté, dans la Bible, par un des fils de Jacob/Israël et de Léa. Il fonda la tribu des Lévites.
Couleur : rouge - Chiffre : 3
Caractère : Lévi est enthousiaste, pragmatique, a un grand sens de la communication et de fortes capacités d'adaptation, sans oublier sa qualité principale : la générosité.
Personnage célèbre : Levi Strauss, l'inventeur du blue-jeans.
Fréquence : rare - Évolution : ↗
Âge moyen : 14 ans

V

Liam

Lyam

Étymologie : de l'hébreu : « le peuple pour moi ».
Fête : 10 janvier - Couleur : vert - Chiffre : 8

Caractère : Liam est altruiste, sensible, ambitieux et intuitif.
Personnages célèbres : l'acteur Liam Neeson ; le chanteur d'*Oasis* Liam Gallagher.
Fréquence : rare - **Évolution :** ↗
Âge moyen : 6 ans

P

Lilian

Lilyan

Étymologie : du latin *lilia* : « les lys ».
Fête : 22 juillet - **Couleur :** bleu - **Chiffre :** 7
Caractère : Lilian est résolu, optimiste et réussit le défi d'être à la fois créatif et pragmatique.
Personnage célèbre : Lilian Thuram, le footballeur.
Fréquence : répandu - **Évolution :** ↗
Âge moyen : 18 ans

V

Lindsay

Lindsey, Lyndsay, Lyndsey

Étymologie : de l'anglais : « île aux tilleuls ». Ce nom de lieu devenu prénom était, à l'origine, essentiellement masculin. Il est aujourd'hui plus rare chez les garçons que chez les filles.
Couleur : bleu - **Chiffre :** 8
Caractère : Lindsay est sensible et quelque peu charmeur.
Fréquence : très rare - **Évolution :** ↗
Âge moyen : 18 ans

V

Lino

Étymologie : du grec : « lin ». Ce prénom, d'origine italienne, devient tendance grâce à sa terminaison et sa double syllabe.
Couleur : blanc - **Chiffre :** 2
Caractère : Lino est un être curieux, dynamique, extrêmement logique et indépendant.
Personnage célèbre : l'acteur Lino Ventura.
Fréquence : rare - **Évolution :** ↗
Âge moyen : 25 ans

P

Lionel

Étymologie : du latin *leo* : « lion ». Lionel est un prénom directement forgé à partir de « lion », avec le sens de « petit lion, lionceau », au Moyen Âge.
Fête : 10 novembre - **Couleur :** jaune - **Chiffre :** 3
Caractère : Lionel est intuitif et peut se montrer charmant. Il se révèle néanmoins intransigeant et d'une rigueur absolue dans le travail.
Personnages célèbres : l'homme politique Lionel Jospin ; le chanteur Lionel Richie.
Fréquence : répandu - **Évolution :** ↘
Âge moyen : 45 ans

V

Livio

Étymologie : du latin *oliva*, du nom de l'arbre fruitier et de ses fruits. Livio correspond à un dérivé italien d'Olivier.
Fête : 12 juillet - **Couleur :** jaune - **Chiffre :** 9
Caractère : Livio est méthodique, tenace et fiable.
Fréquence : rare - **Évolution :** ↗
Âge moyen : 21 ans

V

Lloyd

Étymologie : du gallois : « cheveux gris ».
Couleur : gris - **Chiffre :** 8
Caractère : Lloyd aime la découverte, la séduction et l'originalité.
Fréquence : rare - **Évolution :** =
Âge moyen : 18 ans

P

Loan

Loann, Lohan, Lohann

Étymologie : du celte : « lumière ». Ce prénom est mixte, à l'origine et dérivé d'Elouan, un moine irlandais qui évangélisa l'Armorique au début du VIe siècle. Très attribué d'abord aux garçons, puis aux filles, Loan redevient, actuellement, très masculin.

Fête : 28 août - Couleur : orange - Chiffre : 5

Caractère : Loan a le sens des responsabilités et de la famille, est très exigeant et exerce, comme tous les individus forts et charismatiques, une certaine influence sur les autres.

Fréquence : rare - Évolution : ↗

Âge moyen : 7 ans

V

Logan

Logann, Loghan

Étymologie : du celte *log* : « le trou ». Ce substantif se rencontre en Irlande et en Écosse et aurait formé le toponyme Logan : « petite caverne », devenu un patronyme répandu, puis un prénom.

Couleur : blanc - Chiffre : 8

Caractère : Logan est structuré, persévérant, sympathique et efficace.

Fréquence : rare - Évolution : ↘

Âge moyen : 12 ans

V

Loïc

Lomig, Lowik

Étymologie : du germain *hold* : « illustre, glorieux » et *wig* : « bataille, combattant ». Contrairement à ce que l'on pourrait croire, Loïc n'est pas une forme bretonne de Louis, mais une forme provençale. Il est vrai, en revanche, que les Bretons, séduits par sa sonorité proche de celle de l'armoricain Loïg, l'ont adoptée, au point qu'on la pense bretonne.

Fête : 25 août - Couleur : rouge - Chiffre : 3

Caractère : Loïc est calme, sérieux et épris d'harmonie.

Personnage célèbre : Loïc Perron, skipper renommé.

Fréquence : répandu - Évolution : ↘

Âge moyen : 28 ans

V

Loïck

Étymologie : du germain *hold* : « illustre, glorieux » et *wig* : « bataille, combattant ». Loïck est une variante du provençal Loïc.

Fête : 25 août - Couleur : rouge - Chiffre : 3

Caractère : Loïck est énergique, aime la découverte et l'originalité.

Fréquence : rare - Évolution : ↘

Âge moyen : 18 ans

V

Loïg

Étymologie : du germain *hold* : « illustre, glorieux » et *helm* : « protection ». Loïg correspond à la forme armoricaine de Guilhem, attestée dès le XIIIe siècle.

Fête : 10 janvier - Couleur : vert - Chiffre : 2

Caractère : Loïg a du ressort, est enthousiaste et sympathique.

Fréquence : rare - Évolution : ↘

Âge moyen : 26 ans

V

Loïk

Étymologie : du germain *hold* : « illustre, glorieux » et *wig* : « bataille, combattant ». Loïk est une variante du provençal Loïc.

Fête : 25 août - Couleur : rouge - Chiffre : 3

Caractère : Loïk est fidèle, intuitif et aime le relationnel.

Fréquence : rare - Évolution : ↗

V

Loïs

Étymologie : du germain *hold* : « illustre, glorieux » et *wig* : « bataille, combattant ». Loïs correspond à une forme ancienne de Louis, très représentée au XVe et XVIe siècle, dès la seconde moitié du XXe siècle.

Fête : 25 août - **Couleur** : jaune - **Chiffre** : 1

Caractère : Loïs aime l'innovation. Il est autoritaire, ambitieux et sait faire preuve d'analyse.

Fréquence : rare - **Évolution** : ⇗

Âge moyen : 13 ans

V

Lorenzo

Laurenzo, Lenzo, Lorent, Lorenz

Étymologie : du latin *laurus* : « laurier ». Lorenzo correspond à la forme italienne de Laurent, de plus en plus prisée en France.

Fête : 10 août - **Couleur** : vert - **Chiffre** : 1

Caractère : Lorenzo est équilibré, raisonnable et a le sens des responsabilités.

Fréquence : rare - **Évolution** : ⇗

Âge moyen : 11 ans

P

Loris

Lorris, Lorys

Étymologie : du latin *laurus* : « laurier ». Loris correspond à la forme néerlandaise de Laurent. Elle est en vogue depuis les années 90.

Fête : 10 août - **Couleur** : blanc - **Chiffre** : 2

Caractère : Loris est sociable, éloquent et fantaisiste.

Fréquence : rare - **Évolution** : ⇗

Âge moyen : 11 ans

V

Lothaire

Étymologie : du germanique *hold* : « illustre » et *hart* : « fort ».

Fête : 7 avril - **Couleur** : vert - **Chiffre** : 7

Caractère : Lothaire est calme, curieux, travailleur et ambitieux.

Fréquence : rare - **Évolution** : ⇗

Âge moyen : 27 ans

B

Lou

Étymologie : du germain *hold* : « illustre, glorieux » et *wig* : « bataille, combattant ». Lou est attesté comme un diminutif de Louis. Il peut l'être aussi pour Louise. Il est donc considéré comme un prénom mixte bien qu'un peu plus en vogue pour les filles que pour les garçons.

Fête : 25 août - **Couleur** : rouge - **Chiffre** : 4

Caractère : Lou est créatif, optimiste et sociable.

Fréquence : rare - **Évolution** : ⇗

Âge moyen : 10 ans

P

Louan

Louen

Étymologie : du celte : « lumière ». Louan est une variante de Loan, un dérivé d'Elouan : un moine irlandais qui évangélisa l'Armorique au début du VIe siècle.

Fête : 28 août - **Couleur** : orange - **Chiffre** : 5

Caractère : Louan est intègre, altruiste et idéaliste.

Fréquence : rare - **Évolution** : ⇗

Âge moyen : 7 ans

TOP 20

Prénoms exotiques

Les prénoms venus d'ailleurs ne sont plus l'apanage de parents originaires des îles ou de contrées éloignées. Ils se démocratisent et séduisent. Sonorités harmonieuses, évasion, métissage.. autant de douces raisons pour céder à cette tendance ensoleillée.

Ari
Hiro
Loti
Manua
Mauri
Miki
Moehau
Moira
Nino
Raihau
Raimanu
Tamahere
Tamarii
Tamatea
Teiki
Timi
Tino
Tuka
Varii
Vahimeo

C

Louis

Ludwig, Lewis, Loïez, Luigno, Lodewijk, Loek, Louiset, Lugaidh, Luisito, Luiz, Luthais, Lüwisi, Viki, Vikli, Visen, Wickel, Wigg, Wiggl, Wisie, Zaig

Étymologie : du germain *hold* : « illustre, glorieux » et *wig* : « bataille, combattant ». L'allemand Chlodowig s'est transformé en Clovis, forme plus simple, puis en Clodovico, forme plus latine, qui a engendré Ludovic, puis Louis. Louis est un prénom marqué par le sceau de la royauté. En effet, le saint qui rendit ce prénom illustre est un roi. Louis IX, qui gouverna la France entre 1226 et 1270 et qui, généreux et juste, était aimé de tous ses sujets. Il mourut de la peste devant Tunis pendant la quatrième croisade et resta un modèle de magnanimité. Ce prénom, porté par dix-huit rois de France, fut néanmoins peu attribué au XVe et au XVIe siècle, considéré sans doute comme l'apanage aristocratique du souverain. En revanche, dès le XVIIe siècle, il se démocratise, notamment en région parisienne. De plus en plus attribué le siècle suivant, il devient même le prénom masculin le plus attribué au cours des vingt premières années du XXe siècle et s'il se démode quelque peu au cours des années 40, il ne fait que se réaffirmer durant les années 80, particulièrement au sein des milieux chics parisiens. Il s'étend ensuite sur tout le territoire, au point de se définir comme un classique indémodable.

Fête : 25 août - Couleur : rouge - Chiffre : 4

Caractère : Louis est déterminé, méthodique, aussi opiniâtre que travailleur.

Personnages célèbres : dix-huit rois de France ; quatre empereurs d'Occident ; quatre rois de Sicile ; deux rois de Hongrie ; un roi d'Espagne ; un roi d'Étrurie ; deux comtes de Flandre ; deux rois de Bavière et deux ducs ; Louis Pasteur ; Louis Braille ; les acteurs Louis Jouvet et Louis

Garrel ; le musicien Louis Armstrong ; les chanteurs Louis Chédid et Louis Bertignac.
Fréquence : répandu - Évolution : ↗
Âge moyen : 77 ans

(C)

Louis-Alexandre

Étymologie : prénom composé de Louis et d'Alexandre.
Fête : 25 août ou 3 mai - Couleur : vert
Chiffre : 6
Caractère : Louis-Alexandre est intelligent, a du caractère et l'esprit logique.
Personnages célèbres : Louis-Alexandre de Bourbon, fils naturel de Louis XIV et Mme de Montespan ; Louis-Alexandre Berthier, général de Napoléon Ier et maréchal de France.
Fréquence : rare - Évolution : =
Âge moyen : 14 ans

(C)

Louis-Marie

Étymologie : prénom composé de Louis et de Marie.
Fête : 25 août ou 15 août - Couleur : rouge
Chiffre : 6
Caractère : Louis-Marie est curieux, dynamique et courageux.
Fréquence : rare - Évolution : ↘
Âge moyen : 27 ans

(B)

Louison

Étymologie : du germain *hold* : « illustre, glorieux » et *wig* : « bataille, combattant ». Louison est un diminutif de Louis, et donc considéré comme un prénom mixte.
Fête : 25 août - Couleur : rouge - Chiffre : 4
Caractère : Louison est bienveillant, consciencieux et doté d'un esprit logique.
Personnage célèbre : Louison Bobet, célèbre coureur cycliste.
Fréquence : rare - Évolution : ↗
Âge moyen : 11 ans

(C)

Louis-Philippe

Étymologie : prénom composé de Louis et de Philippe.
Fête : 25 août ou 3 mai - Couleur : rouge
Chiffre : 6
Caractère : Louis-Philippe est exigeant, brave et loyal.
Personnages célèbres : Louis-Philippe Ier (1773-1850), duc d'Orléans devenu roi des Français ; Louis Philippe d'Orléans (1845-1866), dit le « prince de Condé ».
Fréquence : rare - Évolution : ↘
Âge moyen : 36 ans

(C)

Louis-Victor

Étymologie : prénom composé de Louis et de Victor.
Fête : 25 août ou 21 juillet - Couleur : rouge
Chiffre : 7
Caractère : Louis-Victor est directif, dynamique et audacieux.
Personnage célèbre : Louis-Victor Louvet, architecte français du XIXe siècle.
Fréquence : rare - Évolution : ↘
Âge moyen : 12 ans

(V)

Louka

Étymologie : du latin *lux* : « lumière ». Louka est la forme arabe de Lucas. Ce prénom, qui correspond à une forme ancienne de Luc, fut porté par un missionnaire dominicain, qui vécut au Japon au XVIIe siècle et fut martyrisé à Nagasaki en 1637.
Fête : 18 octobre - Couleur : orange - Chiffre : 2

Caractère : Louka est équilibré, influent et a le sens des responsabilités.
Fréquence : rare - **Évolution** : ↗
Âge moyen : 5 ans

V

Lounes

Étymologie : de l'arabe : « compagnon de fortune ».
Couleur : noir - **Chiffre** : 4
Caractère : Lounes est énergique, audacieux et a l'esprit de découverte.
Fréquence : rare - **Évolution** : ↗
Âge moyen : 15 ans

V

Lounis

Étymologie : de l'arabe : « compagnon de fortune ».
Couleur : noir - **Chiffre** : 4
Caractère : Lounis est énergique, aime l'audace et la séduction.
Fréquence : rare - **Évolution** : ↗
Âge moyen : 15 ans

B

Loup

Ellula, Leu, Lobo, Lope, Louve, Lovell, Lowell, Lua, Lupo, Uffe, Ulf, Wilf, Wolf, Wölfel, Wolfilo

Étymologie : du latin *lupus* : « loup », renvoyant au germain *wolf*, de même signification.
Fête : 29 juillet - **Couleur** : jaune - **Chiffre** : 9
Caractère : Loup est un épicurien. Pourtant, la morale et les principes régissent sa vie. Contrairement à ce que l'on pourrait penser, ce n'est pas l'animalité qui prend le pas sur son être mais une quête du plaisir mesurée.
Fréquence : rare - **Évolution** : ↗
Âge moyen : 12 ans

V

Luan

Étymologie : du celte : « lumière ». Luan est une variante de Loan, un dérivé d'Elouan, un moine irlandais qui évangélisa l'Armorique au début du VIe siècle.
Fête : 28 août - **Couleur** : orange - **Chiffre** : 5
Caractère : Luan est intègre, enthousiaste et généreux.
Fréquence : rare - **Évolution** : ↗
Âge moyen : 5 ans

B

Lubin

Étymologie : du latin *lupus* : « loup », ou du germanique *leuba* : « amour ».
Fête : 15 septembre - **Couleur** : vert - **Chiffre** : 9
Caractère : Lubin est honnête, persévérant et efficace.
Fréquence : rare - **Évolution** : ↗
Âge moyen : 11 ans

P

Luc

Laux, Louki, Loutsi, Loutsian, Luck, Lucillien, Lucinien, Lucky, Lützel, Lutzele,

Étymologie : du latin *lux* : « lumière ». Luc fut l'auteur du troisième Évangile, le plus précis et le plus riche concernant l'enfance du Christ. Médecin d'Antioche, il fut converti par saint Paul et écrivit également les Actes des Apôtres.
Fête : 18 octobre - **Couleur** : orange - **Chiffre** : 9
Caractère : Luc ne montre pas son caractère ombrageux. Il intériorise ses sentiments et se montre, à l'extérieur, toujours d'une humeur égale.
Personnages célèbres : le cinéaste Luc Besson ; le philosophe et ministre Luc Ferry.
Fréquence : répandu - **Évolution** : ↘
Âge moyen : 46 ans

P

Luca

Étymologie : du latin *lux* : « lumière ». Luca correspond à la forme italienne de Lucas.
Fête : 18 octobre - **Couleur** : orange - **Chiffre** : 2
Caractère : Luca est dynamique, audacieux, persévérant et plein d'assurance.
Fréquence : rare - **Évolution** : ↗
Âge moyen : 10 ans

P

Lucas

Étymologie : du latin *lux* : « lumière ». Ce prénom, qui correspond à une forme ancienne de Luc, fut porté par un missionnaire dominicain, qui vécut au Japon au XVIIe siècle et fut martyrisé à Nagasaki en 1637. Dans les textes anciens, grecs ou latins, Lucas est l'orthographe originale de Luc, usitée au Moyen Âge. Il disparaît ensuite, n'étant plus attribué que comme patronyme. C'est sans doute le succès frontalier du Lukas allemand, qui engendra celui du Lucas français, apparu, au cours des années 1980, comme un nouveau prénom.
Fête : 18 octobre - **Couleur** : orange - **Chiffre** : 2
Caractère : Lucas est un être réservé mais affectueux. Organisé, rigoureux, sur le plan professionnel, beaucoup le considèrent comme un partenaire idéal.
Fréquence : répandu - **Évolution** : ↗
Âge moyen : 11 ans

B

Lucian

Étymologie : du latin *lux* : « lumière ».
Fête : 27 janvier - **Couleur** : orange - **Chiffre** : 1
Caractère : Lucian est bienveillant, de bon conseil. Il déteste les conflits.
Personnage célèbre : l'artiste Lucian Freud.
Fréquence : rare - **Évolution** : ↗
Âge moyen : 4 ans

V

Luciano

Étymologie : du latin *lux* : « lumière ». Luciano est la version espagnole et italienne de Lucien.
Fête : 27 janvier - **Couleur** : orange - **Chiffre** : 1
Personnage célèbre : le grand ténor Luciano Pavarotti.
Fréquence : rare - **Évolution** : ↗
Âge moyen : 35 ans

B

Lucien

Étymologie : du latin *lux* : « lumière ».
Fête : 7 janvier - **Couleur** : orange - **Chiffre** : 1
Caractère : Lucien a l'art, sans paraître y toucher, de ramener la couverture à soi : cet homme de cœur a besoin d'attention, de compréhension, d'amour.
Personnages célèbres : Lucien Leuwen (1855), de Stendhal ; Lucien Bonaparte, frère de Napoléon ; Lucien Guitry, père de Sacha ; Lucien Sempé, dessinateur.
Fréquence : rare - **Évolution** : ↗
Âge moyen : 84 ans

B

Lucius

Étymologie : du latin *lux* : « lumière ».
Fête : 6 mai - **Couleur** : jaune - **Chiffre** : 3
Caractère : Lucius est passionné, entier et volontaire.
Fréquence : très rare - **Évolution** : =
Âge moyen : 99 ans

V

Ludovic

Lodovico, Ludo, Ludovick, Ludovik

Étymologie : du germain *hold* : « illustre, glorieux » et *wig* : « bataille, combattant ». Ludovic est une forme primitive de Louis. L'allemand Chlodowig s'est transformé en Clovis, forme plus simple, puis en Clodovico, forme plus latine, qui a engendré Ludovic, puis Louis.

Fête : 9 octobre - Couleur : rouge - Chiffre : 1

Caractère : Ludovic est indépendant, curieux et a le goût de l'aventure.

Personnages célèbres : Ludovic Ariosto dit l'Arioste, l'auteur de l'*Orlando Furioso* ; l'auteur dramatique Ludovic Halévy.

Fréquence : rare - Évolution : ↘

Âge moyen : 33 ans

Ludwig

Lidwig, Ludwick, Ludwik

Étymologie : du germain *hold* : « illustre, glorieux » et *wig* : « bataille, combattant ». Ludwig correspond à la forme allemande de Louis.

Fête : 25 août - Couleur : rouge - Chiffre : 4

Caractère : Ludwig est fiable, tenace, méthodique et sympathique.

Personnage célèbre : Ludwig van Beethoven.

Fréquence : rare - Évolution : ↘

Âge moyen : 23 ans

Luigi

Luidgi, Luidji, Luiggi

Étymologie : du germain *hold* : « illustre, glorieux » et *wig* : « bataille, combattant ». Luigi correspond à la forme italienne de Louis.

Fête : 25 août - Couleur : rouge - Chiffre : 4

Caractère : Luigi est persévérant, honnête et efficace.

Personnage célèbre : l'écrivain Luigi Pirandello.

Fréquence : rare - Évolution : ↘

Âge moyen : 32 ans

Luis

Luiz

Étymologie : du germain *hold* : « illustre, glorieux » et *wig* : « bataille, combattant ». Luis est la forme hispanophone de Louis.

Fête : 25 août - Couleur : rouge - Chiffre : 4

Caractère : Luis est intelligent, indépendant, sage et enclin à la méditation.

Personnage célèbre : Luis Buñuel, cinéaste espagnol.

Fréquence : rare - Évolution : ↗

Âge moyen : 32 ans

Luka

Étymologie : du latin *lux* : « lumière ». Luka correspond à une variante de Lukas, la version allemande de Lucas également très prisée en France.

Fête : 18 octobre - Couleur : orange - Chiffre : 2

Caractère : Luka est humain, rêveur et ouvert d'esprit.

Fréquence : rare - Évolution : ↗

Âge moyen : 7 ans

Lukas

Étymologie : Lukas est la version allemande de Lucas. Ce prénom correspond à une forme ancienne de Luc et fut porté par un missionnaire dominicain, qui vécut au Japon au XVIIe siècle et fut martyrisé à Nagasaki en 1637.

Fête : 18 octobre - Couleur : orange - Chiffre : 2

Caractère : Lukas est audacieux, directif et indépendant.

Fréquence : rare - Évolution : ↗

Âge moyen : 7 ans

Luke

Étymologie : du latin *lux* : « lumière ». Ce prénom est la forme anglo-saxonne de Luc.

Fête : 18 octobre - Couleur : orange - Chiffre : 9

Caractère : Luke est tenace, a le sens du devoir.

Personnage célèbre : Luke Skywalker, le héros de *Star Wars*.
Fréquence : rare - **Évolution :** ↗
Âge moyen : 10 ans

B

Lulu

Étymologie : du latin *lux* : « lumière ». Lulu est un diminutif de Lucien.
Fête : 7 janvier - **Couleur :** orange - **Chiffre :** 1
Caractère : Lulu est enthousiaste, généreux et sait s'adapter à toutes les situations.
Personnage célèbre : Lulu Gainsbourg.
Fréquence : très rare - **Évolution :** =
Âge moyen : 4 ans

B

Lux

Étymologie : du latin *lux* : « lumière ».
Fête : 7 janvier - **Couleur :** orange - **Chiffre :** 1
Caractère : Lux est parfois capricieux, mais il est généreux et enthousiaste.
Fréquence : très rare - **Évolution :** ↘

M

P

Maden

Madenig

Étymologie : du celte : « bon ». Ce prénom fut porté par saint Maden, un moine armoricain du VIe siècle, qui prêchait et portait secours aux miséreux.
Fête : 19 juin - **Couleur :** bleu - **Chiffre :** 1
Caractère : Maden est travailleur, pragmatique, efficace et indépendant.
Fréquence : très rare - **Évolution :** ↗
Âge moyen : 4 ans

V

Madison

Étymologie : de l'anglais : « fils du puissant guerrier ». Ce prénom est à l'origine un nom de famille, utilisé ensuite comme prénom aux États-Unis, au XIXe siècle. Aujourd'hui attribué à la fois à des garçons et à des filles comme nombre de prénoms anglo-saxons, Madison est devenu un prénom à succès dans les pays anglophones. Pourtant, s'il s'est répandu aux États-Unis, c'est en raison du président James Madison, qui fut au pouvoir de 1809 à 1817.
Couleur : bleu - **Chiffre :** 3
Caractère : Madison a l'esprit pratique et possède de grandes qualités d'émerveillement.
Personnages célèbres : Madison, nom de la capitale de l'État du Wisconsin ; le *Madison Square Garden*, célèbre parc new-yorkais, baptisé ainsi en l'honneur de l'illustre président ; n'oublions pas que le madison est aussi une danse crée dans les années 60 à Philadelphie.
Fréquence : très rare - **Évolution :** ↗
Âge moyen : 11 ans

V

Madjid

Étymologie : de l'arabe : « distingué, excellent, gracieux, noble ».
Couleur : orange - **Chiffre :** 3
Caractère : Madjid est énergique, audacieux et séducteur.
Fréquence : rare - **Évolution :** ↘
Âge moyen : 35 ans

(V)

Maë

Étymologie : de l'hébreu : « goutte d'eau ». Considéré comme un prénom mixte, cette forme bretonnante de Marie est, dans la plupart du cas, attribué à des filles.

Fête : 15 août - Couleur : orange - Chiffre : 5

Caractère : Maë aime l'innovation, est énergique et ambitieux.

Fréquence : rare - Évolution : ↗

Âge moyen : 4 ans

(V)

Maël

Mahel, Mélaire

Étymologie : du vieux breton *maël* : « chef, prince ». Maël est un prénom qui n'est plus uniquement prisé en Bretagne. En effet, il figure parmi les cinquante prénoms masculins les plus attribués du moment.

Fête : 13 mai - Couleur : bleu - Chiffre : 6

Caractère : Maël est efficace, persévérant et honnête.

Fréquence : répandu - Évolution : ↗

Âge moyen : 9 ans

(V)

Mahamadou

Étymologie : de l'arabe : « celui qui est loué et digne d'éloges ». Ce prénom correspond à une des formes attribuées en Afrique noire du prénom Muhammad, prénom porté en premier lieu par le prophète Mahomet. La variante Mamadou est néanmoins plus courante.

Couleur : violet - Chiffre : 2

Caractère : Mahamadou est sociable, pragmatique et aime la communication.

Fréquence : rare - Évolution : ↗

Âge moyen : 17 ans

(V)

Mahmoud

Mamoud

Étymologie : de l'arabe : « celui qui est loué et digne d'éloges ». Ce prénom correspond à une des formes attribuées en Afrique noire du prénom Muhammad, prénom porté en premier lieu par le prophète Mahomet.

Couleur : violet - Chiffre : 2

Caractère : Mahmoud est pragmatique, optimiste et créatif.

Fréquence : rare - Évolution : ↗

Âge moyen : 28 ans

(B)

Maixent

Étymologie : du latin *maximus* : « le plus grand ». Maixent serait une ancienne forme de Maximilien, mais rappelle pourtant Maxence. Ce prénom fut porté par un abbé poitevin mort en 515. C'est autour du monastère qu'il a fondé et de son sanctuaire qu'est fondée la ville de Saint-Maixent.

Fête : 26 juin - Couleur : jaune - Chiffre : 8

Caractère : Maixent est énergique, audacieux et aime prendre des décisions.

Fréquence : rare - Évolution : ↗

Âge moyen : 17 ans

(V)

Majid

Madji

Étymologie : de l'arabe : « distingué, excellent, gracieux, noble ».

Couleur : jaune - Chiffre : 6

Caractère : Majid est indépendant, audacieux et dynamique.

Fréquence : rare - Évolution : ↘

Âge moyen : 26 ans

V

Makram

Étymologie : de l'arabe : « généreux et noble ».
Couleur : jaune - **Chiffre** : 10
Caractère : Makram est équilibré, exerce une certaine influence sur autrui, est solide et affectueux.
Fréquence : rare - **Évolution** : =
Âge moyen : 30 ans

P

Malcolm

Étymologie : du gaélique *maol Colium* : « disciple de Colomban ».
Fête : 15 novembre - **Couleur** : rouge - **Chiffre** : 7
Caractère : Malcom est pragmatique, sociable et optimiste.
Personnages célèbres : l'écrivain Malcom Lowry ; l'acteur Malcolm McDowell ; le musicien et manager des *Sex Pistols*, Malcom McLaren ; le millitant pour les droits des Noirs Malcolm X (de son vrai nom Malcolm Little) ; le héros de la série télévisée éponyme.
Fréquence : rare - **Évolution** : ↘
Âge moyen : 12 ans

V

Malik

Malike

Étymologie : de l'arabe : « le maître, le roi ».
Couleur : jaune - **Chiffre** : 6
Caractère : Malik est ambitieux, organisé et énergique.
Personnage célèbre : Mâlik ibn Anas (710-796), juriste fondateur de l'une des quatre grandes écoles d'interprétation de la loi coutumière issue du Coran.
Fréquence : rare - **Évolution** : ↗
Âge moyen : 24 ans

V

Mallory

Étymologie : du latin *malum augurium* : « mauvaise augure », qui a engendré l'ancien français *maloret* : « le malheureux, la malheureuse ». Ce surnom était à l'origine censé porter chance au jeu et est ensuite devenu un prénom masculin, très attribué aux filles également aujourd'hui. C'est cette graphie que l'on utilise le plus souvent pour les garçons.
Couleur : violet - **Chiffre** : 6
Caractère : Mallory est consciencieux, bienveillant et pacifique.
Fréquence : rare - **Évolution** : ↘
Âge moyen : 21 ans

B

Malo

Étymologie : du celtique *mach* : « gage » et *lou* : « lumière ». Ce prénom fut porté par un moine du pays de Galles qui se rendit à Alet (aujourd'hui Saint-Servan) dont il devint l'évêque. Mort vers 640, c'est sur l'emplacement de son tombeau qu'est fondée la célèbre ville de Saint-Malo.
Fête : 15 novembre - **Couleur** : bleu - **Chiffre** : 9
Caractère : Malo est curieux, dynamique, courageux et indépendant.
Fréquence : rare - **Évolution** : ↗
Âge moyen : 9 ans

V

Malory

Étymologie : du latin *malum augurium* : « mauvaise augure », qui a engendré l'ancien français *maloret* : « le malheureux, la malheureuse ». Ce surnom était à l'origine censé porter chance au jeu et est ensuite devenu un prénom masculin, très attribué aux filles également aujourd'hui.

Couleur : violet - Chiffre : 6
Caractère : Malory aime la réalisation, est enthousiaste et pratique.
Fréquence : rare - Évolution : ↗
Âge moyen : 16 ans

V

Malvin

Étymologie : du celtique *mach* : « gage » et *lou* : « lumière ». Ce prénom peut se rapporter également à la couleur mauve que pourrait désigner le prénom Malvina.
Fête : 15 novembre (Saint-Malo) ou 5 octobre (Sainte-Fleur) en référence à Malvina
Couleur : bleu - Chiffre : 3
Caractère : Malvin est un stratège, plein de vitalité et d'ardeur.
Fréquence : rare - Évolution : ↘
Âge moyen : 11 ans

V

Mamadou

Étymologie : de l'arabe : « victorieux ». Ce prénom est la forme attribuée en Afrique noire du prénom Muhammad.
Couleur : violet - Chiffre : 2
Caractère : Mamadou est entier, courageux, honnête et bienveillant.
Fréquence : rare - Évolution : ↗
Âge moyen : 18 ans

V

Manfred

Étymologie : du germain : « le pacifique ». En raison de sa signification, Manfred est fêté le jour de la Saint-Pacifique, un compagnon de saint François d'Assise, troubadour du XIIIe siècle.
Fête : 10 juillet - Couleur : blanc - Chiffre : 7
Caractère : Manfred est intuitif, émotif, impulsif et ambitieux.
Personnage célèbre : Manfred, héros éponyme du drame en vers de Lord Byron paru en 1817, qui inspira Robert Schumann et Tchaïkovski.
Fréquence : rare - Évolution : ↘
Âge moyen : 53 ans

V

Mansour

Étymologie : de l'arabe : « victorieux ».
Couleur : jaune - Chiffre : 5
Caractère : Mansour est diplomate, émotif et sait s'adapter.
Personnages célèbres : Mansour, le fondateur de Bagdad au VIIIe siècle ; le sultan fondateur d'Al Mansourah en Égypte.
Fréquence : rare - Évolution : ↗
Âge moyen : 25 ans

P

Manu

Étymologie : de l'hébreu *imanu-el* : « Dieu est avec nous ». Manu est un diminutif consacré d'Emmanuel.
Fête : 25 décembre - Couleur : orange - Chiffre : 3
Caractère : Manu est efficace, persévérant, honnête. C'est un être qui aspire à la sécurité et l'inspire, dans le même temps.
Personnages célèbres : les musiciens Manu Dibango et Manu Katché.
Fréquence : rare - Évolution : =
Âge moyen : 12 ans

P

Manuel

Manoël, Manolo, Manolito

Étymologie : de l'hébreu *imanu-el* : « Dieu est avec nous ». Manuel est la forme du prénom Emmanuel la plus répandue dans les pays hispanophones. Elle fut d'ailleurs portée par un prêtre espagnol qui, souhaitant éveiller des vocations religieuses, fonda la Fraternité des prêtres ouvriers.

Fête : 25 janvier - Couleur : blanc - Chiffre : 7
Caractère : Manuel est optimiste, curieux et vif.
Fréquence : rare - Évolution : =
Âge moyen : 52 ans

C

Marc

Marciano, Marcie, Marcien, Marcio, Marcion, Marcius, Marck, Marek, Marke, Markei, Markel, Markell, Markian, Marko, Markus, Marx, Marzel, Marzell

Étymologie : du prénom latin *Marcus*, lui-même renvoyant au grec *martikos* : « consacré au dieu Mars ». Marc est l'Apôtre, auteur du Second Évangile, qui fonda la première communauté chrétienne d'Alexandrie et y fut martyrisé. Ses reliques sont conservées à Venise, dont il est le saint patron. La place la plus célèbre de Venise porte d'ailleurs son nom.
Fête : 25 avril - Couleur : rouge - Chiffre : 8
Caractère : Marc aime challenger que ce soit les autres ou lui-même. Très intelligent, il est d'une grande ténacité. Il aime aller au fond des choses.
Personnages célèbres : les chefs romains Marc Antoine et Marc Aurèle ; le peintre Marc Chagall ; le styliste Marc Jacobs ; le chanteur Marc Lavoine.
Fréquence : répandu - Évolution : ↘

C

Marc-Alexandre

Étymologie : prénom composé de Marc et Alexandre.
Fête : 25 avril, 22 avril ou 3 mai - Couleur : orange - Chiffre : 7
Caractère : Marc-Alexandre est intuitif, raisonnable. Accordant une grande importance au relationnel, il est bon médiateur.
Fréquence : rare - Évolution : ↘
Âge moyen : 21 ans

TOP 20

Prénoms marins

La mer et ses légendes déploient tout un imaginaire. Qu'il s'agisse de noms de dieux de la Mer issus de la mythologie gréco-romaine ou de prénoms moins rares directement associés dans nos esprits aux éléments marins (Océan, Marin), l'impact poétique est grand.

Ariel
Delphin
Dylan
Marin
Marius *(« mer » en latin)*
Marvin
(« ami de la mer » en anglais)
Morgan
Moana *(« océan, calme du lagon » en polynésien)*
Nami *(« vague » en japonais)*
Némo
Nérée
Neptune
Phorcys
(Dieu marin dit « le valeureux »)
Poséidon
Océan/Océanos
Simbad
Thaumas
(Dieu marin dit « le valeureux »)
Titouan
Triton
Vi *(Du celte « océan »)*

(C)

Marc-Antoine

Étymologie : prénom composé de Marc et Antoine. Marc-Antoine est un prénom composé en cours depuis les années 90.
Fête : 25 avril ou 13 juin - **Couleur** : orange
Chiffre : 8
Caractère : Marc-Antoine est énergique, audacieux et volontaire.
Personnage célèbre : le célèbre général romain, cousin de César, qui épousa Cléopâtre.
Fréquence : rare - **Évolution** : ↘
Âge moyen : 22 ans

(B)

Marceau

Marsaud, Marsault, Marso

Étymologie : du prénom latin *Marcus*, lui-même renvoyant au grec *martikos* : « consacré au dieu Mars ». Ce prénom correspond à une forme primitive de Marcel. Marceau est aussi un prénom révolutionnaire, présent dans le calendrier républicain en référence au saule marsault. Existant déjà comme prénom, il bénéficie en outre de la popularité du général Marceau.
Fête : 16 janvier (Saint-Marcel) ou 8 août
Couleur : rouge - **Chiffre** : 8
Caractère : Marceau est indépendant, travailleur, franc, volontaire.
Fréquence : rare - **Évolution** : ↗
Âge moyen : 76 ans

(B)

Marcel

**Marcello,
Marcellus, Marchetto**

Étymologie : du prénom latin *Marcus*, lui-même renvoyant au grec *martikos* : « consacré au dieu Mars ». Ce prénom engendra Marcellus, nom d'une illustre famille romaine apparentée à l'impériale famille Claudia.
Fête : 16 janvier - **Couleur** : orange - **Chiffre** : 7
Personnages célèbres : les écrivains Marcel Proust, Marcel Pagnol et Marcel Aymé ; le réalisateur Marcel Carné ; le boxeur Marcel Cerdan ; le mime Marcel Marceau ; le peintre Marcel Duchamp.
Fréquence : rare - **Évolution** : ↗
Âge moyen : 87 ans

(B)

Marcelin

Marcellin, Marcellino

Étymologie : du prénom latin *Marcus*, lui-même renvoyant au grec *martikos* : « consacré au dieu Mars ». Ce prénom engendra Marcellus, nom d'une illustre famille romaine apparentée à l'impériale famille Claudia.
Fête : 6 avril - **Couleur** : jaune - **Chiffre** : 6
Caractère : Marcelin est déterminé, enthousiaste et pragmatique.
Fréquence : rare - **Évolution** : =
Âge moyen : 84 ans

(V)

Marco

Marcos

Étymologie : du prénom latin *Marcus*, lui-même renvoyant au grec *martikos* : « consacré au dieu Mars ». Marco est la forme italienne de Marc.
Fête : 25 avril - **Couleur** : rouge - **Chiffre** : 8
Caractère : Marco est courageux, dynamique et curieux.
Personnage célèbre : Marco Polo, l'explorateur de la Chine au Moyen Âge.
Fréquence : rare - **Évolution** : ↘
Âge moyen : 27 ans

(C)

Marc-Olivier

Étymologie : prénom composé de Marc et d'Olivier.

Fête : 25 avril ou 12 juillet - **Couleur** : rouge
Chiffre : 6
Caractère : Marc-Olivier est un stratège passionné et jusqu'au-boutiste.
Personnage célèbre : Marc-Olivier Fogiel, journaliste télé et radio.
Fréquence : rare - **Évolution** : ↘
Âge moyen : 25 ans

B

Marcus

Étymologie : du prénom latin *Marcus*, lui-même renvoyant au grec *martikos* : « consacré au dieu Mars ». Marcus est une forme latinisante de Marc, fortement attribuée aux États-Unis et en Allemagne.
Fête : 25 avril - **Couleur** : rouge - **Chiffre** : 8
Caractère : Marcus est optimiste, créatif et sociable. C'est un pragmatique à l'enthousiasme communicatif.
Personnage célèbre : Marcus, prénom de Cicéron, père et fils.
Fréquence : rare - **Évolution** : ↗
Âge moyen : 13 ans

B

Marian

Mariano, Marianno

Étymologie : de l'hébreu *myriam* : « celle qui élève ». Marian est un dérivé de Marie.
Fête : 15 août - **Couleur** : bleu - **Chiffre** : 1
Caractère : Marian est réceptif, sociable et diplomate.
Fréquence : rare - **Évolution** : ↗
Âge moyen : 53 ans

B

Marie

Étymologie : de l'hébreu *myriam* : « celle qui élève ». Marie est un prénom mixte, bien que le plus souvent porté par les femmes. Pourtant, avant le XXe siècle, il était couramment attribué aux garçons.
Fête : 15 août - **Couleur** : bleu - **Chiffre** : 1
Caractère : Marie est résolu, audacieux et dynamique.
Fréquence : rare - **Évolution** : ↘
Âge moyen : 90 ans

B

Marin

Marino, Marinho, Mariné

Étymologie : du latin *marinus* : « marin ». Marin est moins couru que sa forme féminine, mais semble néanmoins surfer sur la vague des prénoms évoquant des éléments naturels, à forte teneur poétique.
Fête : 20 juillet - **Couleur** : bleu - **Chiffre** : 2
Caractère : Marin est un ambitieux. Il se signale par sa volonté, son intellect, son goût de l'action et sa générosité.
Personnages célèbres : Marin Mersenne, mathématicien et philosophe français (1588-1648) ; Marin Marais, violiste et compositeur français (1656-1728).
Fréquence : rare - **Évolution** : ↗
Âge moyen : 32 ans

V

Mario

Étymologie : du nom d'une famille romaine, Marius. Ce prénom correspond à la forme hispanique et italienne de Marius.
Fête : 19 janvier - **Couleur** : vert - **Chiffre** : 7
Caractère : Mario est diplomate, réceptif et loyal.
Personnages célèbres : Mario Soares, homme d'État portugais ; Mario Sorrenti et Mario Testino, célèbres photographes de mode ; Mario, personnage de jeu vidéo devenu une icône de Nintendo®.
Fréquence : rare - **Évolution** : ↘
Âge moyen : 48 ans

B

Marius

Étymologie : du nom d'une famille romaine, Marius.

Fête : 19 janvier - Couleur : rouge - Chiffre : 9

Caractère : Marius est sociable, fantaisiste et a le goût de l'aventure.

Personnages célèbres : Marius, le grand général romain, oncle de Jules César, qui conquit l'Afrique du Nord et qui, en 102 av. J.-C., sauva la République romaine de l'invasion des Teutons et des Cimbres ; Marius, l'amoureux de Cosette dans *Les Misérables* de Victor Hugo ; Marius, le personnage créé par Marcel Pagnol ; Marius Petipa, chorégraphe russe ; Marius Trésor, footballeur.

Fréquence : répandu - Évolution : ↗

Âge moyen : 80 ans

P

Mark

Marko, Markus

Étymologie : du prénom latin *Marcus*, lui-même renvoyant au grec *martikos* : « consacré au dieu Mars ». Mark est la forme anglo-saxonne de Marc.

Fête : 25 avril - Couleur : rouge - Chiffre : 8

Caractère : Mark est toujours animé par la soif de connaissances et de spiritualité. Il est vivant et créatif.

Personnages célèbres : l'écrivain Mark Twain ; l'acteur et producteur Mark Wahlberg ; Mark Zuckerberg, le fondateur de Facebook.

Fréquence : rare - Évolution : ↘

Âge moyen : 34 ans

P

Marley

Étymologie : du viel anglais : « de la terre des lacs ». Ce prénom est connu pour être le patronyme de la légende du reggae, Bob Marley.

Couleur : jaune - Chiffre : 8

Caractère : Marley est un homme de cœur, intuitif, qui aime les êtres et le monde qui l'entoure.

Fréquence : rare - Évolution : ↗

Âge moyen : 5 ans

P

Marlon

Marlone, Marlonn

Étymologie : du celtique *myrrdin* : « le petit faucon ».

Couleur : violet - Chiffre : 6

Caractère : Marlon est audacieux, dynamique, parfois caractériel, mais doté d'un certain esprit logique.

Personnage célèbre : Marlon Brando.

Fréquence : rare - Évolution : ↗

Âge moyen : 10 ans

V

Marouane

Maroin, Maroine, Marwen

Étymologie : de l'arabe *marwan* : « le silex ». Le silex était considéré comme une pierre précieuse auprès de la population arabe des premiers siècles.

Couleur : gris - Chiffre : 7

Caractère : Marouane est volontaire, raisonnable et toujours attiré par la spiritualité.

Fréquence : rare - Évolution : ↗

Âge moyen : 12 ans

P

Martial

Mars, Marsal, Mart, Martialis, Martiane, Martieh, Marziale

Étymologie : du latin *martialis* : « consacré au dieu Mars ».

Fête : 30 juin - Couleur : vert - Chiffre : 2

Caractère : Martial est un esprit vigoureux, indé-

pendant, ennemi des habitudes et des conventions sclérosantes et sclérosées.
Personnage célèbre : le jazzman Martial Solal.
Fréquence : rare - Évolution : ↘
Âge moyen : 57 ans

B

Martin

Marcin, Martainu, Martel, Märtel, Märten, Märti, Marti, Martinian, Martiniano, Martinianus, Martinien, Martino, Martinus, Mart, Martl, Marton, Martsen, Marty, Matten, Mertens, Mirtel

Étymologie : du latin *martinus* : « petit Mars ».
Fête : 11 novembre - Couleur : jaune - Chiffre : 3
Caractère : Martin est diplomate, enthousiaste, exigeant, passionné et idéaliste. Il est fait pour les rôles brillants et la défense des grandes causes.
Personnages célèbres : le roi d'Aragon Martin l'Humaniste ; Martin Luther, le théologien de la Réforme ; Martin Heidegger, le philosophe ; Martin Luther King, pasteur, pacifiste, icône de la lutte pour les droits des Noirs américains ; le réalisateur Martin Scorsese ; le photographe Martin Parr.
Fréquence : répandu - Évolution : ↗
Âge moyen : 30 ans

P

Marvin

Marvyn

Étymologie : du celtique *maer* : « renommé, illustre » et *win* : « l'ami ». Marvin est dérivé, à l'origine, du nom d'un roi gallois du IXe siècle.
Couleur : vert - Chiffre : 2
Caractère : Marvin est indépendant, sensible et sait s'adapter.
Personnage célèbre : Marvin Gaye, chanteur américain.
Fréquence : rare - Évolution : ↘
Âge moyen : 15 ans

V

Marwan

Marwane

Étymologie : de l'arabe *marwan* : « le silex ». Le silex était considéré comme une pierre précieuse auprès de la population arabe des premiers siècles.
Couleur : gris - Chiffre : 7
Caractère : Marwan a l'esprit pratique, est enthousiaste et déterminé.
Fréquence : rare - Évolution : ↗
Âge moyen : 9 ans

V

Massimo

Étymologie : du latin *maximus* : « le plus grand ». Ce prénom est la forme italienne de Maxime.
Fête : 14 avril - Couleur : orange - Chiffre : 2
Caractère : Massimo est ambitieux, habile et passionné.
Fréquence : rare - Évolution : ↘
Âge moyen : 27 ans

P

Mateo

Matéo, Matéos, Mathéo, Mathéos

Étymologie : de l'hébreu *mattahïah* : « don de Dieu ». Ce prénom correspond à la version méridionale de Matthieu.
Fête : 21 septembre - Couleur : jaune - Chiffre : 7
Caractère : Mateo est intègre, idéaliste et altruiste.
Personnage célèbre : *Mateo Falcone*, nouvelle de Prosper Mérimée.
Fréquence : répandu - Évolution : ↗
Âge moyen : 8 ans

B

Mathée

Étymologie : de l'hébreu *mattahïah* : « don de Dieu ». Mathée est la déclinaison bretonne de Mathieu/Matthieu.
Fête : 21 septembre - **Couleur** : jaune - **Chiffre** : 7
Caractère : Mathée est altruiste, réservé et discret.
Fréquence : rare - **Évolution** : =
Âge moyen : 98 ans

C

Mathias

Matiaz

Étymologie : de l'hébreu *mattahïah* : « don de Dieu ». Mathias est, comme Mathieu, une variante de Matthias doté d'un unique « t ». Matthias est, à l'origine, la forme grecque et latine de Matthieu.
Fête : 14 mai - **Couleur** : jaune - **Chiffre** : 2
Caractère : Mathias est habile, passionné et ambitieux.
Personnage célèbre : le chanteur et auteur-compositeur Mathias Malzieu.
Fréquence : répandu - **Évolution** : ↗
Âge moyen : 21 ans

P

Mathis

Mathijs, Mathiss, Mathisse

Étymologie : de l'hébreu *mattahïah* : « don de Dieu ». Mathis correspond à la forme flamande de Mathieu.
Fête : 21 septembre - **Couleur** : jaune - **Chiffre** : 7
Caractère : Mathis aime l'originalité, il est spirituel et philosophe dans l'âme.
Fréquence : répandu - **Évolution** : ↗
Âge moyen : 7 ans

C

Mathieu

Étymologie : de l'hébreu *mattahïah* : « don de Dieu ». Ce prénom fut porté par l'un des quatre évangélistes, collecteur d'impôts à Capharnaüm, qui quitta tout pour suivre le Christ. C'est son récit qui est le plus précis concernant la prédication de Jésus. L'orthographe de ce prénom correspond à sa forme originelle.
Fête : 21 septembre - **Couleur** : jaune - **Chiffre** : 7
Caractère : Mathieu est comme le roseau, qui plie et ne rompt pas. Il est d'une grande sensibilité. C'est un être plein de tendresse et d'humour.
Personnages célèbres : les acteurs Mathieu Kassovitz et Mathieu Amalric.
Fréquence : répandu - **Évolution** : ↘
Âge moyen : 26 ans

B

Mathurin

Étymologie : du latin *maturus* : « l'homme mûr, l'homme sage ». Ce prénom fut porté par un prêtre du IVe siècle qui aurait guéri la fille de l'empereur Maximien qui se croyait possédé. Son tombeau situé en Seine-et-Marne est devenu un lieu de pèlerinage. On l'invoquait pour les cas d'aliénation mentale et pour se prémunir des épouses acariâtres. Il devint aussi le patron des bouffons, nos anciens comédiens.
Fête : 9 novembre - **Couleur** : jaune - **Chiffre** : 8
Caractère : Mathurin est intuitif, réfléchi et réservé.
Personnages célèbres : Mathurin Cordier, le théologien calviniste ; Mathurin Régnier, poète.
Fréquence : rare - **Évolution** : ↗

P

Mathys

Mathyss

Étymologie : de l'hébreu *mattahïah* : « don de Dieu ». Cette forme orthographique de Mathis

est assez prisée aujourd'hui.
Fête : 21 septembre - Couleur : jaune - Chiffre : 7
Caractère : Mathys est énergique, audacieux, aime la découverte et l'originalité.
Fréquence : rare - Évolution : ⇗
Âge moyen : 6 ans

(P)

Matisse

Matis, Matiss

Étymologie : de l'hébreu *mattahïah* : « don de Dieu ». Matisse est une des variantes orthographiques de Mathis, calquée sur le nom du peintre Henri Matisse, chef de file du fauvisme (et attribuée aussi, sous cette forme, à des filles).
Fête : 21 septembre - Couleur : jaune - Chiffre : 7
Caractère : Matisse est résolu, aime l'audace, la découverte et l'originalité.
Fréquence : rare - Évolution : ⇗
Âge moyen : 8 ans

(P)

Matt

Étymologie : de l'hébreu *mattahïah* : « don de Dieu ». Matt correspond au diminutif de Matthew, le Matthieu anglo-saxon.
Fête : 21 septembre - Couleur : jaune - Chiffre : 7
Caractère : Matt est fin, ouvert d'esprit, mais fait parfois preuve d'une certaine rectitude.
Personnages célèbres : Matt LeBlanc, acteur connu pour avoir interprété le rôle de Joey dans la série *Friends* ; le chanteur Matt Pokora.
Fréquence : rare - Évolution : ⇗
Âge moyen : 7 ans

(P)

Mattéo

Mathéo, Matthéo

Étymologie : de l'hébreu *mattahïah* : « don de Dieu ». Ce prénom correspond à la forme italienne de Mathieu, la version espagnole ne comprend qu'un « t », » et celle pourvue d'un « h » a été calquée sur le Mathieu français. Compte tenu de l'engouement actuel pour les prénoms italiens (Enzo, Lorenzo...), Mattéo est la forme qui remporte le plus de suffrages.
Fête : 21 septembre - Couleur : jaune - Chiffre : 7
Caractère : Mattéo est réservé, mais aussi discret et enclin à la réflexion.
Fréquence : répandu - Évolution : ⇗
Âge moyen : 8 ans

(V)

Matthew

Mathew, Matthews, Mattew

Étymologie : de l'hébreu *mattahïah* : « don de Dieu ». Matthew est la forme anglo-saxonne de Matthieu.
Fête : 21 septembre - Couleur : jaune - Chiffre : 7
Caractère : Matthew est rêveur, humain, fin et ouvert d'esprit.
Personnages célèbres : les acteurs Matthew McConaughey et Matthew Perry.
Fréquence : rare - Évolution : ⇗
Âge moyen : 12 ans

(C)

Matthieu

Maciej, Mades, Mat, Mata, Matthieux, Mattieu, Mateusz, Matfrei, Mattalus, Matthaeus, Matthäus, Matti, Matvei, Mazé, Tewis, Thiess

Étymologie : de l'hébreu *mattahïah* : « don de Dieu ». Ce prénom fut porté par l'un des quatre évangélistes, collecteur d'impôts à Capharnaüm, qui quitta tout pour suivre le Christ. C'est son récit qui est le plus précis concernant la prédication de Jésus. L'orthographe de ce prénom correspond à sa forme originelle.
Fête : 21 septembre - Couleur : jaune - Chiffre : 7
Caractère : côté caractère, Matthieu est la rigueur patiente et sûre. Il a le goût de l'ordre, de l'harmonie, de l'ingéniosité.

Sociable, affectueux et sensible, il ne se laisse pas décourager facilement.

Personnages célèbres : l'évêque de Worms Matthieu de Cracovie ; le chanteur Matthieu Chedid (M).

Fréquence : répandu - Évolution : ↘

Âge moyen : 23 ans

(P)

Matthias

Mattia, Mattias, Mâtyâs

Étymologie : de l'hébreu *mattahïah* : « don de Dieu ». Matthias est, à l'origine, la forme grecque et latine de Matthieu.

Fête : 21 septembre - Couleur : jaune - Chiffre : 7

Caractère : Matthias est sensible, courageux, volontaire et audacieux.

Personnage célèbre : l'acteur belge Matthias Schoenaerts.

Fréquence : rare - Évolution : ↘

Âge moyen : 16 ans

(P)

Matthis

Mattis, Matys, Matyss, Matysse

Étymologie : de l'hébreu *mattahïah* : « don de Dieu ». Matthis est l'une des variantes orthographiques de Mathis, le Matthieu flamand. Cette forme conserve les deux « t » du Matthieu biblique, mais n'est pas la plus attribuée.

Fête : 21 septembre - Couleur : jaune - Chiffre : 7

Caractère : Matthis est rêveur, ouvert d'esprit, humain et généreux.

Fréquence : rare - Évolution : ↘

Âge moyen : 10 ans

TOP 20

Prénoms médiévaux

Ces prénoms font offices d'emblèmes d'une lignée ou d'une tradition familiale. C'est souvent dans les prénoms médiévaux que les grandes familles de France viennent puiser leur inspiration...

Aimeric/Aymeric
Aloys
Ambroise
Arnaud
Béranger
Bernard
Clovis
Fulbert
Gautier
Geoffroy
Gontran
Grégoire
Lothaire
Norbert
Perceval
Roland
Renaud
Theobald
Thibault
Tristan

P

Maurice

Maur, Maurelius, Morris, Moravan, Mauricio, Maurilio, Maurin, Moris, Moritz, Maurizio, Mauro, Maurus, Maury, Mavr, Meurig, Meurisse, More, Moric, Moris, Moritz, Morrell, Morris

Étymologie : du latin *maurus* : « de Maurétanie, Maure, Africain ».

Fête : 22 septembre - Couleur : violet - Chiffre : 7

Caractère : Maurice est réservé, prudent, possède de grandes qualités d'écoute et aime l'étude.

Personnages célèbres : l'évêque de Paris Maurice de Sully, responsable de la construction de Notre-Dame ; le compositeur Maurice Ravel ; le chanteur Maurice Chevalier ; l'homme de lettres Maurice Blanchot ; le chorégraphe Maurice Béjart ; le réalisateur Maurice Pialat ; Maurice Utrillo, le peintre.

Fréquence : rare - Évolution : ↘

P

Max

Étymologie : du latin *maximus* : « le plus grand ». Ce prénom est un diminutif des prénoms commençant par « Max » et plus particulièrement de Maxime.

Fête : 14 avril - Couleur : orange - Chiffre : 2

Caractère : Max est fidèle, intuitif et aime le relationnel.

Personnages célèbres : Max Weber, sociologue et économiste allemand ; Max, héros interprété par Michel Piccoli dans le film de Claude Sautet, *Max et les ferrailleurs*.

Fréquence : rare - Évolution : ↗

Âge moyen : 61 ans

P

Maxence

Étymologie : de *Maxentius*, nom d'un empereur romain du début du IVe siècle, de la racine maximus : « le plus grand ». Maxence est aujourd'hui un prénom essentiellement attribué aux garçons, mais il baptisait autrefois des filles, puisqu'il fut porté par une disciple de saint Patrick.

Fête : 20 novembre - Couleur : bleu - Chiffre : 3

Caractère : Maxence est diplomate, réceptif et loyal.

Fréquence : répandu - Évolution : ↗

Âge moyen : 12 ans

P

Maxens

Étymologie : de *Maxentius*, nom d'un empereur romain du début du IVe siècle, de la racine maximus : « le plus grand ». Maxens est une variante de Maxence.

Fête : 20 novembre - Couleur : bleu - Chiffre : 3

Caractère : Maxens est persévérant, structuré et volontaire.

Fréquence : rare - Évolution : ↗

Âge moyen : 7 ans

P

Maxime

Maksim, Maksis, Massimiliano, Maxim

Étymologie : du latin *maximus* : « le plus grand ». Maximus était, à Rome, le titre honorifique dont on décorait les généraux victorieux.

Fête : 14 avril - Couleur : orange - Chiffre : 2

Caractère : Maxime est l'exactitude même et mérite bien là son étymologie ; précis, exigeant en toutes choses, en travail comme en amitié ou en amour, hyperintuitif, méticuleux, il est intègre et entier.

Personnages célèbres : le chanteur Maxime Le Forestier ; Maxime Gorki, romancier et dramaturge russe.

Fréquence : répandu - Évolution : ↘

Âge moyen : 24 ans

Maximilien

Maximilian, Maximiliano, Maximilianus, Maximino, Maximo, Maximus

Étymologie : du latin *maximus* : « le plus grand ».
Fête : 12 mars - **Couleur** : orange - **Chiffre** : 1
Caractère : Maximilien est exigeant, persévérant, travailleur et rigoureux.
Personnage célèbre : Maximilien Robespierre.
Fréquence : rare - **Évolution** : ↘
Âge moyen : 33 ans

Maximin

Étymologie : du latin *maximus* : « le plus grand ». Ce prénom est un dérivé de Maxime.
Fête : 14 avril - **Couleur** : orange - **Chiffre** : 2
Caractère : Maximin est volontaire, intuitif et déterminé.
Fréquence : rare - **Évolution** : ↘
Âge moyen : 73 ans

Mayeul

Maïeul

Étymologie : du latin *maïus* : « le mois de mai ». Mayeul est un prénom breton.
Fête : 11 mai - **Couleur** : bleu - **Chiffre** : 7
Caractère : du cœur, de l'audace, de l'énergie, voilà ce qui caractérise Mayeul.
Fréquence : rare - **Évolution** : ↗
Âge moyen : 12 ans

Mayol

Étymologie : du latin *maïus* : « le mois de mai ».
Fête : 11 mai - **Couleur** : bleu - **Chiffre** : 7
Caractère : Mayol est réservé, réfléchi, curieux et opportuniste.
Fréquence : très rare - **Évolution** : ↘
Âge moyen : 5 ans

Médéric

Matrich, Mède, Medrich, Merri, Merry

Étymologie : du germain *maht* : « vigueur » et *ric* : « puissant ». Ce prénom (qui a donné lieu à la contraction Merri) fut porté par un moine faiseur de miracles. Son ermitage sur la rive droite de la Seine est devenu, à sa mort, un lieu de pèlerinage. L'église Saint-Merri est aujourd'hui construite autour de son nouveau tombeau.
Fête : 29 août - **Couleur** : violet - **Chiffre** : 5
Caractère : Médéric est diplomate, rigoureux et exigeant.
Fréquence : rare - **Évolution** : ↘
Âge moyen : 38 ans

Mehdi

Mahdi, Meddy, Médi, Médy, Mehedi, Medhi, Meidi, Meidy, Meihdi, Mhedi, Mheidi

Étymologie : de l'arabe *mahdi* : « le bien guidé » (sous-entendu par Dieu). Mehdi est l'un des noms donnés au Prophète Mahomet.
Couleur : bleu - **Chiffre** : 3
Caractère : Mehdi est sociable, possède un grand sens artistique, aime la communication et l'harmonie.
Personnage célèbre : le footballeur Mehdi Benatia.
Fréquence : répandu - **Évolution** : ↘
Âge moyen : 19 ans

Mel

Étymologie : du gaélique : « le grand chef ». Mel est un diminutif, très anglo-saxon, des prénoms commençant par « Mel » et peut être considéré

comme le diminutif de Maël.
Fête : 13 mai - Couleur : bleu - Chiffre : 6
Caractère : Mel est optimste, pragmatique et créatif.
Personnage célèbre : l'acteur Mel Gibson.
Fréquence : rare - Évolution : ↘
Âge moyen : 12 ans

V

Melvin

Melvine, Melvinn

Étymologie : du gaélique : « le grand chef ».
Couleur : bleu - Chiffre : 3
Caractère : Melvin est énergique et travailleur.
Personnage célèbre : Melvin Poupaud, acteur français.
Fréquence : rare - Évolution : ↘
Âge moyen : 11 ans

V

Melvyn

Melwin, Melvynn, Melvyne

Étymologie : du gaélique : « le grand chef ».
Couleur : bleu - Chiffre : 3
Caractère : Melvyn est directif, mais aussi compatissant et indépendant.
Fréquence : rare - Évolution : ↗
Âge moyen : 9 ans

V

Mérédith

Méridith

Étymologie : du vieux gallois *mawredd* : « grandeur » et *iudd* : « chef ». Ce prénom est, à l'origine, attribué à des garçons et l'est resté au pays de Galles. Ailleurs, il s'est entièrement féminisé.
Couleur : violet - Chiffre : 3
Caractère : Mérédith est autoritaire, sage et ambitieux.
Fréquence : très rare

V

Mériadec

Mériadeg

Étymologie : du celtique *mor* : « la mer » et *iatoc* : « le bord, le front » ; signifie « celui qui habite le rivage ». Ce prénom fut porté par un ermite breton installé près de Pontivy qui devint évêque de Vannes. Il avait le don de guérir la surdité.
Fête : 7 juin - Couleur : blanc - Chiffre : 4
Caractère : Mériadec est persévérant, a le sens des responsabilités, est perfectionniste et efficace.
Fréquence : rare - Évolution : ↗
Âge moyen : 21 ans

B

Merlin

Étymologie : du celtique *myrrdin* : « le petit faucon ».
Couleur : gris - Chiffre : 8
Caractère : Merlin est équilibré, rigoureux et juste.
Personnage célèbre : le célèbre enchanteur des légendes celtiques.
Fréquence : rare - Évolution : ↗
Âge moyen : 8 ans

P

Michaël

Micaël

Étymologie : de l'hébreu *mikhael* : « qui est comme Dieu ». Michaël correspond à la forme originelle de Michel. Ce prénom est celui d'un des archanges bibliques, le chef de la milice céleste, au service de Dieu et qui terrassa le Diable (représenté par un dragon vomissant le feu) lors d'un combat singulier.
Fête : 29 septembre - Couleur : rouge - Chiffre : 5
Caractère : Michaël est calme, généreux, habile et toujours en quête d'harmonie.
Personnages célèbres : Michael Jackson, le roi de

la pop ; l'humoriste et comédien Michaël Youn ; le pilote automobile Michael Schumacher ; le créateur Michael Kors.
Fréquence : **répandu** - Évolution : ↘
Âge moyen : **32 ans**

P

Michel

Michal, Micham, Micheal, Michei, Mihaly, Mikal, Mikaly, Mikhaïl, Mikkiel, Mikko, Miklos, Mikosch, Mikus, Misha, Mitch, Mitche

Étymologie : **de l'hébreu *mikhael* : « qui est comme Dieu ». Deux lieux saints sont consacrés au prénom : le Mont-Saint-Michel en France et le mont Saint-Ange en Italie.**
Fête : **29 septembre** - Couleur : **rouge** - Chiffre : **6**
Caractère : **Michel est intelligent, rapide, travailleur et exigeant.**
Personnages célèbres : **les acteurs Michel Serrault, Michel Blanc, Michel Galabru et Michel Piccoli ; le présentateur Michel Drucker ; le chanteur Michel Sardou ; les écrivains Michel Onfray, Michel Houellebecq et Michel Butor.**
Fréquence : **répandu** - Évolution : ↘
Âge moyen : **65 ans**

P

Mickaël

«Mickail, Mickel, Mickey Mihail, Mikhail, Myckaël

Étymologie : **de l'hébreu *mikhael* : « qui est comme Dieu ». Mickaël est une variante de Michaël, qui correspond à la forme originelle et qui est la plus répandue en France.**
Fête : **29 septembre** - Couleur : **rouge** - Chiffre : **5**
Caractère : **Mickaël est rêveur, organisé, humain et déterminé.**
Fréquence : **répandu** - Évolution : ↘
Âge moyen : **27 ans**

P

Mickey

Étymologie : **de l'hébreu *mikhael* : « qui est comme Dieu ». Mickey est un diminutif de l'anglo-saxon Michael.**
Fête : **29 septembre** - Couleur : **rouge** - Chiffre : **5**
Caractère : **Mickey est déterminé, humain et organisé.**
Personnages célèbres : **Mickey Rourke ; Mickey Mouse, la célèbre souris inventée par Walt Disney.**
Fréquence : **très rare** - Évolution : ↘
Âge moyen : **18 ans**

V

Miguel

Migel, Mikel, Miquel

Étymologie : **de l'hébreu *mikhael* : « qui est comme Dieu ». Miguel est la forme ibérique de Michel.**
Fête : **29 septembre** - Couleur : **rouge** - Chiffre : **5**
Caractère : **Miguel est un être de compassion et d'engagement. Il est fiable et tenace.**
Personnage célèbre : **Miguel de Cervantes, l'auteur de *Don Quichotte*.**
Fréquence : **rare** - Évolution : ↗
Âge moyen : **33 ans**

P

Mika

Étymologie : **de l'hébreu *mikhael* : « qui est comme Dieu ». Mika est un diminutif de Mikaël, forme slave et bretonne de Michel.**
Fête : **29 septembre** - Couleur : **rouge** - Chiffre : **6**
Caractère : **Mika est équilibré, organisé et a le sens des responsabiltés.**
Personnage célèbre : **le chanteur Mika.**
Fréquence : **rare** - Évolution : ↗
Âge moyen : **7 ans**

P

Mikaël

Mikayil, Mikhaël, Miky

Étymologie : de l'hébreu *mikhael* : « qui est comme Dieu ». Mikaël est une variante slave de Michel, mais on la trouve également en Bretagne.

Fête : 29 septembre - Couleur : rouge - Chiffre : 6

Caractère : Mikaël est équilibré, organisé et a le sens des responsabilités.

Fréquence : répandu - Évolution : ↘

Âge moyen : 30 ans

V

Mikail

Mikhail

Étymologie : de l'hébreu *mikhael* : « qui est comme Dieu ». Mikail correspond à la forme russe de Michel.

Fête : 29 septembre - Couleur : rouge - Chiffre : 6

Caractère : Mikail est énergique, ambitieux et autoritaire.

Fréquence : rare - Évolution : ↗

Âge moyen : 11 ans

P

Mike

Étymologie : de l'hébreu *mikhael* : « qui est comme Dieu ». Mike est un diminutif anglo-saxon de Michel. Parfois attribué comme un prénom à part entière en Grande-Bretagne et aux États-Unis, il l'est en France également depuis quelques années. Il est également très prisé aux Pays-Bas.

Fête : 29 septembre - Couleur : rouge - Chiffre : 6

Caractère : Mike est bon, réceptif - aux autres et aux choses -, il est donc très sociable.

Fréquence : rare - Évolution : ↘

Âge moyen : 21 ans

V

Mikel

Étymologie : de l'hébreu *mikhael* : « qui est comme Dieu ». En France, Mikel est traditionnellement usité au Pays basque.

Fête : 29 septembre - Couleur : rouge - Chiffre : 6

Caractère : Mikel est audacieux, énergique, original et aime la séduction.

Fréquence : rare - Évolution : ↘

Âge moyen : 20 ans

P

Milan

Milane, Milhane, Millan, Milann

Étymologie : du latin *aemulus* : « rival ». Aemilius fut le nom d'une grande famille romaine. Milan est l'Émile d'Europe centrale et des Balkans.

Fête : 22 mai - Couleur : bleu - Chiffre : 8

Caractère : Milan est charismatique, déterminé, sociable et épicurien.

Personnage célèbre : l'écrivain Milan Kundera.

Fréquence : rare - Évolution : ↗

Âge moyen : 11 ans

V

Miles

Étymologie : de l'anglais : « soldat, militaire ».

Couleur : bleu - Chiffre : 7

Caractère : Miles est structuré, persévérant et efficace.

Personnage célèbre : le jazzman Miles Davis.

Fréquence : rare - Évolution : ↗

Âge moyen : 11 ans

P

Milo

Milou

Étymologie : du germain : « travailleur ». Ce prénom assez rare en France jusqu'ici entame une période de croissance notable en raison de sa sonorité et de son orthographe à la mode.
Couleur : vert - **Chiffre** : 7
Caractère : Milo est tenace, méthodique et fiable.
Fréquence : rare - **Évolution** : ↗
Âge moyen : 5 ans

P

Milos

Étymologie : du grec : « plaisant ».
Couleur : vert - **Chiffre** : 8
Caractère : Milos est courageux, logique et curieux.
Personnage célèbre : Milos Forman, cinéaste.
Fréquence : rare - **Évolution** : ↗
Âge moyen : 20 ans

V

Mohamed

Étymologie : de l'arabe : « le loué ». Ce prénom fut donné au Prophète par son grand-père qui expliqua : « Je l'ai nommé ainsi, car j'ai voulu qu'il soit loué au Ciel, par Dieu et sur Terre par les créatures de Dieu. » En hommage à celui qui se fit dicter le Coran par l'ange Gabriel, il y a plus de treize siècles, ce prénom est devenu un classique. Cette forme est la plus répandue en France.
Couleur : blanc - **Chiffre** : 9
Caractère : Mohamed est loyal, solide et on peut avoir en lui une confiance inébranlable.
Fréquence : répandu - **Évolution** : ↗
Âge moyen : 23 ans

V

Mohamed-Ali

Étymologie : prénom composé de Mohamed et d'Ali. Cette composition unit les prénoms du Prophète et de celui que les chiites considèrent comme son successeur.
Couleur : blanc - **Chiffre** : 8
Caractère : Mohamed-Ali est humain, rêveur et logique.
Fréquence : rare - **Évolution** : ↗
Âge moyen : 14 ans

V

Mohamed-Amine

Mohamed-Amin, Mohammed-Amine

Étymologie : prénom composé de Mohamed et d'Amine. Cette combinaison unit le prénom du Prophète à Amine, qui signifie : « loyal, digne de confiance ».
Couleur : blanc - **Chiffre** : 8
Caractère : Mohamed-Amine est intuitif, aime le relationnel et les prises de décision.
Fréquence : rare - **Évolution** : ↗

V

Mohammed

Mohammad

Étymologie : de l'arabe : « le loué ». Ce prénom fut donné au Prophète par son grand-père qui expliqua : « Je l'ai nommé ainsi, car j'ai voulu qu'il soit loué au Ciel, par Dieu et sur Terre par les créatures de Dieu. » En hommage à celui qui se fit dicter le Coran par l'ange Gabriel, il y a plus de treize siècles, ce prénom est devenu un classique. Il correspond à la transcription française de Muhammad.
Couleur : blanc - **Chiffre** : 9
Caractère : Mohammed est volontaire, altruiste, intègre et idéaliste.
Fréquence : rare - **Évolution** : ↗
Âge moyen : 26 ans

B

Moïse

**Moe, Moisés, Mose,
Moses, Mosie, Moss,
Mozes, Mose, Loses**

Étymologie : de l'hébreu *moshèh* : « tiré de l'eau ». Moïse est le prénom du prophète hébreu sauvé des eaux, qui fit sortir son peuple d'Égypte et reçut de Dieu les Tables de la Loi.

Fête : 4 septembre - Couleur : blanc - Chiffre : 1

Caractère : idéaliste, allant au bout de ses convictions, Moïse est un être de foi, en lui, les autres et la vie.

Fréquence : rare - Évolution : ↘

Âge moyen : 68 ans

V

Morad

Morade

Étymologie : de l'arabe *murâd* : « désir ». Morad désigne celui qui s'adonne à des exercices mystiques dans le but d'entrer en contact avec Dieu.

Couleur : rouge - Chiffre : 9

Caractère : Morad est sage, bienveillant et bon conseiller.

Fréquence : rare - Évolution : ↘

Âge moyen : 31 ans

V

Moran

Morand, Morann

Étymologie : du vieux breton *meur* : « grand ». Ce prénom fut porté par un seigneur breton élu évêque de Rennes en 703. Il renonça à ses hautes fonctions pour se retirer dans un monastère italien.

Fête : 20 octobre - Couleur : rouge - Chiffre : 6

Caractère : Moran est courageux, dynamique et épris de réussite.

Fréquence : rare - Évolution : ↗

Âge moyen : 17 ans

V

Morgan

**Mirganez,
Morgain, Morgane,
Morgann, Muirgen**

Étymologie : du celtique *mor* : « la mer » et *gan* : « né » ; « né de la mer ».

Fête : 23 mars - Couleur : bleu - Chiffre : 3

Caractère : Morgan est volontaire, émotif, ce qui ne l'empêche pas de conserver une certaine diplomatie.

Personnage célèbre : l'acteur Morgan Freeman.

Fréquence : rare - Évolution : ↘

Âge moyen : 19 ans

V

Moshé

Étymologie : de l'hébreu *moshèh* : « tiré de l'eau ». Ce prénom correspond à la forme originale de Moïse, surtout répandue en Israël.

Fête : 4 septembre - Couleur : blanc - Chiffre : 1

Caractère : Moshé a le sens de la famille et des responsabilités. C'est un homme influent et volontaire.

Personnage célèbre : Moshé Dayan, général et homme politique israélien.

Fréquence : rare - Évolution : =

Âge moyen : 19 ans

V

Mouhamed

Étymologie : de l'arabe : « le loué ». Mouhamed est une des variantes de Mohammed, le Muhammad français.

Couleur : blanc - Chiffre : 9

Caractère : Mouhamed est passionné, ambitieux, habile et fort.

Fréquence : rare - Évolution : ↗

Âge moyen : 10 ans

Mounir

Monir, Mounire

Étymologie : de l'arabe : « lumineux, celui qui illumine ». Ce prénom est, à l'origine, un des qualificatifs appliqués au Prophète dans le Coran. Dieu y déclare que son envoyé est un *siraj munîr*, un « flambeau lumineux ».
Couleur : jaune - Chiffre : 9
Caractère : parfois impulsif, Mounir est un sensible. Son humanité en fait un combattant de l'injustice.
Fréquence : rare - Évolution : ↘
Âge moyen : 25 ans

Mourad

Mourade

Étymologie : de l'arabe *murâd* : « désir ». Mourad désigne celui qui s'adonne à des exercices mystiques dans le but d'entrer en contact avec Dieu.
Couleur : rouge - Chiffre : 9
Caractère : Mourad est rêveur, humain, ouvert d'esprit et possède de grandes qualités d'analyse.
Personnage célèbre : Mourad Ier, qui s'illustra en conquérant une partie des Balkans. Il mourut en 1389 à la bataille de Kosovo.
Fréquence : rare - Évolution : ↘
Âge moyen : 31 ans

Moussa

Étymologie : de l'hébreu *moshèh* : « tiré de l'eau ». Moussa est la transcription arabe de Moïse.
Fête : 4 septembre - Couleur : blanc - Chiffre : 1
Caractère : Moussa est intelligent, sage et indépendant.
Fréquence : rare - Évolution : ↗
Âge moyen : 21 ans

Moustapha

Mostafa, Mostapha, Mostéfa, Moustafa

Étymologie : de l'arabe *mustafa* : « celui qui est choisi, l'élu ».
Couleur : orange - Chiffre : 9
Caractère : Moustapha est bienveillant, consciencieux et organisé.
Fréquence : rare - Évolution : ↗
Âge moyen : 21 ans

Mustafa

Étymologie : de l'arabe *mustafa* : « celui qui est choisi, l'élu ».
Couleur : orange - Chiffre : 9
Caractère : Mustafa est rêveur, ouvert d'esprit, mais peut faire preuve d'une certaine rectitude.
Fréquence : rare - Évolution : ↗
Âge moyen : 22 ans

Muhammad

Étymologie : de l'arabe : « le loué ». Muhammad est la forme originelle de Mohammed.
Couleur : blanc - Chiffre : 9
Caractère : Muhammad est bienveillant, consciencieux, sage et bon conseiller.
Fréquence : rare - Évolution : ↗
Âge moyen : 11 ans

Murphy

Étymologie : de l'irlandais *muir* : « mer » et *cath* : « bataille » ; « guerrier de la mer ».
Couleur : rouge - Chiffre : 10
Caractère : Murphy est réceptif, sociable, diplomate et loyal.
Fréquence : très rare - Évolution : ↘
Âge moyen : 21 ans

Mustapha

Étymologie : de l'arabe *mustafa* : « celui qui est choisi, l'élu ». Ce nom désigne le prophète dans la tradition musulmane, celui qui est l'élu de Dieu.
Couleur : orange - **Chiffre** : 9
Caractère : Mustapha est généreux, charismatique, sociable et rêveur.
Fréquence : rare - **Évolution** : ↘

n

Nabil

Nabel, Nabile

Étymologie : de l'arabe *nabil* : « noble, chevaleresque ». Il appartient à la série de prénoms formés sur le thème de la noblesse et de l'élévation. Dans la tradition coranique, ces deux vertus vont de pair avec la foi et sous-entendent un respect sans faille de la religion.
Couleur : blanc - **Chiffre** : 2
Caractère : Nabil est intuitif et a l'instinct du médiateur. Il aime le relationnel. Il est résolu et organisé.
Fréquence : rare - **Évolution** : ↘
Âge moyen : 24 ans

Nacer

Naceur, Nassar, Nassir

Étymologie : de l'arabe : « celui qui porte assistance, le défenseur ». Ce prénom est l'un des noms attribués au Prophète.

TOP 20

Prénoms mixtes

Certains de ces prénoms sont mixtes depuis leur origine, d'autres sont des diminutifs familiers devenus des formes nominatives à part entière. Encore rare en France il y a quelques années, cette tendance des prénoms mixtes a traversé l'Atlantique et il est à présent plutôt branché de donner à une fille un prénom androgyne voire masculin... et inversement !

Aidan
Alceste
Alix
Andréa
Angel
Anouar
Austin
Caméo
Cameron
Camille
Clarence
Dany
Eden
Élie
Kendall
Loan
Mahé
Marley
Noa
Thaïs

Couleur : jaune - **Chiffre** : 8
Caractère : Nacer est audacieux, original, énergique et déterminé.
Fréquence : rare - **Évolution** : ↘
Âge moyen : 29 ans

V

Nacim

Nacime

Étymologie : de l'arabe *nassim* : « la brise légère ». Ce prénom, au sens figuré, signifie « le souffle de vie ».
Couleur : bleu - **Chiffre** : 3
Caractère : Nacim est tenace, fiable, engagé et déterminé.
Fréquence : rare - **Évolution** : =
Âge moyen : 18 ans

V

Nadir

Nader, Nadhir, Nadire, Nédir

Étymologie : de l'arabe : « précieux, rare ».
Couleur : jaune - **Chiffre** : 1
Caractère : Nadir est impulsif, entier, idéaliste et parfois versatile.
Fréquence : rare - **Évolution** : ↗
Âge moyen : 21 ans

V

Naël

Naïl

Étymologie : de l'arabe : « celui dont le travail est fructueux ».
Couleur : orange - **Chiffre** : 7
Caractère : Naël est courageux, curieux, indépendant et charismatique.
Fréquence : rare - **Évolution** : ↗
Âge moyen : 6 ans

V

Naïm

Nahim, Naïme

Étymologie : de l'arabe *na'im* : « doux, délicieux ». Ce qualificatif définit, dans le Coran, les délices de la vie paradisiaque, ainsi que le nom d'un des jardins du Paradis. Ainsi, les qualités attribuées à celui qui porte ce prénom sont identiques à celles de l'existence que Dieu réserve à ses élus. Naïm est un prénom représenté avant tout au Moyen-Orient.
Couleur : jaune - **Chiffre** : 1
Caractère : Naïm est indépendant, directif, audacieux et dynamique.
Fréquence : rare - **Évolution** : ↗
Âge moyen : 11 ans

V

Najib

Étymologie : de l'arabe : « de haute naissance ».
Couleur : rouge - **Chiffre** : 6
Caractère : Najib est déterminé, intègre et altruiste. C'est un idéaliste.
Fréquence : rare - **Évolution** : ↘
Âge moyen : 24 ans

V

Najim

Nejm

Étymologie : de l'arabe : « étoile ».
Couleur : noir - **Chiffre** : 5
Caractère : Najim est fidèle, déterminé et très intuitif.
Fréquence : rare - **Évolution** : ↗
Âge moyen : 21 ans

B

Narcisse

Narcissus, Narciso

Étymologie : du grec *narkissos* : « narcisse ». La

légende grecque de Narcisse, tombé amoureux de sa propre image mirée dans l'eau, trouve sa conclusion dans la transformation du héros en fleur, celle-là même qu'on appelle narcisse depuis lors. C'est ce nom et sa légende qui sont à l'origine de la notion de narcissisme.
Fête : 29 octobre - Couleur : vert - Chiffre : 2
Caractère : Narcisse est idéaliste, affectueux, sensible et indépendant.
Fréquence : rare - Évolution : ancien
Âge moyen : 86 ans

V

Nasser

Naser

Étymologie : de l'arabe : « celui qui porte assistance, le défenseur ». Ce prénom est l'un des noms attribués au Prophète.
Couleur : jaune - Chiffre : 8
Caractère : Nasser est méthodique, tenace, engagé et fiable.
Fréquence : rare - Évolution : ↘
Âge moyen : 35 ans

V

Nassim

Nacime, Nasim, Nasime, Nassime

Étymologie : de l'arabe *nassim* : « la brise légère ». Ce prénom, au sens figuré, signifie « le souffle de vie ».
Couleur : bleu - Chiffre : 3
Caractère : Nassim est créatif, pragmatique et optimiste.
Fréquence : rare - Évolution : ↗
Âge moyen : 12 ans

P

Nathan

Étymologie : de l'hébreu *nathana'el* : « Dieu donne ». Vieux prénom biblique, Nathan a été porté par le prophète-conseiller du roi David. Nathan est un prénom usité depuis longtemps dans les pays anglophones. Peut-être est-ce dû à son caractère classique et anglo-saxon que Nathan (dont le « n » final est sonore, au sein des pays anglophones) a soulevé l'engouement. En effet, l'Australie, les États-Unis et l'Angleterre le consacrent membre du top 30 de façon récurrente. Il est en train de devenir une valeur sûre en France.
Fête : 7 mars - Couleur : violet - Chiffre : 2
Caractère : Nathan est aussi sensible que réservé. Il est aussi prudent et pourvu d'une affection débordante.
Personnages célèbres : Nathan Söderblom, pasteur luthérien suédois qui reçut le prix Nobel de la paix en 1930 (1866-1931) ; Nathan Fillion, acteur, interprétant notamment Richard Castle dans la série du même nom.
Fréquence : répandu - Évolution : ↗
Âge moyen : 9 ans

P

Nathanaël

Étymologie : de l'hébreu *nathana'el* : « Dieu donne ». Ce prénom est le prénom véritable de celui qui est devenu saint Barthélémy après sa rencontre avec le Christ.
Fête : 24 août (Saint-Barthélémy)
Couleur : bleu - Chiffre : 4
Caractère : Nathanaël est énergique, déterminé et ambitieux.
Personnage célèbre : Nathanaël, personnage central des *Nourritures terrestres*, d'André Gide.
Fréquence : rare - Évolution : ↗
Âge moyen : 14 ans

P

Nataniel

Nathaniel

Étymologie : de l'hébreu *nathana'el* : « Dieu donne ». Nathaniel est une variante de Nathanaël qui pourrait correspondre ou s'approcher

de la forme espagnole du prénom.
Fête : 24 août (Saint-Barthélémy)
Couleur : bleu - Chiffre : 4
Caractère : Nataniel est un enthousiaste, qui a l'esprit pratique. Sensible, il a besoin de communiquer avec autrui.
Fréquence : rare - Évolution : ↗
Âge moyen : 10 ans

V

Neil

Nel, Nelio, Nello

Étymologie : de l'irlandais : « champion ». Neil est le nom du dernier roi païen de « l'île aux saints » et gouverna de 379 à 405. Son fils fut converti par saint Patrick et fut à l'origine de la grande famille princière des O'Neil.
Couleur : jaune - Chiffre : 4
Caractère : Neil est persévérant, efficace et honnête.
Fréquence : rare - Évolution : ↗

P

Nelson

Nealson, Neilson, Nilson, Nilsson

Étymologie : du gaélique anglais *Neil's son* : « le fils du champion ».
Fête : 3 février - Couleur : rouge - Chiffre : 9
Caractère : Nelson est d'une détermination inébranlable en ce qui concerne l'atteinte de ses objectifs. Il peut alors se révéler d'un courage et d'une intelligence redoutable, ce qui en fait un « gagneur » indéniable.
Personnage célèbre : Nelson Mandela.
Fréquence : rare - Évolution : ↘
Âge moyen : 21 ans

P

Néo

Étymologie : du grec : « nouveau ». Ce prénom est très en vogue actuellement et s'inscrit dans la mode des prénoms courts, composés de voyelles juxtaposées. Il est d'autant plus prisé qu'il correspond à la sonorité inversée de Noé.
Couleur : bleu - Chiffre : 8
Caractère : Néo est intelligent, indépendant et sage.
Personnage célèbre : Néo, le héros de la trilogie *Matrix*, réalisée par les frères Wachowski.
Fréquence : rare - Évolution : ↘
Âge moyen : 5 ans

B

Nestor

Étymologie : du grec *Nestor*, nom de personne issu d'un idiome signifiant « celui qui rentre chez soi sous de bons auspices ». Il apparaît dans l'*Iliade* d'Homère.
Fête : 26 février - Couleur : jaune - Chiffre : 1
Caractère : Nestor est courageux, volontaire et sensible.
Personnages célèbres : le roi légendaire de la mythologie grecque, symbole de sagesse et de longévité ; Nestor Burma, héros littéraire créé par Léo Malet, dont les aventures ont été adaptées en série télévisée.
Fréquence : rare - Évolution : =
Âge moyen : 80 ans

P

Nicholas

Étymologie : du grec *niké* : « victoire » et *laos* : « peuple ». Ce prénom correspond à une variante anglo-saxonne du plus répandu Nicolas.
Fête : 6 décembre - Couleur : rouge - Chiffre : 9
Caractère : Nicholas est humain, rêveur et logique.
Fréquence : rare - Évolution : ↘
Âge moyen : 25 ans

P

Nicolas

Cilas, Claes, Claus, Clos, Nicola, Nicolo, Nicolo, Nichol, Kleiske, Kolaig, Niccolo, Nichol, Nichola, Nicola, Nicolaas, Nicolaï, Nicolasa, Nicolau, Nicoli, Nicolin, Nicolo, Nicou, Nik, Niklaus, Nikolaï, Niklas, Niklaus, Niklavs, Nikolaï, Nikolajs, Nikolaz, Nils

Étymologie : du grec *niké* : « victoire » et *laos* : « peuple ». Saint Nicolas est le patron des enfants, de la Lorraine et de la Sainte Russie.

Fête : 6 décembre - Couleur : rouge - Chiffre : 9

Caractère : Nicolas aime entreprendre. Le ciel est sa limite. Il ne se contente pas de la médiocrité et aspire à l'excellence.

Personnages célèbres : l'écrivain Nicolas Boileau ; l'astronome Nicolas Copernic ; le philosophe Nicolas Machiavel ; les peintres Nicolas Poussin et Nicolas de Staël ; les acteurs Nicolas Duvauchelle et Nicolas Cage ; le footballeur Nicolas Anelka ; l'acteur et humoriste Nicolas Bedos.

Fréquence : répandu - Évolution : ↘

Âge moyen : 30 ans

V

Nidal

Nidhal

Étymologie : de l'arabe : « combat ».

Couleur : orange - Chiffre : 10

Caractère : Nidal est résolu, persévérant et efficace.

Fréquence : rare - Évolution : ↗

Âge moyen : 15 ans

V

Niels

Niel

Étymologie : de l'hébreu *dayân, dan* : « juge » et *el* (de Elohim), l'un des noms de Dieu. Signifie « Dieu est seul juge ». Ce prénom n'est autre que la forme scandinave de Daniel.

Fête : 11 décembre - Couleur : jaune - Chiffre : 9

Caractère : Niels ne peut rester sans projets et est habité par un constant besoin d'entreprendre. Quoi de plus normal ? Son intelligence et sa vivacité sont à la hauteur de son esprit de conquête.

Personnages célèbres : Niels Bohr, physicien danois, ayant obtenu le prix Nobel en 1922 ; le comédien Niels Arestrup.

Fréquence : rare - Évolution : ↗

Âge moyen : 12 ans

P

Nikola

Nikolas

Étymologie : du grec *niké* : « victoire » et *laos* : « peuple ». Saint Nicolas est le patron des enfants, de la Lorraine et de la Sainte Russie.

Fête : 6 décembre - Couleur : rouge - Chiffre : 9

Caractère : Nikola est logique, fort et ambitieux.

Fréquence : rare - Évolution : ↘

Âge moyen : 17 ans

V

Nils

Étymologie : de l'hébreu *dayân, dan* : « juge » et *el* (de Elohim), l'un des noms de Dieu. Signifie « Dieu est seul juge ». Nils est une variante de Niels.

Fête : 11 décembre - Couleur : jaune - Chiffre : 9

Caractère : Nils est rêveur, humain et ouvert d'esprit.

Fréquence : rare - Évolution : ↗

Âge moyen : 13 ans

P

Nino

Étymologie : de l'espagnol : « petit garçon ». Ce prénom est le pendant masculin de Nina et, comme de nombreux prénoms ibériques, il est assez prisé en France actuellement.

Couleur : bleu - **Chiffre** : 2
Caractère : Nino est intelligent, sage et aime la méditation.
Personnage célèbre : le chanteur Nino Ferrer.
Fréquence : rare - **Évolution** : ↗
Âge moyen : 9 ans

P

Noah

Noa

Étymologie : de l'hébreu *noah* : « le repos ». Ce prénom qui correspond à la forme première de Noé est très en vogue actuellement.
Fête : 10 novembre - **Couleur** : rouge - **Chiffre** : 7
Caractère : Noah est sociable, bon et loyal. Il est aussi enthousiaste, généreux et pragmatique.
Fréquence : répandu - **Évolution** : ↗
Âge moyen : 6 ans

P

Noam

Noame

Étymologie : de l'hébreu : « sucré, bonheur ».
Fête : 21 août - **Couleur** : orange - **Chiffre** : 7
Caractère : les Noam sont dotés d'une grande intelligence et bénéficient de caractères indépendants.
Personnage célèbre : le linguiste Noam Chomsky.
Fréquence : répandu - **Évolution** : ↗
Âge moyen : 8 ans

V

Noan

Noann, Noane

Étymologie : du breton : « agneau ».
Couleur : vert - **Chiffre** : 3
Caractère : Noan aime manager et sait élaborer des stratégies.
Fréquence : rare - **Évolution** : ↗
Âge moyen : 6 ans

P

Noé

Étymologie : de l'hébreu *noah* : « repos ». Ce prénom fut porté par un des plus célèbres personnages bibliques. Il pallia, en effet, l'extension des espèces animales, lors du déluge, en construisant la fameuse arche dans laquelle il navigua sur les mers déchaînées pendant des mois. Noé est, en effet, le seul homme (accompagné de sa famille) que Dieu choisit de sauver, car il était le seul qui lui semblait juste.
Fête : 10 novembre - **Couleur** : violet - **Chiffre** : 7
Caractère : Noé est actif, curieux et imaginatif mais quelque peu réservé.
Fréquence : rare - **Évolution** : ↗
Âge moyen : 12 ans

P

Noël

Étymologie : du latin *natalis* : « le jour de naissance » (sous-entendu du Christ).
Fête : 25 décembre - **Couleur** : rouge - **Chiffre** : 1
Caractère : Noël est un taiseux. Mais taiseux ne veut pas dire taciturne et Noël est simplement un tendre qui fait preuve d'une certaine réserve. C'est un être de douceur, enclin à un certaine fermeté, épris de calme et de dépouillement.
Personnage célèbre : l'homme politique Noël Mamère.
Fréquence : rare - **Évolution** : ↘
Âge moyen : 69 ans

P

Nolan

Nolane, Nolann, Nolhan, Nollan

Étymologie : du celte *nuall* : « la renommée ».
Couleur : jaune - **Chiffre** : 1
Caractère : Nolan est bon, sociable et réceptif.
Fréquence : rare - **Évolution** : ↗
Âge moyen : 6 ans

C

Norbert

Nobert, Norberto

Étymologie : du germain *north* : « nord » et *behrt* : « brillant ».
Fête : 6 juin - **Couleur** : violet - **Chiffre** : 2
Caractère : Norbert est d'ailleurs réputé pour ses qualités de diplomatie : prudence, justice, volonté sont ses traits dominants.
Fréquence : rare - **Évolution** : ↘
Âge moyen : 68 ans

V

Nordine

Nordin, Noreddine, Nordine, Norredine

Étymologie : de l'arabe : « la lumière de la religion ». Nordine est un dérivé de Nour. C'est, dans les pays musulmans, un prénom mixte. Nour est l'un des nombreux noms attribués au prophète Mahomet et Dieu est désigné *Nour an-Nour*, « la lumière de la lumière », dans la 24e sourate du Coran.
Couleur : gris - **Chiffre** : 7
Caractère : Nordine est volontaire, indépendant et intelligent.
Fréquence : rare - **Évolution** : ↘
Âge moyen : 35 ans

C

Norman

Normann

Étymologie : du viel anglais *nort* : « le nord » et *man* : « l'homme ». Si le prénom Norman a la même étymologie que le terme « normand », c'est qu'il désignait de la même manière les Vikings des VIIe et VIIIe siècle.
Couleur : rouge - **Chiffre** : 3
Caractère : Norman est charmant, curieux, indépendant et fantaisiste.
Personnage célèbre : Norman Mailer, romancier et acteur américain.
Fréquence : rare - **Évolution** : ↘
Âge moyen : 23 ans

V

Nouredine

Noureddine, Nouridine, Nourreddine, Nourredine.

Étymologie : de l'arabe : « la lumière de la religion ». Nordine est un dérivé de Nour. C'est, dans les pays musulmans, un prénom mixte. Nour est l'un des nombreux noms attribués au prophète Mahomet et Dieu est désigné *Nour an-Nour*, « la lumière de la lumière », dans la 24e sourate du Coran.
Couleur : gris - **Chiffre** : 7
Caractère : Nouredine est très émotif. Entreprenant et volontaire, il a une très forte puissance de travail. Son pouvoir de séduction est indiscutable.
Fréquence : rare - **Évolution** : ↗

P

Numa

Étymologie : du grec *nomas* : « la loi ». Du nom d'un roi légendaire de Rome successeur de Romulus.
Couleur : jaune - **Chiffre** : 4
Caractère : Numa est intelligent, gentil et doté d'une certaine vivacité d'esprit.
Personnages célèbres : Numa Pompilius, qui aurait régné de 715 à 672 avant J.-C. ; Numa Roumestan, héros du roman d'Alphonse Daudet paru en 1881.
Fréquence : rare - **Évolution** : ↗

TOP 20

Prénoms rock'n'roll

Le rock'n'roll est avant tout une attitude, un style de vie. Choisir un prénom rock'n'roll, c'est vouloir donner à son enfant un peu de l'aura d'une icône.

Ben *(Harper)*
Brian *(Adams, Eno)*
Chad *(Smith)*
Damon *(Albarn)*
Dave *(Navarro)*
Elton *(John)*
Elvis *(Presley/Costello)*
Freddy *(Mercury)*
Georges *(Harrisson, Michael, Clinton)*
Iggy *(Pop)*
Jimi *(Hendrix)*
Johnny *(Hallyday)*
Liam *(Gallagher)*
Keith *(Richards)*
Kurt *(Kobain)*
Mick *(Jaegger)*
Paul *(Mc Cartney)*
Pete *(Doherty)*
Ringo *(Starr)*
Sid *(Vicious)*

O

P

Océan

Océano

Étymologie : du grec *ôkeanos* : « océan ». Dans la mythologie, ce dieu de la Mer est l'époux de Thétys et personnifie l'océan Atlantique. Océan était l'aîné des Titans, fils de Gaïa (la Terre) et d'Ouranos (le Ciel). Si aujourd'hui nous le connaissons mieux sous une forme féminine, c'est pourtant sous sa forme masculine que le prénom était attribué, particulièrement au XVIIe siècle et par les parents protestants anglais, lorsque leurs enfants naissaient durant la traversée de l'Atlantique, alors qu'ils émigraient en Amérique.

Fête : 7 février - Couleur : vert - Chiffre : 7

Caractère : Océan est passionné, impulsif, actif et très généreux.

Fréquence : rare - Évolution : ↘

Âge moyen : 9 ans

C

Octave

Octaaf, Octavian, Octavius, Octavus, Oktav, Ottaviano, Ottavio.

Étymologie : du latin *octavius* : « huitième », le chiffre huit étant le symbole de l'équilibre cosmique.

Fête : 20 novembre - Couleur : bleu - Chiffre : 3

Caractère : Octave est un être entier, épris de justice, aimable et chaleureux. Dynamique et entreprenant, il est souvent entouré d'un bon groupe d'amis.

Personnage célèbre : l'écrivain Octave Mirbeau (*Journal d'une femme de chambre*).

Fréquence : rare - Évolution : ↗

B

Octavien

Étymologie : du latin *octavius* : « huitième », le chiffre huit étant le symbole de l'équilibre cosmique. Octavien est une variante d'Octave.
Fête : 20 novembre - Couleur : bleu - Chiffre : 3
Caractère : Octavien est organisé, raisonnable et leader dans l'âme.
Fréquence : rare - Évolution : ↗
Âge moyen : 64 ans

V

Octavio

Étymologie : du latin *octavius* : « huitième », le chiffre huit étant le symbole de l'équilibre cosmique. Octavio correspond à la forme espagnole d'Octave.
Fête : 20 novembre - Couleur : bleu - Chiffre : 3
Caractère : Octavio est optimiste, organisé, pragmatique et volontaire.
Personnage célèbre : l'écrivain Octavio Paz.
Fréquence : rare - Évolution : ↘
Âge moyen : 30 ans

B

Odilon

Odelin, Odil, Odet

Étymologie : du germanique *odal* : « le patrimoine, la fortune ».
Fête : 1er janvier - Couleur : vert - Chiffre : 6
Personnages célèbres : Odilon Barrot, homme politique du XIXe siècle ; le peintre postimpressionniste Odilon Redon.
Fréquence : rare - Évolution : ↘
Âge moyen : 60 ans

B

Odin

Étymologie : du nom de la divinité Odin, chef des dieux Ases dans la mythologie nordique.
Fête : 4 avril - Couleur : violet - Chiffre : 1
Caractère : Odin a le sens des responsabilités et de la famille. C'est un homme d'influence, volontaire et équilibré.
Personnage célèbre : Odin, le premier des dieux principaux, dans la mythologie scandinave : il est à la fois le sage, le mage et le roi des dieux (à la fois Zeus et Chronos).
Fréquence : rare - Évolution : ↗
Âge moyen : 12 ans

V

Odon

Étymologie : du germanique *odal* : « le patrimoine, la fortune ».
Fête : 11 mai - Couleur : rouge - Chiffre : 3
Caractère : Odon est enthousiaste, volontaire et a l'esprit pratique.
Personnage célèbre : Odon de Conteville, le frère de Guillaume le Conquérant.
Fréquence : rare - Évolution : ↗
Âge moyen : 82 ans

V

Olaf

Olaus, Olav, Ole, Olof, Oluf

Étymologie : du germain *anu* : « ancêtre » et *laib* : « descendant ».
Fête : 29 juillet - Couleur : violet - Chiffre : 7
Caractère : Olaf a une forte personnalité, souvent autoritaire et il n'aime pas se soumettre.
Personnage célèbre : Olaf, personnage de *La Reine des Neiges* de Walt Disney.
Fréquence : rare - Évolution : ↘
Âge moyen : 32 ans

V

Oleg

Étymologie : du slave : « consacré aux dieux ». Oleg est moins connu en France que son pendant féminin, Olga.

Couleur : jaune - Chiffre : 3
Caractère : Oleg est créatif, aime l'harmonie et l'éclectisme.
Fréquence : rare - Évolution : ↗
Âge moyen : 56 ans

P

Oliver

Étymologie : du latin *oliva* : « olive ». Oliver correspond à une forme anglo-saxonne d'Olivier.
Fête : 12 juillet - Couleur : jaune - Chiffre : 9
Caractère : Oliver est altruiste et intègre.
Personnages célèbres : le cinéaste Oliver Stone ; Oliver Twist, le héros de Charles Dickens.
Fréquence : rare - Évolution : ↗
Âge moyen : 18 ans

P

Olivier

Ol, Olier, Ollier, Oliveiros, Oliverio, Oliverio, Oliverius, Olivio, Ollier, Ollivier, Oulévié, Oulévié

Étymologie : du latin *oliva* : « olive ».
Fête : 12 juillet - Couleur : jaune - Chiffre : 9
Caractère : Olivier est très diplomate. Il se fie généralement à ses intuitions.
Personnages célèbres : Olivier de Clisson, le compagnon de Du Guesclin ; Olivier de Serres, agronome du XVIe siècle ; Olivier Cromwell, l'homme politique anglais ; Olivier Besancenot, homme politique.
Fréquence : répandu - Évolution : ↘
Âge moyen : 41 ans

V

Omar

Oumar, Oumuïr

Étymologie : de l'arabe : « prospérité, vie ».
Couleur : rouge - Chiffre : 3
Caractère : Omar est diplomate et charismatique et émotif.
Personnages célèbres : l'acteur Omar Sharif ; l'acteur et humoriste Omar Sy.
Fréquence : rare - Évolution : ↗
Âge moyen : 25 ans

V

Omer

Odemar, Odomar, Omar, Omke, Ommar, Ommo, Opper, Opperli, Otmar, Ottli, Ottmar, Ummo

Étymologie : du germain *odo* : « richesse » et *mar* : « célèbre ». Ce prénom correspond à la forme contractée du prénom Odemar.
Fête : 9 septembre - Couleur : rouge - Chiffre : 6
Caractère : Omer a horreur de s'ennuyer. Il fuit la routine comme la peste. Sa soif de connaissances et son charisme ne laissent pas indifférents.
Fréquence : rare - Évolution : ↗
Âge moyen : 25 ans

B

Onésime

Étymologie : du grec *onesimos* : « utile ».
Fête : 16 février - Couleur : jaune - Chiffre : 2
Caractère : c'est un fervent et profond idéaliste, intelligent et droit.
Fréquence : rare - Évolution : =
Âge moyen : 87 ans

P

Onofrio

Onofre

Étymologie : du germanique *hun* : « géant » et *frido* : « paix » - Couleur : rouge - Chiffre : 6
Caractère : En vrai gentleman, il est honnête et droit.
Fréquence : très rare - Évolution : =
Âge moyen : 48 ans

V

Orlando

Étymologie : du germain *hrod* et *nand* : « gloire du pays ». Orlando est la forme espagnole de Roland.

Fête : 15 septembre - Couleur : vert - Chiffre : 7

Caractère : Orlando est déterminé, réfléchi, et séducteur.

Personnages célèbres : le héros du poème d'Arioste, Orlando Furioso (qui n'est autre que le neveu de Charlemagne) ; l'acteur Orlando Bloom.

Fréquence : rare - Évolution : ↘

Âge moyen : 39 ans

B

Oscar

Étymologie : du germain *os* : « ase (divinité) » et *gari* : « lance ».

Fête : 13 février - Couleur : jaune - Chiffre : 2

Caractère : Oscar est discret, travailleur, opiniâtre et affectueux.

Personnages célèbres : l'écrivain Oscar Wilde ; le trophée de la cérémonie des Academy Awards, surnommé « Oscars » depuis 1934, suite à la remarque d'un membre de l'académie jugeant que la statuette ressemblait « à son oncle Oscar ».

Fréquence : rare - Évolution : ↗

Âge moyen : 39 ans

V

Osman

Osmane

Étymologie : de l'arabe *othmane* : « le jeune serpent ».

Couleur : gris - Chiffre : 8

Personnages célèbres : Osman Ier, fondateur de la dynastie ottomane.

Caractère : Osman est fort, ambitieux, passionné et volontaire.

Fréquence : rare - Évolution : ↗

Âge moyen : 19 ans

V

Oswald

Answald, Ostrald, Osval, Osvald, Osvaldo, Oswaldo, Osweald, Oswell, Ozzie, Walde

Étymologie : du germanique *os* : « divinité » et waldo : « celui qui règne ».

Fête : 5 août - Couleur : rouge - Chiffre : 5

Caractère : Oswald est réceptif, sociable, volontaire, loyal et diplomate.

Personnage célèbre : le philosophe Oswald Spengler (1880-1936).

Fréquence : rare - Évolution : ↘

Âge moyen : 61 ans

V

Othman

Othmane, Otman, Otmane, Ottman, Outman, Outmane

Étymologie : de l'arabe *othmane* : « le jeune serpent ».

Couleur : gris - Chiffre : 8

Caractère : Othman est ambitieux, fort, volontaire et habile.

Fréquence : rare - Évolution : ↗

Âge moyen : 14 ans

V

Othon

Oton

Étymologie : du germain *adal* : « la fortune » et *theud* : « le peuple ».

Fête : 2 juillet - Couleur : rouge - Chiffre : 1

Caractère : Othon est humain, rêveur et ouvert d'esprit.

Personnage célèbre : Othon Friesz, peintre.

Fréquence : rare - Évolution : =

Âge moyen : 98 ans

V

Otto

Étymologie : du germain *adal* : « la fortune » et *theud* : « le peuple ».
Fête : 2 juillet - Couleur : rouge - Chiffre : 1
Caractère : Otto est intelligent, sage et indépendant.
Personnages célèbres : le peintre Otto Dix ; le metteur en scène Otto Preminger.
Fréquence : rare - Évolution : ↘
Âge moyen : 95 ans

V

Ousmane

Ousman, Usman

Étymologie : de l'arabe *othmane* : « le jeune serpent ».
Couleur : gris - Chiffre : 8
Caractère : Ousmane est intelligent, volontaire et indépendant.
Fréquence : rare - Évolution : ↗
Âge moyen : 15 ans

B

Ovide

Étymologie : du latin : « pasteur ». Ce prénom est celui d'un des plus grands poètes latins, l'auteur des *Métamorphoses*, né en même temps que l'Empire romain.
Couleur : orange - Chiffre : 1
Caractère : Ovide est ambitieux, travailleur, indépendant et fin.
Fréquence : ancien - Évolution : =
Âge moyen : 95 ans

V

Ovidio

Étymologie : du latin : « pasteur ». Ce prénom correspond à la forme basque d'Ovide.
Couleur : orange - Chiffre : 1
Caractère : Ovidio possède de fortes capacités d'adaptation. Intuitif et fidèle, il aime le relationnel.
Fréquence : très rare - Évolution : =

V

Owen

Étymologie : du grec *eugenios* : « bien né, de noble race ». Owen correspond à la forme galloise d'Eugène.
Fête : 13 juillet - Couleur : orange - Chiffre : 3
Caractère : Owen est créatif, attiré par l'harmonie et l'éclectisme.
Personnage célèbre : l'acteur Owen Wilson.
Fréquence : rare - Évolution : ↗
Âge moyen : 7 ans

P

V

Pablo

Étymologie : du latin *paulus* : « petit, faible ». Pablo correspond à la forme espagnole de Paul.
Fête : 29 juin - Couleur : rouge - Chiffre : 5
Caractère : Pablo est ambitieux, travailleur et autoritaire.
Personnages célèbres : le poète Pablo Neruda ; Pablo Picasso, peintre.
Fréquence : rare - Évolution : ↗
Âge moyen : 14 ans

B

Pacifique

Étymologie : du latin : « pacifique ».
Couleur : bleu - Chiffre : 3
Caractère : Pacifique a le sens des responsa-

bilités et de la famille. Il est raisonnable, mais cela ne l'empêche guère d'être un homme d'action.
Fréquence : très rare - Évolution : =
Âge moyen : 99 ans

V

Paco

Étymologie : du latin *francus* : « homme libre ». Ce prénom correspond à un diminutif de Francesco.
Fête : 4 octobre - Couleur : gris - Chiffre : 8
Caractère : Paco est efficace, volontaire et ambitieux.
Personnage célèbre : Paco Rabanne, couturier.
Fréquence : rare - Évolution : ↗
Âge moyen : 11 ans

C

Pacôme

Étymologie : du grec *pakhaumios*, du nom du neuvième mois de l'année chez les Égyptiens, en l'honneur du dieu de la lune.
Fête : 9 mai - Couleur : jaune - Chiffre : 8
Caractère : Pacôme a le sens de la stratégie. Homme de volonté, il est aussi dans la réalisation.
Fréquence : rare - Évolution : ↗
Âge moyen : 11 ans

B

Palmyr

Palmire, Palmyre

Étymologie : du nom de l'antique cité syrienne Palmura.
Fête : 5 août - Couleur : rouge - Chiffre : 9
Caractère : Palmyr sait faire preuve d'un sens pratique des plus développés et d'une solidarité spontanée envers les faibles.
Fréquence : très rare - Évolution : =
Âge moyen : 93 ans

B

Pamphile

Étymologie : du grec : « l'ami de tous ».
Couleur : vert - Chiffre : 7
Caractère : Pamphile est habile, fort et ambitieux. Il déteste la monotonie et a besoin de donner un sens à sa vie.
Fréquence : rare - Évolution : ↗

B

Pancrace

Étymologie : du grec : « qui est tout-puissant ».
Couleur : rose - Chiffre : 2
Caractère : Pancrace est intelligent. C'est un homme de cœur et d'esprit. Pour lui, le pouvoir réside dans le savoir et il ne tergiverse pas lorsqu'il doit prendre des décisions.
Fréquence : très rare - Évolution : =

V

Paolo

Paol, Paolino

Étymologie : du latin *paulus* : « petit, faible ».
Fête : 29 juin - Couleur : orange - Chiffre : 5
Caractère : Paolo est indépendant, courageux, curieux et charismatique.
Personnage célèbre : le chanteur Paolo Conte.
Fréquence : rare - Évolution : ↗
Âge moyen : 22 ans

B

Pâris

Étymologie : du grec. Du nom du fils de Priam, le dernier roi de Troie. Il provoque la guerre de Troie en enlevant la belle Hélène.
Couleur : violet - Chiffre : 2
Caractère : Pâris est humain, rêveur, généreux et ouvert d'esprit.
Fréquence : rare - Évolution : ↗
Âge moyen : 30 ans

V

Parsam

Étymologie : de l'arménien : « fils des jeûnes ».
Couleur : rouge - **Chiffre** : 3
Caractère : Parsam est dynamique, curieux et courageux. Il est indépendant et très attiré par la réussite.
Fréquence : très rare - **Évolution** : ↘

P

Pascal

Pacaloun, Pascau, Pascalin, Pascasio, Paschal, Paschalis, Paschasius, Pascoal, Pascoe, Pascual, Pasqual, Paskal, Pasquale, Pasqualino, Pasquot

Étymologie : de l'hébreu *pessakh* : « passage », puis du latin *pasqualis* : « relatif à la fête pascale ».
Fête : 17 mai - **Couleur** : orange - **Chiffre** : 7
Caractère : Pascal est intuitif, émotif et il est plutôt sociable et amical.
Personnage célèbre : le chanteur Pascal Obispo.
Fréquence : répandu - **Évolution** : ↘
Âge moyen : 48 ans

P

Patric

Étymologie : du latin *patricus* : « patricien, noble ».
Fête : 17 mars - **Couleur** : orange - **Chiffre** : 6
Caractère : Patric est tenace, organisé, méthodique, fiable et a le sens de l'engagement.
Fréquence : rare - **Évolution** : =
Âge moyen : 55 ans

P

Patrice

Patricien, Patricio, Patrizio, Padrig

Étymologie : du latin *patricus* : « patricien, noble ».
Fête : 17 mars - **Couleur** : orange - **Chiffre** : 6
Caractère : Patrice est émotif, a du tact, est charmant et affectueux.
Personnages célèbres : Patrice de La Tour du Pin, poète de la quête mystique ; Patrice Chéreau, metteur en scène ; Patrice Leconte, réalisateur.
Fréquence : répandu - **Évolution** : ↘
Âge moyen : 50 ans

P

Patrick

Patrikei, Patriki, Patrique, Patryck

Étymologie : du latin *patricus* : « patricien, noble ».
Fête : 17 mars - **Couleur** : orange - **Chiffre** : 6
Caractère : Patrick est calme, raffiné, perfectionniste et affectueux.
Personnages célèbres : le journaliste Patrick Poivre d'Arvor ; l'acteur Patrick Dewaere ; le romancier et lauréat du prix nobel Patrick Modiano ; le chanteur Patrick Bruel.
Fréquence : répandu - **Évolution** : ↘
Âge moyen : 52 ans

V

Patxi

Étymologie : du latin *francus* : « homme libre ». Dès l'origine, le mot a été utilisé pour désigner les Francs. Ce prénom correspond à la forme basque de François.
Fête : 4 octobre - **Couleur** : bleu - **Chiffre** : 4
Caractère : Patxi est un spirituel attiré par l'originalité. Avide de connaissances, c'est un philosophe.

Fréquence : rare - **Évolution** : ↗
Âge moyen : 16 ans

Paul

Paavo, Pablito, Paulien, Paulot, Pauls, Pauw, Pauwel, Pauwels, Pavlik, Pol, Polo

Étymologie : du latin *paulus* : « petit, faible ».
Fête : 29 juin - **Couleur** : rouge - **Chiffre** : 5
Caractère : Paul est intuitif, passionné, intelligent et ambitieux.
Personnages célèbres : les peintres Paul Gauguin, Paul Cézanne et Paul Klee ; les écrivains et poètes Paul Éluard, Paul Verlaine, Paul Valéry, Paul Claudel et Paul Morand ; l'acteur Paul Newman ; le chanteur Paul McCartney.
Fréquence : répandu - **Évolution** : =
Âge moyen : 71 ans

Paul-Alexandre

Étymologie : prénom composé de Paul et d'Alexandre.
Fête : 29 juin (Saint-Paul) ou 22 avril (Saint-Alexandre) - **Couleur** : rouge - **Chiffre** : 4
Caractère : Paul-Alexandre possède de grandes facultés de stratégie et d'analyse.
Fréquence : rare - **Évolution** : ↘
Âge moyen : 16 ans

Paul-Antoine

Étymologie : prénom composé de Paul et d'Antoine.
Fête : 29 juin (Saint-Paul) ou 13 juin (Saint-Antoine) - **Couleur** : orange - **Chiffre** : 2
Caractère : Paul-Antoine est réceptif, sociable, logique et généreux.
Fréquence : rare - **Évolution** : ↘
Âge moyen : 16 ans

Paul-Émile

Étymologie : prénom composé de Paul et d'Émile.
Fête : 29 juin (Saint-Paul) ou 22 mai (Saint-Émile)
Couleur : orange - **Chiffre** : 4
Caractère : Paul-Émile est persévérant, sympathique et structuré.
Personnage célèbre : Paul-Émile Victor, l'ethnologue et explorateur.
Fréquence : rare - **Évolution** : ↘
Âge moyen : 16 ans

Paul-Étienne

Étymologie : prénom composé de Paul et d'Étienne.
Fête : 29 juin (Saint-Paul) ou 26 décembre (Saint-Étienne) - **Couleur** : vert - **Chiffre** : 9
Caractère : Paul-Étienne est sociable, tolérant et toujours en quête d'harmonie.
Fréquence : rare - **Évolution** : ↘
Âge moyen : 18 ans

Paul-Henri

Étymologie : prénom composé de Paul et d'Henri.
Fête : 29 juin (Saint-Paul) ou 13 juillet (Saint-Henri) - **Couleur** : bleu - **Chiffre** : 4
Caractère : Paul-Henri est audacieux, énergique et sympathique.
Personnage célèbre : Paul-Henri Mathieu, joueur de tennis.
Fréquence : rare - **Évolution** : ↘
Âge moyen : 24 ans

B

Paulin

Paulien, Paulino, Polin

Étymologie : du latin *paulus* : « petit, faible », qui a engendré le patronyme Paulinus.

Fête : 29 juin - Couleur : vert - Chiffre : 1

Caractère : Paulin est audacieux, directif et déterminé.

Personnages célèbres : Paulin de Venise, grand historien ; Paulin de Saint-Barthélémy, spécialiste de l'Inde.

Fréquence : rare - Évolution : ↗

Âge moyen : 56 ans

C

Paul-Louis

Étymologie : prénom composé de Paul et de Louis.

Fête : 29 juin (Saint-Paul) ou 25 août (Saint-Louis) - Couleur : vert - Chiffre : 6

Caractère : Paul-Louis est intuitif, passionné et intelligent.

Personnage célèbre : Paul-Louis Courier, pamphlétaire durant la Révolution française.

Fréquence : rare - Évolution : ↘

Âge moyen : 17 ans

V

Paulo

Étymologie : du latin *paulus* : « petit, faible ». Ce prénom correspond à un diminutif affectueux de Paul.

Fête : 29 juin - Couleur : rouge - Chiffre : 5

Caractère : Paulo est diplomate, sociable et réceptif.

Personnage célèbre : Paulo Coelho, romancier brésilien.

Fréquence : rare - Évolution : ↘

Âge moyen : 36 ans

B

Pavel

Étymologie : du latin *paulus* : « petit, faible ». Ce prénom correspond à une forme slave de Paul.

Fête : 29 juin - Couleur : violet - Chiffre : 5

Caractère : Pavel est sociable, réceptif et diplomate. C'est un homme de cœur.

Personnage célèbre : Pavel Lounguine, cinéaste russe.

Fréquence : rare - Évolution : ↗

Âge moyen : 5 ans

V

Pedro

Pedre, Peet, Peidro, Peire, Peit, Peitro, Peo

Étymologie : du grec *petros* : « pierre, rocher ». Pedro correspond à la forme espagnole de Pierre.

Fête : 29 juin - Couleur : jaune - Chiffre : 8

Caractère : Pedro est fiable, tenace, engagé et méthodique.

Personnage célèbre : Pedro Almodóvar, cinéaste espagnol.

Fréquence : rare - Évolution : ↗

Âge moyen : 41 ans

V

Peio

Étymologie : du grec *petros* : « pierre, rocher ». Ce prénom correspond à la forme basque de Pierre.

Fête : 29 juin - Couleur : jaune - Chiffre : 8

Caractère : Peio est humain, généreux et très ouvert d'esprit.

Fréquence : rare - Évolution : ↗

Âge moyen : 13 ans

V

Pepe

Étymologie : de l'hébreu *yosseph* : « Dieu ajou-

tera ». Ce prénom correspond à un diminitif de Pepito, forme espagnole de Joseph.
Fête : 19 mars ou 20 décembre - Couleur : rouge
Chiffre : 7
Caractère : Pepe est rêveur, humain et ouvert d'esprit.
Fréquence : très rare - Évolution : =
Âge moyen : 61 ans

B

Pépin

Étymologie : du germain : « déterminé ».
Couleur : noir - Chiffre : 7
Caractère : Pépin est équilibré. Il a le sens des responsabilités et de la famille. C'est un homme d'inluence aussi exigeant avec les autres qu'avec lui-même.
Personnage célèbre : Pépin le Bref, roi des Francs et père de Charlemagne.
Fréquence : rare - Évolution : =
Âge moyen : 71 ans

V

Pépito

Étymologie : de l'hébreu *yosseph* : « Dieu ajoutera ». Ce prénom correspond à la forme espagnole de Joseph.
Fête : 19 mars ou 20 décembre - Couleur : rouge
Chiffre : 7
Caractère : Pépito est droit, généreux et ouvert d'esprit.
Fréquence : très rare - Évolution : =
Âge moyen : 54 ans

B

Perceval

Perce, Percy

Étymologie : du vieux français : « perce le val, la vallée ».
Couleur : jaune - Chiffre : 8
Caractère : Perceval est un homme d'innovation,

TOP 20

Prénoms royaux

Faire le choix d'un prénom dit « royal » c'est choisir un grand classique qui a marqué l'histoire. Le classique chic se démocratise depuis quelques années déjà, constituant une valeur refuge.

Albert
Amaury
Arthur
Charles
Childeric
Clotaire
Clovis
Constantin
Edgar
Ferdinand
François
Georges
Godefroi
Guillaume
Hughes
Louis
Philippe
Richard
Victor
William

énergique et bon.
Personnage célèbre : Perceval est un des héros des légendes arthuriennes.
Fréquence : rare - Évolution : ↘
Âge moyen : 17 ans

B

Périclès

Étymologie : du grec : « juste meneur ».
Couleur : vert - Chiffre : 4
Caractère : Périclès est consciencieux et déterminé. C'est un homme bon et bienveillant.
Fréquence : très rare - Évolution : =

P

Peter

Pete, Petri, Petro, Pétrus, Petru

Étymologie : du grec *petros* : « pierre, rocher ». Ce prénom correspond à la forme anglo-saxonne de Pierre.
Fête : 29 juin - Couleur : jaune - Chiffre : 8
Caractère : Peter est autonome, énergique et ambitieux.
Personnages célèbres : Peter Pan, personnage fictif créé par l'auteur écossais James Matthew Barrie ; Peter Falk, acteur connu pour son rôle de *Columbo* ; Peter Dinklage, acteur américain ; Peter Jackson, réalisateur ; Peter Gabriel, auteur et chanteur.
Fréquence : rare - Évolution : ↘
Âge moyen : 30 ans

V

Peyo

Étymologie : du grec *petros* : « pierre, rocher ». Ce prénom correspond à la forme bretonne de Pierre.
Fête : 29 juin - Couleur : jaune - Chiffre : 8
Caractère : Peyo est un original, dont l'esprit est d'une sagacité extrême.
Personnage célèbre : Peyo, le pseudo de l'auteur de B. D. Pierre Culliford.
Fréquence : rare - Évolution : ↗
Âge moyen : 16 ans

P

Pharrell

Pharell, Pharel

Étymologie : de l'irlandais : « courageux ».
Couleur : jaune - Chiffre : 8
Caractère : Pharrell est un idéaliste. Sympathique, altruiste et intègre.
Personnage célèbre : Pharrell Williams, auteur, rappeur et producteur américain.
Fréquence : très rare - Évolution : =
Âge moyen : 5 ans

P

Phil

Étymologie : du grec *philein* : « aimer », ou du germain *fili* : « beaucoup ». Phil est le diminutif des prénoms assemblés avec les éléments énoncés ci-dessous.
Couleur : rose - Chiffre : 2
Caractère : Phil est ouvert d'esprit, rêveur, actif et humain.
Fréquence : très rare - Évolution : ↘
Âge moyen : 5 ans

C

Philbert

Filbert

Étymologie : du germain *fili* : « beaucoup » et *behrt* : « brillant ».
Fête : 20 août - Couleur : vert - Chiffre : 2
Caractère : Philbert est attentif, idéaliste et altruiste.
Fréquence : rare - Évolution : =
Âge moyen : 87 ans

B

Philéas

Phile

Étymologie : du grec *philein* : « aimer ».
Fête : 4 février - Couleur : orange - Chiffre : 6
Caractère : Philéas est secret, discret, sensible et réfléchi.
Personnage célèbre : Philéas Fogg, héros du roman de Jules Verne, *Le Tour du monde en quatre-vingts jours*.
Fréquence : rare - Évolution : ⇗
Âge moyen : 10 ans

B

Philémon

Filemon

Étymologie : du grec *philos* : « ami » et *monos* : « seul ».
Fête : 22 novembre - Couleur : blanc - Chiffre : 2
Caractère : Philémon est idéaliste, dirigé par l'affectif, sociable et rêveur.
Personnage célèbre : le personnage de la légende mythologique *Philémon et Baucis*, rapporté par le poète latin Ovide.
Fréquence : rare - Évolution : ⇗
Âge moyen : 48 ans

C

Philibert

Étymologie : du germain *fili* : « beaucoup » et *behrt* : « brillant ».
Fête : 20 août - Couleur : vert - Chiffre : 2
Caractère : Philibert est un actif, un volontaire, très sociable, intelligent et de bon conseil.
Personnages célèbres : deux ducs de Savoie.
Fréquence : rare - Évolution : ⇗
Âge moyen : 83 ans

P

Philip

Philipe, Philipp, Philippo, Phillip

Étymologie : du grec *philo* : « ami » et *hippos* : « cheval ». Philip est la forme anglaise, scandinave et néerlandaise de Philippe.
Fête : 3 mai - Couleur : vert - Chiffre : 1
Caractère : Philip est intelligent, indépendant et enclin à la méditation.
Fréquence : rare - Évolution : ⇘
Âge moyen : 45 ans

P

Philippe

Filippo, Fippe, Fliep, Fülop, Fulp, Lippo, Lippus, Lips, Philippus, Philp, Pilib, Pippo

Étymologie : du grec *philo* : « ami » et *hippos* : « cheval ».
Fête : 3 mai - Couleur : vert - Chiffre : 1
Caractère : Philippe est un passionné, un émotif, un chef à l'allure mystérieuse et son action présente souvent les caractéristiques de l'initiation.
Personnages célèbres : les écrivains contemporains Philippe Sollers et Philippe Delerm ; l'acteur Philippe Noiret ; le cinéaste Philippe de Broca ; le patineur Philippe Candeloro ; le créateur et décorateur Philippe Starck ; le chanteur Philippe Katerine.
Fréquence : répandu - Évolution : ⇘
Âge moyen : 51 ans

B

Philis

Étymologie : du grec : « rameau ».
Couleur : noir - Chiffre : 6
Caractère : Philis est dynamique, un brin directif, mais il est audacieux, indépendant et actif.
Fréquence : très rare - Évolution : =

Philogone

Étymologie : du grec *philein* : « aimer » et *gone* : « la génération ».
Couleur : vert - Chiffre : 3
Caractère : Philogone est un diplomate, réceptif et sociable.
Fréquence : rare - Évolution : =
Âge moyen : 90 ans

Pierce

Étymologie : de l'irlandais : « pierre ».
Couleur : violet - Chiffre : 3
Caractère : Pierce est sympathique, loyal et diplomate.
Personnage célèbre : l'acteur Pierce Brosnan.
Fréquence : très rare - Évolution : =

Pierre

Pär, Peadair, Peadar, Peer, Per, Perez, Perico, Perig, Pero, Peterus, Petey, Petr, Petrus, Petter, Petz, Pierig, Pierke, Piero

Étymologie : du grec *petros* : « pierre, rocher ». Simon *bar Iona*, c'est-à-dire Simon fils de Jean, fut ainsi interpelé par Jésus, qui l'appela *Képha*, « pierre » en araméen : « Tu es Pierre et sur cette pierre je bâtirai mon église ». Simon le pêcheur devint Pierre l'Apôtre, premier chef de la chrétienté, premier évêque et premier pape.
Fête : 29 juin - Couleur : jaune - Chiffre : 8
Caractère : Pierre est indépendant, intrépide, il est en perpétuel mouvement. D'une nature ardente, il a le sens du contact.
Personnages célèbres : Pierre de Ronsard, le poète ; Pierre Larousse, fondateur du grand dictionnaire universel ; le chercheur Pierre Curie ; les acteurs Pierre Richard, Pierre Fresnay, Pierre Arditi et Pierre Niney ; l'homme politique Pierre Mendès-France ; le sociologue Pierre Bourdieu ; le couturier Pierre Cardin ; l'abbé Pierre ; l'auteur de *La Planète des singes*, Pierre Boulle ; les humoristes Pierre Desproges et Pierre Palmade.
Fréquence : répandu - Évolution : ↘
Âge moyen : 70 ans

Pierre-Adrien

Étymologie : prénom composé de Pierre et d'Adrien.
Fête : 29 juin (Saint-Pierre) ou 8 septembre (Saint-Adrien) - Couleur : bleu - Chiffre : 6
Caractère : Pierre-Adrien est courageux, dynamique. Il a l'esprit de décision et de réussite.
Fréquence : rare - Évolution : ↘
Âge moyen : 21 ans

Pierre-Alain

Étymologie : prénom composé de Pierre et d'Alain.
Fête : 29 juin (Saint-Pierre) ou 9 septembre (Saint-Alain) - Couleur : vert - Chiffre : 4
Caractère : Pierre-Alain est courageux, dynamique et aime la réussite.
Fréquence : rare - Évolution : ↘
Âge moyen : 29 ans

Pierre-Alexandre

Étymologie : prénom composé de Pierre et d'Alexandre.
Fête : 29 juin (Saint-Pierre) ou 22 avril ou 3 mai (Saint-Alexandre) - Couleur : bleu - Chiffre : 3
Caractère : Pierre-Alexandre est sociable, diplomate et réceptif.
Fréquence : rare - Évolution : ↘
Âge moyen : 21 ans

Pierre-Alexis

Étymologie : prénom composé de Pierre et d'Alexis.
Fête : 29 juin (Saint-Pierre) ou 17 février (Saint-Alexis) - Couleur : bleu - Chiffre : 7
Caractère : Pierre-Alexis est bienveillant, sympathique et consciencieux.
Personnage célèbre : Pierre-Alexis Tremblay, homme politique et journaliste québécois.
Fréquence : rare - Évolution : ↘
Âge moyen : 20 ans

Pierre-André

Étymologie : prénom composé de Pierre et d'André.
Fête : 29 juin (Saint-Pierre) ou 30 novembre (Saint-André) - Couleur : rouge - Chiffre : 6
Caractère : Pierre-André est indépendant, tendre et curieux.
Personnage célèbre : Pierre-André Taguieff, philosophe et politologue.
Fréquence : rare - Évolution : ↘
Âge moyen : 32 ans

Pierre-Antoine

Étymologie : prénom composé de Pierre et d'Antoine.
Fête : 29 juin (Saint-Pierre) ou 13 juin (Saint-Antoine) - Couleur : jaune - Chiffre : 6
Caractère : Pierre-Antoine est dynamique, indépendant et curieux.
Personnage célèbre : Pierre-Antoine Lebrun, poète et auteur dramatique français, élu à l'Académie française en 1828, il est directeur de l'Imprimerie nationale en 1831, puis conseiller d'État et sénateur du Second Empire en 1853.
Fréquence : rare - Évolution : ↘
Âge moyen : 21 ans

Pierre-Édouard

Étymologie : prénom composé de Pierre et d'Édouard.
Fête : 29 juin (Saint-Pierre) ou 5 janvier (Saint-Édouard) - Couleur : rouge - Chiffre : 5
Caractère : Pierre-Édouard est impulsif, tendre et ambitieux.
Personnage célèbre : Pierre-Édouard Lémontey, homme politique et historien du XVIIIe siècle.
Fréquence : rare - Évolution : ↘
Âge moyen : 25 ans

Pierre-Emmanuel

Étymologie : prénom composé de Pierre et d'Emmanuel.
Fête : 29 juin (Saint-Pierre) ou 25 décembre (Saint-Emmanuel) - Couleur : orange - Chiffre : 3
Caractère : Pierre-Emmanuel est diplomate, sociable et compatissant.
Personnage célèbre : Pierre-Emmanuel Barré, humoriste français.
Fréquence : rare - Évolution : ↘
Âge moyen : 27 ans

Pierre-François

Étymologie : prénom composé de Pierre et de François.
Fête : 24 novembre - Couleur : bleu - Chiffre : 4
Caractère : Pierre-François est logique, pragmatique et optimiste.
Personnage célèbre : ce prénom fut porté par un missionnaire français qui fut martyrisé en 1860 : Pierre-François Néron.
Fréquence : rare - Évolution : ↘
Âge moyen : 30 ans

Pierre-Henri

Étymologie : prénom composé de Pierre et d'Henri.
Fête : 29 juin (Saint-Pierre) ou 13 juillet (Saint-Henri) - **Couleur** : rouge - **Chiffre** : 2
Caractère : Pierre-Henri est plein d'ardeur et de vitalité. Il est toujours dans l'action mais sait aussi prendre du recul.
Fréquence : rare - **Évolution** : ↘
Âge moyen : 30 ans

Pierre-Jean

Étymologie : prénom composé de Pierre et de Jean. Ce prénom réunit deux des apôtres les plus emblématiques.
Fête : 29 juin (Saint-Pierre) ou 24 juin ou 27 décembre (Saint-Jean) - **Couleur** : vert
Chiffre : 4
Caractère : Pierre-Jean est réceptif, diplomate, loyal et sociable.
Fréquence : rare - **Évolution** : ↘
Âge moyen : 31 ans

Pierre-Louis

Étymologie : prénom composé de Pierre et de Louis. Ce prénom est le second prénom composé le plus répandu après Jean-Baptiste.
Fête : 29 juin (Saint-Pierre) ou 25 août (Saint-Louis) - **Couleur** : vert - **Chiffre** : 4
Caractère : Pierre-Louis est enthousiaste, sympathique et aime la communication.
Fréquence : rare - **Évolution** : ↘
Âge moyen : 20 ans

Pierre-Loup

Étymologie : prénom composé de Pierre et de Loup.
Fête : 29 juin (Saint-Pierre) ou 29 juillet (Saint-Loup) - **Couleur** : jaune - **Chiffre** : 6
Caractère : Pierre-Loup est intègre, altruiste et sympathique.
Fréquence : rare - **Évolution** : ↘
Âge moyen : 15 ans

Pierre-Luc

Étymologie : prénom composé de Pierre et de Luc.
Fête : 29 juin (Saint-Pierre) ou 18 octobre (Saint-Luc) - **Couleur** : orange - **Chiffre** : 10
Caractère : Pierre-Luc est un stratège, compatissant et ardent.
Fréquence : rare - **Évolution** : ↘
Âge moyen : 27 ans

Pierre-Marie

Étymologie : prénom composé de Pierre et de Marie. Ce prénom fut porté par un missionnaire français, Pierre-Marie Chanel, martyrisé dans l'île de Futuna, en Océanie, en 841.
Fête : 28 avril - **Couleur** : bleu - **Chiffre** : 5
Caractère : Pierre-Marie est humain, rêveur et épris de réussite.
Fréquence : rare - **Évolution** : ↘
Âge moyen : 35 ans

Pierre-Olivier

Étymologie : prénom composé de Pierre et d'Olivier.
Fête : 29 juin (Saint-Pierre) ou 12 juillet (Saint-Olivier) - **Couleur** : jaune - **Chiffre** : 9

Caractère : Pierre-Olivier a du caractère, est solide et a l'esprit logique.
Fréquence : rare - Évolution : ↘
Âge moyen : 29 ans

P

Pierre-Yves

Étymologie : prénom composé de Pierre et d'Yves.
Fête : 29 juin (Saint-Pierre) ou 19 mai (Saint-Yves). C'est en Bretagne que cette forme est la plus attribuée. - Couleur : orange - Chiffre : 4
Caractère : Pierre-Yves est intelligent et déterminé.
Fréquence : rare - Évolution : ↘
Âge moyen : 35 ans

V

Pierrick

Perick, Perig, Pieric,
Pierick, Pierric, Pierrig, Pierrik

Étymologie : du grec *petros* : « pierre, rocher ». Pierrick correspond à la forme bretonne de Pierre.
Fête : 29 juin - Couleur : orange - Chiffre : 8
Caractère : Pierrick est passionné, actif et secret.
Fréquence : répandu - Évolution : ↘
Âge moyen : 31 ans

B

Pierrot

Perin, Pier,
Pierino, Pierrino,
Piero, Piet, Pieter

Étymologie : du grec *petros* : « pierre, rocher ». Pierrot est un diminutif de Pierre devenu prénom.
Fête : 29 juin - Couleur : jaune - Chiffre : 8
Caractère : Pierrot est réceptif, bon, sociable et loyal.
Personnages célèbres : Pierrot, le héros de la comptine du XVIIIe siècle *Au clair de la lune*, qui est devenu un véritable personnage ; *Pierrot le Fou*, film de Godard sorti en 1965.
Fréquence : rare - Évolution : ↗
Âge moyen : 51 ans

V

Pietro

Étymologie : du grec *petros* : « pierre, rocher ».
Fête : 29 juin - Couleur : jaune - Chiffre : 8
Caractère : Pietro est intuitif, fidèle et a le goût du relationnel.
Fréquence : rare - Évolution : ↗
Âge moyen : 55 ans

V

Pio

Piat, Piato, Piatus,
Pie, Pio, Pius

Étymologie : du latin *pius, pia*, qu'on retrouve dans l'adjectif « pieux, pieuse ».
Fête : 30 avril ou 21 août - Couleur : vert
Chiffre : 8
Caractère : Pio est plein de vitalité, ardent et charismatique.
Personnages célèbres : ce prénom fut rendu illustre par le pape Pie V, qui gouverna l'Église catholique et fit traduire le catéchisme, écrit en latin, en langues vivantes ; ou par Pie X, qui fut pape de 1903 à 1914 ; l'acteur Pio Marmaï.
Fréquence : très rare - Évolution : =
Âge moyen : 51 ans

B

Placide

Placido

Étymologie : du latin *placidus* : « calme, paisible ». Ce prénom fut porté par le fils d'un sénateur romain qui devint un collaborateur de saint Benoît au moment de la fondation de la première abbaye bénédictine.
Fête : 5 octobre - Couleur : bleu - Chiffre : 5

Caractère : Placide est ambitieux, énergique et sympathique.
Fréquence : rare - Évolution : ↘
Âge moyen : 88 ans

V

Pol

Étymologie : du latin *paulus* : « petit, faible ». Pol est une variante de Paul plus traditionnellement usitée en Bretagne.
Fête : 29 juin - Couleur : rouge - Chiffre : 5
Caractère : Pol est intelligent, indépendant et sage.
Fréquence : rare - Évolution : =
Âge moyen : 64 ans

B

Pompée

Étymologie : du grec : « gloire éclatante ».
Couleur : noir - Chiffre : 7
Caractère : Pompée est intelligent, indépendant, mais c'est un homme de caractère.
Personnage célèbre : le général et homme d'État romain du même nom.
Fréquence : très rare - Évolution : =
Âge moyen : 95 ans

P

Preston

Étymologie : de l'anglais : « bien du prêtre ». Comme nombre de prénoms anglo-saxons, Preston est, à l'origine, un nom de lieu devenu patronyme puis prénom.
Couleur : violet - Chiffre : 6
Caractère : détermination, stratégie, ardeur et vitalité, telles sont les caractéristiques de Preston.
Fréquence : rare - Évolution : ↗
Âge moyen : 5 ans

TOP 20

Prénoms régionaux

La profonde vogue actuelle pour les prénoms régionaux, des prénoms de caractère, témoigne d'une quête de « réassurance », d'un désir incontestable de retour aux sources. Ces sources sont parfois réelles, parfois fictives : on peut avoir envie d'un prénom breton en venant de Paris : rien n'est interdit ! Voici quelques exemples :

Albrecht *(Alsace Lorraine)*
Andéol *(Occitanie)*
Auban *(Occitanie)*
Amador *(Pays Basque)*
Amans *(Gascogne)*
Caradec *(Bretagne)*
Conogan *(Bretagne)*
Estève *(Occitanie)*
Exuperi *(Pays Basque)*
Jaume *(Provence et Catalogne)*
Maëlan *(Bretagne)*
Maëlig *(Bretagne)*
Pascau *(Provence)*
Romieu *(Gascogne)*
Sauvesti *(Gascogne)*
Savério *(Pays Basque)*
Sicard *(Gascogne)*
Simian *(Languedoc)*
Ugues *(Occitanie)*
Uméa *(Pays Basque)*

B

Priam

Étymologie : du nom du dernier roi de Troie dans la mythologie grecque.
Couleur : blanc - Chiffre : 3
Caractère : Priam est créatif, pragmatique et optimiste.
Fréquence : très rare - Évolution : ↗
Âge moyen : 4 ans

V

Primaël

Primael, Primel

Étymologie : du breton : « prince charismatique ». En Bretagne, il s'écrit sans les trémas.
Couleur : rouge - Chiffre : 2
Caractère : Primaël est sociable, réceptif et sympathique.
Fréquence : très rare - Évolution : =
Âge moyen : 19 ans

V

Primo

Étymologie : du latin : « premier ».
Couleur : blanc - Chiffre : 4
Caractère : Primo porte bien son nom : habile et habité par l'ambition, c'est un manager-né.
Personnage célèbre : Primo Lévi, écrivain italien.
Fréquence : rare - Évolution : ↘
Âge moyen : 84 ans

P

Prince

Étymologie : du latin : « supérieur ».
Couleur : noir - Chiffre : 9
Caractère : Prince est sociable, réceptif et loyal.
Personnages célèbres : Prince Michael Jackson, le fils du roi de la pop ; Prince, le chanteur.
Fréquence : rare - Évolution : ↗
Âge moyen : 12 ans

C

Priscillien

Priscilliano, Priscilo, Prisco, Priscus, Prisk

Étymologie : du latin *priscus* : « antique ».
Fête : 18 janvier - Couleur : bleu - Chiffre : 1
Caractère : Priscillien est volontaire et intuitif, dynamique et sensuel.
Fréquence : très rare - Évolution : ↘
Âge moyen : 20 ans

B

Prosper

Prospero, Prospert

Étymologie : du latin *prosperus* : « florissant, prospère ».
Fête : 25 juin - Couleur : vert - Chiffre : 8
Caractère : royal dans l'action, intelligent, de grand cœur, avec, sous une main de velours, une volonté de fer.
Personnage célèbre : l'écrivain Prosper Mérimée.
Fréquence : rare - Évolution : ↗
Âge moyen : 90 ans

B

Prudent

Prudentius

Étymologie : du latin *prudens* : « prudent ».
Fête : 6 mai - Couleur : bleu - Chiffre : 6
Caractère : Prudent a un certain sens de la stratégie. Mais s'il aime mettre en échec son adversaire, cela ne l'empêche pourtant pas de faire preuve de compassion.
Fréquence : rare - Évolution : =
Âge moyen : 93 ans

Q

V

Qaïs

Étymologie : de l'arabe : « fierté ».
Couleur : bleu - Chiffre : 3
Caractère : Qaïs est audacieux, très indépendant et ne manque pas de confiance en lui.
Fréquence : rare - Évolution : ↘
Âge moyen : 5 ans

V

Quang

Étymologie : du vietnamien : « lumière, glorieux ».
Couleur : orange - Chiffre : 8
Caractère : Quang est bienveillant et bon conseiller. L'amitié est une valeur importante pour lui.
Fréquence : rare - Évolution : =
Âge moyen : 24 ans

P

Quentin

Quantin, Quentyn, Quinten, Quintino

Étymologie : du latin *quintus* : « cinquième ».
Fête : 31 octobre - Couleur : bleu - Chiffre : 1
Caractère : Quentin est un être loyal, dévoué, aimable et serviable. Il allie à ces belles qualités morales culture et raffinement.
Personnages célèbres : le héros Quentin Durward, titre du livre de Walter Scott ; le réalisateur Quentin Tarantino.
Fréquence : rare - Évolution : ↘
Âge moyen : 15 ans

P

Quincy

Quincey, Quiney, Quinto

Étymologie : du latin *quintus* : « cinquième ».
Fête : 31 octobre - Couleur : vert - Chiffre : 6
Caractère : Quincy est sympathique, ambitieux, fort et habile.
Personnage célèbre : Quincy Jones, le célèbre producteur.
Fréquence : rare - Évolution : ↗
Âge moyen : 12 ans

C

Quintilien

Étymologie : du nom de Quintilien.
Couleur : rouge - Chiffre : 7
Caractère : Quintilien est diplomate, loyal, sociable et sensible.
Personnages célèbres : Quintilien, rhéteur dans la Rome antique au Ier siècle, dont l'œuvre s'inspire de Cicéron.
Fréquence : très rare - Évolution : =

V

Quoc

Étymologie : du vietnamien : « nation ».
Couleur : bleu - Chiffre : 8
Caractère : Quoc est un excellent médiateur qui possède de solides facultés d'adaptation.
Fréquence : rare - Évolution : ↘
Âge moyen : 22 ans

R

V

Rabah

Raba, Rabbah, Rabia, Rabih

Étymologie : de l'arabe : « jardin ».
Couleur : noir - **Chiffre** : 2
Caractère : Rabah est un enthousiaste qui sait parfaitement s'adapter aux situations. Pourvu d'un solide esprit pratique, il est également très généreux.
Fréquence : rare - **Évolution** : ↗
Âge moyen : 36 ans

V

Rabie

Rabi

Étymologie : de l'hébreu : « mon maître ».
Couleur : jaune - **Chiffre** : 2
Caractère : la résolution, l'ardeur et l'achèvement sont inscrits dans la personnalité de Rabie.
Fréquence : très rare - **Évolution** : ↘
Âge moyen : 28 ans

V

Rachid

Rached, Rachide

Étymologie : de l'arabe : « jardin ». C'est l'un des noms du Prophète et, sous la forme Al-Rachîd, c'est également une façon de désigner Dieu lui-même.
Couleur : blanc - **Chiffre** : 1
Caractère : Rachid est élégant, volontaire et toujours en quête d'harmonie.
Personnage célèbre : le chanteur Rachid Taha.
Fréquence : répandu - **Évolution** : ↘
Âge moyen : 36 ans

P

Rafaël

Raffaël

Étymologie : de l'hébreu *repha'el* : « Dieu a guéri ».
Fête : 29 septembre - **Couleur** : bleu - **Chiffre** : 9
Caractère : Rafaël est intelligent, subtil et résolu.
Personnage célèbre : Rafael Nadal, joueur de tennis.
Fréquence : rare - **Évolution** : ↗
Âge moyen : 13 ans

V

Raffi

Étymologie : de l'arabe : « de haut rang ».
Couleur : jaune - **Chiffre** : 2
Caractère : Raffi est tenace, fiable, il a le sens du devoir et de l'engagement.
Fréquence : très rare - **Évolution** : ↘
Âge moyen : 28 ans

V

Rafik

Étymologie : de l'arabe : « ami, tranquillité ».
Couleur : orange - **Chiffre** : 2
Caractère : Rafik est un altruiste, réfléchi et dévoué.
Fréquence : rare - **Évolution** : ↗
Âge moyen : 23 ans

V

Rahim

Étymologie : de l'arabe : « qui pardonne ».
Couleur : bleu - **Chiffre** : 4
Caractère : Rahim est structuré et persévérant. C'est un pilier pour les autres, il rassure et affirme.
Fréquence : rare - **Évolution** : ↗
Âge moyen : 13 ans

P

Raimond

Raimon, Raimondo, Raimundo, Ramond

Étymologie : du germain *ragin* : « conseil » et mund : « protecteur ».
Couleur : bleu - Chiffre : 9
Caractère : Raimond est l'intelligence et la rigueur mêmes. Fidèle et fort, il a néanmoins une tendance un peu macho à se méfier de tout ce que la vie offre de féminin - l'intuition, les sentiments, la psychologie immédiate -, mais il sait offrir un dévouement inaltérable.
Fréquence : rare - Évolution : =
Âge moyen : 98 ans

C

Rainier

Neres, Rackner, Ragnar, Rainer, Raneiro, Régnier, Regner, Regnerus, Reignier, Reiner, Renner, Rinner

Étymologie : du germain *ragin* : « conseil » et *hari* : « armée ». Prénom germanique du Moyen Âge, Rainier a donné de nombreux noms de famille, comme Régnier, Raynier, Reiner, Regner.
Fête : 17 juin - Couleur : rouge - Chiffre : 3
Caractère : Rainier se caractérise par son sang-froid et sa maîtrise de lui-même, en toutes circonstances. Ce n'est pas son grand représentant princier qui pourra nous détromper.
Personnages célèbres : trois princes de Monaco.
Fréquence : très rare - Évolution : =
Âge moyen : 46 ans

V

Rajiv

Étymologie : du sanskrit. *Rajiv* est l'un des noms de la fleur de lotus.
Couleur : bleu - Chiffre : 4
Caractère : Rajiv est de bon conseil : bienveillant, sage et recherchant la paix, il écoute toujours sa conscience.
Fréquence : très rare - Évolution : ↘
Âge moyen : 19 ans

P

Ralph

Ralf, Rolph, Rolphe

Étymologie : du germanique *rad* : « conseil » et *wolf* : « le loup » ; « celui qui est conseillé par le loup ».
Fête : 21 juin - Couleur : jaune - Chiffre : 6
Caractère : Ralph est généreux, volontaire et travailleur.
Personnage célèbre : le créateur Ralph Lauren.
Fréquence : rare - Évolution : ↘
Âge moyen : 40 ans

C

Rambert

Étymologie : du germain : « illustre conseiller ».
Couleur : orange - Chiffre : 9
Caractère : Rambert a l'esprit de découverte. Il est audacieux, déterminé et plein d'énergie.
Fréquence : très rare - Évolution : =
Âge moyen : 104 ans

V

Ramdane

Étymologie : de l'arabe : « mois sacré ».
Couleur : orange - Chiffre : 4
Caractère : Ramdane est intuitif, aime le relationnel. Il est résolu et fidèle.
Fréquence : rare - Évolution : ↘
Âge moyen : 34 ans

V

Rami

Ramy

Étymologie : de l'arabe : « habile ».
Couleur : rose - Chiffre : 3

Caractère : Rami est énergique, original, audacieux. Il est dans la séduction.
Fréquence : rare - Évolution : ↗
Âge moyen : 14 ans

Ramiro

Étymologie : de l'espagnol : « grand juge ».
Couleur : violet - Chiffre : 4
Caractère : Ramiro est réceptif, diplomate, loyal et sociable.
Fréquence : rare - Évolution : =
Âge moyen : 43 ans

Ramon

Erramir

Étymologie : du germain : « qui conseille avec sagesse ».
Fête : 7 janvier - Couleur : bleu - Chiffre : 8
Caractère : Ramon est intelligent. C'est un homme de volonté et de grande détermination.
Personnage célèbre : l'écrivain espagnol Ramon Fernandez.
Fréquence : rare - Évolution : =
Âge moyen : 59 ans

Ramsès

Étymologie : du nom de onze pharaons d'Égypte ancienne (des XIXe et XXe dynasties).
Fête : 7 janvier - Couleur : jaune - Chiffre : 4
Caractère : Ramsès est optimiste, pragmatique et créatif.
Fréquence : très rare - Évolution : =
Âge moyen : 18 ans

Ramzy

Ramzi

Étymologie : de l'arabe : « important ».
Couleur : orange - Chiffre : 3
Caractère : Ramzy est fiable, tenace, méthodique et a le sens du devoir.
Personnage célèbre : l'acteur et humoriste Ramzy Bédia.
Fréquence : rare - Évolution : ↘
Âge moyen : 12 ans

Randall

Étymologie : du germanique *rad* : « conseil » et *wolf* : « le loup » ; « celui qui est conseillé par le loup ».
Couleur : rouge - Chiffre : 5
Caractère : Randall est habile, décidé et directif.
Fréquence : très rare - Évolution : ↗

Randolf

Étymologie : du germanique *rad* : « conseil » et *wolf* : « le loup » ; « celui qui est conseillé par le loup ».
Couleur : rouge - Chiffre : 5
Caractère : Randolf est courageux, combatif et ambitieux.
Fréquence : très rare - Évolution : =

Randy

Étymologie : du germanique *rad* : « conseil » et *wolf* : « le loup » ; « celui qui est conseillé par le loup ». Randy est un diminutif de Randall, dérivé de Randolf.
Couleur : rouge - Chiffre : 5
Caractère : Randy est habile, fort et ambitieux.
Fréquence : rare - Évolution : ↘

V

Rani

Étymologie : de l'arabe : « riche et noble ».
Couleur : jaune - **Chiffre** : 3
Caractère : Rani a le sens des responsabilités et de la famille, ce qui sied parfaitement à son côté directif et à la bonne influence qu'il exerce sur autrui.
Fréquence : rare - **Évolution** : ↗
Âge moyen : 14 ans

V

Rankin

Étymologie : de l'anglais : « bouclier, protection ».
Couleur : vert - **Chiffre** : 4
Caractère : Rankin est fiable et tenace. Il a le sens de l'engagement et de la méthode.
Fréquence : très rare - **Évolution** : =

B

Raoul

Radeke, Radlof, Raouf, Raoulin, Raul, Radolphe, Radulf, Raff, Ralf, Raoulet, Raoulin, Ratolf, Rauf, Raul, Reel, Relef, Rowl

Étymologie : du germanique *rad* : « conseil » et *wolf* : « le loup » ; « celui qui est conseillé par le loup ».
Fête : 7 juillet - **Couleur** : orange - **Chiffre** : 4
Caractère : Raoul est un séducteur. Il est efficace, déterminé et attentionné.
Personnages célèbres : le peintre Raoul Dufy (1877-1953) ; le réalisateur Raoul Ruiz.
Fréquence : rare - **Évolution** : =
Âge moyen : 86 ans

P

Raphaël

Falito, Rafa, Rafael, Raffaelle, Rafaelli, Rafaello, Rafaïl, Raff, Rafi, Rafil, Raphel

Étymologie : de l'hébreu *repha'el* : « Dieu a guéri ».
Fête : 29 septembre - **Couleur** : bleu - **Chiffre** : 9
Caractère : Raphaël est émotif, calme, réfléchi et studieux.
Personnages célèbres : le peintre Raphaël ; le chanteur Raphaël.
Fréquence : répandu - **Évolution** : ↗
Âge moyen : 27 ans

P

Ray

Étymologie : du germain *ragin* : « conseil » et *mund* : « protecteur ». Ray est le diminutif anglo-saxon de Raymond.
Fête : 7 janvier - **Couleur** : bleu - **Chiffre** : 9
Caractère : Ray est courageux, volontaire, travailleur et réservé.
Personnage célèbre : le chanteur Ray Charles.
Fréquence : très rare - **Évolution** : ↘

V

Rayan

Étymologie : de l'arabe *rayyân* : « beau, épanoui ». Du celtique *rig* : « le roi ». Rayan fait la jonction entre le Ryan irlandais et le Rayane arabe.
Couleur : bleu - **Chiffre** : 5
Caractère : Rayan est courageux, dynamique et indépendant.
Fréquence : rare - **Évolution** : ↗
Âge moyen : 7 ans

V

Rayane

Étymologie : de l'arabe *rayyân* : « beau, épanoui ». Ce prénom est l'un des plus anciens prénoms arabes. À ne pas confondre avec l'irlandais Ryan.

Couleur : bleu - **Chiffre** : 5

Caractère : Rayane aime l'innovation, est énergique et déterminé.

Fréquence : rare - **Évolution** : ↗

Âge moyen : 9 ans

V

Rayhan

Étymologie : de l'arabe *rayyân* : « beau, épanoui ». Du celtique *rig* : « le roi ». Rayhan fait, en effet, la jonction entre le Ryan irlandais et le Rayane arabe.

Couleur : bleu - **Chiffre** : 5

Caractère : Rayhan est persévérant et déterminé. À la fois dans l'action et la sécurité, il est extrêmement structuré et fait des choix raisonnables.

Fréquence : rare - **Évolution** : ↗

Âge moyen : 8 ans

P

Raymond

Raimunds, Rajmund, Reamonn, Reim, Reimund, Reinmund, Remus, Reum

Étymologie : du germain *ragin* : « conseil » et *mund* : « protecteur ».

Fête : 7 janvier - **Couleur** : bleu - **Chiffre** : 9

Caractère : Raymond est courageux, volontaire, travailleur et réservé.

Personnages célèbres : le président Raymond Poincaré ; l'humoriste Raymond Devos ; les écrivains Raymond Queneau et Raymond Radiguet ; le sportif Raymond Poulidor.

Fréquence : rare - **Évolution** : ↘

Âge moyen : 84 ans

B

Raynald

Étymologie : du germain *ragin* : « conseil » et *wald* : « le chef ». Raynald est une variante de Reynald, de Réginald, prénom qui fut porté par un prêtre d'Orléans, proche de saint Dominique, qui entra chez les dominicains et mourut en 1220.

Fête : 21 février - **Couleur** : gris - **Chiffre** : 7

Caractère : Raynald aime la communication, la réussite. Il est pragmatique et enthousiaste.

Fréquence : rare - **Évolution** : ↘

Âge moyen : 84 ans

V

Razi

Étymologie : de l'araméen : « mon secret ».

Couleur : vert - **Chiffre** : 8

Caractère : Razi est intègre et dévoué. C'est un idéaliste enclin à la réflexion.

Fréquence : très rare - **Évolution** : ↘

Âge moyen : 6 ans

V

Réda

Étymologie : de l'arabe : « satisfaction, plénitude ».

Couleur : jaune - **Chiffre** : 1

Caractère : Réda est audacieux, dynamique et indépendant.

Personnages célèbres : le chorégraphe Réda ; le comédien français Réda Kateb.

Fréquence : rare - **Évolution** : ↘

Âge moyen : 15 ans

V

Rédouane

Radoin, Radoine, Radouan, Radwan, Radwane, Rédoine, Rédouan, Redwan, Redwane, Ridouan, Ridouane, Ridvan, Ridwan, Ridwane

Étymologie : de l'arabe : « satisfaction, plénitude ».
Couleur : jaune - Chiffre : 1
Caractère : Rédouane est volontaire, sociable, diplomate et réceptif.
Personnage célèbre : l'humoriste Rédouane Harjane.
Fréquence : rare - Évolution : ↘
Âge moyen : 17 ans

P

Réginald

Réginaldo

Étymologie : du germain *ragin* : « conseil » et *wald* : « le chef ». Réginald, comme toutes ses variantes (Rénald, Reynald...), correspond à la forme la plus ancienne de Renaud.
Fête : 21 février - Couleur : gris - Chiffre : 7
Caractère : Réginald aime la communication, la réussite, est pragmatique et enthousiaste.
Personnage célèbre : Reginald Dwight, véritable nom d'Elton John.
Fréquence : rare - Évolution : ↘
Âge moyen : 47 ans

P

Régis

Regino, Regan

Étymologie : du latin *regere* : « gouverner » et *rex, regis, regina* : « roi, reine ».
Fête : 16 juin - Couleur : rouge - Chiffre : 4
Caractère : Régis est un être doué, charismatique, dynamique et enthousiaste. Sa belle nature le rend terriblement attachant. Ses entreprises sont teintées de succès puisque, en être rigoureux, il les mène avec minutie et efficacité.
Personnages célèbres : le réalisateur Régis Wargnier ; l'écrivain Régis Debray.
Fréquence : répandu - Évolution : ↘
Âge moyen : 51 ans

V

Réhan

Étymologie : de l'arabe : « basilique ». Réhan est un prénom mixte.
Couleur : vert - Chiffre : 3
Caractère : Réhan est un être de très bon conseil, car bienveillant et guidé par la paix des consciences.
Fréquence : rare - Évolution : ↗
Âge moyen : 4 ans

V

Reinhold

Étymologie : du germain *ragin* : « conseil » et *wald* : « le chef ».
Couleur : orange - Chiffre : 9
Caractère : Reinhold est toujours dans le raisonnement. Il sait faire preuve d'une grande persévérance.
Fréquence : rare - Évolution : =
Âge moyen : 90 ans

V

Réjan

Réjean

Étymologie : du latin *rex, regis, regina* : « roi, reine ».
Couleur : vert - Chiffre : 8
Caractère : Réjan est énergique, volontaire, ambitieux et courageux.
Fréquence : très rare - Évolution : =
Âge moyen : 61 ans

P

Rémi

Miek, Rehm, Remey, Remies, Remigio, Remigius

Étymologie : du latin *remegius* : « celui qui rame, qui navigue ».
Fête : 15 janvier - Couleur : orange - Chiffre : 9
Caractère : Rémi doit sans cesse trouver le juste équilibre entre son besoin d'aventure et sa quête d'harmonie. Bon camarade et charmant, Rémi est l'ami dont on cherche la compagnie.
Personnage célèbre : Rémi, le héros de *Sans Famille*, roman français d'Hector Malot, paru en 1878, adapté au cinéma et à la télévision.
Fréquence : rare - Évolution : ↘
Âge moyen : 34 ans

P

Rémy

Étymologie : du latin *remegius* : « celui qui rame, qui navigue ».
Fête : 15 janvier - Couleur : orange - Chiffre : 9
Caractère : Rémy possède de grandes capacités d'adaptation, aime acquérir des connaissances et est attiré par la philosophie.
Personnages célèbres : Rémy de Gourmont, écrivain ; Rémy Chauvin, scientifique.
Fréquence : répandu - Évolution : ↘
Âge moyen : 45 ans

P

Rénald

Étymologie : du germain *ragin* : « conseil » et *wald* : « le chef ».
Couleur : orange - Chiffre : 9
Caractère : Rénald est intègre. Chez lui toute réflexion mène à une décision.
Fréquence : rare - Évolution : ↘
Âge moyen : 40 ans

TOP 20

Prénoms américains

La vague des prénoms anglo-saxons envahit les milieux populaires français depuis les années 70. On peut évidemment l'expliquer par l'influence de la télévision, du cinéma et de la littérature sur notre quotidien. Les actualités, l'ampleur médiatique de certains événements, la culture, enfin, ont lancé ou permis de faire connaître certains prénoms.

Andrew
Anthony
Austin
Bruce
Caleb
Cameron
Christopher
Daniel
Elijah
Isaiah
James
Jayden
Jordan
Joshua
Logan
Luke
Mason
Matthew
Michael
Tyler

V

Renaldo

Reinaldo, Reinhard, Reinold

Étymologie : du germain *ragin* : « conseil » et *wald* : « le chef ».

Couleur : orange - Chiffre : 9

Caractère : Renaldo est bienveillant, consciencieux et doté d'une certaine force de caractère.

Fréquence : rare - Évolution : ↘

Âge moyen : 36 ans

B

Renan

Reunan

Étymologie : de l'irlandais : « petit phoque ».

Fête : 1er juin - Couleur : violet - Chiffre : 4

Caractère : Renan se caractérise par son indépendance d'esprit. Intelligent, cultivé, c'est un contemplatif.

Personnage célèbre : Renan Luce, le chanteur.

Fréquence : rare - Évolution : ↘

Âge moyen : 24 ans

V

Renato

Étymologie : du germain *ragin* : « conseil » et *waldan* : « gouverner ». Renato est la forme italienne de René. En France, c'est en Corse que ce prénom est le plus attribué.

Fête : 17 septembre - Couleur : bleu - Chiffre : 9

Caractère : Renato est ambitieux, autoritaire et déterminé.

Personnage célèbre : Renato, héros de *La Cage aux folles.*

Fréquence : rare - Évolution : ↘

Âge moyen : 49 ans

P

Renaud

Reginaldo, Regnaud, Regnault, Renauld, Renault, Reno, Renaut, Renout

Étymologie : du germain *ragin* : « conseil » et *waldan* : « gouverner ».

Fête : 17 septembre - Couleur : bleu - Chiffre : 9

Caractère : Renaud est un grand énergique au sens de l'observation affûté et à la sagacité redoutable. Ombrageux ? Qu'on ne s'y méprène ! C'est juste qu'il est sans cesse dans le questionnement.

Personnage célèbre : le chanteur Renaud.

Fréquence : répandu - Évolution : ↘

Âge moyen : 35 ans

P

René

Renaat, Renat, Renatus, Reinie

Étymologie : du latin *renatus* : « né une seconde fois, re-né » (sous-entendu par le baptême).

Fête : 19 octobre - Couleur : bleu - Chiffre : 6

Caractère : René cherche la droiture, la justice, l'autorité et les trouve le plus souvent en lui et par lui.

Personnages célèbres : René Descartes ; les cinéastes René Clément et René Clair ; le président René Coty ; le poète René Char ; le peintre René Magritte.

Fréquence : répandu - Évolution : ↘

Âge moyen : 84 ans

V

Renzo

Renso

Étymologie : du latin *laurus, laura* : « laurier ». Renzo est le diminutif de Laurenzo.

Couleur : vert - Chiffre : 1

Caractère : Renzo a le sens des responsabilités. Il est équilibré et exigeant.

Personnage célèbre : Renzo Piano, architecte italien.

Fréquence : rare - Évolution : ↗
Âge moyen : 41 ans

(P)

Reuben

Étymologie : de l'hébreu *reouven* : « voyez, un fils ».
Fête : 22 août - Couleur : rouge - Chiffre : 3
Caractère : Reuben a bon cœur. En outre, il est loyal et sociable.
Fréquence : très rare - Évolution : =
Âge moyen : 11 ans

(P)

Reymond

Étymologie : du germain *ragin* : « conseil » et *mund* : « protecteur ». Ce prénom correspond à une variante orthographique de Raymond.
Fête : 7 janvier - Couleur : bleu - Chiffre : 9
Caractère : Reymond est persévérant, efficace. Il est structuré et rassurant.
Fréquence : rare - Évolution : =
Âge moyen : 89 ans

(P)

Reynald

Reynal, Reynaldo, Reynaud, Reynold

Étymologie : du germain *ragin* : « conseil » et *wald* : « le chef ».
Couleur : orange - Chiffre : 9
Caractère : le savoir, l'intelligence et la sympathie, Reynald a tout pour lui.
Fréquence : rare - Évolution : ↘
Âge moyen : 42 ans

(V)

Rhys

Étymologie : du celte : « héros ». Rhys un prénom gallois historique, toujours utilisé et que l'on trouve également comme nom de famille.
Couleur : rouge - Chiffre : 3
Caractère : Rhys est intelligent, parfois retors. Enclin à la méditation, il est toujours en quête de savoir.
Fréquence : très rare - Évolution : ↗

(V)

Riad

Riade, Riadh, Riyadh

Étymologie : de l'arabe : « serein, épanoui ».
Couleur : orange - Chiffre : 2
Caractère : Riad aime l'originalité, la découverte. Toujours dans l'énergie et la séduction, Riad est un tourbillon qui refuse la monotonie.
Personnage célèbre : le cinéaste Riad Sattouf.
Fréquence : rare - Évolution : ↗
Âge moyen : 21 ans

(V)

Ricardo

Ricard, Riccardo

Étymologie : du germain *rik* : « roi » et *hart* : « fort ». Ricardo est la forme hispanique de Richard.
Fête : 3 avril - Couleur : rouge - Chiffre : 7
Caractère : Ricardo est courageux, indépendant et a l'esprit logique.
Personnage célèbre : Ricardo Bofill, architecte espagnol.
Fréquence : rare - Évolution : ↗
Âge moyen : 33 ans

(C)

Richard

Reich, Reichard, Reichardt, Rhisiart, Ricard, Richart, Richerd, Rickie, Ricordino, Ridsert, Ridzard, Riek, Rikitza, Rikkard, Riocard

Étymologie : du germain *rik* : « roi » et *hart* : « fort ».
Fête : 3 avril - Couleur : rouge - Chiffre : 7

Caractère : Richard est un rigoriste, toujours en quête de stabilité. Énergique, volontaire, dynamique, il est capable de déplacer des montagnes s'il le désire. Cette volonté inébranlable peut le conduire à de bien illustres destins.
Personnages célèbres : les compositeurs Richard Wagner et Richard Strauss ; l'ancien président des États-Unis Richard Nixon ; l'écrivain Richard Wright ; les acteurs Richard Gere, Richard Bohringer, Richard Burton, Richard Anconina et Richard Berry ; le champion cycliste Richard Virenque.
Fréquence : répandu - Évolution : ↘
Âge moyen : 51 ans

V

Rida

Étymologie : de l'arabe : « satisfaction, plénitude ». Rida a la même étymologie que Riad.
Couleur : orange - Chiffre : 2
Caractère : Rida est un séducteur, audacieux et toujours en quête de découvertes.
Fréquence : rare - Évolution : ↘
Âge moyen : 23 ans

P

Ridge

Étymologie : de l'anglais : « crête ».
Couleur : violet - Chiffre : 3
Caractère : Ridge est un philosophe. Très spirituel, il est moins dans l'action que dans la réflexion. En cela, il honore parfaitement son prénom, car se distingue par sa hauteur de vue.
Fréquence : très rare - Évolution : ↘
Âge moyen : 16 ans

C

Rigobert

Étymologie : du germain *hrod* : « gloire » et *behrt* : « brillant ».
Rigobert est une variante de Robert.
Fête : 30 avril - Couleur : rouge - Chiffre : 6
Caractère : Rigobert est honnête, efficace et persévérant.
Fréquence : rare - Évolution : =
Âge moyen : 80 ans

V

Rinaldo

Étymologie : du germain *ragin* : « conseil » et *wald* : « le chef ».
Couleur : orange - Chiffre : 7
Caractère : Rinaldo est énergique, quelquefois autoritaire. Mais c'est un homme de caractère.
Fréquence : très rare - Évolution : =

V

Rino

Étymologie : du latin : « renaître ». Rino est une variante italienne de René.
Couleur : rose - Chiffre : 4
Caractère : Rino est extrêmement diplomate, car plein de bonté. Il est aussi loyal et très sociable.
Fréquence : rare - Évolution : =
Âge moyen : 72 ans

P

Ritchy

Ricci, Rich, Richie,
Ritchie, Ricky,
Ritchi, Rytchi

Étymologie : du germain *rik* : « roi » et *hart* : « fort ». Ritchy est un diminutif anglo-saxon de Richard.
Fête : 3 avril - Couleur : rouge - Chiffre : 7
Caractère : Ritchy est un homme fidèle à ses principes, à ses rêves et à ceux qui l'entourent, puisqu'il les a choisis.
Fréquence : rare - Évolution : ↘
Âge moyen : 15 ans

V

Riwan

Riwal, Rywan

Étymologie : du breton : « roi, valeur ».
Couleur : jaune - Chiffre : 4
Caractère : Riwan est un diplomate. Il est loyal et très réceptif au monde qui l'entoure.
Fréquence : rare - Évolution : ⇗
Âge moyen : 11 ans

V

Riyad

Étymologie : de l'arabe : « serein, épanoui ».
Couleur : orange - Chiffre : 2
Caractère : Riyad possède une forte capacité d'adaptation doublée d'un bel esprit pratique. Professionnellement, il fait des miracles.
Fréquence : rare - Évolution : ⇗
Âge moyen : 9 ans

P

Robert

Rob, Robbie, Robby, Rober, Roberts, Robertson, Robertino, Roby, Roparz, Roperz, Roppel, Rüpli

Étymologie : du germain *hrod* : « gloire » et *behrt* : « brillant ».
Fête : 30 avril - Couleur : rouge - Chiffre : 6
Caractère : Robert rend les coups qu'il reçoit. Il faut gagner sa confiance. Mais le jeu en vaut la chandelle car il se montre ensuite d'une grande loyauté.
Personnages célèbres : le compositeur Robert Schumann ; les écrivains Robert Stevenson, Robert Merle et Robert Sabatier ; les acteurs Robert Pattinson, Robert Downey Junior et Robert De Niro ; les cinéastes Robert Altman et Robert Bresson ; le peintre Robert Delaunay.
Fréquence : répandu - Évolution : ⇘
Âge moyen : 81 ans

V

Roberto

Étymologie : du germain *hrod* : « gloire » et *behrt* : « brillant ».
Fête : 30 avril - Couleur : rouge - Chiffre : 6
Caractère : Roberto est sociable, optimiste et créatif.
Personnages célèbres : le peintre Roberto Matta ; le cinéaste Roberto Rossellini.
Fréquence : rare - Évolution : ⇘
Âge moyen : 41 ans

B

Robin

Étymologie : du germain *hrod* : « gloire » et *behrt* : « brillant ». Robin est une forme populaire du prénom Robert, attestée dès le Moyen Âge.
Fête : 30 avril - Couleur : rouge - Chiffre : 7
Caractère : Robin est prudent, intuitif et ambitieux.
Personnages célèbres : Robin des Bois, héros de littérature et de cinéma ; Robin Williams, acteur.
Fréquence : rare - Évolution : ⇘
Âge moyen : 15 ans

B

Robinson

Étymologie : du germain *hrod* : « gloire » et *behrt* : « brillant ». Ce prénom est, à l'origine, un patronyme anglais signifiant « le fils de Robin », utilisé comme prénom en Grande-Bretagne depuis le XVIIe siècle.
Fête : 30 avril - Couleur : rouge - Chiffre : 7
Caractère : Robinson aime l'étude et la spiritualité. Il est discret et réfléchi.
Personnage célèbre : *Robinson Crusoé*, roman de Daniel Defoe, paru en 1717.
Fréquence : rare - Évolution : ⇗
Âge moyen : 11 ans

V

Rocco

Étymologie : du germanique : « réposé » ; de l'hébreu : « il est guidé ».
Fête : 16 août - **Couleur** : jaune - **Chiffre** : 7
Caractère : Rocco est ouvert d'esprit, humain et rêveur.
Personnages célèbres : Rocco, héros du film de Visconti, *Rocco et ses frères*, interprété par Alain Delon ; Rocco Ritchie, fils de Madonna et Guy Ritchie.
Fréquence : rare - **Évolution** : ↗
Âge moyen : 36 ans

P

Roch

Étymologie : du germanique : « réposé ».
Fête : 16 août - **Couleur** : jaune - **Chiffre** : 7
Caractère : Roch est un tempérament ardent. Mais il sait tempérer ses excès de vitalité par son art du raisonnement, ce qui le rend un brin stratège.
Personnage célèbre : le chanteur Roch Voisine.
Fréquence : rare - **Évolution** : ↗
Âge moyen : 65 ans

P

Rocky

Étymologie : de l'anglais : « roc ».
Couleur : blanc - **Chiffre** : 4
Caractère : Rocky est altruiste, idéaliste et réfléchi.
Personnage célèbre : Rocky, le héros de la saga cinématographique du même nom, interprété par Sylvester Stallone.
Fréquence : rare - **Évolution** : =
Âge moyen : 23 ans

C

Rodéric

Ric, Rock, Rod, Roddie, Roddy, Roderich, Roderick, Rodrick, Rorich, Rörig, Ruaidhri, Rurich, Rurik, Ruy

Étymologie : du germain *hrod* : « gloire » et *ric* : « puissant ». Rodéric est la forme originelle de Rodrigue.
Fête : 13 mars - **Couleur** : rouge - **Chiffre** : 3
Caractère : Rodéric est idéaliste, sensible et parfois réservé.
Fréquence : rare - **Évolution** : ↘
Âge moyen : 22 ans

P

Rodney

Étymologie : du germain *hrod* : « gloire » et *rok* : « chef » ; « le chef glorieux ».
Fête : 13 mars - **Couleur** : jaune - **Chiffre** : 4
Caractère : Rodney est altruiste, réfléchi et sait se tempérer lorsque son impulsivité tend à s'épandre.
Fréquence : rare - **Évolution** : =
Âge moyen : 25 ans

C

Rodolphe

Dolf, Dolfi, Dulf, Hrolf, Reihl, Rilke, Rod, Rode, Rodekin, Rodin, Rodolf, Rodolfo, Roelf,Roelof, Röhle, Rolef, Roleke, Rolf, Rölke, Rolle, Rollekin, Rollon, Rolo, Rolof, Rudel, Rüdel

Étymologie : du germain *hrod* : « gloire » et *wolf* : « loup ».
Fête : 21 juin - **Couleur** : bleu - **Chiffre** : 3
Caractère : côté caractère, Rodolphe est réputé rêveur, tout auréolé de fraîcheur, de poésie, d'imaginaire.
Fréquence : répandu - **Évolution** : ↘
Âge moyen : 44 ans

B

Rodrigue

Rodrigo, Rodriguez, Ruy

Étymologie : du germain *hrod* : « gloire » et *rok* : « chef » ; « le chef glorieux ».
Fête : 13 mars - **Couleur** : rouge - **Chiffre** : 3
Caractère : Rodrigue est un être qui raisonne. Son besoin de connaissances et de spiritualité est notoire.
Personnage célèbre : Rodrigue, le héros du *Cid* de Corneille.
Fréquence : rare - **Évolution** : ↘
Âge moyen : 29 ans

P

Roger

Dodge, Regelio, Roar, Rodge, Rodger, Rog, Rogelic, Rogeric, Rogerio, Rogge, Roggie, Rogier, Röle, Rosser, Rotkar, Rüdeger, Rüdiger, Ruggero, Ruggiero, Rutger, Rutje, Rüttger

Étymologie : du germain *hrod* : « gloire » et *gari* : « lance ».
Fête : 30 décembre - **Couleur** : rouge - **Chiffre** : 9
Caractère : on le dit extrêmement fin, intuitif, l'esprit à la fois aigu et profond.
Personnages célèbres : l'écrivain Roger Martin du Gard ; le tennisman Roger Federer ; l'acteur Roger Hanin ; le réalisateur Roger Vadim ; l'essayiste Roger Caillois.
Fréquence : répandu - **Évolution** : ↘
Âge moyen : 83 ans

V

Rohan

Roan, Roann, Rowan

Étymologie : du sanscrit : « en ascension, bois de santal » ; de l'irlandais : « roux ». Ce prénom est également dérivé du patronyme irlandais O' Ruadhán (« descendant de Ruadhán »).
Couleur : noir - **Chiffre** : 2
Caractère : Rohan est réceptif, sociable, diplomate et résolu.
Fréquence : rare - **Évolution** : ↗
Âge moyen : 9 ans

P

Roland

Rodhlann, Roeland, Roelandje, Rolands, Roldan, Roldo, Rolland, Rolle, Rollin, Rollins, Rolly, Rowland, Rulande, Rulant

Étymologie : du germain *hrod* : « gloire » et *nand* : « courageux ».
Fête : 15 septembre - **Couleur** : vert - **Chiffre** : 1
Caractère : Roland a la réputation flatteuse d'être dynamique, sociable, généreux et d'une intelligence vive.
Personnages célèbres : Roland, preux chevalier de Charlemagne, mort au combat à Roncevaux, en 778 ; le premier aviateur à traverser la Méditerranée, en 1913, Roland Garros (1888-1918), à qui on a dédié un stade et un tournoi de tennis à Paris ; l'écrivain Roland Barthes.
Fréquence : répandu - **Évolution** : ↘
Âge moyen : 72 ans

P

Romain

Manus, Romano, Romanus, Rome

Étymologie : du latin *romanus* : « romain ».
Fête : 28 février - **Couleur** : rouge - **Chiffre** : 7
Caractère : Romain est sensible, aime l'étude et la réfléxion.
Personnages célèbres : les écrivains Romain Gary et Romain Rolland ; les acteurs Romain Duris et Romain Bouteille.
Fréquence : répandu - **Évolution** : ↘
Âge moyen : 23 ans

TOP 20

Prénoms méditerranéens

Les prénoms méditerranéens ont le vent en poupe. Provençaux, grecs, corses et surtout italiens, ces sonorités rondes sont empreintes à la fois de virilité et de sensualité.

Acace
Agostino
Davide
Giacinto
Giuseppe
Ilenzo
Illarione
Lisandru
Luca
Macéo
Makarios
Nadal
Natale
Pio
Sampiero
Taddeu
Timo
Tino
Tommaso
Tullio

B

Roman

Étymologie : du latin *romanus* : « romain ».
Fête : 28 février - Couleur : rouge - Chiffre : 7
Caractère : Roman est déterminé, volontaire et toujours en quête de connaissances.
Personnage célèbre : Roman Polanski.
Fréquence : rare - Évolution : ⇗
Âge moyen : 19 ans

V

Romaric

Maric, Romarich, Romary

Étymologie : du germain *hrod* : « gloire » et *mar* : « grandeur », plus *rik* : « roi ».
Fête : 10 décembre - Couleur : violet - Chiffre : 9
Caractère : Romaric est audacieux, talentueux, aventureux, romantique et tendre.
Fréquence : rare - Évolution : ⇘
Âge moyen : 22 ans

B

Romarin

Étymologie : du latin : « rosée de mer ».
Couleur : bleu - Chiffre : 5
Caractère : Romarin est intelligent, enclin à la méditation, mais sait faire preuve de caractère.
Fréquence : très rare - Évolution : =

B

Roméo

Étymologie : du latin médiéval *romeo* : « pèlerin » (Je vais à Rome).
Fête : 25 février - Couleur : orange - Chiffre : 1
Caractère : Roméo est rapide, réaliste, ambitieux et exigeant.
Personnage célèbre : le héros du drame de Shakespeare.
Fréquence : rare - Évolution : ⇗
Âge moyen : 23 ans

(C)

Romuald

Romaldo, Rommelt, Romualdo, Romwald, Rumold

Étymologie : du germanique *hrom* : « gloire » et *walden* : « régner ».

Fête : 19 juin - Couleur : rouge - Chiffre : 3

Caractère : Romuald aime la communication. Il est adroit, diplomate et exigeant.

Fréquence : répandu - Évolution : ↘

Âge moyen : 33 ans

(P)

Ronald

Étymologie : du germain *ragin* : « conseil » et *wald* : « le chef ».

Fête : 17 décembre - Couleur : bleu - Chiffre : 7

Caractère : Ronald est dynamique, audacieux et logique. C'est un homme de caractère.

Personnages célèbres : Ronald Reagan, 40e président des États-Unis ; Ronald McDonald.

Fréquence : rare - Évolution : ↘

Âge moyen : 43 ans

(V)

Ronan

Nanig, Nann, Renan, Reuanig, Reun, Ronanenn, Ronanig

Étymologie : du celte irlandais : « jeune phoque ».

Fête : 1er juin - Couleur : vert - Chiffre : 2

Caractère : Ronan est idéaliste, sensible, indépendant et charmant.

Personnage célèbre : le peintre contemporain Ronan Barrot.

Fréquence : rare - Évolution : ↘

Âge moyen : 28 ans

(P)

Rony

Ron, Ronaldo

Étymologie : du germain *ragin* : « conseil » et *wald* : « le chef ».

Couleur : orange - Chiffre : 9

Caractère : Rony est intègre et se préoccupe des autres. Il fait parfois montre d'un certain dévouement.

Fréquence : rare - Évolution : ↘

Âge moyen : 30 ans

(V)

Rory

Étymologie : du germain *hrod* : « la gloire » et *rik* : « le chef ». Rory est un diminutif de Rodrigue.

Fête : 13 mars - Couleur : rouge - Chiffre : 7

Caractère : Rory est idéaliste, sensible et diplomate.

Fréquence : très rare - Évolution : ↗

Âge moyen : 5 ans

(B)

Rosan

Étymologie : du latin *rosa* : « rose ». Le prénom est associé à la fleur du même nom. Rosan peut être considéré comme une forme masculine de Rose, Rosan ou Rosane.

Fête : 23 août - Couleur : bleu - Chiffre : 3

Caractère : Rosan est charismatique et aime avoir une certaine influence sur son entourage.

Fréquence : très rare - Évolution : =

(V)

Rosario

Rosaire, Rosalio, Roscoe, Roselin, Rosemond

Étymologie : du latin *rosa* : « rose ». Le prénom est associé à la fleur du même nom. Rosario,

en raison de sa consonne finale, est également attribué à des garçons.
Fête : 23 août - Couleur : bleu - Chiffre : 3
Caractère : souvent dans la séduction, Rosario est un audacieux.
Fréquence : rare - Évolution : ↗
Âge moyen : 44 ans

P

Ross

Étymologie : du germain : « cheval ».
Couleur : bleu - Chiffre : 9
Caractère : Ross est fort, habile, passionné et ambitieux. Il a la bosse du management.
Personnage célèbre : Ross Geller, l'un des personnages de la série télévisée *Friends*.
Fréquence : très rare - Évolution : ↘
Âge moyen : 15 ans

V

Rowan

Étymologie : du sanscrit : « en ascension, bois de santal » ; de l'irlandais : « roux ». Ce prénom est également dérivé du patronyme irlandais O' Ruadhán (« descendant de Ruadhán »).
Couleur : noir - Chiffre : 2
Caractère : ardeur, résolution, vitalité et sens de la stratégie caractérisent Rowan.
Personnage célèbre : l'acteur Rowan Atkinson.
Fréquence : rare - Évolution : ↗
Âge moyen : 9 ans

V

Roy

Étymologie : du latin *regere* : « gouverner » et *rex, regis, regina* : « roi, reine ». Roy correspond à la forme anglaise du substantif « roi » qui, contrairement à Reine, n'est guère attribué dans sa forme française. Roy est, en revanche, un prénom très représenté dans les pays anglo-saxons.
Couleur : vert - Chiffre : 2
Caractère : Roy est persévérant, efficace et honnête.
Fréquence : rare - Évolution : ↘
Âge moyen : 24 ans

P

Ruben

Étymologie : de l'hébreu *reouven* : « voyez, un fils ».
Fête : 22 août - Couleur : rouge - Chiffre : 3
Caractère : Ruben est travailleur, doux, ambitieux et a le sens des responsabilités.
Fréquence : rare - Évolution : ↗
Âge moyen : 12 ans

P

Rubens

Étymologie : de l'hébreu *reouven* : « voyez, un fils ».
Fête : 22 août - Couleur : rouge - Chiffre : 3
Caractère : Rubens sait faire preuve de sagacité, il est spirituel et ambitieux.
Fréquence : rare - Évolution : ↗
Âge moyen : 16 ans

P

Ruby

Rubey, Rubie, Rubis

Étymologie : du latin *rubeus* : « rougeoyant ». Ce prénom renvoie au nom de la pierre précieuse rouge vif, pourvue parfois de nuances de rose.
Fête : 10 mars (Sainte-Esmaralda, patronne de tous les noms de pierre précieuse)
Couleur : rouge - Chiffre : 6
Caractère : Ruby est secret, attache une certaine importance aux traditions, ce qui ne l'empêche pas d'avoir le goût du risque et d'être aventureux.
Fréquence : très rare - Évolution : =
Âge moyen : 2 ans

V

Rudolf

Étymologie : du germain *hrod* : « gloire » et *wolf* : « loup ». Rudolf correspond aux formes germaniques et anglo-saxonnes de Rodolphe.
Fête : 21 juin - Couleur : bleu - Chiffre : 3
Caractère : Rudolf a du caractère, ce qui ne l'empêche pas d'être rêveur et humain.
Personnage célèbre : Rudolf Noureev, danseur et chorégraphe.
Fréquence : rare - Évolution : ↘
Âge moyen : 54 ans

V

Rudolph

Étymologie : du germain *hrod* : « gloire » et *wolf* : « loup ».
Fête : 21 juin - Couleur : bleu - Chiffre : 3
Caractère : Rudolph a l'esprit logique et fait parfois preuve d'une certaine rectitude.
Personnage célèbre : Rudolph Valentino, acteur américain.
Fréquence : rare - Évolution : ↘
Âge moyen : 71 ans

P

Rudy

Rody, Rudi

Étymologie : du germain *hrod* : « gloire » et *wolf* : « loup ». Rudy est le diminutif germanique et anglo-saxon de Rodolphe.
Fête : 21 juin - Couleur : bleu - Chiffre : 3
Caractère : Rudy est énergique, audacieux et a l'esprit de découverte.
Fréquence : rare - Évolution : ↘
Âge moyen : 27 ans

P

Rufus

Ruffin, Rufin, Rufus

Étymologie : du latin : « roux ».
Couleur : rouge - Chiffre : 4
Caractère : Rufus est réservé, prudent, travailleur et discipliné.
Personnage célèbre : le chanteur, auteur-compositeur Rufus Wainwright.
Fréquence : très rare - Évolution : =
Âge moyen : 3 ans

P

Rupert

Étymologie : du germain *hrod* : « gloire » et *behrt* : « brillant ».
Fête : 29 mars - Couleur : rouge - Chiffre : 4
Caractère : Rupert est habile, ambitieux, fort et compatissant.
Personnage célèbre : l'acteur Rupert Everett.
Fréquence : très rare - Évolution : =
Âge moyen : 94 ans

P

Russell

Étymologie : de l'anglo-saxon : « comme un renard ».
Couleur : rouge - Chiffre : 10
Caractère : Russell est résolu, pragmatique et enthousiaste.
Personnage célèbre : l'acteur Russell Crowe.
Fréquence : très rare - Évolution : =
Âge moyen : 40 ans

V

Ryad

Étymologie : de l'arabe : « serein, épanoui ».
Couleur : vert - **Chiffre :** 3
Caractère : Ryad est enthousiaste, pragmatique et possède de grandes facultés d'adaptation.
Fréquence : rare - **Évolution :** ↗
Âge moyen : 11 ans

P

Ryan

Raïan, Rian, Rihan, Riyan, Ryane, Ryann, Ryhan

Étymologie : du celtique rig : « le roi ».
Fête : 8 mars - **Couleur :** bleu - **Chiffre :** 5
Caractère : Ryan est efficace, persévérant et déterminant.
Personnages célèbres : les acteurs Ryan Gosling et Ryan Reynolds.
Fréquence : rare - **Évolution :** ↗
Âge moyen : 9 ans

V

Saad

Étymologie : de l'arabe : « heureux, favorisé par le destin ».
Couleur : rouge - **Chiffre :** 3
Caractère : Saad est un original, philosophe et spirituel.
Fréquence : rare - **Évolution :** ↗
Âge moyen : 19 ans

V

Saadi

Saaïd, Saïdi

Étymologie : de l'arabe : « heureux, favorisé par le destin »
Couleur : rouge - **Chiffre :** 3
Caractère : Saadi est sage, intelligent et indépendant. Il a une grande capacité d'écoute et est enclin à la méditation.
Fréquence : rare - **Évolution :** =
Âge moyen : 35 ans

B

Sabin

Sabien, Sabino

Étymologie : du latin *sabinus, sabina* : « appartenant au peuple ». Ce prénom renvoie au peuple des Sabins, qui furent les voisins des premiers Romains, au temps de la fondation de Rome.
Fête : 29 août - **Couleur :** bleu - **Chiffre :** 5
Caractère : Sabin est parfois rêveur, mais il est humain et très ouvert d'esprit.
Fréquence : rare - **Évolution :** ↗
Âge moyen : 71 ans

B

Sabri

Sabir

Étymologie : de l'arabe *sâbir* : « persévérant ».
Couleur : jaune - **Chiffre :** 10
Caractère : Sabri aime la nature, la solitude et la contemplation.
Fréquence : rare - **Évolution :** ↘
Âge moyen : 15 ans

P

Sacha

Étymologie : du grec *alexein* : « défendre » et *andros* : « homme ». Sacha est un diminutif slave d'Alexandre.

Couleur : le rouge - Chiffre : le 2
Caractère : Sacha est sensible, volontaire, actif, mais... c'est aussi un opportuniste.
Personnages célèbres : Sacha Distel, chanteur ; Sacha Guitry, cinéaste, comédien et auteur dramatique.
Fréquence : rare - Évolution : ↗
Âge moyen : 10 ans

V

Saïd

Saidou, Saidi

Étymologie : de l'arabe *sa'îd* : « heureux, chanceux ». Ce prénom est l'équivalent du latin Félix.
Couleur : vert - Chiffre : 6
Caractère : Saïd est affectueux, a le sens des responsabilités, est sensible et harmonieux.
Personnage célèbre : Saïd Bouguerra (né en 1984), écrivain franco-algérien.
Fréquence : rare - Évolution : =
Âge moyen : 34 ans

V

Salem

Étymologie : de l'arabe *salîm* : « sain, sans défaut, intact ». Ce prénom est une variante de Salim.
Couleur : vert - Chiffre : 6
Caractère : Salem est audacieux, original et énergique.
Fréquence : rare - Évolution : ↗
Âge moyen : 30 ans

V

Salim

Aslam, Salime, Salimou, Salman, Salmane, Slimane

Étymologie : de l'arabe *salîm* : « sain, sans défaut, intact ».
Couleur : vert - Chiffre : 6
Caractère : Salim est idéaliste, altruiste et intègre.
Personnage célèbre : Salim Ier, qui réalisa de vastes conquêtes au début du XVIe siècle.
Fréquence : rare - Évolution : ↗
Âge moyen : 23 ans

V

Salomon

Salamon, Solomon, Soliman, Suleiman, Salaün

Étymologie : de l'hébreu *chlomo*, de chalom : « la paix de Dieu ».
Fête : 29 décembre - Couleur : vert - Chiffre : 8
Caractère : Salomon est franc, courageux, réaliste et rigoureux.
Fréquence : rare - Évolution : ↗
Âge moyen : 60 ans

V

Salvador

Salbator, Salbatore, Salbattore

Étymologie : du latin *salvator* : « celui qui apporte le salut, qui guérit ». Ce prénom correspond à la forme espagnole du français Sauveur.
Fête : 18 mars ou 14 septembre - Couleur : rouge
Chiffre : 8
Caractère : Salvador est diplomate, réceptif et sociable.
Personnages célèbres : Salvador Dalí, peintre, sculpteur et graveur ; Salvador Allende, homme politique chilien.
Fréquence : rare - Évolution : ↗
Âge moyen : 58 ans

V

Salvatore

Salvateur, Salvator

Étymologie : du latin *salvator* : « celui qui apporte le salut, qui guérit ». Ce prénom correspond à la forme espagnole du français Sauveur.
Fête : 18 mars ou 14 septembre - Couleur : rouge
Chiffre : 8
Caractère : Salvatore est énergique, a l'esprit de

découverte et d'analyse.
Personnage célèbre : Salvatore Adamo, chanteur.
Fréquence : rare - Évolution : ↘
Âge moyen : 45 ans

P

Sam

Étymologie : de l'hébreu *chmouel* : « son nom est Dieu ». Ce prénom est un diminutif de Samuel.
Fête : 20 août - Couleur : rouge - Chiffre : 8
Caractère : Sam est bienveillant, consciencieux et bon conseiller.
Personnages célèbres : l'artiste Sam Cooke ; Uncle Sam, personnification fantaisiste des États-Unis formée sur les initiales U. S. ; Sam Smith, chanteur et compositeur anglais.
Fréquence : rare - Évolution : ↗
Âge moyen : 12 ans

V

Sami

Étymologie : de l'hébreu *chmouel* : « son nom est Dieu », ou de l'arabe : « supérieur, sublime ».
Fête : 20 août - Couleur : rouge - Chiffre : 8
Caractère : Sami est épris de justice et de paix. C'est un excellent conseiller.
Fréquence : rare - Évolution : ↗
Âge moyen : 17 ans

V

Samir

Samire, Samyr, Sémir

Étymologie : de l'arabe : « celui avec qui on peut converser pendant la nuit, le confident ». Ce prénom est un classique des prénoms musulmans, toujours très attribué aujourd'hui.
Couleur : bleu - Chiffre : 7
Caractère : Samir a le sens de la famille, il est équilibré et exigeant.
Fréquence : répandu - Évolution : ↘
Âge moyen : 26 ans

V

Sammy

Samy

Étymologie : de l'hébreu *chmouel* : « son nom est Dieu ». Sammy est, à l'instar de Sam, un diminutif célèbre aux États-Unis.
Fête : 20 août - Couleur : rouge - Chiffre : 8
Caractère : Sammy est toujours en quête de réalisation et plein de vitalité.
Personnage célèbre : Sammy Davis Junior, célèbre artiste américain (crooner, animateur de show-télé).
Fréquence : rare - Évolution : ↘
Âge moyen : 22 ans

C

Samson

Sampson, Samzun,
Sanson, Sansone

Étymologie : de l'hébreu *chimchone* : « petit soleil ».
Fête : 28 juillet - Couleur : rouge - Chiffre : 9
Caractère : Samson a une vie intérieure très riche, puisqu'il est épris de réflexion ou d'envolées rêveuses. Mais, sans doute mû par un besoin de compensation, il adore le travail en équipe et a besoin d'une vie sociale intense.
Personnage célèbre : personnage biblique et héros du Livre des Juges, Samson est le juge d'Israël au XIIe siècle avant J.-C. Il est doté d'une force extraordinaire contenue dans ses cheveux, portés longs depuis toujours en guise de sa consécration à Dieu. Samson tomba amoureux de Dalila, à qui il confia son secret. En réalité, payée par l'ennemi, elle lui coupa les cheveux. Devenu prisonnier, il attendit que ses cheveux repoussent pour renverser sur ses ennemis le temple païen dans lequel ils priaient.
Fréquence : rare - Évolution : ↗
Âge moyen : 54 ans

V

Samuel

Étymologie : de l'hébreu *chmouel* : « son nom est Dieu ».
Fête : 20 août - **Couleur** : rouge - **Chiffre** : 8
Caractère : Samuel est fin, drôle, quelque peu calculateur mais doté d'un charme redoutable. Il aime décontenancer et tant pis si son interlocuteur est froissé s'il s'est bien amusé !
Personnages célèbres : l'écrivain Samuel Beckett ; l'artiste Samuel Benchetrit ; les acteurs Samuel L. Jackson et Samuel Le Bihan.
Fréquence : répandu - **Évolution** : ↗
Âge moyen : 26 ans

V

Santiago

Étymologie : combinaison espagnole de *santo* : « saint » et *Iago*, forme dérivée de Jacques. Santiago est le patron de l'Espagne.
Fête : 3 mai ou 25 juillet - **Couleur** : vert
Chiffre : 4
Caractère : Santiago est curieux et déterminé.
Fréquence : rare - **Évolution** : ↗
Âge moyen : 41 ans

P

Sasha

Sascha

Étymologie : du grec *alexein* : « défendre » et *andros* : « homme ». Sasha est une variante de Sacha, diminutif slave d'Alexandre.
Couleur : rouge - **Chiffre** : 2
Caractère : Sasha est optimiste, créatif, pragmatique et sociable.
Fréquence : rare - **Évolution** : ↗
Âge moyen : 10 ans

B

Saturnin

Saturnino

Étymologie : du latin, du nom du dieu romain de l'agriculture, Saturne, équivalent du grec Cronos.
Fête : 29 novembre - **Couleur** : rouge - **Chiffre** : 8
Caractère : Saturnin est courageux, droit, franc et rigoureux.
Fréquence : rare - **Évolution** : =
Âge moyen : 83 ans

B

Saül

Étymologie : de l'hébreu : « demandé par Dieu ». Désigné par le prophète Samuel, Saül devint le premier roi d'Israël.
Couleur : noir - **Chiffre** : 8
Caractère : Saül est d'un tempérament ardent. Possédant un leadership évident, Saül est un stratège.
Personnage célèbre : saint Paul, qui fut d'abord connu sous le nom hébraïque de Saül.
Fréquence : rare - **Évolution** : ↗
Âge moyen : 21 ans

B

Sauveur

Étymologie : du latin *salvator* : « celui qui apporte le salut, qui guérit ».
Fête : 18 mars - **Couleur** : rouge - **Chiffre** : 8
Caractère : Sauveur est habile, ambitieux et passionné. C'est un être déterminé, c'est ce qui fait sa force.
Personnage célèbre : Sauveur Giordano, héros de la série télévisée du même nom interprété par Pierre Arditi.
Fréquence : rare - **Évolution** : ↗
Âge moyen : 75 ans

B

Scipion

Étymologie : du latin : « baguette de bois ».
Couleur : jaune - **Chiffre** : 3
Caractère : Scipion est stable tenace et sympathique. Il possède, en outre, un bel esprit d'analyse.
Fréquence : très rare - **Évolution** : =

P

Scott

Scot, Scottie, Scotto, Scotty

Étymologie : de l'anglais *scottish* : « qui vient d'Écosse ». Ce prénom figure au palmarès des vingt prénoms masculins les plus portés en Écosse. - **Couleur** : rouge - **Chiffre** : 5
Caractère : Scott est dynamique, curieux, courageux et indépendant.
Personnages célèbres : Scott Summers (Cyclope), personnage des *X-Men* ; Scott Joplin, compositeur afro-américain et pianiste (1868-1917).
Fréquence : rare - **Évolution** : ↗
Âge moyen : 18 ans

V

Seamus

Étymologie : de l'hébreu *yaacov* : « il a talonné ». Ce prénom est une forme irlandaise du prénom Jacques.
Fête : 25 juillet ou 3 mai - **Couleur** : rouge **Chiffre** : 4
Caractère : Seamus est appliqué, enthousiaste et a l'esprit logique.
Fréquence : très rare - **Évolution** : =
Âge moyen : 6 ans

V

Sean

Étymologie : de l'hébreu *yohânân* : « Dieu fait grâce ».
Fête : 27 décembre ou 24 juin
Couleur : jaune - **Chiffre** : 3
Caractère : Sean est curieux, exigeant et communicatif.
Personnages célèbres : les acteurs Sean Connery et Sean Penn.
Fréquence : rare - **Évolution** : ↗
Âge moyen : 10 ans

V

Sébastian

Sébastiano

Étymologie : du grec *sebastos* : « honoré ». Ce prénom fut choisi comme traduction du titre romain Auguste, décerné aux empereurs (d'où le nom de ville de Sébastopol, qui signifie « la ville de l'Empereur, du Roi, du Tsar »).
Fête : 20 janvier - **Couleur** : bleu - **Chiffre** : 4
Caractère : Sébastian est humain, ouvert d'esprit et réservé.
Fréquence : rare - **Évolution** : ↗
Âge moyen : 21 ans

P

Sébastien

Sébastin, Sebastini, Sebastino

Étymologie : du grec *sebastos* : « honoré ». Ce prénom fut choisi comme traduction du titre romain Auguste, décerné aux empereurs (d'où le nom de ville de Sébastopol, qui signifie « la ville de l'Empereur, du Roi, du Tsar »).
Fête : 20 janvier - **Couleur** : bleu - **Chiffre** : 4
Caractère : énergie et volonté, sensibilité et finesse font de Sébastien un amoureux de la vie et du monde et un ami fidèle. Un cœur droit, s'il en est.
Personnages célèbres : l'écrivain Sébastien Japrisot ; le rugbyman Sébastien Chabal.
Fréquence : répandu - **Évolution** : ↘
Âge moyen : 32 ans

V

Secondo

Second, Segond, Segundo

Étymologie : du latin : « second ».
Couleur : bleu - Chiffre : 8
Caractère : Secondo est optimiste, volontaire, pragmatique et créatif.
Fréquence : très rare - Évolution : =
Âge moyen : 87 ans

V

Sélim

Célim

Étymologie : de l'arabe *salîm* : « sain, sans défaut, intact ». Ce prénom est assez répandu, son orthographe correspond à la prononciation de base du prénom.
Couleur : vert - Chiffre : 6
Caractère : Sélim est structuré, persévérant, déterminé et efficace.
Fréquence : rare - Évolution : ↘
Âge moyen : 19 ans

V

Senny

Étymologie : de l'arabe : « élevé, admirable ».
Couleur : jaune - Chiffre : 8
Caractère : Senny est charismatique, courageux et indépendant.
Fréquence : très rare - Évolution : ↘

B

Septime

Étymologie : du latin : « septième ».
Couleur : vert - Chiffre : 8
Caractère : Septime est bienveillant. C'est un homme de confiance. Néanmoins, il est animé par une certaine soif de réussite.
Personnages célèbres : Septime Sévère, empereur romain (193 à 211). Son règne marque l'arrivée

TOP 20

Prénoms rétro

Parce que les tendances en disent long sur l'humeur d'une société, voici les prénoms les plus populaires du début du siècle précédent. Beaucoup ne sont pas encore « estampillés » bobo mais n'en demeurent pas moins totalement vintage et... so chics !

Amédée
Célestin
Eugène
Francis
Gilbert
Henri
Honoré
Irénée
Joachim
Julien
Kléber
Léandre
Léon
Lucien
Mathurin
Maurice
Raoul
René
Roger
Théodore

au pouvoir de provinciaux d'ascendance non romaine et la dynastie des Sévères dont il est l'éponyme.

Fréquence : très rare - Évolution : =

Âge moyen : 84 ans

B

Séraphin

Sérafin, Serafino, Séraphin, Serapio, Serapion

Étymologie : de l'hébreu *saraph* : « brûlant ». Les séraphins étaient les anges les plus élevés dans la dynastie angélique. Ils sont décrits comme des êtres dotés de six ailes proclamant sans cesse la gloire de Dieu.

Fête : 12 octobre - Couleur : blanc - Chiffre : 8

Caractère : Séraphin est sociable, diplomate et communicatif.

Fréquence : rare - Évolution : ↗

Âge moyen : 72 ans

V

Séréno

Séren

Étymologie : du latin *serenus, serena* : « calme, paisible, serein ».

Fête : 23 février - Couleur : gris - Chiffre : 8

Caractère : Séréno est un persévérant. Il est dans l'efficacité, la sécurité.

Fréquence : très rare - Évolution : =

P

Serge

Sergej, Sergius, Sergoulig, Serj

Étymologie : Sergius était le nom d'une famille romaine.

Fête : 7 octobre - Couleur : rouge - Chiffre : 9

Caractère : Serge est émotif, autoritaire et efficace.

Personnages célèbres : le danseur Serge Lifar ; les chanteurs Serge Gainsbourg, Serge Lama et Serge Reggiani.

Fréquence : répandu - Évolution : ↘

Âge moyen : 62 ans

V

Sergio

Serjio

Étymologie : Sergius était le nom d'une famille romaine. Sergio est la version italienne et portugaise de Serge.

Fête : 7 octobre - Couleur : rouge - Chiffre : 9

Caractère : Sergio est directif, audacieux et résolu.

Personnage célèbre : le cinéaste italien Sergio Leone.

Fréquence : rare - Évolution : =

Âge moyen : 38 ans

V

Sergueï

Étymologie : du latin *servo* : « garder, respecter ». Ce prénom est répandu en Russie.

Couleur : orange - Chiffre : 7

Caractère : Sergueï est un pragmatique, qui fait preuve d'optimisme en toutes choses. Il est animé par la compassion.

Personnage célèbre : le musicien Sergueï Prokofiev.

Fréquence : très rare - Évolution : =

Âge moyen : 13 ans

B

Servan

Servando

Étymologie : du latin *servo* : « garder, respecter ». Ce prénom fut porté par un missionnaire chrétien qui évangélisa les pays celtes, avant de gagner l'Armorique.

Fête : 12 mai - Couleur : orange - Chiffre : 7

Caractère : Servan est affectueux, indépendant et réservé.

Fréquence : rare - **Évolution** : ↘
Âge moyen : 18 ans

V

Seth

Étymologie : de l'hébreu : « fondateur ». Ce prénom fut celui, dans la Bible, du troisième fils d'Adam et Ève. Il naquit après la mort d'Abel, tué par Caïn.
Couleur : violet - **Chiffre** : 7
Caractère : Seth est affectueux, autonome et imaginatif.
Fréquence : très rare - **Évolution** : =
Âge moyen : 4 ans

P

Seven

Étymologie : de l'anglais : « sept ».
Couleur : rouge - **Chiffre** : 8
Caractère : Seven aime le relationnel. C'est un intuitif qui possède de fortes capacités d'adaptation.
Fréquence : très rare - **Évolution** : =
Âge moyen : 5 ans

B

Séverin

Sevère, Severian, Séveriano, Severien, Severijn, Severino, Severinus, Sévero, Sevir, Sövrin

Étymologie : du latin *severianus* : « rigoureux, exigeant ».
Fête : 27 novembre - **Couleur** : orange - **Chiffre** : 7
Caractère : Séverin est généreux, aventureux et courageux.
Personnage célèbre : Séverin Caffera, mime d'origine corse.
Fréquence : rare - **Évolution** : ↘
Âge moyen : 58 ans

P

Seymour

Étymologie : de l'anglais : « qui vit près de la mer ». Seymour est un patronyme (encore très répandu) devenu prénom.
Couleur : bleu - **Chiffre** : 8
Caractère : Seymour est fort, habile. C'est un fieffé combattant qui n'aime guère que la réussite lui échappe.
Fréquence : très rare - **Évolution** : =

V

Shad

Étymologie : de l'anglais : « abri, remise ».
Couleur : rose - **Chiffre** : 4
Caractère : Shad est charismatique, courageux, dynamique et curieux.
Fréquence : très rare - **Évolution** : ↘
Âge moyen : 5 ans

V

Shaï

Étymologie : de l'hébreu : « don, présent ».
Couleur : orange - **Chiffre** : 7
Caractère : Shaï est ambitieux, énergique et autonome. Il est également un brin autoritaire.
Fréquence : rare - **Évolution** : ↗
Âge moyen : 9 ans

P

Shane

Étymologie : de l'hébreu *yohanân* : « Dieu fait grâce ». Shane est une variante de Shan, forme phonétique du prénom gallois orthographié Sian. Sa forme féminine n'est autre que Shana.
Couleur : jaune - **Chiffre** : 5
Caractère : Shane est un intuitif, qui vit dans l'instant et possède une véritable aisance relationnelle.
Fréquence : rare - **Évolution** : ↗

V

Shannon

Shanon

Étymologie : du celte *sinnan* : « la vieille », nom de la déesse-mère de la mythologie irlandaise, qui a donné son nom au plus long fleuve de l'île (370 km) qui se jette dans l'océan Atlantique. Shannon est un prénom prisé en Grande-Bretagne et aux États-Unis, dans les familles d'origine irlandaise. C'est un prénom mixte, même s'il est plus couramment usité pour les filles.
Couleur : vert - Chiffre : 5
Caractère : Shannon a le goût de l'aventure, est sensible et indépendant.
Fréquence : très rare - Évolution : ↘
Âge moyen : 17 ans

V

Shaun

Shawn

Étymologie : de l'hébreu *yohanân* : « Dieu fait grâce ».
Fête : 27 décembre ou 24 juin - Couleur : jaune
Chiffre : 3
Caractère : Shaun est ouvert d'esprit, un brin rêveur, mais il est très généreux.
Fréquence : rare - Évolution : ↗
Âge moyen : 9 ans

V

Shayne

Étymologie : de l'hébreu *yohanân* : « Dieu fait grâce ».
Fête : 27 décembre ou 24 juin - Couleur : jaune
Chiffre : 3
Caractère : Shayne est un idéaliste. Il est intègre et altruiste : il aime les gens et croit en eux.
Fréquence : très rare - Évolution : =
Âge moyen : 3 ans

V

Sheldon

Étymologie : du viel anglais : « colline protégée ». Ce prénom est, à l'origine, un toponyme devenu un patronyme, puis un prénom.
Couleur : vert - Chiffre : 9
Caractère : Sheldon est un énergique, original et audacieux.
Fréquence : rare - Évolution : ↗
Âge moyen : 9 ans

P

Sid

Étymologie : du grec *Dionysos* ou du latin : « habitant de Sidon ». Sid peut être un diminutif de Sidoine, mais est plutôt considéré comme un diminutif de Sidney. En hommage au dieu du vin, de la vigne et de l'inspiration poétique, dans la mythologie grecque.
Fête : 9 octobre - Couleur : rouge - Chiffre : 4
Caractère : Sid est indépendant, courageux mais… la curiosité est son vilain défaut.
Fréquence : rare - Évolution : ↗
Âge moyen : 25 ans

P

Sidney

Étymologie : du grec *Dionysos* ou du latin : « habitant de Sidon ». En hommage au dieu du vin, de la vigne et de l'inspiration poétique, dans la mythologie grecque.
Fête : 9 octobre - Couleur : rouge - Chiffre : 4
Caractère : Sidney est persévérant, structuré, indépendant et déterminé.
Personnage célèbre : Sidney Bechet, clarinettiste et compositeur américain.
Fréquence : rare - Évolution : ↘
Âge moyen : 23 ans

B

Sidoine

Étymologie : du latin *sidonius* : « qui habite la ville de Sidon », sur la côte libanaise.
Fête : 21 août - Couleur : vert - Chiffre : 9
Caractère : Sidoine est pragmatique, déterminé, volontaire et optimiste.
Fréquence : rare - Évolution : ↗
Âge moyen : 46 ans

V

Siegfried

Siegfred, Siegrid, Sigfroi, Sigfrido, Sigurd

Étymologie : du germain *sieg* : « victoire » et *fried* : « protection, paix ».
Fête : 22 octobre - Couleur : jaune - Chiffre : 2
Caractère : Siegfried est viril, autoritaire, fier, ambitieux et audacieux.
Personnage célèbre : Siegfried, le héros germanique de la légende des Nibelugen qui fut mise en musique par Wagner dans la Tétralogie.
Fréquence : rare - Évolution : ↗
Âge moyen : 43 ans

V

Sigmund

Sigismond, Siegmund

Étymologie : du germain *sieg* : « victoire » et *mund* : « protection ».
Fête : 1er mai - Couleur : violet - Chiffre : 2
Caractère : Sigmund est un entreprenant, un explorateur et « toujours plus loin » pourrait être sa devise.
Personnage célèbre : Sigmund Freud, le père de la psychanalyse.
Fréquence : très rare - Évolution : =
Âge moyen : 82 ans

B

Silas

Étymologie : de l'araméen : « demander ».
Couleur : vert - Chiffre : 4
Caractère : Silas est bienveillant, sage et bon conseiller.
Fréquence : rare - Évolution : ↗
Âge moyen : 9 ans

P

Silvain

Seva, Silvan, Silvano, Silver, Silvin, Silvino

Étymologie : du latin *silva* : « forêt » ou *silvanus* : « dieu de la forêt ».
Fête : 4 mai - Couleur : vert - Chiffre : 3
Caractère : Silvain est dynamique, courageux, rêveur et ouvert d'esprit.
Fréquence : rare - Évolution : ↘

P

Silvère

Étymologie : du latin *silva* : « forêt » ou *silvanus* : « dieu de la forêt ».
Fête : 4 mai - Couleur : vert - Chiffre : 3
Caractère : Silvère est ouvert d'esprit, humain et rêveur.
Fréquence : rare - Évolution : ↘
Âge moyen : 49 ans

V

Silvio

Étymologie : du latin *silva* : « forêt » ou *silvanus* : « dieu de la forêt ». Silvio est la forme italienne de Sylvain.
Fête : 4 mai - Couleur : vert - Chiffre : 3
Caractère : Silvio est audacieux, énergique et aime l'originalité.
Fréquence : rare - Évolution : ↗
Âge moyen : 41 ans

B

Siméon

Sim, Simone

Étymologie : de l'hébreu *shimeone* : « Dieu a entendu ma souffrance ».
Fête : 28 octobre - **Couleur** : rouge - **Chiffre** : 3
Caractère : Siméon est élégant, éloquent, communicatif.
Fréquence : rare - **Évolution** : ↗
Âge moyen : 58 ans

P

Simon

Étymologie : de l'hébreu *shim'ôn* : « qui est exaucé ».
Fête : 28 octobre - **Couleur** : rouge - **Chiffre** : 7
Caractère : Simon est un rêveur actif et activiste, un être de poésie et d'intuition.
Fréquence : répandu - **Évolution** : ↘
Âge moyen : 31 ans

P

Sinclair

Sinclare

Étymologie : du nom d'un village français.
Couleur : rouge - **Chiffre** : 4
Caractère : Sinclair est efficace, résolu et persévérant.
Personnage célèbre : Sinclair, l'auteur-compositeur-interprète.
Fréquence : rare - **Évolution** : ↘
Âge moyen : 13 ans

B

Sion

Étymologie : de l'hébreu *yohanân* : « Dieu fait grâce ».
Fête : 27 décembre ou 24 juin - **Couleur** : jaune
Chiffre : 3
Caractère : Sion est déterminé, optimiste, créatif et doté d'un esprit pragmatique.
Fréquence : très rare - **Évolution** : ↘
Âge moyen : 48 ans

B

Siran

Étymologie : du latin : « seigneur ».
Couleur : bleu - **Chiffre** : 6
Caractère : Siran est intelligent, indépendant, toujours en quête de savoir, enclin à la méditation.
Fréquence : très rare - **Évolution** : ↘

C

Sixte

Sixto

Étymologie : du latin *sextus* : « le chiffre six », considéré comme le médiateur entre Dieu et sa Création, en référence aux 6 jours de la Création, d'où son utilisation en tant que prénom.
Fête : 7 août - **Couleur** : bleu - **Chiffre** : 2
Caractère : Sixte est audacieux, énergique et résolu. Il aime l'originalité et le revendique.
Fréquence : rare - **Évolution** : ↗
Âge moyen : 26 ans

V

Slim

Étymologie : de l'arabe : « intact, d'origine ». Slim est un diminutif de Slimane.
Couleur : violet - **Chiffre** : 6
Caractère : Slim est doté d'un tempérament ardent. Pourvu d'un certain leadership, il aime mener à bien les choses.
Fréquence : rare - **Évolution** : ↘
Âge moyen : 30 ans

V

Slimane

Sliman

Étymologie : de l'arabe : « intact, d'origine ».
Couleur : violet - Chiffre : 6
Caractère : Slimane est ambitieux, autoritaire et déterminé.
Fréquence : rare - Évolution : ↗
Âge moyen : 33 ans

P

Sloan

Étymologie : du celte : « guerrier ».
Couleur : rouge - Chiffre : 6
Caractère : Sloan est un spirituel, un philosophe qui devine aisément les choses, les sentiments et les gens.
Fréquence : rare - Évolution : ↗
Âge moyen : 9 ans

V

Smaël

Étymologie : de l'hébreu : « Dieu a entendu ».
Couleur : rouge - Chiffre : 5
Caractère : Smaël est un curieux, dynamique et astucieux.
Fréquence : rare - Évolution : ↗
Âge moyen : 27 ans

V

Smaïn

Smaïne

Étymologie : de l'hébreu : « Dieu a entendu ».
Couleur : vert - Chiffre : 10
Caractère : Smaïn est sociable, déterminé, réceptif et diplomate.
Personnage célèbre : l'humoriste Smaïn.
Fréquence : rare - Évolution : ↘
Âge moyen : 24 ans

B

Socrate

Socrates

Étymologie : du grec : « salut et paix ».
Couleur : jaune - Chiffre : 7
Caractère : Socrate est humain et possède un solide esprit d'analyse.
Personnage célèbre : Socrate, philosophe de la Grèce antique (Ve siècle av. J.-C.), est connu par les témoignages de ses contemporains et les écrits de son disciple Platon.
Fréquence : rare - Évolution : =

V

Sofiane

Saufiane, Sofian, Sofien, Sofiene, Sofyan, Sofyane

Étymologie : de l'arabe *sufyän* : « celui qui marche rapidement »
Couleur : vert - Chiffre : 6
Caractère : Sofiane est bienveillant, pacifiste, résolu.
Fréquence : rare - Évolution : ↘
Âge moyen : 14 ans

B

Sol

Étymologie : du latin : « soleil ». Dans la mythologie romaine, Sol est le dieu du Soleil.
Fête : 9 mars ou 5 novembre - Couleur : violet
Chiffre : 5
Caractère : Sol est dynamique, audacieux, indépendant et plein d'assurance.
Fréquence : très rare - Évolution : ↘
Âge moyen : 4 ans

B

Solal

Étymologie : de l'hébreu *solel* : « celui qui ouvre le chemin ».

TOP 20

Prénoms orientaux

Certains prénoms arabes masculins s'adjugent des domaines symboliques classiques dans la représentation de la masculinité. Dans le panel de prénoms ci-dessous sont représentées d'autres valeurs, vertus et images associées à d'harmonieuses sonorités. Avec ce parfait rapport du son et du sens, nous sommes au cœur de l'usage originel des prénoms.

Aadil *(juste)*
Abda *(piété)*
Abdelbatim *(serviteur du secret)*
Abdou *(serviteur)*
Achmed *(avantageux)*
Akef *(pieux)*
Bekir *(le premier)*
Boualem *(porte-drapeau)*
Chafik *(bienveillant)*
Chems *(soleil)*
Djilali *(respectable)*
Enes *(familier)*
Fadi *(celui qui porte secours)*
Fadlan *(prospérité)*
Fahed *(guépard)*
Saffah *(celui qui est généreux et éloquent)*
Safi *(fidèle, droit)*
Semi *(supérieur, sublime)*
Usamah *(lion)*
Uthman *(oiseau)*

Couleur : bleu - Chiffre : 5
Caractère : Solal est courageux, curieux, indépendant et charismatique.
Personnage célèbre : le héros de la saga littéraire d'Albert Cohen et dont *Belle du Seigneur*, le troisième volet est considéré comme le chef d'œuvre.
Fréquence : rare - Évolution : ⇗
Âge moyen : 7 ans

V

Soliman

Étymologie : de l'hébreu *chlomo*, de *chalom* : « la paix de Dieu ». Soliman correspond à la forme arabe de Salomon.
Fête : 29 décembre - Couleur : vert - Chiffre : 8
Caractère : Soliman est sociable, charismatique et pourvu d'un grand sens artistique.
Personnage célèbre : le sultan Soliman le Magnifique.
Fréquence : rare - Évolution : ⇗
Âge moyen : 14 ans

V

Sonni

Soni

Étymologie : de l'anglais, diminutif de *son* : « le fils ». Il correspond au terme « fiston ».
Couleur : vert - Chiffre : 6
Caractère : Sonny est bienveillant, consciencieux et épris de paix.
Fréquence : rare - Évolution : ⇘

V

Sophiane

Sophiane, Sophien

Étymologie : de l'arabe *sufyän* : « celui qui marche rapidement ». Ce prénom est une variante de Sofiane.
Couleur : vert - Chiffre : 6
Caractère : Sophiane est actif, audacieux et dynamique.

Fréquence : rare - Évolution : ↘
Âge moyen : 20 ans

B

Sostène

Sosthène

Étymologie : du grec : « celui dont la paix est préservée ».
Couleur : noir - Chiffre : 4
Caractère : Sostène est un sage, indépendant et bien sûr intelligent.
Fréquence : rare - Évolution : ↗
Âge moyen : 73 ans

V

Souleymane

Souleiman, Souleimane, Soulemane, Souleyman, Souleymane, Souliman, Soulimane, Sulimane, Suleyman

Étymologie : de l'hébreu *chlomo*, de *chalom* : « la paix de Dieu ». Ce prénom correspond à une variante de Soliman, traduisant au plus près la prononciation arabe.
Couleur : jaune - Chiffre : 3
Caractère : Souleymane est tenace, fiable, méthodique et volontaire.
Personnage célèbre : Souleymane Diawara, footballeur.
Fréquence : rare - Évolution : ↗
Âge moyen : 12 ans

V

Soufiane

Étymologie : de l'arabe *sufyän* : « celui qui marche rapidement ».
Couleur : vert - Chiffre : 6
Caractère : Soufiane est humain, rêveur et logique.
Fréquence : rare - Évolution : ↘
Âge moyen : 19 ans

V

Spencer

Spence

Étymologie : du latin *dispensa* : « celui qui dépense, l'intendant ».
Couleur : rose - Chiffre : 4
Caractère : Spencer est habile, déterminé et ambitieux. Ce qui ne l'empêche pas de faire preuve de compassion.
Personnage célèbre : Spencer Tracy, acteur américain.
Fréquence : très rare - Évolution : =
Âge moyen : 10 ans

P

Stacy

Stacey, Staci, Stecy

Étymologie : du grec : « bon épi ». Ce prénom est un dérivé de Stacey, le diminutif anglo-saxon d'Eustache.
Fête : 10 mars - Couleur : vert - Chiffre : 8
Caractère : Stacy est dynamique, plein de vivacité.
Fréquence : très rare - Évolution : ↘
Âge moyen : 21 ans

P

Stan

Étymologie : diminutif des prénoms assemblés avec Stan.
Couleur : vert - Chiffre : 8
Caractère : Stan est altruiste, réfléchi, idéaliste et intègre.
Personnage célèbre : Stan Laurel, du duo Laurel et Hardy.
Fréquence : rare - Évolution : ↗
Âge moyen : 9 ans

C

Stanislas

Stanek, Stanig, Stanis, Stanislao, Stanislaus,Stanzel, Stanzig, Stenz, Stenzel, Stanislaw, Stani

Étymologie : du slave *stan* : « se dresser » et slaw : « gloire ».
Fête : 11 avril - Couleur : bleu - Chiffre : 6
Caractère : Stanislas est sérieux, calme, travailleur et ambitieux.
Fréquence : rare - Évolution : ↘
Âge moyen : 49 ans

P

Stanley

Étymologie : de l'anglais : « la clairière rocailleuse ». Ce prénom est à l'origine le patronyme d'une grande famille du XVe siècle. Qu'il soit usité en tant que prénom ou en tant que nom de famille, il est dans les deux cas pourvu d'un certain prestige.
Couleur : vert - Chiffre : 6
Caractère : Stanley est sérieux, calme, travailleur, ambitieux
Personnage célèbre : Stanley Kubrick, cinéaste américain.
Fréquence : rare - Évolution : ↗
Âge moyen : 18 ans

P

Steeve

Stevenje, Stevenson, Stiobban

Étymologie : du grec : « couronne ». Ce diminutif de Steven est attribué en France, mais son orthographe n'est guère très connu dans les pays anglo-saxons.
Fête : 26 décembre - Couleur : orange - Chiffre : 6
Caractère : Steeve est sécurisant, efficace et honnête.
Fréquence : rare - Évolution : ↘
Âge moyen : 27 ans

P

Steeven

Steaven

Étymologie : du grec : « couronne ».
Fête : 26 décembre - Couleur : orange - Chiffre : 7
Caractère : Steeven est idéaliste, dévoué, altruiste et intègre.
Fréquence : rare - Évolution : ↘
Âge moyen : 16 ans

P

Steevy

Étymologie : du grec : « couronne ».
Fête : 26 décembre - Couleur : orange - Chiffre : 7
Caractère : Steevy aime la vitalité, est sécurisant, efficace et honnête.
Personnage célèbre : Steevy, chroniqueur télé.
Fréquence : rare - Évolution : ↘
Âge moyen : 13 ans

P

Stefan

Staffan, Staines, Steben, Steed, Stefa, Stefane, Stefano, Stefaans, Stefen, Steffen, Steffel, Steffert,

Étymologie : du grec : « couronne ». Ce prénom correspond à un doublet d'Étienne. Ce prénom est considéré comme le Stéphane breton. Il est aussi très répandu en Allemagne.
Fête : 26 décembre - Couleur : orange - Chiffre : 7
Caractère : Stefan est intuitif, fidèle, a le sens du relationnel.
Personnage célèbre : Stefan Zweig, le célèbre romancier autrichien.
Fréquence : rare - Évolution : ↘
Âge moyen : 38 ans

P

Stephan

Steaphan

Étymologie : du grec : « couronne ». Ce prénom correspond à un doublet d'Étienne.
Fête : 26 décembre - Couleur : orange - Chiffre : 7
Caractère : Stephan est un intuitif qui aime le relationnel.
Fréquence : rare - Évolution : ↘
Âge moyen : 45 ans

P

Stéphane

Steph, Stephanson, Stephanus, Stephen

Étymologie : du grec *stephanos* : « couronne ».
Fête : 26 décembre - Couleur : orange - Chiffre : 7
Caractère : Stéphane est un curieux qui peut se montrer réservé. C'est aussi un imaginatif.
Personnages célèbres : le poète Stéphane Mallarmé ; le violoniste Stéphane Grappelli ; le journaliste Stéphane Bern.
Fréquence : répandu - Évolution : ↗
Âge moyen : 39 ans

P

Steve

Stevan, Stevenson, Stevie, Stevy, Styve

Étymologie : du grec *stephanos* : « couronne ». Steve est le diminutif anglo-saxon traditionnel de Stephen.
Fête : 26 décembre - Couleur : orange - Chiffre : 7
Caractère : Steve a une âme de leader, il est énergique, brillant, charismatique.
Personnages célèbres : Steve Jobs, entrepreneur et inventeur américain ; Steve McQueen, acteur américain.
Fréquence : répandu - Évolution : ↘
Âge moyen : 28 ans

P

Steven

Stevens, Stiven, Styven

Étymologie : du grec *stephanos* : « couronne ». Steven est une variante du Stéphane anglo-saxon, Stephen.
Fête : 26 décembre - Couleur : orange - Chiffre : 7
Caractère : Steven est structuré, persévérant, honnête et efficace.
Personnages célèbres : les cinéastes Steven Soderbergh et Steven Spielberg ; l'acteur Steven Seagal.
Fréquence : répandu - Évolution : ↘
Âge moyen : 19 ans

P

Steward

Stewart

Étymologie : de l'anglais : « qui prend soin ».
Couleur : rouge - Chiffre : 4
Caractère : réfléchi, résolu, intègre, Steward est un altruiste.
Fréquence : très rare - Évolution : ↘

P

Stuart

Étymologie : de l'anglais : « qui prend soin ». -
Couleur : rouge - Chiffre : 4
Caractère : Stuart est humain, rêveur, ouvert d'esprit.
Fréquence : rare - Évolution : ↘
Âge moyen : 22 ans

V

Sullivan

Sulivan, Sully, Sullyvan, Sulyvan

Étymologie : du celte : « œil noir, œil de faucon ».
Couleur : rouge - Chiffre : 7

Caractère : Sullivan est indépendant, émotif et fidèle.
Fréquence : rare - Évolution : ↘
Âge moyen : 17 ans

V

Sven

Svenn

Étymologie : du scandinave : « la jeunesse ».
Couleur : vert - Chiffre : 8
Caractère : Sven est bienveillant, sage et bon conseiller.
Fréquence : rare - Évolution : ↗
Âge moyen : 19 ans

B

Swan

Swany, Swen

Étymologie : de l'anglais : « cygne ».
Couleur : gris - Chiffre : 8
Caractère : Swan est généreux, enthousiaste et pragmatique.
Fréquence : rare - Évolution : ↗
Âge moyen : 9 ans

B

Swann

Swanny

Étymologie : de l'anglais : « cygne ».
Couleur : gris - Chiffre : 8
Caractère : Swann est un stratège, fin et subtil.
Personnage célèbre : le héros éponyme de l'œuvre de Proust *Du côté de chez Swann*.
Fréquence : rare - Évolution : ↗
Âge moyen : 11 ans

P

Sydney

Étymologie : du grec *Dionysos* ou du latin : « habitant de Sidon ». Syd peut être un diminutif de Sidoine, mais est plutôt considéré comme un diminutif de Sidney. En hommage au dieu du vin, de la vigne et de l'inspiration poétique, dans la mythologie grecque.
Fête : 9 octobre - Couleur : rouge - Chiffre : 4
Caractère : Sydney tout en étant rêveur et flegmatique, n'en est pas moins efficace. Bon vivant, il apprécie les moments passés entre amis.
Fréquence : rare - Évolution : ↗
Âge moyen : 22 ans

P

Sylvain

Sylvan, Sylvano, Sylvanus,

Étymologie : du latin *silva* : « forêt ».
Fête : 4 mai - Couleur : vert - Chiffre : 3
Caractère : côté caractère, Sylvain est lent mais infatigable, méfiant, introverti et tenace. C'est un être de la terre, un sensuel à l'intellect puissant.
Personnage célèbre : Sylvain Wiltord, le footballeur.
Fréquence : répandu - Évolution : ↘
Âge moyen : 39 ans

B

Sylvère

Sylve, Sylver

Étymologie : du latin *silva* : « forêt ».
Fête : 4 mai - Couleur : vert - Chiffre : 4
Caractère : Sylvère est un homme de cœur. Il est parfois tiraillé entre son besoin de spiritualité et son envie de réussite.
Fréquence : rare - Évolution : ↘
Âge moyen : 54 ans

P

Sylvester

Étymologie : du latin *silvestris* : « habitant les forêts ».
Couleur : vert - Chiffre : 1
Caractère : Sylvester est dynamique, audacieux,

un brin directif.
Personnage célèbre : l'acteur Sylvester Stallone.
Fréquence : très rare - Évolution : ↘
Âge moyen : 20 ans

P

Sylvestre

Étymologie : du latin *silvestris* : « habitant les forêts ».
Couleur : vert - Chiffre : 1
Caractère : Sylvestre est plein d'adresse, diplomate, mais il est exigeant.
Personnages célèbres : le héros éponyme du roman d'Anatole France, *Le Crime de Sylvestre Bonnard.*
Fréquence : rare - Évolution : ↘
Âge moyen : 65 ans

P

Sylvian

Étymologie : du latin *silva* : « forêt ». Sylvian est un dérivé de Sylvain.
Fête : 4 mai - Couleur : vert - Chiffre : 3
Caractère : Sylvian est optimiste, réaliste, pragmatique et compatissant.
Fréquence : rare - Évolution : ↘
Âge moyen : 42 ans

T

B

Tadé

Tadek, Tades, Tadeusz, Tadey, Tadio

Étymologie : de l'araméen : « courageux, digne d'éloge ». Ce prénom fut porté par l'un des apôtres connu sous le nom de Jude, sans doute pour distinguer Jude du traître Judas. Auteur d'une épître canonique, il partit après la Pentecôte évangéliser la Libye et la Perse où il mourut en martyr. Tadé est une variante de Thadé. Sans accent, il signifie « père » en gallois.
Fête : 28 octobre - Couleur : bleu - Chiffre : 2
Caractère : Tadé est un optimiste qui lie créativité et pragmatisme.
Fréquence : très rare - Évolution : ↘

V

Tadéo

Étymologie : de l'araméen : « courageux, digne d'éloge ». Ce prénom fut porté par l'un des apôtres connu sous le nom de Jude, sans doute pour distinguer Jude du traître Judas. Auteur d'une épître canonique, il partit après la Pentecôte évangéliser la Libye et la Perse où il mourut en martyr. Tadéo est une variante de Thadé.
Fête : 28 octobre - Couleur : bleu - Chiffre : 2
Caractère : Tadéo est altruiste, intègre et idéaliste.
Fréquence : très rare - Évolution : =
Âge moyen : 5 ans

V

Tahar

Taher, Tahir

Étymologie : de l'arabe : « pureté, innocence ».
Couleur : jaune - Chiffre : 4
Caractère : Tahar a l'enthousiasme généreux. Il aime communiquer et s'adapte donc parfaitement aux autres.
Personnage célèbre : l'acteur Tahar Rahim.
Fréquence : rare - Évolution : =
Âge moyen : 35 ans

V

Taj

Étymologie : de l'arabe : « couronne ».
Couleur : jaune - Chiffre : 4

Caractère : Taj est philosophe. Il fait appel à ses préceptes pour ne pas se laisser emporter.
Fréquence : très rare - **Évolution** : ↘
Âge moyen : 5 ans

V

Tal

Étymologie : de l'hébreu : « rosée ».
Couleur : orange - **Chiffre** : 6
Caractère : Tal fait honneur à la poésie de son prénom : son esprit est positif et tout en délicatesse, responsable, il a l'esprit de famille.
Fréquence : très rare - **Évolution** : =
Âge moyen : 9 ans

V

Tam

Étymologie : du vietnamien : « centre, cœur, esprit ».
Couleur : violet - **Chiffre** : 5
Caractère : Tam est un méticuleux qui aime la rareté.
Fréquence : très rare - **Évolution** : =

V

Tan

Étymologie : du vietnamien : « nouveau ».
Couleur : rose - **Chiffre** : 4
Caractère : Tan est un aventureux décomplexé. Opiniâtre, il est parfois difficile à raisonner.
Fréquence : très rare - **Évolution** : =
Âge moyen : 19 ans

C

Tancrède

Étymologie : du germain *tank* : « la réflexion » et *rag* : « le conseil » ; « le conseil réfléchi ».
Couleur : rouge - **Chiffre** : 3
Caractère : Tancrède est un être organisé, rationnel. Avec lui, son prénom prend tout son sens.
Personnages célèbres : ce prénom fut porté par une lignée de chevaliers normands dont le plus célèbre est Tancrède d'Hauteville, dit le Croisé, qui reçut les titres de prince de Galilée et prince d'Antioche.
Fréquence : rare - **Évolution** : ↘
Âge moyen : 15 ans

V

Taner

Étymologie : de l'anglais : « tanneur ». À l'instar de Taylor, ce prénom est, à l'origine, un patronyme désignant l'individu par le métier grâce auquel il était connu.
Couleur : orange - **Chiffre** : 9
Caractère : Taner est un être de volonté, de persévérance. Il est résolu et inspire un sentiment de sécurité.
Fréquence : rare - **Évolution** : ↘
Âge moyen : 25 ans

P

Tanguy

Tangi, Tangui

Étymologie : du celtique *tan* : « feu » et *ki* : « chien ». Le celtique *tan ki*, littéralement « chien de feu », renvoie à « chien » comme titre glorieux attribué aux guerriers et à « feu », entendu comme ardeur à la lutte. Tanguy, ce « chien de feu », est donc un « guerrier fougueux ».
Fête : 19 novembre - **Couleur** : violet - **Chiffre** : 7
Caractère : Tanguy aime développer son imaginaire, riche et inventif. Il parvient naturellement à se renouveler. Tanguy sait s'éloigner pour ensuite mieux se retrouver. Et s'il part, sa loyauté lui permet néanmoins d'entretenir ses affections.
Fréquence : répandu - **Évolution** : ↘
Âge moyen : 19 ans

V

Tarek

Tarak

Étymologie : de l'arabe *târiq* : « l'astre de la nuit ». Ce nom se réfère à l'étoile Vénus, première à apparaître le soir et dernière à disparaître le matin. La 86e sourate du Coran porte ce nom.
Couleur : noir - Chiffre : 4
Caractère : Tarek a l'esprit d'innovation, il est énergique et résolu.
Fréquence : rare - Évolution : ↘
Âge moyen : 22 ans

V

Tarik

Étymologie : de l'arabe *târiq* : « l'astre de la nuit ». Ce nom se réfère à l'étoile Vénus, première à apparaître le soir et dernière à disparaître le matin. La 86e sourate du Coran porte ce nom.
Couleur : noir - Chiffre : 4
Caractère : Tarik aime la découverte et l'originalité.
Fréquence : rare - Évolution : ↘
Âge moyen : 24 ans

V

Tariq

Étymologie : de l'arabe *târiq* : « l'astre de la nuit ». Ce nom se réfère à l'étoile Vénus, première à apparaître le soir et dernière à disparaître le matin. La 86e sourate du Coran porte ce nom. Cette forme est la plus fidèle à l'étymologie et la plus répandue.
Couleur : noir - Chiffre : 4
Caractère : Tariq est audacieux, énergique et séduisant.
Personnage célèbre : Tariq ibn Ziyad, conquérant de l'Andalousie au début du VIIIe siècle.
Fréquence : rare - Évolution : ↗
Âge moyen : 15 ans

P

Taylor

Étymologie : de l'anglo-saxon : « couturier, tailleur ».
Couleur : jaune - Chiffre : 5
Caractère : Taylor est quelque peu autoritaire. Il est énergique et possède un esprit d'analyse redoutable.
Fréquence : rare - Évolution : ↗
Âge moyen : 9 ans

V

Tayron

Étymologie : de l'irlandais : « du comté d'Eoghan ». Tayron est un toponyme devenu patronyme.
Couleur : rose - Chiffre : 2
Caractère : Tayron est enthousiaste, résolu. Il possède de fortes capacités d'adaptation mêlées à un solide esprit pratique.
Fréquence : rare - Évolution : ↗
Âge moyen : 6 ans

B

Tébaud

Étymologie : du germain *theud* : « peuple » et *bald* : « audacieux ».
Fête : 8 juillet - Couleur : violet - Chiffre : 8
Caractère : Tébaud est habile, passionné et ambitieux.
Fréquence : très rare - Évolution : ↘

P

Ted

Étymologie : «du germain *ed* : « biens, richesses » et *ward* : « gardien ». Ce prénom est un diminutif d'Edward (l'Édouard anglais) attesté depuis le Moyen Âge. Ted est devenu un prénom à part entière.
Fête : 5 janvier - Couleur : rouge - Chiffre : 5

Caractère : Ted est intuitif, relationnel et fidèle.
Fréquence : rare - Évolution : ↘
Âge moyen : 22 ans

P

Teddy

Tedy

Étymologie : du grec *theodoros* : « don de Dieu », ou du germain *ed* : « biens, richesses » et *ward* : « gardien ». Teddy est, en effet, à la fois un diminutif de Théodore ou d'Édouard. C'est la popularité du président Theodore Roosevelt qui fit de ce surnom, que ses amis lui donnaient, un prénom à part entière. C'est encore en son honneur que les ours en peluche furent désignés « Teddy Bears » (il était reconnu comme un grand chasseur d'ours dans sa jeunesse).
Fête : 5 janvier ou 9 novembre
Couleur : rouge - Chiffre : 9
Caractère : Teddy est tenace, méthodique, fiable et a le sens du devoir.
Personnage célèbre : Teddy Riner, judoka français détenteur de nombreux titres mondiaux et olympiques.
Fréquence : répandu - Évolution : ↘
Âge moyen : 23 ans

B

Télémaque

Étymologie : du grec *têlémakhos* : « qui se bat au loin » (en référence à Ulysse). Télémaque est, dans la mythologie grecque, le fils d'Ulysse et de Pénélope.
Couleur : orange - Chiffre : 3
Caractère : Télémaque est un rêveur, humain et attentif aux autres et au monde qui l'entoure.
Fréquence : très rare - Évolution : =
Âge moyen : 69 ans

B

Télésphore

Télésforo

Étymologie : du grec : « porteur de lumière ». Dans la mythologie grecque, Télésphore est une divinité associée à la convalescence.
Fête : 2 janvier - Couleur : bleu - Chiffre : 4
Caractère : Télésphore est un être sensible, qui sait néanmoins tempérer cette émotivité par un sens aigu du raisonnement.
Fréquence : rare - Évolution : =
Âge moyen : 92 ans

B

Téliau

Étymologie : du grec *theos* : « Dieu ». Téliau est une variante de Théo.
Fête : 7 janvier - Couleur : vert - Chiffre : 5
Caractère : Téliau est énergique, audacieux et caractérisé par un solide esprit de découverte.
Fréquence : très rare - Évolution : ↘
Âge moyen : 6 ans

P

Téo

Étymologie : du grec *theos* : « Dieu ». Ce prénom est, bien évidemment, une variante de Théo.
Fête : 7 janvier - Couleur : vert - Chiffre : 3
Caractère : Téo est efficace, persévérant et honnête.
Fréquence : rare - Évolution : ↗
Âge moyen : 9 ans

C

Téobald

Téobaldo

Étymologie : du germain *theud* : « peuple » et *bald* : « audacieux ». En France, c'est en Alsace que ce prénom est le plus couramment usité.
Fête : 8 juillet - Couleur : violet - Chiffre : 8

Caractère : Téobald incarne à la perfection son prénom : audacieux et énergique, c'est un homme de caractère.

Fréquence : très rare - Évolution : =

C

Téodore

Téodor, Téodoric, Téodorick, Téodoro

Étymologie : du grec *theodoros* : « don de Dieu ».

Fête : 9 novembre - Couleur : rouge - Chiffre : 9

Caractère : Téodore est audacieux, indépendant et dynamique.

Fréquence : très rare - Évolution : =

C

Térence

Terrance, Terrence

Étymologie : du nom de la déesse romaine des moissons, Terensis. Une illustre famille romaine s'appelait la gens Terentia. Ce prénom fut d'abord un patronyme (ainsi, le poète Térence).

Fête : 10 avril - Couleur : bleu - Chiffre : 5

Caractère : Térence est indépendant, travailleur et affectueux.

Personnages célèbres : les acteurs Terence Stamp, Terence Fisher, Terence Young et Terence Hill ; le chanteur Terence Trent D'Arby.

Fréquence : rare - Évolution : ↗

Âge moyen : 17 ans

C

Terry

Therry, Théry

Étymologie : du nom de la déesse romaine des moissons, Terensis. Terry est un diminutif de Terence.

Fête : 10 avril - Couleur : bleu - Chiffre : 5

Caractère : Terry est un séducteur, qui aime l'audace et l'originalité.

TOP 20

Prénoms slaves

Les prénoms slaves répondent à un des critères mode du moment : les deux syllabes. Ajoutez à cela un mystère certains, et une sonorité appuyée. Russie, Croatie, Pologne, Serbie et Monténégro, République Tchèque ou Slovaquie sont les pays d'origine de ces prénoms venus du froid.

Damir
Davor
Dobri
Drago
Lech
Milan
Mile
Milo
Miro
Novak
Orlin
Plamen
Rumen
Stanek
Stoil
Urjasz
Velko
Vladimir
Vuk
Zoran

Personnage célèbre : le photographe Terry Richardson.
Fréquence : rare - Évolution : ↘
Âge moyen : 18 ans

V

Teus

Étymologie : du grec *theodoros* : « don de Dieu ».
Fête : 9 novembre - Couleur : rouge - Chiffre : 9
Caractère : Teus est diplomate, loyal, sociable et organisé.
Fréquence : très rare - Évolution : ↘

V

Teva

Étymologie : du tahitien : « grand voyageur ». Écrit avec un accent, Téva signifie également « fruit de la nature » en hébreu.
Couleur : jaune - Chiffre : 3
Caractère : Teva est optimiste, pragmatique, sociable et créatif.
Personnage célèbre : Teva Victor, fils de Paul-Émile.
Fréquence : très rare - Évolution : ↘
Âge moyen : 11 ans

B

Thad

Étymologie : de l'araméen : « courageux, digne d'éloge ».
Fête : 28 octobre - Couleur : bleu - Chiffre : 2
Caractère : Thad est exigeant, équilibré et a le sens des responsabilités.
Fréquence : très rare - Évolution : =

B

Thaddée

Étymologie : de l'araméen : « courageux, digne d'éloge ». Ce prénom fut porté par l'un des apôtres connu sous le nom de Jude, sans doute pour distinguer Jude du traître Judas.
Auteur d'une épître canonique, il partit après la Pentecôte évangéliser la Libye et la Perse où il mourut en martyr.
Fête : 28 octobre - Couleur : bleu - Chiffre : 2
Caractère : Thaddée est sensible, sociable, réceptif et loyal.
Fréquence : rare - Évolution : ↗
Âge moyen : 38 ans

B

Thadéus

Étymologie : de l'araméen : « courageux, digne d'éloge ». Ce prénom fut porté par l'un des apôtres connu sous le nom de Jude, sans doute pour distinguer Jude du traître Judas. Auteur d'une épître canonique, il partit après la Pentecôte évangéliser la Libye et la Perse où il mourut en martyr.
Fête : 28 octobre - Couleur : bleu - Chiffre : 2
Caractère : Thadéus a le sens des responsabilités, de la famille, est attentif et équilibré.
Fréquence : très rare - Évolution : =

V

Thaï

Étymologie : du vietnamien : « plusieurs ».
Couleur : rouge - Chiffre : 3
Caractère : Thaï aime le relationnel, il est intuitif et fidèle.
Fréquence : très rare - Évolution : ↘
Âge moyen : 26 ans

P

Théau

Étymologie : du grec *theos* : « Dieu ». Théau est une retranscription de plus en plus fréquente de Théo.
Fête : 7 janvier - Couleur : vert - Chiffre : 3
Caractère : Théau est autoritaire, énergique et sensible.

Fréquence : rare - **Évolution** : ↘
Âge moyen : 13 ans

C

Thècle

Étymologie : de grec *theos* : « Dieu » et *kleos* : « gloire, renommée, réputation » ; « gloire de Dieu ».
Fête : 24 septembre - **Couleur** : vert - **Chiffre** : 9
Caractère : vitalité, ardeur et fantaisie caractérisent Thècle qui déteste l'inachevé.
Fréquence : très rare - **Évolution** : =

C

Theiss

Étymologie : du grec *theodoros* : « don de Dieu ». Theiss est un diminutif de Théodore.
Fête : 9 novembre - **Couleur** : rouge - **Chiffre** : 9
Caractère : Theiss est sensible, habile, fort et ambitieux.
Fréquence : très rare - **Évolution** : ↘

P

Thélo

Étymologie : du grec *theos* : « Dieu ». Thélo est une variante de Théo.
Fête : 7 janvier - **Couleur** : vert - **Chiffre** : 5
Caractère : Thélo est équilibré, a le sens des responsabilités et de la famille.
Fréquence : très rare - **Évolution** : =
Âge moyen : 5 ans

P

Théo

Étymologie : du grec *theos* : « Dieu ». Ce prénom correspond à un diminutif familier de Théodore ou Théophile, prénoms attribués au XIXe siècle. S'il peut l'être également de Théodule, Théophane, Théophraste ou Théotime, Théo est aujourd'hui un prénom à part entière. Théo, à l'origine forme abrégée, s'est affirmé en prénom à part entière dès les années 90.
Fête : 7 janvier - **Couleur** : vert - **Chiffre** : 3
Caractère : Théo est éloquent et charismatique. Il est toujours à la recherche d'une certaine harmonie, mais il parvient toujours à s'adapter en conséquence, faisant en sorte de la créer par lui-même.
Fréquence : répandu - **Évolution** : ↘
Âge moyen : 11 ans

C

Théobald

Étymologie : du germain *theud* : « peuple » et *bald* : « audacieux ». En France, c'est en Alsace que ce prénom est le plus couramment usité.
Fête : 8 juillet - **Couleur** : violet - **Chiffre** : 8
Caractère : Théobald est persévérant, a l'esprit structuré et recherche la sécurité.
Fréquence : rare - **Évolution** : =
Âge moyen : 79 ans

C

Théodore

Étymologie : du grec *theodoros* : « don de Dieu ».
Fête : 9 novembre - **Couleur** : rouge - **Chiffre** : 9
Caractère : Théodore est un grand indépendant, qui n'aime pas se sentir attaché. Les contraintes qu'on lui impose lui pèsent. Énergique et impétueux, il se laisse guider par ses intuitions.
Personnages célèbres : le peintre Théodore Géricault ; le poète Théodore de Banville ; l'écrivain Théodore Monod ; le président Theodore Roosevelt.
Fréquence : rare - **Évolution** : ↗
Âge moyen : 70 ans

C

Théodule

Étymologie : du grec *theodulos* : « le serviteur de Dieu ».
Fête : 10 mars - Couleur : orange - Chiffre : 4
Caractère : Théodule possède une grande force de caractère, est autoritaire mais très tendre.
Fréquence : rare - Évolution : =
Âge moyen : 94 ans

C

Théophane

Téophane

Étymologie : du grec *theophania* : « la manifestation de Dieu ». Théophane correspond à la forme originelle des prénoms mixtes Tifenn et Thiéfaine. Si la Théophanie est aujourd'hui associée à la naissance du Christ, les Théophanies antiques étaient célébrées au printemps, en l'honneur du retour d'Apollon, censé passer l'hiver dans le grand Nord.
Fête : 6 janvier - Couleur : rouge - Chiffre : 9
Caractère : Théophane est diplomate, réceptif et sociable.
Fréquence : rare - Évolution : ↗
Âge moyen : 32 ans

C

Théophile

Téofil, Téofilo, Théofil, Théophil

Étymologie : du grec *theos* : « Dieu » et *philein* : « aimer ».
Fête : 20 décembre - Couleur : vert - Chiffre : 8
Caractère : Théophile aime se fixer des objectifs. Toujours actif, il aime se dépasser. Théophile est un être habité. Intelligent voire fin, Théophile est aussi sociable et dynamique.
Personnages célèbres : le poète Théophile de Viau ; l'officier français Théophile de La Tour d'Auvergne ; l'écrivain Théophile Gautier.
Fréquence : rare - Évolution : ↘
Âge moyen : 64 ans

C

Théotime

Théotim, Théotine

Étymologie : du grec : « honorer Dieu ». Théotime est l'équivalent inversé de Timothée.
Fête : 20 avril - Couleur : bleu - Chiffre : 5
Caractère : Théotime est attentif, courageux, curieux et dynamique, mais aussi passionné, réservé, réfléchi et opportuniste.
Fréquence : rare - Évolution : ↗
Âge moyen : 15 ans

P

Thibault

Thibalt, Tebaud, Dietbald, Dietbold, Tebaldo, Tebaud, Teobaldo, Tepod, Thebault, Thibald, Thiébaud, Tibbolt, Tibold, Tiebout

Étymologie : du germain *theud* : « peuple » et *bald* : « audacieux ». De toutes les orthographes possibles du prénom, cette forme est la plus attribuée.
Fête : 8 juillet - Couleur : violet - Chiffre : 8
Caractère : Thibault est enthousiaste, organisé, a l'esprit pratique et aime la communication.
Fréquence : répandu - Évolution : ↘
Âge moyen : 18 ans

B

Thiéfaine

Tifenn, Tiphaine

Étymologie : du grec *theophania* : « la manifestation de Dieu ».
Fête : 6 janvier - Couleur : rouge - Chiffre : 9
Caractère : Thiéfaine est courageux, dynamique, charismatique et curieux.
Fréquence : rare - Évolution : ↘
Âge moyen : 13 ans

P

Thierry

Théry, Thiéry

Étymologie : du germanique *theud* : « peuple » et *rik* : « chef ».

Fête : 1er juillet - Couleur : bleu - Chiffre : 4

Caractère : Thierry est persévérant, a du ressort et de la finesse.

Personnages célèbres : le footballeur Thierry Henry ; le journaliste sportif Thierry Roland ; le comique Thierry Le Luron ; l'acteur Thierry Lhermitte ; l'animateur Thierry Ardisson.

Fréquence : répandu - Évolution : ↘

Âge moyen : 46 ans

B

Thimoté

Thimothée, Timotéo, Timothey, Timoté, Timotée, Timotei

Étymologie : du grec *timo* : « j'honore » et theios : « le dieu ». Ce prénom fut porté par un disciple de saint Paul (l'apôtre lui dédia d'ailleurs deux de ses épîtres), évêque d'Éphèse, qui mourut lapidé. Timothé est une forme récente du classique Timothée.

Fête : 26 janvier - Couleur : bleu - Chiffre : 8

Caractère : Thimoté est fin, altruiste et idéaliste.

Fréquence : très rare - Évolution : ↗

Âge moyen : 12 ans

P

Thomas

Tomas, Tomaso, Tomi, Tmislav, Tommaso

Étymologie : de l'araméen *toma* : « jumeau ». Thomas est le plus singulier des apôtres. En effet, il fut le seul à mettre en doute la résurrection du Christ, désirant une preuve. Jésus apparut donc à ses disciples, encourageant Thomas à toucher ses plaies afin de croire. Quand Thomas tomba à ses genoux, l'adorant, Jésus lui dit : « Parce que tu as vu, tu as cru. Heureux ceux qui n'ont pas vu et qui ont cru ». Saint Thomas est, depuis, considéré, comme celui qui ne croit que ce qu'il voit.

Fête : 3 juillet - Couleur : bleu - Chiffre : 4

Caractère : à l'image de son saint patron, Thomas aime la rationalité. Toujours insatisfait, il recommence infatigablement jusqu'à ce qu'il trouve. Obstiné, il est capable d'une concentration et d'une faculté d'analyse impressionnante.
Cela ne l'empêche guère, cela dit, d'aimer les rapports humains, les rires et l'amusement. Dans le fond, chez lui, tout semble aller ensemble.

Personnages célèbres : Thomas Edison, inventeur du premier phonographe et de l'électricité ; le peintre Thomas Gainsborough ; les écrivains Thomas de Quincey, Thomas Mann et Thomas Hardy ; Thomas Jefferson, président des États-Unis ; le musicien du duo *Daft Punk*, Thomas Bangalter ; le chanteur Thomas Dutronc.

Fréquence : répandu - Évolution : ↘

Âge moyen : 21 ans

V

Thor

Étymologie : du nom du dieu germanique Thor, fils d'Odin et de Jord, maître de la foudre et porteur du « marteau magique ». Son nom a été remis au goût du jour par le romantisme.

Fête : 8 juillet - Couleur : rouge - Chiffre : 1

Caractère : Thor est parfois impulsif, mais ce trait de caractère est toujours maîtrisé par un attrait certain pour la réflexion.

Personnage célèbre : Thor, le super héros créé par Marvel.

Fréquence : très rare - Évolution : =

B

Tibère

Étymologie : du latin *tiberis* : « le fleuve Tibre ». Ce prénom fut, à l'origine, un patronyme

répandu à Ostie, endroit où le fleuve Tibre se jetait dans la Méditerranée.
Fête : 10 novembre - **Couleur** : jaune - **Chiffre** : 5
Caractère : Tibère est curieux, courageux et dynamique.
Fréquence : très rare - **Évolution** : =
Âge moyen : 5 ans

B

Tiburce

Étymologie : de *tiburtius* : « originaire de Tibur », faubourg de Rome aujourd'hui connu sous le nom de Tiboli. Ce prénom fut porté par un beau-frère de sainte Cécile, qui se convertit et utilisa sa fortune pour assurer des sépultures aux martyrs.
Fête : 14 avril - **Couleur** : vert - **Chiffre** : 3
Caractère : Tiburce est courageux, dynamique et indépendant.
Fréquence : rare - **Évolution** : ↘
Âge moyen : 79 ans

P

Tim

Étymologie : du grec *timo* : « j'honore » et *theios* : « le dieu ». Ce diminutif de Timothé qui figure dans le top 10 allemand, entame une période de forte croissance en France.
Fête : 26 janvier - **Couleur** : rouge - **Chiffre** : 8
Caractère : Tim est bienveillant, consciencieux et sage.
Personnage célèbre : le cinéaste Tim Burton.
Fréquence : rare - **Évolution** : ↗
Âge moyen : 9 ans

B

Timéo

Étymologie : du grec *timo* : « j'honore » et *theios* : « le dieu ». Timéo est un dérivé de Timothée.
Fête : 26 janvier - **Couleur** : rouge - **Chiffre** : 8
Caractère : Timéo a du caractère, de l'ardeur et de la vitalité.
Fréquence : rare - **Évolution** : ↗
Âge moyen : 4 ans

B

Timothé

Étymologie : du grec *timo* : « j'honore » et *theios* : « le dieu ». Ce prénom fut porté par un disciple de saint Paul (l'apôtre lui dédia d'ailleurs deux de ses épîtres), évêque d'Éphèse, qui mourut lapidé. Timothé est une forme récente du classique Timothée.
Fête : 26 janvier - **Couleur** : bleu - **Chiffre** : 8
Caractère : Timothé est dynamique, curieux et courageux.
Fréquence : rare - **Évolution** : ↗
Âge moyen : 10 ans

B

Timothée

Étymologie : du grec *timo* : « j'honore » et *theios* : « le dieu ». Ce prénom fut porté par un disciple de saint Paul (l'apôtre lui dédia d'ailleurs deux de ses épîtres), évêque d'Éphèse, qui mourut lapidé.
Fête : 26 janvier - **Couleur** : bleu - **Chiffre** : 8
Caractère : Timothée est calme, réfléchi, sensible, fidèle et droit.
Fréquence : rare - **Évolution** : ↗
Âge moyen : 16 ans

V

Timothy

Étymologie : du grec *timo* : « j'honore » et *theios* : « le dieu ». Ce prénom fut porté par un disciple de saint Paul (l'apôtre lui dédia d'ailleurs deux de ses épîtres), évêque d'Éphèse, qui mourut lapidé. Timothy est le Timothée anglo-saxon. Il est très répandu dans les pays anglophones depuis deux siècles.

Fête : 26 janvier - Couleur : bleu - Chiffre : 8
Caractère : Timothy est réceptif, loyal et diplomate.
Personnage célèbre : l'acteur Timothy Dalton.
Fréquence : rare - Évolution : ↗
Âge moyen : 9 ans

V

Timour

Étymologie : de l'hébreu : « de grande taille ». Ce prénom fut porté par le fondateur en Perse d'une dynastie qui régna pendant un siècle (du XVe au XVIe siècle) marquant l'apogée de la civilisation persane.
Couleur : bleu - Chiffre : 8
Caractère : Timour est ambitieux, séducteur et chevaleresque.
Personnage célèbre : Timour, héros de la BD du même nom.
Fréquence : rare - Évolution : ↗
Âge moyen : 12 ans

C

Titien

Titian, Titianus, Titiaan

Étymologie : du latin : « qui rend honneur ».
Couleur : orange - Chiffre : 2
Caractère : Titien est un audacieux, un séducteur qui aime l'originalité.
Fréquence : très rare - Évolution : ↗
Âge moyen : 5 ans

V

Titouan

Étymologie : du latin *antonius* : « inestimable ». Ce prénom est, en réalité un équivalent de Titoine, raccourci de l'appellation affectueuse « mon p'tit Antoine ». C'est en Provence qu'il fut usité en premier lieu.
Fête : 17 janvier ou 13 juin - Couleur : jaune
Chiffre : 1
Caractère : Titouan est actif, sage, émotif et généreux.
Personnage célèbre : Titouan Lamazou, navigateur, artiste et écrivain français.
Fréquence : rare - Évolution : ↗
Âge moyen : 8 ans

V

Titus

Tiziano, Tizio

Étymologie : du latin : « qui rend honneur ». En France, c'est en Corse que ce prénom est le plus usité, la plupart du temps.
Couleur : orange - Chiffre : 2
Caractère : doué pour gérer les situations autant que les chiffres, Titus mêle l'habileté à une forte ambition.
Fréquence : très rare - Évolution : ↘
Âge moyen : 38 ans

C

Tobias

Tobia, Tobie

Étymologie : de l'hébreu : « Dieu est bon ».
Couleur : rouge - Chiffre : 4
Caractère : Tobias est fort, habile, passionné. C'est un fort tempérament doué pour le management.
Fréquence : rare - Évolution : ↗
Âge moyen : 10 ans

V

Toby

Étymologie : de l'hébreu : « Dieu est bon ».
Couleur : violet - Chiffre : 3
Caractère : Toby est fort, passionné et ambitieux.
Fréquence : très rare - Évolution : =
Âge moyen : 13 ans

TOP 20

Prénoms asiatiques

Les prénoms d'Asie font rêver et occupent une place à part.

Akemi
(du japonais : beauté naissante)
Akira
(du japonais : très intelligent)
An *(du vietnamien : paix)*
Chi *(du chinois : nouvelle génération)*
Cong *(du chinois : intelligent)*
Daï *(du japonais : grand)*
Dao *(du vietnamien : religions)*
Dinh *(du vietnamien, nom de famille)*
Duc *(du vietnamien : désir)*
Gang *(du chinois : petite montagne)*
Kahei *(du japonais : monnaie)*
Kenji *(du japonais : donné au deuxième garçon)*
Li *(du chinois : force)*
Ly *(du vietnamien, nom de famille répandu)*
Seng *(du vietnamien : noble, luxe)*
Tam *(du vietnamien : centre, cœur, esprit)*
Tao *(du vietnamien : respectueux de ses parents)*
Trong *(du vietnamien : respecté)*
Tu *(du vietnamien : beau, étoile)*
Tuan *(du vietnamien : très précieux)*

V

Todd

Étymologie : de l'anglais : « renard ».
Couleur : bleu - Chiffre : 7
Caractère : Todd est un philosophe, que la spiritualité attire autant que le savoir.
Fréquence : très rare - Évolution : =
Âge moyen : 13 ans

P

Tom

Étymologie : de l'araméen *toma* : « jumeau ». Tom est un diminutif anglo-saxon de Thomas, devenu un prénom à part entière.
Fête : 3 juillet - Couleur : bleu - Chiffre : 3
Caractère : Tom est créatif, aime l'éclectisme et la communication.
Personnages célèbres : Tom Selleck, interprète du héros de série *Magnum* ; Tom, le chat de *Tom et Jerry*.
Fréquence : rare - Évolution : ↗
Âge moyen : 9 ans

P

Tommy

Tomy

Étymologie : de l'araméen *toma* : « jumeau ».
Fête : 3 juillet - Couleur : bleu - Chiffre : 3
Caractère : Tommy est original, audacieux et énergique.
Fréquence : rare - Évolution : ↘
Âge moyen : 17 ans

V

Tonio

Étymologie : du latin *antonius* : « inestimable ». Ce nom proviendrait de celui d'une famille romaine baptisée Antonia et dont Plutarque a relaté l'histoire.
Fête : 13 juin - Couleur : jaune - Chiffre : 6

Caractère : Tonio est autoritaire, ambitieux et énergique.
Fréquence : rare - Évolution : ⇗
Âge moyen : 22 ans

P

Tony

Tonny

Étymologie : du latin *antonius* : « inestimable ». Ce nom proviendrait de celui d'une famille romaine baptisée Antonia et dont Plutarque a relaté l'histoire. Ce prénom est un diminutif de l'anglo-saxon Anthony, qui est devenu totalement international et courant.
Fête : 13 juin - Couleur : jaune - Chiffre : 6
Caractère : Tony est diplomate, loyal, sociable et réceptif.
Personnages célèbres : Tony Montana, le héros du film *Scarface* de Brian De Palma ; Tony Parker, basketeur belge évoluant en NBA.
Fréquence : répandu - Évolution : ⇘
Âge moyen : 22 ans

V

Toufik

Tofik, Toufic, Toufike

Étymologie : de l'arabe : « harmonie, succès ».
Couleur : orange - Chiffre : 4
Caractère : Toufik est un énergique qui a de l'esprit.
Fréquence : rare - Évolution : ⇘
Âge moyen : 27 ans

C

Toussaint

Étymologie : contraction de « tous les saints ».
Fête : 1er novembre - Couleur : rouge - Chiffre : 1
Caractère : on le dit, en ce qui concerne le caractère, actif et remuant, décidé, dynamique, entreprenant et généreux : une forte nature.
Personnage célèbre : Toussaint Louverture (1743-1803), héros de l'indépendance en Haïti.
Fréquence : rare - Évolution : ⇘
Âge moyen : 83 ans

V

Travis

Étymologie : du vieux français : « le passeur ».
Couleur : jaune - Chiffre : 4
Caractère : Travis possède un don incontestable pour le management. Il est ambitieux, passionné et sait faire preuve d'habileté.
Fréquence : rare - Évolution : ⇗
Âge moyen : 9 ans

V

Trévor

Étymologie : du breton : « grande victoire ».
Couleur : rouge - Chiffre : 4
Caractère : Trévor est fort, ambitieux, habile et passionné.
Fréquence : rare - Évolution : ⇘
Âge moyen : 12 ans

P

Tristan

Étymologie : du celtique *drest* : « tumulte ». Le nom du héros gallois légendaire s'écrivait à l'origine « Drystan ». C'est dans les récits du Moyen Âge qu'il s'est transformé en Tristan, la première syllabe du prénom se calquant sur l'adjectif qualificatif le plus approprié pour désigner son histoire. Dans la chanson de Béroul, il est dit que la mère de Tristan donna ce nom à son fils parce qu'elle venait d'apprendre la mort de son mari lorsqu'elle en accoucha. Tristan est donc né dans les larmes. Elle mourut, par ailleurs, juste après avoir donné la vie à son fils.
Fête : 12 novembre - Couleur : bleu - Chiffre : 2
Caractère : Tristan est énergique, caractérisé par la soif d'entreprendre. Son prénom ne le condamne pas à la tristesse, mais à la passion.

Personnages célèbres : l'écrivain Tristan Corbière ; le poète Tristan Tzara, cofondateur du dadaïsme.
Fréquence : répandu - Évolution : ↘
Âge moyen : 16 ans

V

Tyler

Étymologie : de l'anglais : « bâtisseur de maison ».
Couleur : orange - Chiffre : 7
Caractère : Tyler est fort, ambitieux, passionné et habile.
Fréquence : rare - Évolution : ↗
Âge moyen : 6 ans

P

Tyson

Tayson

Étymologie : du vieux français : « braises ». Ce prénom ne se prononce pas nécessairement à l'anglaise contrairement à l'opinion commune.
Couleur : jaune - Chiffre : 8
Caractère : Tyson possède de fortes capacités d'adaptation et de grandes qualités de cœur.
Personnage célèbre : Tyson Gay, athlète américain.
Fréquence : rare - Évolution : ↘
Âge moyen : 10 ans

U

V

Ubert

Étymologie : du germain *hug* : « intelligence » et *behrt* : « brillant ».
Fête : 3 novembre - Couleur : bleu - Chiffre : 2
Caractère : Ubert est ambitieux, généreux, doté d'un esprit pratique qui en fait un organisateur de taille. En outre, il possède de solides qualités d'adaptation.
Fréquence : très rare - Évolution : =
Âge moyen : 81 ans

P

Ugo

Étymologie : du germain *hug* : « intelligence ».
Fête : 1er avril - Couleur : bleu - Chiffre : 7
Caractère : Ugo est sensible, exigeant et diplomate.
Personnage célèbre : Ugo Tognazzi, acteur italien, célèbre pour son rôle de Renato dans *La Cage aux folles*.
Fréquence : rare - Évolution : ↘
Âge moyen : 15 ans

B

Ugolin

Ugolino

Étymologie : du germain *hug* : « intelligence ».
Fête : 1er avril - Couleur : bleu - Chiffre : 7
Caractère : Ugolin est logique, bienveillant et a beaucoup de cœur.
Personnage célèbre : Ugolin, l'un des personnages de *Manon des sources* de Pagnol, interprété au cinéma par Daniel Auteuil.
Fréquence : très rare - Évolution : =
Âge moyen : 9 ans

C

Ulderich

Étymologie : du germain *odal* : « patrimoine » et *rik* : « roi ».
Fête : 10 juillet - Couleur : vert - Chiffre : 3
Caractère : Ulrich est courageux, volontaire, dynamique et déterminé.
Fréquence : très rare - Évolution : =

V

Ulrich

Ulric, Ulrick, Ulrik, Ulrike, Ulrique

Étymologie : du germain *odal* : « patrimoine » et *rik* : « roi ». Saint Ulrich (IIe siècle), évêque d'Augsbourg, sut défendre la ville pied à pied contre les attaques hongroises.

Fête : 10 juillet - Couleur : vert - Chiffre : 3

Caractère : Ulrich est courageux, volontaire, sensible et rigoureux.

Personnages célèbres : l'humaniste chevalier Ulrich von Hutten (XVe-XVIe siècle) ; un duc de Wurtemberg.

Fréquence : rare - Évolution : ↘

Âge moyen : 25 ans

B

Ulysse

Ulisse, Ulysses

Étymologie : du grec *odusamai* : « être courroucé ».

Fête : 4 juillet - Couleur : bleu - Chiffre : 1

Caractère : Ulysse est courageux, volontaire, impétueux et audacieux.

Personnages célèbres : Ulysse est le célèbre héros de l'Odyssée, l'épopée grecque en douze livres du roi d'Ithaque qui erra pendant dix ans avant de retrouver son royaume et son épouse, Pénélope ; le général, puis président des États-Unis Ulysses S. Grant.

Fréquence : rare - Évolution : ↗

Âge moyen : 44 ans

B

Umbert

Umbertino

Étymologie : du germanique *un* : « très » et *behrt* : « brillant ». Ce prénom est plus traditionnellement attribué au Pays basque.

Fête : 25 mars - Couleur : bleu - Chiffre : 2

Caractère : Umbert est sage, indépendant et intelligent.

Fréquence : très rare - Évolution : =

V

Umberto

Étymologie : du germanique *un* : « très » et *behrt* : « brillant ».

Fête : 25 mars - Couleur : bleu - Chiffre : 2

Caractère : Umberto est ambitieux, courageux, travailleur et exigeant.

Personnage célèbre : l'auteur italien Umberto Eco.

Fréquence : rare - Évolution : ↗

Âge moyen : 49 ans

V

Uméa

Étymologie : du basque : « enfant ».

Couleur : orange - Chiffre : 4

Caractère : Uméa est tenace, méthodique, il a le sens du devoir et de l'engagement.

Fréquence : très rare - Évolution : =

V

Unai

Étymologie : du basque : « berger ».

Couleur : rouge - Chiffre : 4

Caractère : Unai est intègre, altruiste et déterminé.

Fréquence : rare - Évolution : ↗

Âge moyen : 5 ans

B

Urb

Étymologie : du latin *urbanus* : « citadin ». Peu à peu, urbanus a pris le sens de « poli, raffiné », par opposition à rusticus, qui a donné « rustique, rustre ».

Fête : 19 décembre - Couleur : orange - Chiffre : 2

Caractère : dans la séduction, Urb est audacieux, énergique et un brin original.
Fréquence : très rare - Évolution : ↘

C

Urbain

Urban

Étymologie : du latin *urbanus* : « citadin ». Peu à peu, urbanus a pris le sens de « poli, raffiné », par opposition à *rusticus*, qui a donné « rustique, rustre ».
Fête : 19 décembre - Couleur : orange - Chiffre : 2
Caractère : Urbain est exigeant, prudent, sensible et travailleur.
Personnages célèbres : Urbain Gohier, journaliste qui joua un rôle important dans l'affaire Dreyfus ; huit papes, une dizaine de saints et de bienheureux (dont trois des huit papes).
Fréquence : rare - Évolution : =
Âge moyen : 88 ans

B

Uriel

Uriah, Urias, Urio

Étymologie : de l'hébreu *ouriel* : « flamme de Dieu ». Ce prénom fut porté par un archange de l'Église orthodoxe, fêté le 29 septembre comme tous les saints anges.
Fête : 29 septembre - Couleur : rouge - Chiffre : 2
Caractère : Uriel est franc, loyal, autoritaire.
Fréquence : rare - Évolution : ↗
Âge moyen : 19 ans

V

Urtsin

Étymologie : du latin : « ours ».
Couleur : orange - Chiffre : 4
Caractère : organisation, détermination, intuition et aisance relationnelle caractérisent Urtsin.
Fréquence : très rare - Évolution : =

V

Usama

Étymologie : de l'arabe : « le lion »
Couleur : vert - Chiffre : 3
Caractère : Usama est autonome, aime l'innovation, est autoritaire et ambitieux.
Fréquence : très rare - Évolution : ↘
Âge moyen : 7 ans

V

Uziel

Étymologie : de l'hébreu : « force d'une grande puissance ».
Couleur : vert - Chiffre : 4
Caractère : Uziel est énergique, ambitieux, autonome et quelque peu autoritaire.
Fréquence : très rare - Évolution : =

V

V

Vaclav

Étymologie : du tchèque : « gloire immense ».
Couleur : bleu - Chiffre : 10
Caractère : Vaclav est un sage, intelligent et indépendant.
Personnage célèbre : Vaclav Havel, le premier président de la République tchèque.
Fréquence : très rare - Évolution : =
Âge moyen : 87 ans

B

Vadim

Étymologie : du slave : « règne glorieux ».
Couleur : jaune - Chiffre : 2

Caractère : Vadim est structuré, sécurisant et honnête.
Fréquence : rare - Évolution : ↗
Âge moyen : 11 ans

B

Valentin

Valentine, Valentininian, Valentinien

Étymologie : du latin *valens* : « vigoureux, plein de force». Un Valentin, évêque de Terni, au nord de Rome, fut tué par l'empereur, à cause de ses qualités de thaumaturge qui poussaient ceux qui étaient guéris à se convertir. Dans cette région, la mi-février marquait le début de la saison des amours chez les oiseaux. Cette fête a été liée à celle de la mort de l'évêque, survenue à cette période. D'où ce statut de fête des amoureux le jour de la Saint-Valentin.
Fête : 14 février - Couleur : bleu - Chiffre : 7
Caractère : Valentin est un doux, un affectueux, un être intériorisé et hyperintuitif qui, soucieux d'équilibre, semble parfois indécis tellement il pèse le pour et le contre, la justesse et la justice.
Personnages célèbres : Valentin Haüy (1745-1822), qui fonda l'Institution des jeunes aveugles et imagina des caractères en relief pour qu'il puissent lire ; Valentin le Désossé, danseur immortalisé par Toulouse-Lautrec dans ses peintures.
Fréquence : rare - Évolution : ↘
Âge moyen : 19 ans

V

Valentino

Étymologie : du latin *valens* : « vigoureux, plein de force». Un Valentin, évêque de Terni, au nord de Rome, fut tué par l'empereur, à cause de ses qualités de thaumaturge qui poussaient ceux qui étaient guéris à se convertir. Dans cette région, la mi-février marquait le début de la saison des amours chez les oiseaux. Cette fête a été liée à celle de la mort de l'évêque, survenue à cette période. D'où ce statut de fête des amoureux le jour de la Saint-Valentin.
Fête : 14 février - Couleur : bleu - Chiffre : 7
Caractère : Valentino est doué pour l'écoute et aime s'adapter.
Personnage célèbre : le styliste et couturier italien qui a donné son prénom à la marque.
Fréquence : rare - Évolution : ↗
Âge moyen : 20 ans

C

Valère

Valéran, Valéri, Valeriano, Valéric, Valerien, Valéro, Valérys, Valerius

Étymologie : du latin *valere* : « être bien portant ».
Fête : 14 juin - Couleur : vert - Chiffre : 2
Caractère : Valère est intuitif, secret, généreux et émotif.
Personnages célèbres : Valère, prénom récurrent des personnages masculins chez Molière : on trouve un Valère dans *Le Médecin malgré lui* et surtout dans *L'Avare.*
Fréquence : rare - Évolution : ↘
Âge moyen : 61 ans

C

Valérian

Étymologie : du nom de l'empereur romain Valerianus.
Fête : 14 juin - Couleur : vert - Chiffre : 2
Caractère : Valérian est directif, indépendant, audacieux et dynamique.
Fréquence : rare - Évolution : ↘
Âge moyen : 18 ans

C

Valérien

Étymologie : du nom de l'empereur romain Valerianus.
Fête : 14 juin - Couleur : vert - Chiffre : 2

Caractère : Valérien est courageux, curieux, déterminé, indépendant et dynamique.
Fréquence : rare - Évolution : ⇘
Âge moyen : 70 ans

C

Valéry

Étymologie : du latin *valere* : « être bien portant ».
Fête : 1er avril - Couleur : bleu - Chiffre : 2
Caractère : Valéry veut aller loin, au propre comme au figuré : il profite de la moindre occasion pour voyager.
Personnages célèbres : l'écrivain Valery Larbaud ; l'homme politique Valéry Giscard d'Estaing.
Fréquence : rare - Évolution : ⇘
Âge moyen : 47 ans

B

Valmont

Valmon, Valmond

Étymologie : du germain *val* : « gouverneur » et *mund* : « protecteur » ; « protecteur du gouverneur ». Contrairement à l'opinion commune, il ne s'agit pas d'un prénom rendant hommage au vicomte de Valmont, le protagoniste des *Liaisons dangeureuses* de Laclos.
Couleur : vert - Chiffre : 6
Caractère : Valmont est un homme de caractère et d'esprit.
Fréquence : très rare - Évolution : ⇗
Âge moyen : 47 ans

V

Vania

Étymologie : de l'hébreu *yohânân* : « Dieu pardonne ». Ce prénom correspond à la forme russe de Jean.
Fête : 24 juin ou 27 décembre - Couleur : jaune
Chiffre : 2
Caractère : Vania est diplomate, charismatique et sociable.
Personnage célèbre : *Oncle Vania*, pièce de théâtre de Tchékhov.
Fréquence : très rare - Évolution : =
Âge moyen : 41 ans

B

Vartan

Étymologie : de l'arménien : « le donneur de roses ». Ce prénom fut rendu illustre par un chrétien d'Arménie, Vartan Mamigonian, qui fut massacré par les armées perses avec plus d'un millier de gens parce qu'ils refusèrent de se convertir à la religion de Zoroastre.
Fête : 3 juin - Couleur : rouge - Chiffre : 8
Caractère : Vartan est structuré, résolu et efficace.
Fréquence : très rare - Évolution : ⇘

V

Vassili

Vasili, Vassilis,
Vassily, Wassili

Étymologie : du grec *basileus* : « roi ». Vassili correspond à la variante tchèque de Basile.
Fête : 2 janvier - Couleur : rouge - Chiffre : 1
Caractère : Vassili est ambitieux, autoritaire et énergique.
Fréquence : rare - Évolution : ⇗
Âge moyen : 17 ans

V

Venceslas

Étymologie : du slave : « gloire immense ».
Couleur : rouge - Chiffre : 3
Caractère : Venceslas est dynamique, audacieux, indépendant et quelque peu directif. Mais il faut dire qu'il ne manque pas d'assurance.
Fréquence : rare - Évolution : =
Âge moyen : 25 ans

C

Vianney

Étymologie : devenu un patronyme en raison de la popularité de Jean-Marie Vianney qui, curé dans un village de deux cents habitants, de 1818 à 1859, devint un des confesseurs les plus célèbres de son siècle, en raison de l'intuition presque surnaturelle qu'il développait.
Fête : 4 août - Couleur : vert - Chiffre : 8
Caractère : Vianney est imaginatif, affectueux, sensible et réservé.
Fréquence : rare - Évolution : ↗
Âge moyen : 22 ans

B

Viance

Étymologie : du latin *vincere* : « vaincre ».
Fête : 22 janvier ou 27 septembre
Couleur : rouge - Chiffre : 6
Caractère : Viance est humain, rêveur et ouvert d'esprit.
Fréquence : très rare - Évolution : =

P

Vic

Étymologie : du latin *victor* : « vainqueur ». Vic est un diminutif de Victor.
Fête : 21 juillet - Couleur : vert - Chiffre : 6
Caractère : Vic est un sage, épris d'indépendance et de savoir et enclin à la méditation.
Fréquence : très rare - Évolution : =
Âge moyen : 4 ans

V

Vicencio

Étymologie : du latin *vincentius* : « qui vainc, qui triomphe ». Ce prénom correspond à un dérivé italien de Vincent.
Fête : 22 janvier ou 27 septembre
Couleur : rouge - Chiffre : 6
Caractère : Vicencio allie force, esprit d'analyse, volonté et ambition.
Fréquence : très rare - Évolution : =

V

Vicente

Étymologie : du latin *vincentius* : « qui vainc, qui triomphe ». Ce prénom correspond à la forme espagnole de Vincent.
Fête : 22 janvier ou 27 septembre
Couleur : rouge - Chiffre : 6
Caractère : Vicente est équilibré, a le sens de la famille et des responsabilités.
Fréquence : rare - Évolution : ↗
Âge moyen : 47 ans

C

Victor

Victoriano, Victoric, Victorico, Victorin, Viktor, Viktoriano, Viktorino, Viktorii, Viktorik, Vito, Vitor, Vittore, Vittorianio, Vittorino

Étymologie : du latin *victor* : « vainqueur ».
Fête : 21 juillet - Couleur : vert - Chiffre : 6
Caractère : Victor possède de solides capacités d'adaptation, il est sociable et dynamique. Enfant, c'est un fieffé polisson, attachant et charmant compagnon. À l'âge adulte, Victor devient un travailleur appliqué qui relève les défis avec ardeur et talent. Victor, ce mauvait perdant, n'aime rien tant qu'aller de l'avant.
Personnages célèbres : l'écrivain Victor Hugo ; Victor Riqueti, autrement dit le marquis de Mirabeau ; le philosophe Victor Cousin ; Victor Lanoux, acteur français ; Victor Vasarely, plasticien hongrois, reconnu comme étant le père de l'art optique.
Fréquence : rare - Évolution : ↘
Âge moyen : 54 ans

C

Victor-Emmanuel

Étymologie : prénom composé de Victor et d'Emmanuel.
Fête : 21 juillet ou 25 décembre - Couleur : vert
Chiffre : 6
Caractère : Victor-Emmanuel est idéaliste, altruiste et intègre.
Personnages célèbres : Victor-Emmanuel Ier et Victor-Emmanuel II de Savoie ; le roi d'Italie Victor-Emmanuel III.
Fréquence : rare - Évolution : ↘
Âge moyen : 23 ans

C

Victorien

Étymologie : du latin *victorianus*, dérivé de victor.
Couleur : gris - Chiffre : 8
Caractère : Victorien est épicurien, calme, généreux et sociable.
Personnage célèbre : Victorien Sardou, auteur dramatique.
Fréquence : rare - Évolution : ↘
Âge moyen : 35 ans

V

Victorio

Étymologie : du latin *victor* : « vainqueur ». Ce prénom correspond à la forme espagnole de Victor.
Fête : 21 juillet - Couleur : vert - Chiffre : 6
Caractère : Victorio est épicurien, calme, aussi doux qu'intelligent. Il est très concerné par les autres.
Fréquence : rare - Évolution : ↗
Âge moyen : 56 ans

V

Vidal

Étymologie : du latin : « vie ».
Fête : 28 avril - Couleur : blanc - Chiffre : 2
Caractère : Vidal aime communiquer. Il est optimiste, sociable et créatif.
Fréquence : très rare - Évolution : ↘
Âge moyen : 55 ans

V

Vince

Étymologie : du latin *vincentius* : « qui vainc, qui triomphe ». Ce prénom correspond à la forme anglo-saxonne de Vincent.
Fête : 22 janvier ou 27 septembre
Couleur : rouge - Chiffre : 6
Caractère : Vince est exigeant, indépendant, volontaire et opportuniste.
Personnage célèbre : Vince Vaughn, acteur américain.
Fréquence : rare - Évolution : ↗
Âge moyen : 8 ans

P

Vincent

Cencio, Cente, Centina, Sent, Uinsionn, Vicenc, Vicencio, Vincente, Vicentius, Vicenzan, Vicenze, Vikenti, Vincentius, Vincenz, Zenz, Zenzel

Étymologie : du latin *vincentius* : « qui vainc, qui triomphe ». Ce prénom fut rendu illustre par deux saints, dont l'un est une figure célèbre des débuts du christianisme et qui donna tout son sens au prénom. En effet, Vincent, diacre de Saragosse (Espagne) lors des persécutions de Dioclétien en 305, résista à toutes les tortures que lui infligea le gouverneur de Valence et tenta même de convertir le bourreau qui le mena à la mort. Il est fêté le 22 janvier. Vincent

de Paul est le second saint à être célébré. Ce landais du XVIe siècle doit sa célébrité au caractère romanesque de sa vie. Après avoir été étudiant à à Toulouse, il fut retenu prisonnier par des pirates pendant deux ans, avant d'être vendu au marché des esclaves de Tunis, puis de s'enfuir pour Rome, où il fut chargé par le légat du pape d'une mission auprès de Henri IV. Il devint très vite l'aumônier de la reine Margot, ce qui ne l'empêcha guère de fonder les diverses confréries de la Charité (les Dames, les Filles de la Charité...). Personnifiant à lui seul la fameuse vertu chrétienne, il était estimé à tel point que le roi Louis XIII voulut, paraît-il, mourir dans ses bras. Un Saint- Vincent est le saint patron des vignerons.
Fête : 22 janvier ou 27 septembre
Couleur : rouge - Chiffre : 6
Caractère : Vincent est un passionné, écorché vif, charmeur et impétueux. C'est un manipulateur au sourire irrésistible. Il est difficile de le cerner : sa gentillesse naturelle et ses manières de gentleman viennent se mêler à une désinvolture parfois déconcertante. Un certain sens de l'humour vient compléter cette personnalité séduisante.
Personnages célèbres : le président Vincent Auriol ; le peintre Vincent van Gogh ; le cinéaste et acteur Vincent Gallo ; les acteurs Vincent Perez, Vincent Lindon et Vincent Cassel.
Fréquence : répandu - Évolution : ↘
Âge moyen : 35 ans

V

Vincenzo

Étymologie : du latin *vincentius* : « qui vainc, qui triomphe ». Ce prénom est la forme italienne de Vincent.
Fête : 22 janvier ou 27 septembre
Couleur : rouge - Chiffre : 6
Caractère : Vincenzo est rêveur, humain et logique.
Fréquence : rare - Évolution : ↗
Âge moyen : 35 ans

TOP 20

Prénoms du cinéma

Voici des noms de héros issus de films véhiculant tout un monde fantasmatique. Des prénoms générationnels pour des personnages devenus cultes.

Bill *(Kill Bill)*
Brice *(Brice de Nice)*
Bruce *(Batman)*
Charlie *(Charlie's Angels ; Charlie et la chocolaterie)*
Clark *(Superman)*
Clyde
Django *(Django Unchained)*
Edward *(Twilight)*
Eowin *(Le Seigneur des Anneaux)*
Félix *(Le Père Noël est une ordure)*
Harry *(Quand Harry rencontre Sally ; Harry Potter)*
James *(James Bond)*
Léon
Luc/Luke *(Star Wars)*
Neo *(Matrix)*
Peter *(Spiderman)*
Pierrot *(Pierrot le fou)*
Rhett *(Autant en emporte le vent)*
Tony *(Scarface)*
Vito *(Le Parrain)*

B

Virgile

Virge, Virgi, Virgilio, Virgil, Virgilius, Virgiliz

Étymologie : de *Virgilius*, patronyme du poète latin qui devint un prénom dès le début de la chrétienté au IVe siècle. Certains théologiens voyaient, en effet, dans sa vie bucolique, une annonce de l'avènement du messie.

Fête : 10 octobre - Couleur : blanc - Chiffre : 2

Caractère : Virgile est dynamique, actif et créatif.

Personnage célèbre : le fameux poète latin, auteur des *Bucoliques*, des *Géorgiques* et de *L'Énéide*.

Fréquence : rare - Évolution : ↗

Âge moyen : 32 ans

B

Vital

Vitalien, Vitalis

Étymologie : du latin : « vie ». Ce prénom fut porté par un haut magistrat du IIe siècle qui fut jeté vivant dans un puits parce qu'il avait été dénoncé comme chrétien. Son agonie dura une semaine. En France, c'est en Occitanie que ce prénom est le plus traditionnellement attribué.

Fête : 28 avril - Couleur : blanc - Chiffre : 2

Caractère : Vital est spontané, anxieux, compatissant et généreux.

Fréquence : rare - Évolution : ↘

Âge moyen : 82 ans

V

Vitali

Étymologie : du latin : « vie ». Ce prénom fut porté par un haut magistrat du IIe siècle qui fut jeté vivant dans un puits parce qu'il avait été dénoncé comme chrétien. Son agonie dura une semaine. En France, c'est en Occitanie que ce prénom est le plus traditionnellement attribué.

Fête : 28 avril - Couleur : blanc - Chiffre : 2

Caractère : Vitali est énergique, organisé et ambitieux. Il aime l'innovation.

Fréquence : très rare - Évolution : =

Âge moyen : 3 ans

V

Vittorio

Étymologie : du latin *victor* : « vainqueur ». Ce prénom correspond à la forme italienne de Victor.

Fête : 21 juillet - Couleur : vert - Chiffre : 6

Caractère : Vittorio est généreux, enthousiaste et pragmatique.

Personnage célèbre : Vittorio Gassman, l'acteur italien.

Fréquence : rare - Évolution : ↗

Âge moyen : 43 ans

V

Vitour

Étymologie : du latin *victor* : « vainqueur ». Ce prénom correspond à la forme provençale de Victor.

Fête : 21 juillet - Couleur : vert - Chiffre : 6

Caractère : Vitour a l'esprit logique. Il est bienveillant, consciencieux et bon conseiller.

Fréquence : rare - Évolution : ↗

Âge moyen : 43 ans

P

Vivian

Vivian, Viviano

Étymologie : du latin *vivianus* : « plein de vie, ardent ». Vivian est une forme galloise de Vivien. Ce prénom fut porté par l'un des quarante soldats chrétiens de la XIe légion romaine, qui, parce qu'il refusa avec ses compagnons de participer à une cérémonie païenne, fut attaché nu sur le lac gelé de Sébaste, en Turquie, où il mourut de froid et d'épuisement.

Fête : 10 mars - Couleur : rouge - Chiffre : 9

Caractère : Vivian est dynamique, curieux et courageux.
Fréquence : rare - Évolution : ↘
Âge moyen : 34 ans

P

Vivien

Bibian, Veïa, Vibien, Vivence, Vivencion, Viventiol, Viviano, Vivine

Étymologie : du latin *vivianus* : « plein de vie, ardent ». Ce prénom fut porté par l'un des quarante soldats chrétiens de la XIe légion romaine, qui, parce qu'il refusa avec ses compagnons de participer à une cérémonie païenne, fut attaché nu sur le lac gelé de Sébaste, en Turquie, où il mourut de froid et d'épuisement.
Fête : 10 mars - Couleur : rouge - Chiffre : 9
Caractère : Vivien est un être de grande et bonne volonté, dynamique, actif et soucieux de s'en tenir aux principes qu'il s'est fixés.
Fréquence : rare - Évolution : ↘
Âge moyen : 24 ans

V

Vladan

Étymologie : prénom composé à partir des premières syllabes de Vladimir et Lénine (Vladimir Ilitch Oulianov Lénine est le nom complet du célèbre homme d'État russe).
Fête : 3 janvier - Couleur : bleu - Chiffre : 3
Caractère : Vladan est humain, rêveur, généreux et ouvert d'esprit.
Fréquence : très rare - Évolution : ↘
Âge moyen : 32 ans

V

Vladimir

Étymologie : du slave *vlad* : « régner » et *mir* : « paix ».
Fête : 15 juillet - Couleur : violet - Chiffre : 7
Caractère : un grand sens de l'amitié, de la chaleur humaine, une évidente sociabilité font de Vladimir un être plein de sérieux et de charme, qui cache du mieux qu'il peut une sensibilité, une émotivité intérieures parfois fort vives.
Personnages célèbres : Vladimir Ilitch Oulianov dit Lénine ; les écrivains Vladimir Maïakovski, Vladimir Nabokov et Vladimir Boukovski.
Fréquence : rare - Évolution : ↘
Âge moyen : 31 ans

V

Vladislas

Étymologie : du slave *vladi* : « pouvoir » et slava « gloire ». Ce prénom fut porté par un roi de Hongrie du XIe siècle qui sut fédérer les communautés de son royaume en autorisant les cultes juifs et musulmans. Il fonda également l'évêché de Zagreb en Croatie. Il mourut lors d'une croisade vers la Terre sainte en 1095.
Fête : 27 juin - Couleur : bleu - Chiffre : 7
Caractère : Vladislas est altruiste, généreux et rêveur.
Fréquence : très rare - Évolution : =
Âge moyen : 83 ans

V

Volodia

Étymologie : du slave *vlad* : « régner » et *mir* : « paix ». Volodia est une variante de Vladimir.
Fête : 15 juillet - Couleur : violet - Chiffre : 7
Caractère : Volodia est élégant, charmant, sociable et travailleur.
Personnage célèbre : *Volodia*, une nouvelle de Tchékhov.
Fréquence : rare - Évolution : ↘
Âge moyen : 17 ans

B

Voltaire

Étymologie : du pseudonyme du philosophe et écrivain du XVIIIe siècle.

Couleur : blanc - Chiffre : 6
Caractère : Voltaire est enthousiaste et possède un solide esprit d'analyse.
Fréquence : rare - Évolution : =
Âge moyen : 94 ans

W

V

Waclaw

Étymologie : du tchèque « gloire immense ».
Couleur : bleu - Chiffre : 10
Caractère : Waclaw est idéaliste, altruiste, intègre et dévoué.
Fréquence : rare - Évolution : =
Âge moyen : 82 ans

V

Waël

Wahil, Waïl

Étymologie : de l'arabe : « celui qui cherche refuge dans la spiritualité ».
Couleur : jaune - Chiffre : 4
Caractère : Waël est courageux, curieux et charismatique.
Fréquence : rare - Évolution : ↗
Âge moyen : 8 ans

B

Walbert

Étymologie : du germain : « mur consolidé ».
Couleur : blanc - Chiffre : 2
Caractère : malgré sa propension au rêve, Walbert n'en demeure pas moins un homme déterminé.
Fréquence : très rare - Évolution : =

V

Waldemar

Waldl, Woldemar

Étymologie : du germain *waldan* : « commander » et *mar* : « renommé ». Ce prénom est une forme scandinave de Vladimir, qui fut porté par le grand-prince de Kiev du Xe siècle, connu pour avoir imposé le baptême et le christianisme à tout son peuple.
Fête : 11 mai - Couleur : vert - Chiffre : 5
Caractère : Waldemar est curieux, a le sens de l'organisation et de fortes capacités d'adaptation.
Fréquence : très rare - Évolution : =

V

Waldi

Étymologie : du slave : « règne glorieux ».
Fête : 15 juillet - Couleur : jaune - Chiffre : 2
Caractère : Waldi est persévérant, efficace et très équilibré.
Fréquence : très rare - Évolution : =

V

Waldo

Étymologie : du scandinave : « celui qui a arraché sa victoire ».
Couleur : violet - Chiffre : 4
Caractère : Waldo est ambitieux, énergique et volontaire.
Fréquence : très rare - Évolution : ↘

V

Walid

Oualid, Wallid

Étymologie : de l'arabe : « nouveau-né ». La signification de ce prénom est teintée d'affection, celle que l'on porte à l'enfant qui vient de naître. C'était le nom que l'on donnait autrefois aux esclaves qui naissaient dans la maison de leur maître. Walid est resté, du coup, un prénom

très répandu (même des califes l'ont porté) qui continue d'être fréquemment attribué, induisant l'attachement des jeunes parents.
Couleur : jaune - Chiffre : 4
Caractère : Walid est structuré, persévérant, efficace, sécurisant et déterminé.
Personnage célèbre : Walid II, calife et grand poète arabe, mort en 744.
Fréquence : rare - Évolution : ↗
Âge moyen : 14 ans

V

Wallace

Étymologie : de l'anglo-saxon : « du pays de Galles ».
Couleur : orange - Chiffre : 6
Caractère : Wallace est ambitieux, déterminé, mais sait faire preuve d'empathie.
Personnage célèbre : Wallace, le personnage du duo animé *Wallace et Gromit.*
Fréquence : très rare - Évolution : ↗
Âge moyen : 5 ans

V

Wally

Waly

Étymologie : de l'anglo-saxon : « du pays de Galles ».
Couleur : orange - Chiffre : 6
Caractère : Wally est audacieux, sympathique et dynamique.
Fréquence : rare - Évolution : =
Âge moyen : 15 ans

C

Walter

Walther, Walterus

Étymologie : du germanique : « commander, gouverner ». Ce prénom correspond à la version anglaise du prénom Gauthier et fut introduit en Grande-Bretagne par les guerriers de Guillaume le Conquérant. Classique anglo-saxon du XVIIIe siècle, il disparut quelque peu au XIXe pour revenir au XXe siècle.
Fête : 9 avril - Couleur : rouge - Chiffre : 7
Caractère : Walter est dynamique, résolu, combatif.
Personnages célèbres : l'écrivain écossais Walter Scott (1771-1832) ; Walter Disney, le créateur de dessins animés, plus connu sous le diminutif Walt ; Walter Benjamin, philosophe et critique d'art allemand (1892-1940).
Fréquence : rare - Évolution : ↘
Âge moyen : 54 ans

C

Wandrille

Étymologie : du germanique *wald* : « celui qui gouverne » et *dritten* : « aviser » ; « le sage gouverneur ». Wandrille est un prénom peu attribué, hormis en Normandie.
Fête : 22 juillet - Couleur : vert - Chiffre : 8
Caractère : Wandrille est un indépendant contemplatif.
Fréquence : rare - Évolution : ↗
Âge moyen : 13 ans

P

Warren

Waren

Étymologie : de l'anglais, nom de lieu signifiant « taupinière ». Il prit ensuite le sens de « labyrinthe ».
Couleur : gris - Chiffre : 7
Caractère : Warren peut être vaniteux, narcissique, mais sa générosité compense. On peut penser qu'il aime autrui autant qu'il s'aime lui-même.
Personnage célèbre : l'acteur Warren Beatty.
Fréquence : rare - Évolution : ↗
Âge moyen : 12 ans

P

Washington

Étymologie : du nom de l'État de Washington ou de la capitale des États-Unis.
Couleur : rose - Chiffre : 6
Caractère : Washington est sensible, actif et persévérant.
Fréquence : très rare - Évolution : =

V

Wassim

Wacim, Wassime, Wasime, Ouassim

Étymologie : de l'arabe : « celui qui a un beau visage ». Comme un propos du Prophète confirme que « Dieu aime la beauté et aime voir la trace de ses bienfaits sur le visage de ceux qui le servent », de plus en plus de parents suivent ce joli précepte et attribuent ce prénom à leur enfant.
Couleur : rouge - Chiffre : 9
Caractère : Wassim est communicatif, pragmatique, optimiste et vit chaque jour comme si c'était le dernier.
Fréquence : rare - Évolution : ↗
Âge moyen : 8 ans

V

Wassily

Étymologie : du grec *basileus* : « roi ».
Fête : 2 janvier - Couleur : rouge - Chiffre : 1
Caractère : Wassily est sympathique, humain, rêveur et résolu.
Personnage célèbre : le peintre Wassily Kandinsky.
Fréquence : très rare - Évolution : =

V

Wenceslas

Venzislaus, Wenzeslaus, Wenzel, Wjatscheslaw

Étymologie : du slave : « gloire immense ». Wenceslas, devenu le saint patron de la Bohème, est un prénom très répandu aujourd'hui en Europe de l'Est et privilégié en France par les familles d'origine slave.
Couleur : rouge - Chiffre : 3
Caractère : Wenceslas est loyal, diplomate, sociable et bon.
Fréquence : rare - Évolution : ↘
Âge moyen : 52 ans

V

Werner

Étymologie : du germain *warin* : « protection » et *hari* : « armée ». Le romantisme a remis le prénom Werner en vogue, dans les pays germaniques et anglo-saxons, où il continue d'être courant de nos jours.
Fête : 19 avril - Couleur : rouge - Chiffre : 2
Caractère : volonté, dynamisme et ardeur ne font pas défaut à Werner, qui montre un penchant pour la finesse, la délicatesse et la rêverie très rafraîchissant. Ce fort est un tendre.
Personnages célèbres : Werner Heisenberg, physicien qui obtint le prix Nobel en 1932 ; Werner Schreyer, mannequin ; le cinéaste Werner Herzog.
Fréquence : rare - Évolution : ↘
Âge moyen : 66 ans

V

Wesley

Étymologie : ce prénom est issu d'un patronyme signifiant : « le pré de l'ouest ».
Couleur : gris - Chiffre : 8
Caractère : Wesley est coléreux, ambitieux, passionné.

Personnage célèbre : l'acteur Wesley Snipes.
Fréquence : rare - **Évolution** : ⇗
Âge moyen : 15 ans

C

Wilfried

Vilfred, Vilfrid, Wielfried, Wilf, Wilfer, Wilfred, Wilfrid, Wilfridus, Wilfroy

Étymologie : du germain *wil* : « volonté » et *fried* : « protecteur ».
Fête : 12 octobre - **Couleur** : bleu - **Chiffre** : 4
Caractère : très intuitif, Wilfried est un homme de volonté et d'action.
Fréquence : rare - **Évolution** : ⇘
Âge moyen : 28 ans

V

Wilhelm

Wilhem, Willelm, Willem

Étymologie : du germain *will* : « volonté » et *helm* : « protection ». Ce prénom correspond à la version allemande de Guillaume.
Fête : 10 janvier - **Couleur** : vert - **Chiffre** : 1
Caractère : Wilhelm est intuitif, réservé et sensible.
Personnage célèbre : Wilhelm Apolinary de Kostrowitsky, poète plus connu sous le nom de Guillaume Apollinaire.
Fréquence : rare - **Évolution** : ⇘
Âge moyen : 42 ans

P

Will

Étymologie : du germain *will* : « volonté » et *helm* : « protection ». Ce prénom correspond au diminutif le plus court et le plus amical de William.
Fête : 10 janvier - **Couleur** : vert - **Chiffre** : 2
Caractère : Will est aussi créatif que jovial et dynamique.
Personnage célèbre : l'acteur Will Smith.
Fréquence : rare - **Évolution** : ⇗
Âge moyen : 11 ans

C

William

Vili, Viliams, Wiliam, Williams, Willyam, Wylliam

Étymologie : du germain *will* : « volonté » et *helm* : « protection ». Ce prénom correspond à la version allemande de Guillaume.
Fête : 10 janvier - **Couleur** : vert - **Chiffre** : 2
Caractère : William est généreux, fidèle en amitié et possède les mêmes qualités intenses que son frère français, Guillaume.
Personnages célèbres : le dramaturge William Shakespeare ; le chanteur William Sheller ; le prince de Galles William ; le chanteur et producteur Will.i.am.
Fréquence : répandu - **Évolution** : ⇘
Âge moyen : 35 ans

V

Williamson

Étymologie : de l'anglais : « fils de Guillaume ». Ce prénom est, comme souvent en Angleterre et aux États-Unis, un patronyme à l'origine.
Fête : 10 janvier - **Couleur** : rouge - **Chiffre** : 2
Caractère : Williamson est fort, passionné et habile.
Fréquence : très rare - **Évolution** : =

V

Willis

Étymologie : du germanique *will* : « volonté » et *ghil* : « otage ». Ce prénom est la contraction de Willigis, qui fut porté par un archevêque de Mayence au Xe siècle.
Fête : 23 février - **Couleur** : jaune - **Chiffre** : 3
Caractère : Willis est sociable, vif et éloquent.
Fréquence : rare - **Évolution** : ⇘

V

Wilmer

Étymologie : du germain : « volonté, renommée ».
Couleur : noir - Chiffre : 3
Caractère : Wilmer est un stratège dont l'ardeur et la vitalité sont enviables.
Personnage célèbre : Wilmer Valderrama, acteur et scénariste américain.
Fréquence : très rare - Évolution : =

V

Wilson

Étymologie : de l'anglais : « fils de Will ». Ce prénom est, comme souvent en Angleterre et aux États-Unis, un patronyme à l'origine.
Fête : 10 janvier - Couleur : rouge - Chiffre : 2
Caractère : Wilson est diplomate, sociable et déterminé.
Personnage célèbre : Wilson Pickett, célèbre chanteur de soul américain (1941-2006).
Fréquence : rare - Évolution : ↘
Âge moyen : 19 ans

P

Willy

Willi, Willie

Étymologie : du germain *will* : « volonté » et *helm* : « protection ». Ce prénom correspond à un diminutif de William qui est devenu un prénom à part entière et reste joliment représenté même s'il est peu attribué actuellement.
Fête : 10 janvier - Couleur : vert - Chiffre : 2
Caractère : Willy est humain, rêveur, ouvert d'esprit et sympathique.
Fréquence : répandu - Évolution : ↘
Âge moyen : 41 ans

V

Winfried

Winfrid

Étymologie : du celte : « pensée sacrée »
Couleur : bleu - Chiffre : 6
Caractère : Winfried est bon, gai et de bonne nature.
Fréquence : très rare - Évolution : =

V

Winston

Étymologie : de l'anglais : « pierre de joie ». Ce prénom fut porté par saint Wistan, assassiné par son beau-père au IXe siècle parce qu'il essayait de le convertir.
Couleur : bleu - Chiffre : 6
Caractère : Winston est curieux et un brin opportuniste. Ce qui tombe bien, puisqu'il possède de fortes qualités d'adaptation.
Personnage célèbre : l'homme d'État Winston Churchill.
Fréquence : très rare - Évolution : =
Âge moyen : 12 ans

V

Winter

Étymologie : de l'anglais : « hiver ».
Couleur : rouge - Chiffre : 4
Caractère : Winter est ambitieux, fort, passionné et habile.
Fréquence : très rare - Évolution : ↘
Âge moyen : 22 ans

V

Wissam

Ouisam, Ouissam, Wisam, Ouisem, Ouissem, Wisem

Étymologie : de l'arabe : « honoré de médailles ».
Couleur : gris - Chiffre : 6
Caractère : Wissam a l'esprit pratique, est

enthousiaste et déterminé.
Fréquence : rare - Évolution : ↗
Âge moyen : 12 ans

V

Wladimir

Étymologie : du slave *vlad* : « régner » et *mir* : « paix ».
Fête : 15 juillet - Couleur : violet - Chiffre : 7
Caractère : Wladimir est passionné, fort, habile et résolu.
Fréquence : rare - Évolution : ↘
Âge moyen : 51 ans

V

Wladislas

Wladislav, Wladislaw, Wladyslas

Étymologie : du slave *vladi* : « pouvoir » et *slava* : « gloire ». Ce prénom fut porté par un roi de Hongrie du XIe siècle qui sut fédérer les communautés de son royaume en autorisant les cultes juifs et musulmans. Il fonda également l'évêché de Zagreb en Croatie. Il mourut lors d'une croisade vers la Terre sainte en 1095.
Fête : 27 juin - Couleur : bleu - Chiffre : 5
Caractère : Wladislas est énergique, autoritaire et quelque peu ambitieux.
Fréquence : rare - Évolution : ↘
Âge moyen : 18 ans

V

Wolf

Wolff

Étymologie : du germanique : « loup ». Dans l'Hexagone, Wolf est plus traditionnellement usité en Alsace.
Fête : 29 juillet (Saint-Loup) - Couleur : jaune
Chiffre : 9
Caractère : Wolf est un fidèle, pourvu d'une grande aisance relationnelle.
Fréquence : très rare - Évolution : =
Âge moyen : 76 ans

V

Wolfgang

Gangel, Volfango, Wölfe, Wölflein, Wülfke, Wülfling

Étymologie : du germain *wolf* : « loup » et *gang* : « assaut ». Au Xe siècle, saint Wolfgang, évêque de Ratisbonne, évangélisa la Hongrie. Il est devenu le patron des charpentiers.
Fête : 31 octobre - Couleur : vert - Chiffre : 4
Caractère : Wolfgang est persévérant, efficace. C'est un homme de cœur.
Personnage célèbre : le compositeur Wolfgang Amadeus Mozart.
Fréquence : rare - Évolution : ↘
Âge moyen : 51 ans

V

Woody

Étymologie : du slave : « règne glorieux ».
Fête : 15 juillet - Couleur : jaune - Chiffre : 2
Caractère : Woody est audacieux, dynamique, volontaire et pourvu d'une grande indépendance d'esprit.
Personnages célèbres : le cinéaste et acteur Woody Allen ; l'acteur Woody Harrelson ; le personnage de la saga Toy Story.
Fréquence : rare - Évolution : ↘
Âge moyen : 16 ans

P

Wulf

Étymologie : du germanique : « loup ».
Fête : 29 juillet (Saint-Loup) - Couleur : jaune
Chiffre : 9
Caractère : Wulf est ambitieux, passionné, fort et habile.
Fréquence : très rare - Évolution : ↘

TOP 20

Prénoms noms communs noms propres

Monde minéral, noms de ville ou patronymes de célébrités... En français ou à l'anglo-saxonne, c'est autant la musicalité du nom que sa signification et les rêveries qu'il engendre qui en font des prénoms de choix.

Amour
Ange
Anis
Azur
Béryl
Brooklyn
Ceylan
Dallas
Fiacre
Jasmin
Loup
Octave
Olivier
Pierre
Roman
Roosevelt
Saphir
Sidney
Tennessee
Tudor

P

Wulfram

Étymologie : du germain : « loup » et « corbeau ».
Couleur : rose - Chiffre : 6
Caractère : Wulfram est curieux, dynamique et courageux.
Fréquence : rare - Évolution : ↘
Âge moyen : 41 ans

X

V

Xabat

Xabi

Étymologie : du latin *salvator* : « celui qui apporte le salut, qui guérit ». Xabat correspond à la forme basque du français Sauveur.
Fête : 18 mars - Couleur : rouge - Chiffre : 8
Caractère : Xabat est enthousiaste, généreux, a l'esprit pratique.
Fréquence : très rare - Évolution : =

V

Xan

Étymologie : de l'hébreu *yohânân* : « Dieu pardonne ». Xan correspond à une forme basque de Jean.
Fête : 24 juin ou 27 décembre - Couleur : jaune
Chiffre : 2
Caractère : Xan est dévoué, intègre, pragmatique et idéaliste.
Fréquence : rare - Évolution : ↗
Âge moyen : 9 ans

B

Xander

Xandres

Étymologie : du basque *etchaberri* : « maison neuve ». Ce prénom correspond à une variante de Xavier.

Fête : 3 décembre - Couleur : bleu - Chiffre : 7

Caractère : Xander est résolu, enthousiaste et volontaire.

Fréquence : très rare - Évolution : ↘

Âge moyen : 5 ans

P

Xanio

Étymologie : du grec *alexein* : « protéger » et *andros* : « homme, guerrier, ennemi ». Xanio serait un dérivé basque d'Alexandre.

Fête : 3 mai - Couleur : bleu - Chiffre : 6

Caractère : Xanio est intègre, idéaliste, altruiste et résolu.

Fréquence : très rare - Évolution : =

V

Xanthéas

Xantha, Xanthie

Étymologie : se rapporterait à un nom de ville en Asie.

Fête : 10 mars - Couleur : violet - Chiffre : 4

Caractère : Xanthéas est diplomate, sociable et loyal.

Fréquence : très rare - Évolution : =

V

Xarles

Étymologie : du germain *karl* : « viril ». Xarles correspond à la forme basque de Charles.

Fête : 4 novembre - Couleur : rouge - Chiffre : 3

Caractère : esprit logique et sens de la décision, intelligence et savoir constituent les qualités de Xarles.

Fréquence : très rare - Évolution : =

C

Xavier

Étymologie : du basque *etchaberri* : « maison neuve ». Ce prénom est, à l'origine, un patronyme donné à un saint François, car il y en avait trop. Né en Navarre espagnole en 1906, ce jeune noble venait d'un château de Pampelune que l'on appelait *etcheberri* : « la maison neuve ». Après avoir rencontré Ignace de Loyola, il le suivit et fonda la Compagnie de Jésus. C'est alors qu'il prit ce nom déformé en « Javerri », puis en « Javier », ce qui donne Xavier. Chargé d'évangéliser l'Asie, il créa des missions aux Indes, au Japon et en Chine où il mourut.

Fête : 3 décembre - Couleur : bleu - Chiffre : 7

Caractère : ce volontaire activiste déborde souvent de curiosité et d'amour pour le passé, la tradition, les arts de vivre ; par ailleurs, épris de lucidité, Xavier peut pousser le souci de la rigueur jusqu'à la méfiance.

Personnages célèbres : l'essayiste Xavier de Maistre (1763-1852) ; l'acteur Xavier Gélin ; Xavier Niel, entrepreneur français ; Xavier Dolan, acteur, réalisateur et scénariste canadien.

Fréquence : répandu - Évolution : ↘

Âge moyen : 41 ans

V

Ximon

Étymologie : de l'hébreu *shim'ôn* : « qui est exaucé ». Ce prénom correspond à la forme basque de Simon.

Fête : 28 octobre - Couleur : rouge - Chiffre : 7

Caractère : Ximon est créatif, optimiste, volontaire et pragmatique.

Fréquence : très rare - Évolution : =

Xuan

Étymologie : du vietnamien : « printemps, jeunesse ».
Couleur : jaune - Chiffre : 8
Caractère : Xuan a le sens de la famille et des responsabilités. Il est aussi exigeant avec lui-même qu'avec les autres.
Fréquence : très rare - Évolution : ↗
Âge moyen : 19 ans

Y

Yacine

Yacin

Étymologie : de l'arabe *yâ* et *sîn*, titre de la sourate 36 du Coran à laquelle le Prophète Mahomet était particulièrement attaché, d'autant plus que cette sourate est souvent récitée pour demander à Allah la rémission des péchés. Yacine est un prénom très bien représenté aujourd'hui, particulièrement sous cette forme.
Couleur : bleu - Chiffre : 3
Caractère : Yacine est pétri de bonnes intentions, mais il a quelque chose du clown triste : sa gaieté et son entrain cachent de profondes angoisses.
Fréquence : rare - Évolution : ↗
Âge moyen : 16 ans

Yacouba

Étymologie : de l'hébreu *ya'aqob* : « que Dieu favorise ». Yacouba correspond à une variante africaine de Jacques.
Couleur : rouge - Chiffre : 4
Caractère : Yacouba est courageux, curieux, dynamique et indépendant.
Fréquence : rare - Évolution : ↗
Âge moyen : 15 ans

Yaël

Étymologie : de l'hébreu : « chèvre sauvage ». Ce très ancien prénom peut être considéré comme la forme basque ou bretonne de Joël. Il peut être considéré comme mixte à présent en France, même si cette évolution est relativement récente, sans doute sous l'influence de la vague bretonne qui met en valeur des prénoms comme Gaël, Maël...
Couleur : bleu - Chiffre : 3
Caractère : Yaël est sagace, énergique, original, compatissant.
Fréquence : rare - Évolution : ↗
Âge moyen : 11 ans

Yago

Étymologie : de l'hébreu *ya'aqob* : « que Dieu favorise ». Ce prénom correspond à un diminutif de Santiago, une forme hispanique de Jacques.
Fête : 25 juillet ou 3 mai - Couleur : rouge
Chiffre : 4
Caractère : Yago est dynamique, courageux, indépendant et curieux.
Fréquence : très rare - Évolution : ↘
Âge moyen : 4 ans

Yamine

Yamin

Étymologie : de l'arabe *yâmin* : « heureux, fortuné, prospère ».
Couleur : blanc - Chiffre : 5
Caractère : Yamine est intègre, altruiste et profondément créatif.

Fréquence : rare - Évolution : ⬀
Âge moyen : 16 ans

P

Yan

Étymologie : de l'hébreu *yohânân* : « Dieu pardonne ». Ce prénom correspond à une forme bretonne de Jean agrémentée d'une variante orthographique. Le « Yann » classique possède, en effet, deux « n », mais cette version, plus rare en France, en général, est pourtant la plus prisée au pays Basque. Elle semble influencée par le « Ian » anglo-saxon.
Fête : 24 juin ou 27 décembre - Couleur : jaune
Chiffre : 2
Caractère : Yan est sécurisant, efficace et structuré.
Fréquence : rare - Évolution : ⬂
Âge moyen : 30 ans

V

Yanice

Étymologie : de l'hébreu *yohânân* : « Dieu pardonne ». Ce prénom correspond à la forme grecque originelle de Jean. Il semble mêler les prénoms arabes Anis et Yassine et doit son succès au fait qu'il mêle dans un heureux symbole le grec, le breton et l'arabe.
Fête : 24 juin ou 27 décembre - Couleur : jaune
Chiffre : 2
Caractère : Yanice a du cœur. C'est un enthousiaste qui aime la vie.
Fréquence : rare - Évolution : ⬀
Âge moyen : 13 ans

P

Yanis

Yaniss, Yannisse, Yannice

Étymologie : de l'hébreu *yohânân* : « Dieu pardonne ». Ce prénom correspond à la forme grecque originelle de Jean. Il semble mêler les prénoms arabes Anis et Yassine et doit son succès au fait qu'il mêle dans un heureux symbole le grec, le breton et l'arabe. Dès la fin des années 80, Yanis se répand très rapidement avant de croître à une rapidité folle au cours des années 2000. Il est aujourd'hui l'un des prénoms masculins favoris en France et l'engouement des Français pour lui a, du coup, relancé la forme originale et provoqué la création d'autres orthographes : Ianis, Iannis, Yaniss ou Yanisse.
Fête : 24 juin ou 27 décembre - Couleur : jaune
Chiffre : 3
Caractère : Yanis aime la découverte, il est audacieux, énergique et résolu.
Fréquence : répandu - Évolution : ⬀
Âge moyen : 8 ans

P

Yann

Yanni

Étymologie : de l'hébreu *yohânân* : « Dieu pardonne ». Cette forme bretonne de Jean fonctionne bien en Bretagne depuis les années 70. Un succès discret et diffus.
Fête : 24 juin - Couleur : rouge - Chiffre : 9
Caractère : Yann est un sensible et un incorrigible imaginatif. Rêveur, généreux, il sait faire preuve d'une grande ouverture d'esprit.
Personnages célèbres : l'écrivain Yann Queffélec ; l'auteur compositeur Yann Tiersen ; le journaliste Yann Barthès.
Fréquence : répandu - Évolution : ⬂
Âge moyen : 29 ans

P

Yannick

Yannc, Yannic, Yannig, Yannik

Étymologie : de l'hébreu *yohânân* : « Dieu pardonne ». Ce prénom correspond à une forme bretonne de Jean, que les Bretons écriraient sans doute Yannig. Quoi de plus normal alors, que ce soit en Bretagne et dans les Pays de la Loire,

qu'il prenne son essor dès les années 50. Mais c'est dans les années 70 qu'il se répand sur tout le territoire. Un peu moins attribué aujourd'hui, il reste néanmoins joliment répandu.
Fête : 24 juin - Couleur : rouge - Chiffre : 5
Caractère : Yannick est déterminé et a toutes les qualités du sportif de haut niveau ! Compétitif, il sait aussi faire preuve de courage et de détermination.
Personnages célèbres : l'ancien tennisman et chanteur Yannick Noah ; le nageur médaillé Yannick Agnel.
Fréquence : répandu - Évolution : ↘
Âge moyen : 39 ans

P

Yannis

Étymologie : de l'hébreu *yohânân* : « Dieu pardonne ». Ce prénom correspond à la forme grecque de Jean.
Fête : 24 juin - Couleur : rouge - Chiffre : 5
Caractère : Yannis est directif, dynamique, indépendant, audacieux et déterminé.
Personnage célèbre : Yannis Kokkos, metteur en scène.
Fréquence : rare - Évolution : ↘
Âge moyen : 16 ans

V

Yasine

Yasin, Yasine, Yassin, Yassine

Étymologie : de l'arabe *yâ* et *sîn*, titre de la sourate 36 du Coran à laquelle le Prophète Mahomet était particulièrement attaché, d'autant plus que cette sourate est souvent récitée pour demander à Allah la rémission des péchés. Cette retranscription du prénom se fait plus rare.
Couleur : bleu - Chiffre : 3
Caractère : Yasine est énergique, mais épris d'originalité.
Fréquence : rare - Évolution : ↘
Âge moyen : 20 ans

V

Yasmin

Étymologie : du perse *yâsamin* : « jasmin ».
Fête : 5 octobre - Couleur : blanc - Chiffre : 5
Caractère : Yasmin est idéaliste, intègre, altruiste et déterminé.
Fréquence : très rare - Évolution : =
Âge moyen : 26 ans

V

Yasser

Yacer

Étymologie : de l'arabe : « riche ».
Couleur : blanc - Chiffre : 4
Caractère : Yasser allie bienveillance et détermination, quête de la paix et écoute de sa conscience.
Fréquence : rare - Évolution : ↗
Âge moyen : 12 ans

V

Yassir

Étymologie : de l'arabe : « riche ».
Couleur : blanc - Chiffre : 4
Caractère : Yassir est autonome, a l'esprit d'innovation et met son énergie, qu'il a bouillonnante, au service de son ambition, qu'il a grande.
Fréquence : rare - Évolution : ↗
Âge moyen : 11 ans

V

Ydriss

Étymologie : de l'arabe *edrasa* : « étudier ». Ydriss correspond au prénom attribué par les musulmans à celui que la Bible prénomme Énoch. Il est considéré par les musulmans comme le premier homme à s'être essayé à l'écriture par le biais d'une plume : le kalam. Ydriss est un prénom très attribué dès les débuts de l'islam et il continue d'être très répandu.

Couleur : vert - **Chiffre** : 2
Caractère : Ydriss est efficace, persévérant et aime aller au bout de ses réalisations.
Fréquence : rare - **Évolution** : ↗
Âge moyen : 9 ans

Yéhouda

Étymologie : de l'hébreu : « remercier »
Couleur : vert - **Chiffre** : 5
Caractère : Yéhouda possède savoir, intelligence et volonté.
Fréquence : très rare - **Évolution** : ↗
Âge moyen : 16 ans

Yekel

Étymologie : du breton : « seigneur généreux ».
Fête : 17 décembre - **Couleur** : orange - **Chiffre** : 5
Caractère : Yekel est efficace, persévérant. En outre, c'est un homme de cœur.
Fréquence : très rare - **Évolution** : =

Yen

Étymologie : du vietnamien : « paix, hirondelle ».
Couleur : rouge - **Chiffre** : 4
Caractère : Yen est un stratège qui possède un certain leadership. Il met sa vitalité et son ardeur au travail au service de sa détestation de l'inachevé. Il va au bout de tout ce qu'il entreprend.
Fréquence : très rare - **Évolution** : =

Yeram

Étymologie : de l'arménien : « bande d'oiseaux ».
Couleur : bleu - **Chiffre** : 9
Caractère : Yeram est habile, déterminé, fort et ambitieux.
Fréquence : très rare - **Évolution** : =

Yeraz

Étymologie : de l'arménien : « rêve ».
Couleur : gris - **Chiffre** : 2
Caractère : Yeraz est pragmatique, optimiste. C'est un homme d'action qui sait prendre des décisions. En cela, il contredit quelque peu le sens de son prénom, préférant le concret au monde du rêve.
Fréquence : très rare - **Évolution** : =

Ylan

Ylann

Étymologie : de l'hébreu : « arbre ». Ce prénom, très à la mode aujourd'hui, renvoie au nouvel an des arbres. Le 15 du mois de Chevath (approximativement à la mi-février), on doit consommer chacun des produits qui caractérisent la terre d'Israël : blé, orge, raisin, figues, olives, grenade et miel.
Couleur : rouge - **Chiffre** : 9
Caractère : Ylan a toujours soif de connaissances. De plus, il est original et compatissant.
Fréquence : rare - **Évolution** : ↗
Âge moyen : 6 ans

Ylies

Yliess

Étymologie : de l'hébreu *el* et *yah* : « Dieu est dieu ». Ce prénom correspond à une variante américaine d'Élie.
Fête : 20 juillet - **Couleur** : bleu - **Chiffre** : 5
Caractère : Ylies est résolu, épris de savoir et sympathique.
Fréquence : rare - **Évolution** : ↗
Âge moyen : 7 ans

P

Yoan

Étymologie : de l'hébreu *yohânân* : « Dieu pardonne ». Cette forme, très répandue en Bretagne, correspond à la forme orthographique la plus proche de la forme originale.
Fête : 24 juin - Couleur : orange - Chiffre : 2
Caractère : Yoan est autoritaire, ambitieux et autonome.
Fréquence : rare - Évolution : ↘
Âge moyen : 19 ans

P

Yoann

Yoane, Yoanne

Étymologie : de l'hébreu *yohânân* : « Dieu pardonne ». En France, c'est au Pays basque et en Bretagne que ce prénom est le plus couramment attribué.
Fête : 24 juin - Couleur : orange - Chiffre : 2
Caractère : Yoann est pacifiste, bienveillant, consciencieux et sage.
Personnage célèbre : Yoann Gourcuff, footballeur.
Fréquence : répandu - Évolution : ↘
Âge moyen : 24 ans

V

Yoël

Étymologie : de l'hébreu *yô'el* : « Iavhé est Dieu ». Joël, l'un des douze « petits » prophètes de la Bible qui vécut environ cinq siècles av. J.-C. C'est un prénom parfaitement biblique et non, comme on le croit parfois, breton. Ce prénom reproduit la prononciation d'origine de Joël.
Fête : 13 juillet - Couleur : bleu - Chiffre : 6
Caractère : Yoël est pragmatique, optimiste et sympathique.
Fréquence : rare - Évolution : ↘
Âge moyen : 16 ans

P

Yohan

Étymologie : de l'hébreu *yohânân* : « Dieu pardonne ».
Fête : 24 juin - Couleur : orange - Chiffre : 2
Caractère : Yohan est ouvert d'esprit, généreux et rêveur.
Fréquence : répandu - Évolution : ↘
Âge moyen : 20 ans

P

Yohann

Yohanan, Yohane, Yohanne

Étymologie : de l'hébreu *yohânân* : « Dieu pardonne ».
Fête : 24 juin - Couleur : orange - Chiffre : 2
Caractère : Yohann est dynamique, charismatique et curieux.
Fréquence : répandu - Évolution : ↘
Âge moyen : 24 ans

V

Yonathan

Étymologie : de l'hébreu *yonathan* : « Dieu a donné ». Ce prénom reproduit la prononciation d'origine de Jonathan.
Fête : 1er mars - Couleur : blanc - Chiffre : 2
Caractère : Yonathan est fin, plein de vitalité et d'ardeur.
Fréquence : rare - Évolution : ↗
Âge moyen : 17 ans

V

Youcef

Étymologie : de l'hébreu *yosseph* : « Dieu ajoutera ». Ce prénom correspond à l'une des transcriptions arabes les plus courantes du Joseph français.
Couleur : rouge - Chiffre : 1
Caractère : Youcef est optimiste, créatif,

pragmatique, pourvu d'un sens inné de la communication.
Fréquence : rare - Évolution : ⇗
Âge moyen : 24 ans

V

Youenn

Youen, Youn

Étymologie : du germain *iv* : « if ». Ce prénom correspond à un dérivé breton du prénom Yves.
Fête : 19 mai - Couleur : jaune - Chiffre : 9
Caractère : Youenn est méthodique, fiable et a beaucoup de cœur.
Fréquence : rare - Évolution : ⇗
Âge moyen : 14 ans

V

Youri

Étymologie : du grec *gheorghios* : « travailleur de la terre ». Youri correspond à la forme russe de Georges.
Fête : 23 avril - Couleur : jaune - Chiffre : 4
Caractère : Youri est intelligent, raisonnable et indépendant.
Personnages célèbres : Youri Gagarine, le premier homme à avoir effectué un vol dans l'espace en 1961 ; Youri Djorkaeff, le footballeur.
Fréquence : rare - Évolution : ⇘
Âge moyen : 19 ans

V

Younes

Youness, Younesse, Younous, Youns, Younsse

Étymologie : de l'hébreu : « colombe ». Ce prénom correspond à la transcription arabe de « yona », soit Jonas. Il s'agit donc bien du Jonas biblique ayant passé trois jours dans le ventre d'une baleine. Il fut d'ailleurs surnommé *Dhû Nûn* qui signifie « l'Homme au Poisson ». Il est question de lui et de la révélation divine qu'il reçut dans la sourate 4 du Coran. Yûnus est également le titre de la sourate 10.
Couleur : violet - Chiffre : 1
Caractère : Younes est idéaliste, a du cœur. Rien d'étonnant à ce qu'il soit aussi altruiste.
Fréquence : rare - Évolution : ⇗
Âge moyen : 12 ans

V

Youssef

Yossef, Yousef, Youssaf, Yusuf

Étymologie : de l'hébreu *yosseph* : « Dieu ajoutera ». Ce prénom correspond à l'une des transcriptions arabes les plus courantes du Joseph français. Fils du prophète Jacob et de Rachel, Youssef (Joseph dans la Bible) fut vendu par ses frères jaloux à une caravane d'ismaélites pour 20 pièces d'argent. Il devint ensuite un très grand Prophète. Cette forme est plus diffusée que celle retranscrite avec la terminaison « suf ».
Couleur : rouge - Chiffre : 2
Caractère : Youssef est sociable, plein de réceptivité et de diplomatie.
Fréquence : rare - Évolution : ⇗
Âge moyen : 20 ans

V

Youssouf

Yusuf

Étymologie : de l'hébreu *yosseph* : « Dieu ajoutera ». Ce prénom correspond à l'une des transcriptions arabes les plus courantes du Joseph français. Yûsuf est le titre de sourate 12 du Coran, dans laquelle son histoire est relatée.
Couleur : rouge - Chiffre : 2
Caractère : Youssouf est bienveillant, de bon conseil, sage et pacifiste.
Fréquence : rare - Évolution : ⇗
Âge moyen : 14 ans

V

Yvain

Étymologie : du celte *iv* : « if ». Ce prénom n'est autre que la forme médiévale d'Yves. Il prénomma l'un des Chevaliers de la Table Ronde, le héros d'un des romans en vers du cycle écrit au XIIe siècle par Chrétien de Troyes, *Yvain ou le Chevalier au lion.* Yvain est celui qui surprit le secret de Galaad et fut tué par Gauvain, au cours d'une joute.

Fête : 19 mai - Couleur : jaune - Chiffre : 9

Caractère : Yvain est courageux, ambitieux et loyal.

Fréquence : rare - Évolution : ⇗

Âge moyen : 22 ans

P

Yvan

Étymologie : de l'hébreu *yohânân* : « Dieu pardonne ». Ce prénom correspond, en effet, à la version slave de Jean, Ivan, agrémenté d'un « y » en première lettre, sans doute par mimétisme avec Yvon, diminutif d'Yves. Ce qui explique que beaucoup le considèrent comme un prénom breton, ce qu'il n'est pas.

Fête : 24 juin - Couleur : jaune - Chiffre : 9

Caractère : Yvan est plein de vitalité, épris de réussite, mais humain et gai.

Personnages célèbres : l'acteur Yvan Attal ; le comédien et animateur Yvan Le Bolloc'h.

Fréquence : répandu - Évolution : ⇘

Âge moyen : 51 ans

V

Yvann

Étymologie : de l'hébreu *yohânân* : « Dieu pardonne ». Ce prénom correspond à une variante d'Yvan.

Fête : 24 juin - Couleur : jaune - Chiffre : 9

Caractère : Yvann est efficace, structuré et persévérant.

Fréquence : rare - Évolution : ⇗

Âge moyen : 12 ans

P

Yves

Eozen, Erwan, Iv, Ivain, Ivar, Ivi, Ivo, Ivor, Iwein, Youn, Youenn, Yvain, Yven, Yvon, Yv

Étymologie : du celte *iv* : « if ».

Fête : 19 mai - Couleur : orange - Chiffre : 8

Caractère : Yves semble dissimuler derrière quelques lourdeurs une générosité et des qualités de cœur indéniables. Son obstination fait parfois des miracles et lui permet d'atteindre des objectifs qu'on ne lui aurait pas prêtés. Mais Yves a de la ressource et de la gentillesse, en plus de sa ténacité.

Personnages célèbres : le peintre Yves Klein ; le poète Yves Bonnefoy ; l'écrivain Yves Berger ; le chanteur et acteur Yves Montand ; le couturier Yves Saint Laurent ; le cinéaste Yves Robert.

Fréquence : répandu - Évolution : ⇘

Âge moyen : 67 ans

P

Yves-Marie

Étymologie : prénom composé de Yves et de Marie, surtout attribué dans les années 50, mais assez rare aujourd'hui.

Fête : 19 mai - Couleur : orange - Chiffre : 8

Caractère : Yves-Marie est quelqu'un de résolu, qui se montre parfois trop rigide. Pourtant, il peut faire preuve d'une grande humanité.

Fréquence : rare - Évolution : ⇘

Âge moyen : 41 ans

V

Yvon

Ivon, Ivonig, Ivonou, Iwo, Von, Yeun, Yf, Yft, Yvonick, Yvonnic, Yvonnick

Étymologie : du celte *iv* : « if ».

Fête : 19 mai - Couleur : orange - Chiffre : 4
Caractère : Yvon est persévérant, structuré et travailleur.
Personnage célèbre : l'homme politique Yvon Bourges.
Fréquence : répandu - Évolution : ↘
Âge moyen : 66 ans

Z

P

Zach

Zack

Étymologie : de l'hébreu *zekharia* : « Dieu s'est souvenu ». Ce prénom correspond au diminutif du prénom Zacharie. Zach est devenu un prénom à part entière assez répandu aux États-Unis.
Fête : 5 novembre - Couleur : bleu - Chiffre : 7
Caractère : Zach est audacieux, déterminé et c'est son extraordinaire vitalité que les autres perçoivent immédiatement.
Fréquence : très rare - Évolution : ↗
Âge moyen : 4 ans

V

Zacharia

Sakaria, Zaccharia, Zacharias, Zacharria

Étymologie : de l'hébreu *zekharia* : « Dieu s'est souvenu ». Ce prénom correspond à l'une des formes du prénom Zacharie, dont la terminaison ici en « a » l'apparente à la version originale hébraïque. C'est cette forme qui est la plus attribuée au Pays basque.
Fête : 5 novembre - Couleur : bleu - Chiffre : 7
Caractère : honnêteté, persévérance et efficacité constituent les qualités de Zacharia.
Fréquence : rare - Évolution : ↘
Âge moyen : 12 ans

P

Zacharie

Zacaria, Zacarios, Zacharios, Zachary, Zachery, Zackaria, Zackerias, Zak, Zakarias, Zakarie, Zoko, Zeke

Étymologie : de l'hébreu *zekharia* : « Dieu s'est souvenu ». Zacharie est l'un des douze prophètes bibliques qui, comme Daniel, fait partie des « petits prophètes », en raison de la brièveté de son message. Très attribué aux premiers temps de l'Église chrétienne, puis quelque peu délaissé, il surfe à présent sur la vague des prénoms bibliques. Ce prénom fut porté par le mari de sainte Élisabeth. Pris d'un fou rire lorsque l'archange lui annonça que sa femme stérile et déjà âgée allait avoir un enfant de lui, il devint muet, puni de son manque de confiance en Dieu. Il ne retrouva la parole qu'à la naissance de leur fils Jean-Baptiste.
Fête : 5 novembre - Couleur : bleu - Chiffre : 7
Caractère : Zacharie est un individu fantaisiste, mais aussi combatif qu'incroyablement intelligent.
Fréquence : rare - Évolution : ↗
Âge moyen : 27 ans

B

Zadig

Étymologie : de l'hebreu : « passage ».
Couleur : noir - Chiffre : 7
Caractère : Zadig possède un certain ressort. Il est diplomate, sociable et réceptif au monde qui l'entoure.
Personnage célèbre : le héros du conte philosophique de Voltaire *Zadig ou la Destinée*.
Fréquence : rare - Évolution : ↗
Âge moyen : 4 ans

V

Zaher

Étymologie : de l'arabe : « rayonnant ».
Couleur : vert - Chiffre : 2
Caractère : Zaher est fiable, tenace et méthodique.
Fréquence : rare - Évolution : ↗
Âge moyen : 37 ans

V

Zahir

Zaïr

Étymologie : de l'arabe : « rayonnant ».
Couleur : vert - Chiffre : 2
Caractère : Zahir est un leader d'opinion, qui sait élaborer des stratégies.
Fréquence : rare - Évolution : =
Âge moyen : 34 ans

V

Zaïd

Zayd

Étymologie : de l'arabe : « ascète ».
Couleur : gris - Chiffre : 7
Caractère : Zaïd possède de grandes qualités morales, comme la ténacité, le sens de l'engagement et du devoir.
Fréquence : rare - Évolution : ↗
Âge moyen : 12 ans

V

Zakaria

Zakari, Zakarie,
Zakariya, Zakary, Zakarya

Étymologie : de l'hébreu *zekharia* : « Dieu s'est souvenu ».
Fête : 5 novembre - Couleur : bleu - Chiffre : 7
Caractère : Zakaria est tenace, méthodique et fiable.
Fréquence : rare - Évolution : ↗
Âge moyen : 13 ans

V

Zakary

Étymologie : de l'hébreu *zekharia* : « Dieu s'est souvenu ».
Fête : 5 novembre - Couleur : bleu - Chiffre : 7
Caractère : Zakary est énergique, ambitieux, innovateur et actif.
Fréquence : rare - Évolution : ↗
Âge moyen : 8 ans

V

Zane

Étymologie : de l'hébreu *yohânân* : « Dieu pardonne ». Ce prénom est une variante de Jean relativement cotée outre-Atlantique. Il correspond, à l'origine, au nom de famille du fondateur d'une petite ville de l'Ohio.
Fête : 24 juin - Couleur : vert - Chiffre : 1
Caractère : Zane est pacifiste, bienveillant et consciencieux.
Fréquence : très rare - Évolution : ↘

V

Zarra

Étymologie : du basque : « vieux ». Ce prénom fut porté, dans la Bible, par le fils de Jacob et de Léa.
Couleur : vert - Chiffre : 3
Caractère : Zarra est énergique et aime innover en toute chose.
Fréquence : très rare - Évolution : ↘

B

Zébulon

Étymologie : de l'hébreu : « résident ».
Couleur : bleu - Chiffre : 4
Caractère : Zébulon est autoritaire, fier, travailleur, mais exigeant.
Personnage célèbre : Zébulon, personnage de la série d'animation télévisée *Le Manège enchanté*.
Fréquence : très rare - Évolution : ↘

Zénaïs

Étymologie : du grec : « hospitalier ».
Couleur : blanc - **Chiffre :** 7
Caractère : Zénaïs est un fidèle, sensible et intuitif, possédant un grand sens du relationnel.
Fréquence : très rare - **Évolution :** ↘

Zénobe

Zénobie, Zénobin

Étymologie : du grec : « vie de Zeus ».
Couleur : violet - **Chiffre :** 4
Caractère : finesse, engagement, ténacité et fiabilité, telles sont les caractéristiques de Zénobe.
Fréquence : très rare - **Évolution :** =
Âge moyen : 99 ans

Zénodore

Étymologie : du grec : « hospitalier ».
Couleur : blanc - **Chiffre :** 7
Caractère : Zénodore est optimiste, créatif et pragmatique.
Fréquence : très rare - **Évolution :** =

Zénon

Zeno, Zenone, Zenio

Étymologie : du grec *xenos* : « l'étranger ». Ce prénom fut porté par un évêque de Vérone en 362, qui combattit les hérétiques et racheta aux Goths les premiers chrétiens après la bataille d'Andrinople. Il est devenu le patron de Vérone, qui lui a dédié une église.
Fête : 12 avril - **Couleur :** blanc - **Chiffre :** 1
Caractère : Zénon est scrupuleux, dur à la tâche, réfléchi et extrêmement doué.
Personnages célèbres : Zénon d'Élée, philosophe disciple de Parménide ; Zénon de Cition, fondateur du stoïcisme (335- 264 avant J.-C.) ; Zénon de Sidon, maître épicurien de Cicéron.
Fréquence : rare - **Évolution :** ↘
Âge moyen : 78 ans

Zéphir

Zéphyr

Étymologie : du grec *zephuro* : « le zéphir », du nom d'un vent du nord-ouest. Zéphyr était un dieu de la mythologie grecque, personnification des vents, amant de la divinité des fleurs et qui était sensé annoncer le printemps à la fin de l'hiver.
Fête : 26 août - **Couleur :** jaune - **Chiffre :** 1
Caractère : Zéphir est audacieux, indépendant, dynamique et directif.
Fréquence : rare - **Évolution :** ↗
Âge moyen : 74 ans

Zéphirin

Zéphyrin

Étymologie : du grec *zephuro* : « le zéphir », du nom d'un vent du nord-ouest. Zéphyr était un dieu de la mythologie grecque, personnification des vents, amant de la divinité des fleurs et qui était sensé annoncer le printemps, à la fin de l'hiver. Ce prénom fut porté par celui qui fut pape de 199 à 217 et apaisa l'hostilité de l'empereur romain, Septime Sévère, à l'égard des chrétiens. Ce prénom fait partie de ceux qu'on choisissait très volontiers au XIXe siècle.
Fête : 26 août - **Couleur :** jaune - **Chiffre :** 1
Caractère : Zéphirin est bienveillant, consciencieux, aussi bon conseiller que pacifiste.
Fréquence : rare - **Évolution :** ↗
Âge moyen : 91 ans

B

Zeus

Étymologie : issu de la racine indo-européenne *dei* qui signifie « briller ». Nom du roi des dieux, celui qui commandait la foudre et l'Olympe. Il est le pendant grec (et plus ancien) de Jupiter.
Couleur : jaune - Chiffre : 1
Caractère : Zeus est impulsif, droit, d'une grande bonté d'âme, mais parfois orgueilleux.
Fréquence : très rare - Évolution : ↘

P

Zidane

Étymologie : ce prénom correspond, à l'origine, à un patronyme devenu prénom depuis 1948. C'est sans compter la popularité de Zinédine Zidane qui fit croître l'engouement pour ce prénom.
Couleur : bleu - Chiffre : 5
Caractère : Zidane est courageux, déterminé et dynamique.
Fréquence : rare - Évolution : ↘
Âge moyen : 13 ans

V

Zinédine

Zineddine, Zine-Eddine

Étymologie : de l'hébreu *zay ad Dîn* : « la beauté de la religion ». Ce prénom, autrefois très rare, est à présent très médiatisé, puisqu'il est porté par la star française du football, Zinédine Zidane, surnommé Zizou. Sa popularité est telle que l'attribution de ce prénom a augmenté.
Couleur : bleu - Chiffre : 5
Caractère : Zinédine est généreux, modeste et chaleureux.
Personnage célèbre : Zinédine Zidane, footballeur.
Fréquence : rare - Évolution : ↗
Âge moyen : 12 ans

B

Ziprian

Zibrian

Étymologie : du latin *cyprius* ou du grec *kupris*, qui signifient « originaire de l'île de Chypre ». Ce prénom est une variante de Cyprien.
Fête : 16 septembre - Couleur : rouge - Chiffre : 9
Caractère : Ziprian est actif, enthousiaste.
Fréquence : très rare - Évolution : ↘

B

Zoël

Étymologie : du grec *zoos* : « la vie ». Ce prénom correspond à un pendant masculin de Zoé.
Fête : 2 mai - Couleur : bleu - Chiffre : 2
Caractère : Zoël est tenace, a le sens du devoir et de l'engagement. En bref, il est fiable.
Fréquence : très rare - Évolution : =
Âge moyen : 103 ans

B

Zoello

Étymologie : du grec *zoos* : « la vie ». Ce prénom correspond à un pendant masculin de Zoé.
Fête : 2 mai - Couleur : bleu - Chiffre : 2
Caractère : Zoello est honnête, persévérant et a l'efficacité pour maître mot.
Fréquence : très rare - Évolution : =

V

Zohéir

Zohaïr, Zoher, Zouhaïr, Zouheïr

Étymologie : de l'arabe : « rayonnant ».
Couleur : bleu - Chiffre : 3
Caractère : Zohéir est idéaliste, altruiste, dévoué et réfléchi.
Fréquence : rare - Évolution : =
Âge moyen : 20 ans

Zohir

Étymologie : de l'arabe : « rayonnant ».
Couleur : bleu - Chiffre : 3
Caractère : Zohir est tout en combativité. Il n'a pas peur de s'engager ni de faire preuve d'une certaine bravoure.
Fréquence : rare - Évolution : ↘
Âge moyen : 25 ans

Zoïg

Étymologie : de l'hébreu : « don de Dieu ».
Fête : 21 septembre - Couleur : rouge - Chiffre : 4
Caractère : Zoïg est pragmatique, actif et créatif.
Fréquence : très rare - Évolution : =

Zoltan

Étymologie : du hongrois : « pouvoir ». Ce prénom est l'équivalent du mot arabe sultan. Ce prénom fut porté par le fils d'Arpad, deuxième duc hongrois, qui combattit les Germains au Xe siècle.
Couleur : rouge - Chiffre : 4
Caractère : Zoltan est un séducteur : conquérant, déterminé, aussi intelligent qu'habile. En un mot : irrésistible !
Fréquence : très rare - Évolution : ↘
Âge moyen : 5 ans

Zoran

Étymologie : de l'arabe : « fleur blanche ».
Couleur : rouge - Chiffre : 5
Caractère : Zoran est diplomate, loyal et réceptif.
Fréquence : rare - Évolution : ↗
Âge moyen : 29 ans

Zouhir

Étymologie : de l'arabe : « rayonnant ».
Couleur : bleu - Chiffre : 3
Caractère : Zouhir est idéaliste, altruiste, réfléchi, dévoué et intègre.
Fréquence : rare - Évolution : ↘
Âge moyen : 24 ans

Zuri

Étymologie : du basque : « blanc ».
Couleur : bleu - Chiffre : 5
Caractère : Zuri est diplomate, loyal et sociable.
Fréquence : très rare - Évolution : =

Zuriko

Étymologie : du basque : « blanc ».
Couleur : bleu - Chiffre : 6
Caractère : Zuriko est dynamique, audacieux et indépendant.
Fréquence : très rare - Évolution : =

Zyad

Étymologie : de l'arabe : « croissance ».
Couleur : noir - Chiffre : 7
Caractère : Zyad se caractérise par une soif de connaissances inextinguible. Il a besoin de réalisations.
Fréquence : rare - Évolution : ↗
Âge moyen : 8 ans

Index garçons

A

G

H

K

L

O

P

Q

T

U

V

W

X

Notes

Notes

Notes

Notes

Notes

Notes

Notes

Notes

Notes

Notes

Notes

Notes

Notes

Notes

Notes

Notes

Notes

Notes

Direction : Jean-Louis Hocq
Direction éditoriale : Marion Guillemet
Direction d'ouvrage : Delphine Blétry
Packaging éditorial : Édiclic
Conception graphique de la couverture : Guylaine Moi
Direction artistique de la maquette intérieure : Thi Vu
Mise en pages : Élodie Cary pour www.noook.fr
Lecture-Correction : Erwann Lepoittevin pour Édiclic

Fabrication : Laurence Duboscq

ISBN : 978-2-263-17825-2
Code éditeur : L17825
Dépôt légal : janvier 2022
Imprimé en Italie par La Tipografica Varese Srl

Solar, un département d'Edi8
92, avenue de France
75013 Paris